本辑得到中国孔子研究院的支持

中华孔子学会　　什刹海书院

中國儒學

中石题

【第十六辑】

王中江　李存山◎主编

本辑主题　儒学的普遍性与地域化展开

中国社会科学出版社

图书在版编目(CIP)数据

中国儒学．第十六辑／王中江，李存山主编．—北京：中国社会科学出版社，2021.10
ISBN 978－7－5203－8980－8

Ⅰ.①中…　Ⅱ.①王…②李…　Ⅲ.①儒家—研究—中国
Ⅳ.①B222.05

中国版本图书馆 CIP 数据核字(2021)第 169820 号

出 版 人　赵剑英
责任编辑　郝玉明
责任校对　张爱华
责任印制　王　超

出　　版　中国社会科学出版社
社　　址　北京鼓楼西大街甲 158 号
邮　　编　100720
网　　址　http://www.csspw.cn
发 行 部　010－84083685
门 市 部　010－84029450
经　　销　新华书店及其他书店

印　　刷　北京君升印刷有限公司
装　　订　廊坊市广阳区广增装订厂
版　　次　2021 年 10 月第 1 版
印　　次　2021 年 10 月第 1 次印刷

开　　本　710×1000　1/16
印　　张　21
插　　页　2
字　　数　323 千字
定　　价　109.00 元

凡购买中国社会科学出版社图书，如有质量问题请与本社营销中心联系调换
电话:010－84083683

《中国儒学》编辑委员会

目　录

特稿

儒家学说的地域性展开

湘学研究专题

关学研究专题

儒

特稿

“性三品说”的成立与展开

——围绕人性的平等与不平等*

池田知久　著

（东京大学，山东大学）

唐小立　刘岳兵　译

（南开大学日本研究院）

摘要： 中国的性的思想是围绕人性究竟是善还是恶这种评价问题进行议论的，战国时期的儒家中，孟子“性善说”与荀子“性恶说”是其代表。及至西汉时期，所谓的“性三品说”从这种讨论中登场，这是一种主张人与生俱来分别禀受“上品之性”“中品之性”和“下品之性”的“三品”的理论。本文探讨从春秋晚期至唐宋的1500年间，中国的性的思想的发生，以“性三品说”为线索考察其成立、展开和消失，具有重要的理论意义。

关键词： 性三品说　产生　变革　展开　完成

在中国，性的思想，即使用“性”这一词语来阐释的诸思想，是对“人本来是何种存在者”这一论题的中国式的质疑和解答。这也是自春秋晚期的孔子以来，中国思想史上最重要的论题之一。

---

* 原稿出自以下拙论《性三品说的形成与发展》，刘岳兵译，《新哲学》第六辑所收，大众出版社 2006 年版；《天下中的人——性的思想的发生、性三品说的成立与展开》，载［日］沟口雄三、［日］池田知久、［日］小岛毅《中国思想史》，东京大学出版会 2007 年版（所收第一章第二节）。因此次再度发表，进行了很多补足和修改。

原本说来，中国的性的思想，可以说是围绕人性究竟是善还是恶这种评价问题进行讨论的，战国时期的儒家中，孟子的“性善说”与荀子的“性恶说”就是其代表。及至西汉时期，所谓的“性三品说”从这种讨论中登场了。这是一种主张人与生俱来分别禀受“上品之性”“中品之性”和“下品之性”的“三品”的理论。

在这次考察中，笔者想从春秋晚期至唐宋的1500年间，中国的性的思想的发生谈起，并主要关注“性三品说”的成立、展开和消失，同时讨论此理论的历史和意义。

一　性的思想的产生（春秋晚期到战国晚期）

中国的性的思想，即用“性”这一词语阐释的诸思想，是对“人本来是何种存在者”这一论题的中国式的质疑和解答。这也是自古以来中国思想史上最重要的论题之一。

人类的性指的是什么呢？从汉字的构成来看，“性”这一文字，是由表意的“心”与表声的“生”所组成的。其原本的含义应是与生俱来的心。中国思想史中用性来表示人类与生俱来的性质、能力。

在中国，关于性的思想，可以说是围绕着性是善是恶这种价值评价的问题进行讨论的。换言之，性是什么，成为何种样态，在这些事实的解释方面却被放在了次要位置。这是因为，这种性的思想，是为了回答人在国家、社会中应该如何进行道德自律、如何进行政治活动等实践方面的问题，而被置于人学的基础位置上。所以，性的思想，与其说是阐明性的事实的方面，毋宁说是偏重于人是否具有足以实现国家、社会中所必要的道德、政治的性质和能力，就是从道德实践、政治实践的观点出发所认定的“善恶”这一价值评价而展开的。

（一）孔子

孔子（前552—前479年）的言行录《论语》中，只有两例用性表示人的本性，其一是《公冶长》篇中其弟子子贡所说的证言①：

> 子贡曰："夫子之文章，可得而闻也。夫子之言性与天道，不可得而闻也已矣。"

其二是，《阳货》篇中孔子的言论②：

> 子曰："性相近，习相远也。"

实际上，《论语》中"性"这个字仅有两例出现，相比战国中期的《孟子》和战国晚期的《荀子》，甚是稀少。因此，《公冶长》篇中子贡的证言，即孔子关于性很少发言，肯定是向后世诉说了历史的事实吧！与此相反，《阳货》篇中孔子的话，第一，与刚才引用的子贡的证言相矛盾，第二，参考前文所引用的武内义雄的文献批判的重要成果，第三，《阳货》篇中孔子言论的思想内容和战国晚期荀子的"性恶说"很类似。由于这些理由，不能确认其是春秋晚期孔子所讲过的话，而是认作战国晚期之后假托孔子的文章更为妥当。

---

① 本论文所引用的《论语》文本，原则上依据皇侃《论语义疏》（怀德堂纪念会1925年版）中的何晏的《论语集解》。到现在为止，定州汉墓竹简《论语》（略称为"定州《论语》"）是抄写年代最早的《论语》文本之一。这个文本是在1973年从西汉时期中山怀王刘修的坟墓中挖出来的，然后，河北省文物研究所定州汉墓竹简整理小组编纂，同时起名为"定州汉墓竹简《论语》"，并由文物出版社于1997年出版。根据其中含有的《定州汉墓竹简〈论语〉介绍》，墓主人中山怀王刘修，在西汉宣帝五凤三年（前55）去世了。因此，定州《论语》是西汉宣帝五凤三年以前的抄本。但，定州《论语·公冶长》里，本文中所引用的这一章不见。另外，日本著名学者武内义雄的《论语的研究》（东京：岩波书店1939年版）第二章第五部分"从为政到泰伯七篇是河间七篇本"指出：包含《公冶长》七篇相当于所谓的河间七篇本，就是曾子后学所传承的《论语》，即可能是曾子思孟学派的文本。

② 定州《论语·阳货》有"子曰：'生相近也，习相远也'"，把何晏《论语集解》本的"性"字作"生"字。但，两者意思上没有区别。还有，武内义雄的《论语的研究》第五章"关于季氏·阳货·微子三篇"，其中摘要指出，这三篇是《论语》当中最晚成立的文章，《阳货》篇里含有从《孟子》和《荀子》抄出的资料，以及跟《季氏》篇和《微子》篇很类似的文章，令人感觉颇杂驳。总之，这三篇的成立不会回溯至战国晚期以前，因而比较《论语》其他诸篇，其价值较差。

此外，包含这里引用的《阳货》篇“子曰：‘性相近也，习相远也’”在内，《论语》中以下的孔子的话，到了东汉以后，被视作圣人孔子提倡“性三品说”的根据。首先是《雍也》篇中所言①：

子曰：“中人以上可以语上也，中人以下不可以语上也。”

以及《阳货》篇中有言②：

子曰：“唯上智与下愚不移。”

以上二者中，首先来谈谈《雍也》篇吧。假使把孔子的话强行按照后代的“性三品说”解释的话，因为经文里已经说“中人以上”和“中人以下”，当然可以认为有“中人”的存在，那么人生来就有的性从开始分为“中人以上”“中人”“中人以下”三个等级，而且“中人以上”的性和“中人以下”的性差别很大，尤其是对于“中人以下”的“性”，强调其不可能变更，诸如此类都被认为是孔子的思想。其次，关于《阳货》篇，这一句也基本一样。如果把孔子的话强行遵从“性三品说”解释的话，在经文“上智”和“下愚”的上面冠上“唯”字，这意味着“不移”这种例外，结果孔子还是认同“中人”的存在。所以人天生的性一开始分为“上智”“中人”“下愚”三个等级，而且“上智”的性和“下愚”的性有天壤之别，并且强调两者的性不可能变更，诸如此类，也被视作孔子的思想了。

然而，第一，《论语》中上引二句当中没有出现一个性字，因而不

---

① 定州《论语·雍也》有“子曰：‘中人以上可语上也，中人以下不可语上也。’”一文，何晏《论语集解》本两个“可以”的“以”字，定州《论语·雍也》中没有。但，两者文意上相同。还有，武内义雄《论语的研究》第二章第五部分“从为政到泰伯七篇是河间七篇本”把《雍也》篇看作跟《公冶长》篇属于同一个类型，同时，如上所说：包含这七篇相当于所谓的河间七篇本，就是曾子后学所传承的《论语》，即可能是曾子思孟学派的文本。

② 定州《论语·阳货》中不见这一章，大概是残缺的缘故。另，因为本章也是属于《阳货》篇的文章，因此武内义雄《论语的研究》第五章“关于季氏·阳货·微子三篇”摘要中的文献批判对这段文章也适用。

能说是对人天生的性进行论述的原理性文章，最多是观察人们生活于世的实际样子，然后讲出经验式的谈论；第二，参照前文引用的武内义雄的文献批判，据此，武内义雄对《雍也》篇中的文句给予了很高的评价：这是以鲁人曾子为中心的《论语》篇目，曾子、孟子的学派传承的孔子语录，恐怕是《论语》最原始的形态。① 即便如此，《雍也》篇还是在战国中期以后才形成，而《阳货》篇的文章则是战国晚期之后才形成的。特别是前者，基于下文中“第三”的问题，是否真如武内义雄所言，是曾子、孟子学派所传承的孔子语录，是非常值得怀疑的。第三，假如将上引《雍也》篇、《阳货》篇视作战国儒家的思想家们传承的孔子的“性三品说”，特别是孟子或荀子的话，他们理应不会倡导“性善说”或“性恶说”，因为“性善说”和“性恶说”明显是和“性三品说”对立的。孟子也好，荀子也罢，他们尊敬孔子，这个事情是无可置疑的。

这样的话，《雍也》篇、《阳货》篇的以上二章，如“第一”所指出的那样，可能都不是关于人性的原理性理论，而是来源于人们实际生活的经验式的谈论。而且，或许是如“第二”所指出的那样，这是到了战国晚期以后甚至是西汉、东汉时期才成书的文献。又如“第三”所指出的那样，是在孟子的“性善说”和荀子的“性恶说”流布于世之后，为了和两说对抗，并出于社会上、政治上和思想上的必要，重新填写到《论语》中的。总而言之，从中国思想史发展的实际情况来判断，这种对人的观念——认为人生来就有的性从开始分为上品、中品、下品三个等级，这三个等级的分歧是所有人所先天禀受而固定不动的，因此不可能通过后天学习、修养等改善的“性三品说”——在孔子和弟子们所处的春秋晚期还没有达到作为性的问题来说明的程度，同时，孔子的时代还没有到达对人性进行概括性、原理性论述的阶段。这种想法出现于世，是到了社会上政治和思想的各种条件成熟的西汉武帝时期以后才成为可能的。

---

① 参见［日］武内义雄《论语的研究》，东京：岩波书店 1939 年版，结论的话。

（二）孟子

对人性进行正式的论述是在战国时代。现在保留下来的最早对性进行议论的书是战国中期儒家的《孟子》。在《告子上》篇中①：

> 公都子曰："告子曰：'性无善，无不善也。'或曰：'性可以为善，可以为不善。'是故文武兴则民好善，幽厉兴则民好暴。或曰：'有性善，有性不善。'是故以尧为君，而有象。以瞽瞍为父，而有舜。以纣为兄之子，且以为君，而有微子启、王子比干。今曰：'性善。'然则彼皆非兴。"孟子曰："乃若其情，则可以为善矣。乃所谓善也。若夫为不善，非才之罪也。恻隐之心，人皆有之。羞恶之心，人皆有之。恭敬之心，人皆有之。是非之心，人皆有之。恻隐之心仁也，羞恶之心义也，恭敬之心礼也，是非之心智也。仁义礼智，非由外铄我也。我固有之也。弗思耳矣。故曰：'求则得之，舍则失之，或相倍蓰，而无算者，不能尽其才者也。'《诗》曰：'天生烝民，有物有则。民之秉夷，好是懿德。'孔子曰：'为此诗者，其知道乎。'故有物必有则，民之秉夷也，故好是懿德。"

据此可知，当时已经出现了三种学说。其一是："性无善，无不善也。"性是与生俱来的各种性质，与道德的善恶无关的告子的言论。其二是："性可以为善，可以为不善。"同一个人的性中混着善的要素和恶的要素。其三是："有性善，有性不善。"存在与生俱来的善人和与生俱来的恶人两种人。

与以上各种各样的性的思想相对，孟子（约前372—前289年）提倡人与生俱来是善的"性善说"。这是以只要是人就生来具有四种端绪的"四端说"为基础的（《公孙丑上》篇、《告子上》篇）。例如，《公孙丑

① 本论文所引用的《孟子》文本，原则上依据［日］安井衡《孟子定本》，《汉文大系》（东京：富山房1972年版）。

上》篇中：

> 孟子曰：“人皆有不忍人之心。先王有不忍人之心，斯有不忍人之政矣。以不忍人之心，行不忍人之政，治天下，可运之掌上。所以谓人皆有不忍人之心，今人乍见孺子将入于井，皆有怵惕恻隐之心。非所以内交于孺子之父母也，非所以要誉于乡党朋友也，非恶其声而然也。由是观之，无恻隐之心，非人也。无羞恶之心，非人也。无辞让之心，非人也。无是非之心，非人也。恻隐之心，仁之端也。羞恶之心，义之端也。辞让之心，礼之端也。是非之心，智之端也。”

孟子的“四端说”中，与其说是将“四端”视作天赋之物以天的理论来说明，不如说是用经验来确认这种与生俱来的真实性。“四端”的内容是“恻隐之心”“羞恶之心”“辞让之心”“是非之心”，分别是仁、义、礼、智的端绪，这里的仁、义、礼、智就是孟子所说的善。他还用“良心”“本心”（《告子上》篇）、“良知”“良能”（《尽心上》篇）等语言来表现与以上相同的善的端绪。这样，由于所有的人无一例外都生来具有去实现善的“四端”的萌芽，因此说性是善的。

但是，孟子并不是因此就说“四端”的本身是善，也不是全人类无所作为就实现了善，需要给“四端”学习、修养的努力，有目的、有意识地对“四端”加以扩大、充实来让它趋于完善。这就是“扩充说”。在上文引用的《公孙丑上》篇的后半部分中，孟子说：

> 孟子曰：“人之有是四端也，犹其有四体也。有是四端而自谓不能者，自贼者也。谓其君不能者，贼其君者也。凡有四端于我者，知皆扩而充之矣，若火之始然，泉之始达。苟能充之，足以保四海。苟不充之，不足以事父母。”

此外，《告子上》篇中有言：

孟子曰："仁人心也，义人路也。舍其路而不由，放其心而不知求。哀哉。人有鸡犬放，则知求之。有放心而不知求。学问之道无他，求其放心而已矣。"

引文中的"求其放心"，即收回丢失的本心。将此内容作为"学问之道"，大体上内容与"扩充说"相同。

这样有目的、有意识地扩充善的"四端"之所以必要，是因为人在实际生活中有妨碍端绪成长的恶的原因存在。孟子认为这是人的感觉、欲望的作用，以及不对它们进行抑制、任其自然地积重而成。例如《告子上》篇中有言：

公都子问曰："钧是人也，或为大人，或为小人，何也。"孟子曰："从其大体，为大人，从其小体，为小人。"曰："钧是人也，或从其大体，或从其小体，何也。"

面对弟子公都子的提问，孟子答道：

曰："耳目之官，不思而弊于物。物交物，则引之而已矣。心之官则思，思则得之，不思则不得也。此天之所与我者，先立乎其大者，则其小者不能夺也。此为大人而已矣。"

因心有思考的作用因此可以向善，相对地，"耳目"被感觉、欲望等外界事物所吸引，很可能阻碍向善。因此，孟子在《尽心下》篇中提倡：

孟子曰："养心莫善于寡欲。其为人也寡欲，虽有不存焉者寡矣。其为人也多欲，虽有寸焉者寡矣。"

作为"养心"的方法，"寡欲"是最适合的。

关于感觉、欲望，孟子在《尽心下》篇中说：

孟子曰："口之于味也，目之于色也，耳之于声也，鼻之于臭也，四肢之于安逸也，性也。有命焉，君子不谓性也。仁之于父子也，义之于君臣也，礼之于宾主也，智之于贤者也，圣人之于天道也，命也。有性焉，君子不谓命也。"

尽管孟子暂时承认口、目、耳、鼻、四肢的欲望是性，但这些对于人来说亦是命，因此君子不说这是性，反之，仁、义、礼、智、圣人的五种端绪暂时认定为命，但这些对人来说亦是性，因此君子不说这是命。也就是说，耳目等感觉器官的欲望与仁义等道德的善，二者都是人与生俱来所得之物，亦是人的性和命，然而在结果上，感觉器官的欲望是命，而道德上的善的端绪则是性，将二者区分开来。其理由是，命不能成为前述中通过学习、修养有目的、有意识地加以扩充的对象，而性则可以成为其对象。在这里，我们可以看出，孟子的"性善说"具有实践的性格。

以上"性善说"的思想，是孟子针对战国中期始终处于战乱状态的现实社会，为其所高举的改革计划，即通过王道政治（仁义的政治）而实现天下和平统一，而放置在他最为深层的哲学人类学的基础位置的思想。正因为性善，对于统治者而言，承认通过扩充自己的"不忍人之心"而向着王道政治的实现迈进的可能性（《梁惠王上》篇、《公孙丑上》篇）。另外，对民众而言，承认以采取保证"恒产"的经济政策来培养他们的"恒心"，从而使他们自愿接受统治者的王道政治，向着善的实现而迈进的可能性（《梁惠王上》篇、《滕文公上》篇）。孟子"性善说"的主要目的就在这里。换言之，"性善说"为在战国中期连年战乱的现实中，为实现王道政治达到天下的和平统一的改革计划提供了可能实现的理论根据。

然而，如上所述，认为善的性是全人类所共有的，是孟子的"性善说"的一个重要的特征。这一学说，在实现善的可能性上，是将全人类平等视之的人类观。例如，《公孙丑上》篇所说：

圣人之于民，亦类也。

而全人类拥有同样的性的思想，是为了与前文中所述的“其一”到“其三”三种先于孟子的性的理论，特别是“其三”的“有性善，有性不善”的理论进行对抗而提出的，无疑是基于他自觉的信念。孟子所对抗的，是将人区分为性善和性不善两类的学说，此后，如上文所引《论语》的《雍也》篇的“中人以上可以语上也，中人以下不可以语上也”以及《阳货》篇“唯上智与下愚不移”，成了经验式的人类并观察并发展下去。

但虽说在实现善的可能性上对人人平等视之，但孟子在现实性的方面并没有对人人平等看待。例如《梁惠王上》篇中有言：

> 曰：“无恒产而有恒心者，惟士为能。若民无恒产，因无恒心。苟无恒心，放辟邪侈，无不为已。”

即便如此，孟子在中国思想史上最先表明将人的性平等看待的人类观的意义，是绝不能过低评价的。

（三）《礼记》诸篇

自古以来被认作孔子的孙子的子思（约前483—约前402年）所作的《中庸》（《礼记·中庸》），在近年的一些研究中，被看作尽管部分含有战国初期子思学派的文章，但整体的成立晚于《孟子》的秦代儒家的思想①，或是伴随着1973年马王堆汉墓帛书《五行》的挖出，被看作先于

① 在明治日本最早开始对儒学的近代性进行研究，就是武内义雄《易と中庸の研究》（《武内义雄全集》第3卷，东京：角川书店1979年版）。该书把《中庸》分为前半部分的《中庸本书》和后半部分的《中庸说》，将前半部分看作子思的亲笔，而后半部分是秦代子思学派的作品。但，前半部分当中把第一章作为例外，说成《中庸说》的错简。这个看法是和自古以来传统的解释不一样的崭新见解。之后，重沢俊郎《原始儒家思想与经学》（东京：岩波书店1950年版）、金谷治《关于中庸》（《金谷治中国思想论集》中卷，东京：平河出版社1997年版）、内山俊彦《中国古代思想史中的自然认识》（东京：创文社1987年版）等基本上因袭武内义雄之说。但是，关于前半部分的《中庸》本书来讲，武内义雄还没度过古老的“子思制作说”的理论。

孟子而属于同一系统（思孟学派）的思想。[①] 但是笔者认为，实际上那是西汉武帝时期儒家的著作。[②] 特别是《中庸》第一章（被武内义雄视作秦代的作品）中的“天命之谓性，率性之谓道，修道之谓教”[③]。将善的性作为天赋予人类之物来说明，从哲学的根据上深化了孟子的“性善说”，这样的见解已成定论。

人性基于天的想法，在孟子那里似乎也存在，但没有明确的表述，在战国中期孟子的阶段，尚未见其明文。而开始明文表示向天来寻求性的根据，以此向天来寻求人的道德的根据，是战国后期至晚期的儒家与道家。如《吕氏春秋·荡兵》（道家）中有言：

> 性者，所受于天也，非人之所能为也。[④]

而《吕氏春秋·诚廉》（儒家）中则有几乎相同的文句：

---

① 根据新出土的马王堆汉墓帛书《五行》，最初正式地提倡战国时代确有子思、孟子学派这种儒学学派，是庞朴的《帛书五行篇研究》（齐鲁书社 1980 年版）。之后，直到 21 世纪的今天，这个“庞朴说”已席卷了世界学界。按照庞朴《马王堆帛书解开了思孟五行说古谜》（《帛书五行篇研究》所收），思孟学派的代表著作有《中庸》《孟子》《子思》《五行》等，不过，他一如既往地把《中庸》看成战国初期子思的作品。但是，这种新说对于出土资料的《五行》及传世的《孟子》《中庸》等文献学上思想史的研究还不够，因此，没有十分的说服力。笔者过去详细地研讨过庞朴的新说，写过了一篇批判性的论文。请参见拙著《马王堆汉墓帛书五行篇研究》（东京：汲古书院 1993 年版）第一部分第二章第一节四“庞朴《马王堆帛书解开了思孟五行说古谜》的研讨”。

② 反对上文所引的武内义雄说，具有代表性的著作有津田左右吉《〈大学〉的致知格物》（《津田左右吉全集》第 18 卷，东京：岩波书店 1965 年版）。津田左右吉说《大学》篇的成书年代在西汉后半期或者晚期。还有，板野长八《中国古代中人类观的展开》（东京：岩波书店 1972 年版）、板野长八《儒学成立史的研究》（东京：岩波书店 1995 年版），这两本书的作者也批判武内义雄，说《中庸》篇和武帝时期成书的《淮南子》《礼记·乐记》《韩诗外传》是同一时代的，或稍晚形成的。这种新的见解，基于对《中庸》篇章节构成和思想内容的精密的分析，基于对战国、秦汉思想史的文献学上思想史的研讨然后提出的，因此富有说服力。笔者基本赞同津田左右吉、板野长八等的说法。

③ 本论文所引用的《礼记》文本，原则上依据阮元校刻本《十三经注疏》（中华书局影印 1980 年版）所收的《礼记注疏》。

④ 本论文所引用的《吕氏春秋》文本，原则上依据陈奇猷《吕氏春秋校释》（学林出版社 1984 年版）。

性也者，所受于天也，非择取而为之也。

后文将述的荀子也在《荀子·性恶》中有：

凡性者，天之所就，不可学，不可事。①

此外，新出土的《郭店楚墓竹简》（荆门市博物馆编，文物出版社 1998 年版）所收的《眚（性）自命出》中有：

眚（性）自命出，命自天降。②

而《上海博物馆藏战国楚竹书（一）》（马承源主编，上海古籍出版社 2001 年版）中的《性情论》中也见与此相同的一文。对于两书中的“眚（性）自命出，命自天降”，迄今为止的研究中，其通说认为，这是战国中期以前的儒家、思孟学派的作品，与《礼记·中庸》第一章“天命之谓性，率性之谓道，修道之谓教”的“天命之谓性”相同或类似。

然而，根据笔者的研究，两书的“眚（性）自命出，命自天降”是战国末期以后的儒家向天寻求人性的根据，并据此向天寻求人类道德的根据的文章，是以上文引用的《吕氏春秋》的《荡兵》篇和《诚廉》篇等同类思想为基础所发展而出的产物。《礼记·中庸》第一章，阐述了儒家的道德思想中最重要的概念——性、道、教，展开了始终一贯的逻辑秩序化的理论，这只有在如上文所述的天与性的思想确立的战国后期至晚期之后，才能成为可能。而《中庸》篇第一章的思想与表现，则能在

① 本论文所引用的《荀子》文本，基本上使用《古逸丛书》所收的杨倞《荀子注》（金泽文库的影宋台州本）。

② 关于《郭店楚墓竹简》的《眚（性）自命出》全文的解释，请参见池田知久监修《郭店楚简德研究》（四）（五）（大东文化大学郭店楚简研究班，2002 年 10 月、2004 年 3 月）所收的《郭店楚墓竹简〈眚（性）自命出〉译注》（其一）（其二）。《眚（性）自命出》和《性情论》中，如本文所说，的确，和《礼记·中庸》第一章第一句类似，不过，第二句、第三句中拥有的，尤其是第二句拥有的把人性看作善这样的思想根本没有出现，不仅如此，从善性取出来道教这样的思想也根本没有出现。

西汉初期陆贾的文章中得见其原型。①

此外，《礼记·乐记》也是表现了西汉时期儒家思想的文献。在此描绘了被后代视作正统的儒家的性的思想，而在性的思想中，情、欲被明确定位并被赋予负面的评价。

> 人生而静，天之性也。感于物而动，性之欲也。物至知知，然后好恶形焉。好恶无节与内，知诱于外，不能反躬，天理灭矣。

这是以前文提到的孟子的性的思想为前提，将恶的原因视作被外界事物所触发而生的感情、欲望，并深化论之的儒家的代表性的文章。然而，其原型则在《淮南子·原道》（西汉武帝初年成书）中：

> 人生而静，天之性也。感而后动，性之害也。物至而神应，知之动也。知与物接，而好憎生焉。好憎成形，而知诱于外，不能反己，而天理灭矣。②

可见，这是受到了战国晚期至西汉初期的道家的性的思想的影响。如此，在一定的条件下，儒家的孟子的“性善说”与道家的性的思想，是能够轻易地达成共识的（后文详述）。

（四）道家

战国中期方才在思想界出现的道家，起初几乎未言及性。这是因为，当初道家对于将人的应有的状态，特别是道德的政治的状态置于人的框架之下进行讨论的性这一题目完全不感兴趣。对它们而言，第一，人所

① 《论衡·本性》先引用陆贾的表述，然后对此加以评论。但这种表述在《新语》的所有文本中都没有出现，是《新语》佚文之一。这个文本中有和《中庸》篇第一章第一句、第二句“天命之谓性，率性之谓道”类似的思想，然而我们应该承认其表达没有《中庸》篇第一章那么完整，而且，还没有具有《中庸》篇第一章的第三句“修道之谓教”的部分。假设在西汉初期陆贾的时代《中庸》篇已经形成了的话，这种情况就一定不会发生了。本论文所引用的《论衡》文本，基本上依据黄晖《论衡校解》（附刘盼遂《论衡集解》，中华书局 1990 年版）。

② 本论文所引用的《淮南子》文本，基本上依据《四部丛刊》所收的北宋小子本《淮南子》。

进行的道德或政治行为是人为的典型，仅仅是破坏人的原本状态的元凶；第二，将人的应有状态置于人的框架下进行讨论，视野太过狭窄了。

关于第二点，他们将人应有的状态，并非作为人的框架下的问题，而是作为一般存在的万物之中的问题；并非作为人性而是作为万物的理（道理）和情（实情）来把握。例如《庄子·秋水》中有言：

> 盖师是而无非，师治而物乱乎？是未明天地之理、万物之情者也。……然则何贵于道邪？……知道者，必达于理。达于理者，必明于权。明于权者，不以物害己。①

这样的把握方向，沿袭了将原本不过是万物中的一物的人，只视作其一物，又自此超脱出来，与处于万物对极的根源性的道合为一体的道家哲学的根本主题（《庄子·齐物论》等）。

然而，此后，道家的思想不断发展，产生了人的应有的状态，因此，也开始认为，理、情、道存在于万物之中，而存在于人中时则被称为性。例如，《庄子·天地》中有言：

> 泰初有无，无有无名，一之所起。有一而未形，物得以生，谓之德。未形者有分，且然无闲，谓之命。留动而生物，物成生理，谓之形。形体保神，各有仪则，谓之性。②

在这里，以“泰初”的物（道）作为起点，生成了物（主要是人）的性，这种万物生成论式的，或者说存在论式的过程，被清晰地描绘为“无→一（德）→命→物→形→性”的图示。这样的思想，可以说是前文所举的那些将人类的性的根据求之于天，并由此人类的道德的根据也求之

① 关于《庄子·秋水》引用段落的详细解释，参考拙著《庄子（上）全译注》（东京：讲谈社2014年版），《秋水第十七》。此外，本论文所引用的《庄子》文本，基本上依据《续古逸丛书》所收的宋刊本《南华真经》。

② 关于《庄子·天地》引用段落的详细解释，参考拙著《庄子（上）全译注》，《天地第十二》。

于天的战国后期至晚期的儒家、道家的思想的先驱了。道家最重要的思想根源——道存在于所有人的内在，而其正是迄今为止所议论的性，这样的新主张，表面上虽然没有使用善这样的褒义词，实际上是对人类的性最为强力的肯定。因此，道家的性的思想，与孟子的"性善说"基本可以作为同样的类型来把握（关于善的内容，孟子与道家则正好相反，此点将在后文详述）。战国晚期道家所提倡的回归人的本来面目的所谓"复初""反性"的命题（《庄子・缮性》）[①]，经由后世尊奉"性善说"的唐代儒者李翱的《复性书》而被宋代以后的朱子学接受，就并非出于偶然了。

如上所述，道家即便在肯定地言及人的性的阶段中，关于人为，他们依然持否定的态度。因此，道家的性的概念，在多数的场合下，是指与道德、政治等所谓人为完全相反的，人的健康身体的生命或无知、无欲的朴素的心情。这与此前的儒家孟子，在《孟子・离娄下》中所主张的，轻视养生，而仁、义、礼、智"四端"是人与生俱来便具有的思想正好相反。[②] 孟子曰："养生者，不足以当大事。惟送死可以当大事。"对于道家来说，性是先天的，任其自然就是完备的，不需要再加入后天的学习、修养的努力。不仅如此，还将特别是儒家所主张的对道德和政治的学习、修养等，视作完全是破坏人与生俱来的性的坏事。如此，在后文所述的儒家的荀子提倡"天人之分""性伪之分"之前，实际上道家就已经将"天性"与"人伪"进行了分别。尽管以道家思想为基础的荀子，将道家对"天性"的高评价与对"人伪"的低评价互相逆转了过来。

战国晚期到西汉初期的道家文献中，不时可见保全"性命之情"的思想（如《庄子》中的《骈拇》《在宥》《天运》《徐无鬼》等篇，《吕氏春秋》的《重己》《谨听》《观世》等篇，《淮南子》的《原道》《俶真》《精神》等篇）。[③] 在此"性命之情"的内容也就是上文中的人的身体的生命以及朴素的心情等，这种论证思路也是上文中反对儒家"人

---

① 《庄子・缮性》里出现"复初"一词："德又下衰，及唐虞始为天下。……然后民始惑乱，无以反其性情，而复其初"，受到了肯定的评价。

② 代表战国时代儒家思想家的孟子和荀子，对当时开始流行的养生思想很轻视。关于这个问题，请参见拙著《老子 读尽其思想》（东京：讲谈社 2017 年版）第Ⅱ部分第 4 章"先秦儒学中的养生"。

③ 在此笔者试引用《庄子・骈拇》的"性命之情"一例："吾所谓臧者，非仁义之谓也，臧于其德而已矣；吾所谓臧者，非所谓仁义之谓也，任其性命之情而已矣。"

为”的道家的“无为”思想。

(五)荀子

战国晚期的代表性的思想家荀子(约前314—前238年)所处的时代,既处于可以综合春秋战国百花齐放的思想的位置,又有着秦始皇统一天下的迫在眉睫的社会政治状况,他便在这样的背景下开展自己的思想活动。因此荀子的思想,接受了此前春秋战国时期的诸子百家,特别是道家思想的刺激以及知识的营养,这在论述性的命题时也有体现。

如前所述,道家认为人首先是万物之一,并不承认人有区别于万物的独自的性,毋宁说倾向于将之解消在万物之中。荀子部分地承认这一思想,在此基础上力图超越其反人类主义,从而提出了万物世界的阶层论。《荀子·王制》中谈道:

> 水火有气而无生,草木有生而无知,禽兽有知而无义,人有气有生有知,亦且有义,故最为天下贵也。力不若牛,走不若马,而牛马为用,何也。曰:“人能群,彼不能群也。”人何以能群。曰:“分。”分何以能行。曰:“义。”故义以分则和,和则一,一则多力,多力则疆,疆则胜物。故宫室可得而居也。

然而,荀子并不认为这里的义是人与生俱来的性。正相反,他多次指名反对孟子(承认仁、义、礼、智是性)的“性善说”,而提倡“性恶说”。《荀子·性恶》的开篇便宣言道:

> 人之性恶,其善者伪也。

荀子的“性恶说”的理论构成是非常复杂的。以下揭示其大略。① 首先,荀

① 关于荀子“性恶说”的详细探讨,请参见以下的拙论《〈荀子〉的性恶说——其本质与机能》(上、下)(《高知大国文》第二号、第三号,高知大学国语国文学会1971年版、1972年版);《上海楚简〈孔子诗论〉中所见“豊(礼)”的问题——关雎篇评论中作为人类欲望规制的“豊(礼)”》(《东方学》第一〇八辑,东方学会2004年版)。

子所说的性是人类与生俱来的自然的性质。《性恶》篇中有言：

凡性者，天之就也，不可学，不可事。礼仪者，圣人之所生也，人之所学而能，所事而成者也。不可学，不可事而在人者，谓之性。可学而能，可事而成之在人者，谓之伪。是性伪之分也。

然而，性的实际的内容，却与孟子不同，指其所谓欲的内容。荀子的“性恶说”的这一部分（性实际的内容主要指欲）可以说继承了孟子的论敌告子的“性无善，无不善也”的学说。《孟子·告子上》中有言：

告子曰：“食色，性也。仁，内也，非外也。义，外也，非内也。”

告子将内在于人的欲望和感情视为先天的性，将追求义等善的后天的道德作为外在于人的东西来论述，将性的事实与善恶道德，以及感情欲望的内在与道德的外在进行了明确的区分。荀子无疑从这种思想中汲取了很大的营养。他的“天人之分”“性伪之分”不仅受到了道家“天和人”的影响，应该也受到了告子的上述性的思想的影响。

接下来，荀子主张无论什么人都具有这种作为性的欲。《荀子·荣辱》中有言：

材性知能，君子小人一也。好荣恶辱，好利恶害，是君子小人之所同也。

虽然“性善说”和“性恶说”对性的善恶评价相反，但是荀子在性上将万人平等对待的人类观与孟子相同，这是他继承了孟子的方面。因此，据荀子所说，万人一致，与生俱来拥有各种各样的感官的、物质的、政治的，等等，多彩多样的欲，并且在量上都无限索求，无法满足。《荀子·荣辱》中有言：

人之情，食欲有刍豢，衣欲有文绣，行欲有舆马，又欲夫余财蓄积之富也。然而穷年累世不知足，是人之情也。

这样拥有多种多样无限追求的欲的人，因而发生了人与人的争斗，于是就造成了国家、社会的混乱。荀子将这种国家、社会的混乱定义成恶。因此，荀子的“性恶说”，其直接的、表面的内容，正是人的性将国家、社会带向混乱。为了平息斗争、拯救混乱，荀子提倡的合理满足全人类的欲的社会规范，便是圣人制礼的理念。其实际形态便是被称作分的社会秩序。《荀子·王制》中有言：

> 分均则不偏，势齐则不一，众齐则不使。有天有地，而上下有差。明王始立，而处国有制。夫两贵之不能相事，两贱之不能相使，是天数也。势位齐，而欲恶同，物不能澹，[不能澹]则必争，争则必乱，乱则穷矣。先王恶其乱也，故制礼义以分之，使有贫富贵贱之等，足以相兼临者，使养天下之本也。书曰：“维齐非齐。”此之谓也。

荀子认为所谓的善，是人通过后天的学习、修养，即“人为”的积累，最终达成的结果，这样，人类最终会成功建设有礼的理想社会。正如上文所引的《性恶》篇开篇所说的那样，这并非先天的性而是后天的“伪”，不是任其天性而是积累人为的结果。

如上所述，荀子将人与生俱来的性及其实际的内容——欲定义为恶。即便如此，他并非否定作为性的欲。相反，在充分认识到会使国家、社会陷入混乱的危险性的基础上，肯定了对欲的追求。① 这是为什么呢？原因在于荀子将作为全人类的性的欲在追求同样对象时所发生的，人与人的斗争，视作全人类自发接受圣人制作的礼，建设新的理想社会的最根本的动力。荀子学派，将不断迫近的战国时期的终结与秦始皇一统天下置于其视野之中，为了在统一过程中应当建设起来的新的理想的天下秩序的理论化而煞费苦心，而这一体系中的性的思想，则是其理想社会论中，最为深层的人类学的基础。

---

① 参见《荀子·正论》中展开的对寡欲说的批判，因原文过长故在此省略。

（六）韩非等法家及其后的法术官僚

战国晚期的韩非（约前280—前233年）所创立的法家，几乎没有对人性的正面论述。但是，可以认为其人类观承袭了荀子的“性恶说”。因为法家的代表人物韩非，以主张法治主义而闻名，作为其思想基础的人无论是谁都有追求安全、利益而规避危险、损害的思想，无疑是在其老师——荀子的“性恶说”的影响下形成的。例如《韩非子·奸劫弑臣》中有言：

> 夫安利者就之，危害者去之，此人之情也。①

韩非主张，充分考虑所有的人与生俱来的性质，在此基础上要达成富国强兵的目标，则必须强化君主权。即是说，在君主看来，立下功绩的人，应当给予“赏”，而没有立下功绩的人则应给与“罚”，同时有必要正确地向臣下和民众传达“信赏必罚”。这是荀子的思想中所没有的韩非独特的主张，这一主张在后世不仅得到了法家，也得到了儒家的支持。例如，东汉末期的徐干（170—217年）的《中论·赏罚》中有言：

> 人君明乎赏罚之道，则治不难矣。夫赏罚者不在乎必重，而在于必行。必行则虽不重而民戒，不行则虽重而民怠。故先王务赏罚之必行。②

这种文字与韩非一样强调君主统治民众时的“赏罚必行”，而其基础便是荀子、韩非的“性恶说”。此外，韩非根据“信赏必罚”，整顿了作为君主的“手足”的官僚机构，并通过其强化对民众的支配，来迎接即将来临的战国时期的终结与秦始皇的天下统一。

其后的西汉、东汉以来，在政治的舞台上，有被称作酷吏的法术官

---

① 本论文所引用的《韩非子》文本，原则上依据钱曾的影宋抄本《韩非子》（《四部丛刊》所收本）。

② 本论文所引用的《中论》文本，原则上依据王谟《增订汉魏丛书》所收的《中论》。

僚出现。他们为了强化居于中央的皇帝的权力，使用严刑峻法来削弱诸侯王、地方豪族、商工之民等的政治、经济的力量。支持这些酷吏活动的人类观，即性的思想，很大程度上来自上文所述的荀子、韩非所主张的，人类生来就追求安全、利益而憎恶危险、损害的“性恶说”。例如，《汉书·刑法志》在立于儒家思想的立场的同时，阐发论述统治民众不仅需要“礼教”，同时也需要“刑法”的思想。而其开头，便是对《荀子·王制》内容的改编：

> 夫人宵天地之俑，怀五常之性，聪明精粹，有生之最灵者也。爪牙不足以供耆欲，趋走不足以避利害，无毛羽以御寒暑，必将役物以为养，任智而不恃力。此其所以为贵也。故不仁爱则不能群，不能群则不胜物，不胜物则养不足。群而不足，争心将作。上圣卓然先行敬让博爱之德者，众心说而从之。从之成群，是为君矣。归而往之，是为王矣。《洪范》曰：“天子作民父母，为天下王。”圣人取类以正名，而谓君为父母，明仁爱德让，王道之本也。爱待敬而不败，德须威而久立。故制礼以崇敬，作刑以明威也。①

然而，同样是基于儒家的立场主张法律、刑罚的必要性的理论，随着时间的推移，其作为基础的性的思想，从荀子的“性恶论”中脱离，开始采用各种各样的性的思想。例如，西汉初期董仲舒（约前 179—前 104 年），一方面提倡拥有“上性”的统治者要对持有“中性”的人施以教；另一方面则承认需要对持有“下性”的人行使刑罚（《春秋繁露·五行相胜》），这是基于刚刚诞生没有多久的“性三品说”的见解（见后述）。东汉的王符同样基于“性三品说”，主张对“下愚极恶”者适用刑罚。例如，《潜夫论·述赦》中有言：

> 今夫性恶之人，居家不孝悌，出入不恭敬，轻薄慢傲，凶悍无辨，明以威侮侵利为行，以贼残酷虐为贤。故数陷王法者，此乃民之贼，

---

① 本论文所引用的《汉书》文本，原则上依据中华书局本《汉书》（1962 年版）。

下愚极恶之人也。虽脱桎梏而出图圄，终无改悔之心，自诗（恃）以赢（数）敖（赦）头（赎），出狱踧踖，复犯法者何不然。……由此观之，大恶之资，终不可化，虽岁赦之，适劝奸耳。①

此外，北齐魏收所著《魏书·刑罚志》中也有：

生民有喜怒之性，哀乐之心，应感而动，动则逾变。淳化所陶，下以惇朴。故异章服，画衣冠，示耻申禁，而不敢犯。其流既锐，奸黠萌生。是以明法令，立刑赏。②

如此，在承袭了上文中所引的《礼记·乐记》将恶的原因看作外界事物所触发而胜出的感情、欲望的思想的基础上，提倡对此有效的对策不仅要有德还需要刑。

二　变革期的新性的思想（战国晚期到西汉初期及东汉）

（一）战国晚期到西汉初期的"性说"的折衷

自战国初期诞生以来，直到战国晚期，产生了各种各样的发展的性的思想，有三个重要的特征。第一，各种思想各自内部几乎不包含其他的性的思想的要素，具有独创的纯粹性。第二，各种思想都具有作为原则上的全人类都同样拥有的性的人人平等的观念。第三，为了实现各自理想的善，需要对性加以学习、修养，而承认其主体是一切个人。但是，在中国社会迎来巨大变革的战国晚期到西汉初期，以上各点也发生了巨大的变化，而新的性思想孕育而生。

---

① 本论文所引用的《潜夫论》文本，原则上依据汪继培《潜夫论笺校正》（中华书局1985年版）。

② 本论文所引用的《魏书》文本，原则上依据中华书局本《魏书》（1974年版）。

在这样的关于性的新思想的孕育之中，有关上述第一点，在战国初期至晚期，一方面有孟子的“性善说”，而其理论通过其后的儒家、道家的思想活动逐渐完善，发展至《礼记》诸篇等对性的论述。另一方面，有以告子为先驱的荀子的“性恶说”，这也在战国晚期到西汉初期的儒家思想界具有绝对的影响力（陆贾、贾谊、贾山、韩婴、董仲舒等都受其影响）①，此外，也成为法家及法术官僚的活动根据。在此之外虽然也有各种关于性的思想存在（参照本文中孟子一项的内容），但孟子的“性善说”与荀子的“性恶说”，尤为旗帜鲜明，由于各自的思想具有不包含其他性的思想的要素的纯粹性或独创性，在战国时期始终扮演了性的思想的引领者的角色。然而，到了战国末期到西汉初期，出现了将此两说折衷或者说综合的思想。

其一是，基于荀子的“欲望论”（“性恶说”的一部分），主张人类虽然都与生俱来拥有追求感官的、物质的、政治的欲，但并不仅限于此，也有着追求道德的仁义等善的欲，在“性恶说”的大框架下包含了“性善说”的契机。例如，马王堆汉墓帛书《五行》② 及《淮南子·泰族训》③ 便是这样的类型。

其二是，一方面，孟子的“性善说”是主张人类可以实现理想的善的可能性的思想；另一方面认为，荀子的“性恶说”是主张人类为了纠正恶实现善，需要加以学习、修养的思想，两者有各自的任务分担。这一类型，认为人的性中同时存在性善和性恶两面，因此，对人来说，实现善的可能

① 关于在战国晚期到西汉初期的思想界，荀子学派的诸思想以及受到荀子影响的儒者们的诸思想，请参见［日］内山俊彦《荀子》（东京：讲谈社 1999 年版）第Ⅲ章 2“诸子时代的终结——从荀子到荀子以后”。

② 关于马王堆汉墓帛书《五行》的性的思想内容，请参见拙著《马王堆汉墓帛书五行篇研究》第一部第四节“‘马王堆汉墓帛书五行篇’的作者及其学派”。其中特别值得注目的思想是，《五行》这本书把“草木之生（性）”看作“生”，把“禽兽之生（性）”看作“好恶”，与此对比，把“人之生（性）”认为“好仁义”（请参见拙著《马王堆汉墓帛书五行篇研究》第二部，第二十三章“说”）。

③《淮南子·泰族训》论述直到西汉武帝时期的儒家性的思想。其梗概如下：一方面基于战国晚期的荀子“性恶说”，认为性的内容是欲望、感情；另一方面继承战国中期的孟子“性善说”，主张性本来具有前往道的可能性。关于这一问题，详细可参见拙著《译注〈淮南子〉》增补改订版（东京：讲谈社 2018 年版），《卷第十二泰族训》55《圣人制定社会制度的方式》。

性和纠正恶的必要性同等重要。因此，说这是孟子的时代已经提倡的"性可以为善，可以为不善"的学说在战国末期到西汉初期的复活也不为过。例如，西汉末年的扬雄（前53—18年）的《法言·修身》[①] 以及晋代傅玄（217—278年）的《傅子·戒言》[②] 便是这样的类型。

其三是，人类的性与生俱来分为"上品""中品""下品"三个等级的"性三品说"。这一思想中，"上品"的"上知之性"基于孟子的"性善说"，"下品"的"下愚之性"基于荀子的"性恶说"，而"中品"的"善恶混成性"是基于孟子、荀子的折衷（上文孟子项中的其二）。在上述两重意义上，可以视作对孟子、荀子的折衷。因此，这一类型，可以说，是以在孟子的时代已经有人提倡的"有性善，有性不善"（孟子一项中其三）与"性可以为善，可以为不善"为其朴素的先驱，在西汉初期以来作为理论得以整理完善（详见后述）。

（二）性的"人人平等观"与实践主体的变化

孟子和荀子各自具有原则上将所有人在性问题上平等对待的"人人平等观"，这在前文已经提到。通观战国时期，这一"人人平等观"基本上是主流。而作为例外，便是上文提到的"性三品说"。人类中，有与生俱来的"善人"，与生俱来的"恶人"，以及与生俱来的"善恶混成人"，这样的人类不平等观念，在战国中期孟子的时代便已经有其朴素的先驱萌生。但是，通观战国时期，这一"人类观"在知识人和统治者之中并没有进一步完备。然而，经过了战国时期的终结与秦汉统一帝国的成立这一中国史上巨大的变革之后，事态发生了巨大的变化。及至西汉中期，"人人平等观"已经销声匿迹，反而"性三品说"变得盛行起来。

但是，孟子的"性善说"在性的可能性上认为人人平等，但在善的

① 扬雄的《法言·修身》有如下文章："人之性也，善恶混。修其善则为善人，修其恶则为恶人。气也者，所以适善恶之马也兴。"此外，关于本论文所引用的《法言》文本，原则上依据汪荣宝《法言义疏》（中华书局1987年版）。

② 傅玄《傅子·戒言》中，有如下文章："夫贪荣重利，常人之性也，虽死亡不避也。先王知人有好善尚德之性，而又贪荣重利也。故贵其所尚，而抑其所贪。贵其所尚，则礼让兴。抑其所贪，则廉耻存。"此外，本论文所引用的《傅子》文本，原则上依据昌平坂学问所刊官版本《傅子》（和刻本《诸子大成》所收，汲古书院影印1975年版）。

现实性上并不坚持人人平等，理所当然也认为现实的国家、社会中存在的君主与臣下、统治者与民众之间的差别是正当合理的（前述）。较孟子更进一步对现实存在的人类的不平等进行肯定的，就是荀子的“性恶说”。对荀子而言，人从平等的性的起跑线上同时出发，而其后因为各人自己的责任，在学习、修养上或勤勉，或怠惰，最终的能力就显得千差万别，朝着各种的方向分化。这种将人进行分类的理念就是礼，分类结果所形成的秩序的实际就是分。他在《荀子·荣辱》中说：

> 夫贵为天子，富有天下，是人情之所同欲也。然则从人之欲，则执（势）不能容，物不能赡也。故先王案为之制礼仪以分之，使有贵贱之等，长幼之差，知愚能不能之分，皆使人载其事而各得其宜，然后使悫（谷）禄多少厚薄之称。是夫群居和一之道也。

因此，“性恶说”在一方面成了极力肯定现实存在的人的不平等的理论。

秦汉统一中国，社会环境发生巨大变化，“性三品说”在西汉中期得以盛行。在具体的思想承担者的问题上，作为思想提倡者的儒家不再是在野的批判势力，而是与统治权力接近并部分地承担了统治责任；在性的思想问题上，荀子的“性恶说”的现实作用在形势变化的西汉时期得以发挥，推动了国家、社会秩序的固化。

战国时代的性的思想除若干例外，都承认为了实现理想的善而进行学习、修养的主体，是包含民众在内的人的全体。孟子的思想原则是如此，而荀子亦是如此。例如，荀子在《性恶》中主张：

> 涂之人可以为禹，曷谓也。曰：“今使涂之人，伏术为学，专心一志，思索孰察，加日县久，积善而不息，则通于神明，参于天地矣。故圣人者，人之所积而至也。”

然而到了西汉中期，情况变化。为了实现善而加以学习、修养的主体，从所有的人转化为只指圣人、天子、君主。而这一变化的内容和意义，可以视作“性三品说”的成立与展开的问题而得以解明。

三 "性三品说"的成立与展开（西汉中期至唐代以前）

经历了战国时代的终结与秦汉统一帝国的成立这一中国史上的巨大变革，性的思想也发生了很大的变化。西汉中期，"性三品说"在思想界粉墨登场并盛行起来。然而，即便同样是"性三品说"，从其诞生之初的西汉中期前的理论萌芽，到后来唐代的《五经正义》以及韩愈（768—824年）完成其理论，其间作为一种思想，有着相当程度的发展和扩充。以下就沿着其方向来阐述"性三品说"的成立与展开。

（一）学习、修养主体的变化

为"性三品说"的诞生创造根本条件的，是对各自的性加以学习、修养的主体，由原本包括民众在内的一切人，转变成圣人、天子、君主。例如，《淮南子·泰族训》（至西汉初期武帝初年为止，儒家之作）中有言：

> 茧之性为丝，然非得工女煮以热汤，而抽其统纪，则不能成丝。卵之化为雏，非［得］慈雌呕燠覆伏，累日积久，则不能为雏。人之性有仁义之资，非［得］圣王为之法度，而教导之，则不可使乡方。①

人的性有行善的可能性，但是人并不能通过自己的力量来实现，为了实现善，由圣王（实际上是被比作圣王的现实君主）从外部进行教导是不可或缺的，这是一种全新的主张。在这里，极为明确地论述了关于性的思想的实践主体：全体人并不是对自身的性加以学习、修养的主体，圣王才是教导所有人的性向善的主体。仅凭这一点还不足以确立"性三

---

① 关于《淮南子·泰族训》引用段落的详细解释，参见拙著《译注〈淮南子〉》增补改订版《卷第十二泰族训》55《圣人制定社会制度的方式》。此外，在《韩诗外传》卷五中也有与此段基本相同的文章。

品说”。但是，可以将之视作“性三品说”成立的来源之一。

毫无疑问，这一主张，是在迎来西汉帝国成立这样一种从未有过的社会政治状况的变化时，儒家思想家们为了使君主统治所有人合理化、正当化，从性这一问题视角给出的一种答案。但是，这里尚未论及将性分为上、中、下三个等级，或是圣王所教导的对象只有“中人”，因此并不能说“性三品说”诞生了。这只不过是具备了其诞生的基本条件。而此后，这一主张在新诞生的“性三品说”中，多数的场合下都被作为基本条件得以继承下来。

（二）分为上、中、下三等级的性

后来出现了将性分为上、中、下三个等级而论述其各自的善恶或在国家、社会中的作用的议论——真正的“性三品说”。这一思想的朴素先驱已经在《孟子·告子上》中出现，关于这点前文已经谈过。但是，从现存文献来判断，最早提倡这一思想的是《淮南子·修务》（至西汉初期武帝初年为止，墨家之作）：

> 且夫身正性善，发愤而成［仁］，帽凭而为义，性命可说，不待学问而和于道者，尧、舜、文王［也］，沉湎耽荒，不可教以道，不可喻以德，严父弗能正，贤师不能化［者］，丹朱、商均也。曼颊皓齿，形夸骨佳，不待脂粉芳泽而性可说者，西施、阳文也；啳脬哆噅，籧蒢戚施，虽粉白黛黑弗能为美者，嫫母、仳倠也。夫上不及尧、舜，下不及（若）商均，美不及西施，恶不若嫫母，此教训之所俞［也］，而芳泽之［所］施。

原本此段文章，并没有仅仅将问题限制在性的善恶之下，也混入了对容貌美丑的夹杂论述。此外，上文提到的对性进行教化的实践主体到底是谁这一问题，也并没有明确指出。这种情形，也并不能将之视作“性三品说”的正式产生，而是应当看作其登场之前的思想来源之一更为妥当。

真正的“性三品说”的出现，最早当属在稍后时代的董仲舒（约前176—前104年）。董仲舒将人的性实际划分为上、中、下三个等级，他主张“上（圣人）性”与“下（小人）性”并不称为性，仅将“中（中民）性”称作“性”。例如，《春秋繁露·实性》中有：

> 圣人之性，不可以名性。斗筲之性，又不可以名性。名性者中民之性。中民之性，如茧如卵。卵待覆二十日，而后能为雏。茧待缫以涫汤，而后能为丝。性待渐于教训，而后能为善。善，教训之所然也，非质朴之所能至也，故不谓性。①

这种“中民之性”在《春秋繁露·深察名号》中有：

> 性之名非生与。如其生之自然之资，谓之性。性者，质也。

同篇还有：

> 天地之所生，谓之性情。性情相与为一瞑。情亦性也。谓性已善，奈其情何。故圣人莫谓性善，累其名也。身之有性情也，若天之有阴阳也。言人之质而无其情，犹言天之阳而无其阴也。

在董仲舒看来，人的性和情是一体的，都是“天地”所授的自然的素质。他认为，情的实际内容就是欲（参照《汉书·董仲舒传》的第一次对策、第三次对策），“中民之性”中，特别是其情（欲）中内含着犯恶的契机。他又认为，人的性情的根据在于“天地”的阴阳，是宇宙的根本秩序的一部分。

因此，董仲舒尽管承认上述人的性，亦即“中民之性”有向善的素质，但绝不认为其本身就是善。同样《春秋繁露·深察名号》中就有：

> 性如茧如卵。卵待覆而成雏，茧待缫而为丝，性待教而为善。

---

① 本论文所引用的《春秋繁露》文本，原则上依据卢文弨《抱经堂丛书》所收的《春秋繁露》（商务印书馆影印本）。

> 此之言真天。天生民，性有善质而未能善。于是为之立王以善之，此天意也。民受未能善之性于天，而退受成性之教于王。王承天意，以成民之性为任者。今案其真质，而谓民性已善者，是失天意，而去王任也。

与上文所引《淮南子·泰族训》以及《韩诗外传》卷五的内容基本相同，主张虽然“民性”有行善的素质，但其本身并非善，为了完成性，“王”（自民众的外部）进行“教”这一人为是不可或缺的。

不仅如此，董仲舒提出了《淮南子·泰族训》和《韩诗外传》卷五并未提及的新主张。所谓“王”，是为了教化“民性”向善这一任务而设置的职位，而且其背景中存在着“天意”（天帝的意志）。自不必说，在这里，对“民性”加以人为的实践主体并非民众自身而是“王”，将关于“王”的政治思想强制渗透进关于人性的问题中来，在“王”的统治权力之下，关于“民性”的主要问题全部被汇集，其结果显而易见，便是“王”（现实中指西汉武帝之后的皇帝）的权力被异常强化。关于“王”，《汉书·董仲舒传》第三次对策中有言：

> 天令之谓命，命非圣人不行。质朴之谓性，性非教化不成。人欲之谓情，情非度制不节。是故王者上谨于承天意，以顺命也，下务明教化民，以成性也。正法度之宜，别上下之序，以防欲也。修此三者，而大本举矣。

“王”也被称作圣人、“王者”。因此，一方面在理论上，相当于如上文所述董仲舒所划分的三等级中的“上性”的持有者。同时另一方面在现实中，毫无疑问，是指代被比喻为圣人、“王者”的实际的统治者，即西汉时期的皇帝。

将以上董仲舒的性的思想加以归纳，便是以下的内容。拥有“上性”的圣人遵奉天的意志即王位，教化持有“中性”的民，引导他们实现善。但是，拥有“下性”的人并不是被教化的对象。因为，有“中性”的民虽然本身并不善，但拥有善的素质，因此可以教化也需要教化。相反，拥有“下性”的人与生俱来不具备善的素质，因此是不可能被教化也不需要被教化。

虽然有着如此完备的理论，但从后述的“性三品说”完成形态的标准来判断的话，作为“性三品说”的理论仍然难说没有不充分之处。例如，关于“下性”，实际上董仲舒并无多少实际的论述，上述总结之中，关于“下性”者的境遇的内容混入了一些笔者的推定。此外，董仲舒在提倡这样的“性三品说”时，并没有像后世儒家那样，将《论语》中的《阳货》《雍也》两篇引用作经典上的根据。然而，即便如此，他的“性三品说”可以说是基本完成的真正的思想。

（三）“性三品说”的经典根据与经学

若说“性三品说”经典上的根据，上述《论语·阳货》篇中的：“子曰：‘性相近也，习相远也。’”以及《论语·雍也》中的“子曰：‘中人以上可以语上也，中人以下不可以语上也。’”这两句孔子的话是其代表。

在公元1世纪中叶成书的《汉书·古今人表》中，列举了包含以上两段文字在内的六段《论语》中的文章作为根据，并将一切人分为“可与为善，不可与为恶”的“上智”之人，“可与为恶，不可与为善”的“下愚”之人和“可与为善，可与为恶”的中人三个等级。而“上智、中人、下愚”又被分为“上上、上中、上下，中上、中中、中下，下上、下中、下下”共计九个等级，而将古今著名人物都放在此九个等级的框架内，制作了一览表。这也是一种“性三品说”。

此外，东汉王符在《潜伏论·德化》中，也基于《论语·阳货》的“唯上智与下愚不移”来提倡“性三品说”①，东汉荀悦的《申鉴·杂言下》也有以《论语·阳货》中“性相近也，习相远也”，以及“唯上智

---

① 王符《潜夫论·德化》中，有如下文章，此段与《春秋繁露·实性》同样使用了“中民”一词，并主张通过“圣帝”“明王”可以改变性：“圣帝明王，皆敦德化而薄威刑。德者所以修己也，威者所以治人也。上智与下愚之民少，而中庸之民多。中民之生世也，犹铄金之在炉也。从笃（范）变化，惟冶所为，方圆薄厚，随镕制尔。”

与下愚不移”两文为基础，使用“三品”“九品”等名词提倡“性三品说”的内容。①

翻阅后世对儒学经典的注释，对《论语·阳货》的“唯上智与下愚不移”，西汉武帝时期孔安国的《论语训解》中可见基于“性三品说”立场进行的注释，这一例子出现的年代太早，是否是史实值得怀疑。而对《论语·雍也》中“中人以上可以语上也，中人以下不可以语上也”，三国时期魏的王肃（195—256 年）从“性三品说”的立场进行了注释，而魏的何晏的《论语集解》中则肯定地引用了王肃的说法。

但是，更彻底地站在“性三品说”的立场上对《论语》进行注释的是梁代皇侃（488—545 年）的《论语义疏》。此书在《雍也》《季氏》《阳货》等篇②的注释中详细地铺陈了“性三品说”，其中也包含皇侃的新思想。皇侃在这些篇章中展开了论述。人的性大致分为“上品”“中品”“下品”共“三品”，而细分则是“上上、上中、上下，中上、中中、中下，下上、下中、下下”共“九品”。其中，“上上”是圣人，不需要被教导；“下下”是愚人，也不需要被教导。其间的“七品”是“中人”，是能够被教导的。“中人”如果遇到好的师长便能上进，而遇到恶人则会堕落，

① 荀悦在《申鉴·杂言下》中有：“或问天命人事。曰：‘有三品焉，上下不移，其中则人事存焉尔。命相近也，事相远也，则吉凶殊也。故曰：“穷理尽性，以至于命。”’”而《前汉纪·高后纪》中有荀悦曰：“人有不教而自成者，待教而自成者，无教化则不成者，有加教化而终身不可成者。故上智下愚不移，至于中人，可上下者也。”在知晓荀悦的“性三品说”的基础上可以参见上文。此外，本论文所引用的《申鉴》文本，原则上依据孙启治《申鉴注校补》（中华书局 2012 年版）。还有，《前汉纪》文本，原则上依据张烈点校《两汉纪》上（中华书局 2002 年版）。

② 皇侃《论语义疏》除了上文引用的《雍也》《阳货》两篇之外，作为论述“性三品说”的例子还追加了《论语·季氏》中孔子的话，来作为加强“性三品说”的根据：“孔子曰：‘生而知之者上也。学而知之者次也。困而学之又其次也。困而不学，民斯为下矣。’”皇侃以前，这句话没有被看作为“性三品说”提供根据的句子。比如，孔安国在《论语训解》中也没有解释“性三品说”。到了皇侃，初次成为“性三品说”的经典上的根据。这样的例子，不止这一个，在《论语义疏》中还含有很多。那么，皇侃在《论语义疏·季氏》中的论述：“此章劝学也，故先从圣人始也。若生而自有知识者，此明是上智圣人，故云上也。谓上贤也，上贤既不生知，资学以满分，故次生知者也。谓中贤以下也，本不好学，特以己有所用，于理困愤不通，故愤而学之，此只次上贤人也。谓下愚也，既不好学，而困又不学，此是下愚之民也，故云民斯为下也。”另外，本论文所引用的《论语义疏》文本，原则上依据孙启治《论语义疏》（怀德堂纪念会 1925 年版）。

因此，必须教导他们高一级的道。这样将性分为“三品”“九品”的理由，是因为人出生之际，都会禀受“天地”给予的“清浊、厚薄之气”，各自禀受“纯粹的清气”（圣人）、“纯粹的浊气”（愚人）、“清浊混合之气”（中人，而其中又有“多清少浊”“多浊少清”“半清半浊”等差异），这样生下来就有了分别。其后，因袭皇侃《论语义疏》中的思想的北宋在《论语正义》中，对“性三品说”进行了几乎相同的论述。

到了唐代所成（653 年）的国定教科书《五经正义》中，“性三品说”的经典上的根据，则进一步扩大到《尚书》中的《尧典》《多方》诸篇，以及《礼记》的《中庸》《表记》等篇。由此可见，随着时代的推移，经典中的根据越来越多，而“性三品说”的理论也随之趋近完成，作为思想的影响力也越来越大。

（四）“性三品说”的宿命论化

上文所举的皇侃的“性三品说”中，包含着此前讨论的“性三品说”中没有出现过的，以气的理论为基础的宿命论思想。性无论如何努力都不能改变的思想，在战国以来的道家著作中就已经提出了。例如，《庄子·天运》《吕氏春秋·贵当》《淮南子·原道》等均有所见。① 儒家的《荀子·哀公》《韩诗外传》卷一、《大戴礼记·哀公问五义》《孔子家语·五仪解》中也能见到类似的思想。②

但是，谈到基于气的理论提倡关于性的宿命论的思想家，则无人出东汉王充之右。王充的《论衡》中有相当的篇幅论述性，对这一问题表现出极大的关注。他在《论衡·本性》中，首先列举了从过去到现代，共七种关于性的思想，并对它们的内容一一咀嚼，进行批判。

---

① 在主张人被赋予的性无论如何都无法变更的思想中，《庄子·天运》是其中比较早的例子，而内容如下：“性不可易，命不可变，时不可止，道不可壅。苟得于道，无自不可，失焉者，无自而可。”关于《庄子·天运》所引段落的详细解释，参见拙著《庄子（上）全译注》中《天运第十四》。

② 在主张人被赋予的性无论如何都无法变更的儒家思想中，《荀子·哀公》是较早的一例，内容如下：“孔子对曰：‘所谓士者……。是故知不务多，务审其所知。言不务多，务审其所谓。行不务多，务审其所由。故知既已知之矣，言既已谓之矣，行既已由之矣，则若性命肌肤之不可易也。故富贵不足以益也，卑贱不足以损也。如此可谓士矣。’”

列举的性的思想，其中之一是周人世硕之说：

人性有善有恶。举人之善性，养而致之则善长。[恶] 性，养而致之则恶长。①

王充谈到，宓子贱、漆雕开、公孙尼子也有同样的说法。

其二则是孟子之说：

人性皆善。及其不善，物乱之也。

其三则是告子之说：

性无善恶之分。譬之湍水，决之东则东，决之西则西。夫水无分于东西，犹人 [性] 无分于善恶也。

其四则是，孙卿（荀子）之说：

人性恶，其善者伪也。

其五是陆贾之说：

天地生人也，以礼义之性。人能察己所以受命则顺，顺之谓道。

其六是董仲舒之说：

天之大经，一阴一阳。人之大经，一情一性。性生与阳，情生于阴。

① 所谓的“周人世硕”，应该就是《汉书·艺文志》儒家类的“世子”：“世子二十一篇。名硕，陈人也。七十子之弟子。”这个“世子”，在 1973 年出土的马王堆汉墓帛书《五行》第二十章“说”中出现他的名字和思想，而至现在为止，非常令人注目。请参见拙著《马王堆汉墓帛书五行篇研究》第二部第二十章“说”。如果相信王充在这儿讲的，我们不得不认为早在战国初期的孔子徒孙的时代，已经有了近似王充的“性三品说”。这究竟是不是真的？

阴气鄙，阳气仁。曰性善者，是见其阳也，谓恶者，是见其阴者也。

其七是刘子政（刘向）之说：

> 性，生而然者也，在于身而不发。情，接于物而然者也，出形［出］于外。形外，则谓之阳，不发者，则谓之阴。

在思考批判的过程中，得出上述诸说最为正确的是他论述了自己关于性的思想：

> 实者，人性有善有恶，犹人才有高有下也。高不可下，下不可高。……人禀天地之性，怀五常之气，或仁或义，性术乖也。动作趋翔，或重或轻，性识诡也。面色或白或黑，身形或长或短，至老极死，不可变易，天性然也。余固以孟轲言人性善者，中人以上者也。孙卿言人性恶者，中人以下者也。扬雄言人性善恶混者，中人也。

这很显然是“中人以上、中人以下、中人”的“性三品说”。同时，此段文章能够充分体现出，王充认为人的性终其一生绝不会变化的宿命论思想。

此外，《论衡·率性》中将气的理论作为基础：

> 小人君子，禀性异类乎？譬诸五谷皆为用，实不异而效殊者，禀气有厚泊。故性有善恶也。残则授仁之气泊，而怒则禀勇渥也。仁泊则戾而少愈（慈），勇渥则猛而无义，而又和气不足，喜怒失时，计虑轻愚。妄行之仁，罪（非）故为恶。人受五常，含五脏，皆具于身。禀之泊少，故其操行不及善人。犹［酒］或厚或泊也，非厚与泊殊其酿也，麴糵多少使之然也。是故酒之泊厚，同一麴糵。人之善恶，共一元气。气有少多，故性有贤愚。

从天禀受“厚多之气”而生的人成为性善的君子，禀受“薄少之气”而生的人则成为性恶的小人，宿命论思想表述得更为明确了。

这种禀受“厚薄、多少之气”的性，终其一生，绝对不会改变。王充认为，“中人”之性姑且不论①，“上智”与“下愚”的性是不能变更的。正如《论衡·非韩》中所说：

> 凡人禀性也，清浊贪廉，各有操行，犹草木异质，不可复变易也。

王充的思想，在其生前几乎不受关注，直到东汉末期，通过蔡邕（132—192 年）、王朗、荀悦，渐渐在思想界扩散开来。如下文所见，皇侃的《论语义疏》以及邢昺的《论语正义》也是以气的理论为基础，主张带有宿命论色彩的“性三品说”。在这些思想的背后，存在着王充的“性三品说”，这样的看法应该不会错吧。

（五）“性三品说”成立的诸要素

“性三品说”的成立，需要怎样的思想上的要素呢？将这些要素从上述的讨论中提取出来，能够整理成四点。

第一，战国初期到晚期的性的思想，都在原则上有在性的方面对全体人与人平等视之的“人人平等观”，而与此相对，“性三品说”则并不认为人的本性是一致的，而是分为“上品之性”“中品之性”“下品之性”三个等级。在这一场合，是否使用“上品”“中品”“下品”这样的名词并非其绝对的必要条件。只要是在某种价值差异的意义上划分为三个等级的思想，那么就可置于“性三品说”的形成史之中。这样的学说的朴素先驱，除去《论语·雍也》中的“中人以上可以语上也，中人以下不可以语上也”以及《论语·阳货》中的“唯上智与下愚不移”的

---

① 即便拥有气的理论，王充也认为，通过学习可以后天变更“中人”之性。《论衡·本性》有以下内容：“夫告子之言，谓人之性与水同也。……人善因［固］善，恶亦因［固］恶。初禀天然之姿，受纯一之质。故生而兆见，善恶可察。无分于善恶，可推移者，谓中人也。不善不恶，须教成者也。故孔子曰：‘中人以上可以语上也，中人以下不可以语上也。’告子之以决水喻者，徒谓中人，不指极善极恶也。孔子曰：‘性相近也，习相远也。’夫中人之性，在所习焉。习善而为善，习恶而为恶也。至于极善极恶，非复在习。故孔子曰：‘惟上智与下愚不移。’性有善不善，圣化贤教，不能复移易也。孔子，道德之祖，诸子之中最卓者也，而曰上智下愚不移。故告子之言，未得实也。”

话，在战国中期孟子的时代就已经有其萌芽。而更为接近“性三品说”的思想来源则是西汉武帝初年的《淮南子》中的《修务》等篇，这在上文中已有叙述。而随着历史的发展，拥有以上要素的“性三品说”被不断强化、固化。

第二，旧的各种性的思想认为，为了实现善，有必要对各自的性加以学习、修养，而其实践主体基本上是所有人。然而，“性三品说”中，对性加以学习、修养的主体，并非包含民众的全体人，而仅有圣人、“天子”、君主。而“性三品说”的思想来源之一——《淮南子·泰族训》早已主张，出类拔萃的“圣王”，通过对一般人的教育和训导，能够使人走上正确的方向。像这样，“圣王”通过掌握教导实践的主体性，能够看透新的政治本质。而同时，也确认了处于“中品”“下品”的大多数人，并非实践的主体而是客体，并非政治的主体而是客体的这一事实。不仅如此，“下品”并非“上品”的教导对象，相反，他们不过是刑罚适用的对象。这一思想初见于王符《潜夫论·述赦》，之后陆续出现在各种文献中。

第三，旧的性的思想在战国初期到西汉初期这段时间内，儒学并不一定是最为有力的学派。而在提倡“性三品说”的场合，并没有引用儒学的经典作为证明自说正确的工具（如《淮南子·修务》、董仲舒《春秋繁露》等）。而与此相对，在儒家的国家、社会地位得以提高的西汉武帝时期以来，作为其经典上的根据列举儒学经典的事例不断增加。最初的经典根据，是《论语·阳货》中的“性相近也，习相远也”与《论语·雍也》的“中人以上可以语上也，中人以下不可以语上也”这一类孔子的言论。不久之后，《阳货》篇中“唯上智与下愚不移”也被加了进来。随后，也加进了《季氏》篇中的论述，孔子曰：“生而知之者上也。学而知之者次也。困而学之又其次也。困而不学，民斯为下矣。”而再往后，不仅是从《论语》，也从《尚书》中的《尧典》《多方》诸篇，《礼记》中的《中庸》《表记》诸篇等文献中寻求经典的根据，而随着时间的推移，这类文献也越来越多，其思想的形态也随之逐渐固化。

第四，旧的性的思想，认为各自的性在加以学习和修养的努力后，能改变与生俱来的性。相反，“性三品说”，特别是针对“上品”“下品”两类人，认为无论施加怎样的教育和训导，也如同宿命一般不会改变，因此，教育和训导，对于身为“上品”的“上智”来说完全不需要，而对于身为“下品”的“下愚”来说则完全不可能。在此之后的“性三品说”的展开中，这种宿命论被进一步强化的理论终于登场，即王充对气的理论的导入。王充将上述性不可变更的根据求之于气的理论，主张“上品”在出生时，禀受了“厚多”的气，因此其性是“上智”；而“下品”禀受了“薄少”的气，因此其性是“下愚”。① 王充所开创的上述以气的理论对“性三品说”的宿命论化，在其后被皇侃《论语义疏》、邢昺《论语正义》等继承下来。② 关于此问题正如上文中所略述的那样。

① 王充对于“中人”之性是否适用气的理论，在《论衡》中没有明文，因此正确与否无从知晓。将本文引用的《率性》篇以及上文引用的《本性》篇的内容综合起来考虑的话，或许“中人”的本性是以“无分善恶”作为其前提的仁、勇二气不厚不薄的状态，或者说气尚未有厚薄、多少的分化的状态。

② 近年，论述“性三品说”的著书有渡边义浩《西晋“儒学国家”与贵族制》（东京：汲古书院 2010 年版）所收的第一章第四节“九品中正制度与性三品说”。在该书第一小节“性三品说的展开”与第三小节中，渡边义浩一面擅自借用笔者（池田知久）的论述，一面铺陈了自己的说法。笔者的论述见沟口雄三、池田知久、小岛毅共著《中国思想史》（东京：东京大学出版会 2007 版）所收的第一章二“天下中的人——性的思想的发生、性三品说的成立与展开”。此外，笔者亦有论文（虽然是中文）《性三品说的成立与发展》（《新哲学》第六辑，大象出版社 2006 年版）。但是，由于渡边没有正确理解笔者的研究，其第四节“九品中正制度与性三品说”中犯下了种种误解和误读。其中之一便是，对王充的气的理论在“性三品说”中的作用与皇侃的气的理论在“性三品说”中的作用的异同的理解。两者的作用，在“性三品说”宿命论化上并无二致，这点本文中已经指出。皇侃是继承了王充的学说并陈述自己的学说的。然而渡边义浩却主张，王充也认为性的善恶是人出生时父母所授予的气所致，王充认为性成为“三品”之一完全是偶然，是无心的天意。其中并不考虑“家系”以及从父母处所禀受的气的清浊。与此相对，皇侃认为，与生俱来的“气”将人性分为了“九品”。这里对王充的“天”的理解是有问题的，但这次先不论，对王充的“性三品说”以及气的理论的理解，应该说是基本正确的。但是，对皇侃的气的理论的作用的理解，则是错误的。根据渡边义浩的解释，皇侃认为，人与生俱来就分为“九品”，是因为“家系”的不同而导致“自父母所受气的清浊”也受到了影响。渡边义浩将这一点视作皇侃的“性三品说”是贵族社会的思想，正当化贵族世袭制的理念的证据。但是，这是对皇侃的“性三品说”的初步的误解。因为无论皇侃还是王充，都认为人的气虽禀受自父母，但根本上是禀受自“天地”，而这一时刻人所禀受的气的种类是完全的偶然。此时，皇侃虽然的确使用了“清浊”一词，但这与他在其他文段中所说的厚薄、多少的用法是基本一致的。只不过，皇侃所生的时代，盛行用“清流”“浊流”来讨论人品，受到时代环境的影响，对气也使用“清浊”来形容。另外，王充也认为人出生之际，虽然在根本上是自“天地”禀受气，但直接来说是从父母处禀受的。而王充的场合，虽不必重新论述，到底是受到天地赋予的“厚多之气”，还是“薄少之气”，也完全是偶然的。而事实上，王充关于性也使用过“清浊”来讨论。（参见《论衡·非韩》）

以上四点便是使得“性三品说”能成立的直接的思想上的要素。而敢言其大局，可以描画出如下的推移过程：“性三品说”的这四个要素在西汉初期最初的阶段不过是尚未成熟的朴素的萌芽，而渐渐成熟发展，直到唐代中期的韩愈那里，全部得以完善，到达了最终阶段。

四 “性三品说”的完成与崩坏（唐代中期到南宋）

（一）韩愈对“性三品说”的完成

“性三品说”中最为完善的理论，则是唐代中期韩愈的文章——《原性》。在唐代中期，佛教迎来了最盛期，而道教也有了显著的发展。韩愈与这种动向对抗，通过古文复兴为儒学赋予新的内容，意图恢复其权威。从这种立场出发所写的论文就是《原道》《原性》《原人》三篇。

在《原性》中，韩愈认为性是人与生俱来的本性，情是与物接触而产生的感情。性的“品”分为上、中、下三种，而构成要素则有仁、义、礼、智、信五种。情的“品”也分为上、中、下三种，而其构成要素则有喜、怒、哀、惧、爱、恶、欲七种。“性之上品”是完全的善，以其中一个要素为主，也践行其他四个要素。“中品”能上能下，虽具备其中一个要素但并不完全，而其他四个要素也不纯粹。“下品”是完全的恶，一个要素欠缺，而背离其他四个要素。情的“上品”是无论感情如何涌动都能保持七要素的中庸。“中品”的七要素虽有过或不及，但在各个方面追求其合乎中庸。“下品”只有过或不及，放纵自己的情恣意行事。性对应情的“三品”，而情对应性的“三品”。

这是整理得非常好的“性三品说”。这里，构成性的要素与仁、义、礼、智、信之五常结合起来，看似韩愈独自的创新理论，而实际上则是因袭了始于《汉书》的《刑法志》《五行志》《翼奉传》，以及《白虎通·情性》、郑玄的《礼记注·中庸》等文献，自汉代以来日渐繁盛的先行之说。① 另一方面，将性的“三品说”与情的“三品说”相结合，恐怕是韩愈的理论了。在继承了自《春秋繁露·深察名号》以来被详细论证的性与情之间的关系（如翼奉之说、《孝经钩命决》、《孝敬援神契》、刘向之说、《白虎通·情性》等)② 的同时，也为情赋予了道德的意义。此前的思想中，只认为情中包含了向恶的契机，因此说这是韩愈的新思想也不为过。

接下来，韩愈回顾了古代的三种学说，关于人的性，孟子说“人之性善”，荀子说“人之性恶”，而扬雄说“人之性善恶混”。但是，这些学说要么主张开始为善后来行恶的路向，要么开始为恶后来向善的路向，要么是开始为“善恶混”后来分为善或恶的路向。这些都仅仅举“中品”为例，而忘记了“上品”和“下品”。只不过是得其一而失其二罢了。因此，他最后定下了结论。——若是如此，“上品之性”与“下品之性”到最后都是不可变移的吗？“上品之性”向学问而增光辉，“下品之性”畏惧威力而不犯罪。因此上者可以教导他人，下者被他人限制。关于其“品”，孔子曾说过：“唯上智与下愚不移。”今日，论性者为何与此不同呢？因为今日的议论掺杂了佛教、老子的思想。掺杂佛教、老子思想的人，无论如何论述都会变得与孔子的话不同。

以上所说的最后的部分其实含有重大的意义，故而原文为：

> 曰：“今之言性者异于此，何也?”曰：“今之言者，杂佛老而言也。杂佛老而言也者，奚言而不异。”

---

① 构成性的要素与仁、义、礼、智、信之五常结合起来的，就是上引《汉书·刑法志》的以下的文章：“夫人宵天地之佣，怀五常之性，聪明精粹，有生之最灵者也。”“五常”指的是，如颜师古注释的那样，仁、义、礼、智、信。另外，《汉书·五行志》基于“五行灾异说”，和木、火、土、金、水的五行联系起来提性，在《汉书·翼奉传》里翼奉讲的话中，也有大略相同的思想表达。

② 关于翼奉的性与情的关系论，比如《汉书·翼奉传》中有：“‘察其所繇，省其进退，参之六合五行，则可以见人性、知人情。’难用外察，从中甚明。故《诗》之为学，情性而已。五性不相害，六情更兴废。观性以历，观情以律，明主所宜独用，难与二人共也。”像这样，翼奉的性和情，分别是五性（“肝静仁、心躁礼、脾力信、肺坚义、肾智敬”之五行）和六情（“廉贞、宽大、公正、奸邪、阴贼、贪狼”），同时两者互相纠缠。

这个结论部分有两点值得注意。这里对将"上品"者教导他人而成为正当统治者加以正当化、合理化的主张进行了展开，是根据西汉初期《淮南子·泰族训》、《韩诗外传》卷五以来的通论；提倡对"下品"者不用道德、礼乐而用法律、刑罚来处置更为妥当，也是自《春秋繁露·五行相胜》以来儒家的悬而未决的理论课题。"上品之性"和"下品之性"到最后也不能变更，这是来源于《论语·阳货》中孔子的话这一经典的根据，而这样从经典中寻求根据的经学，也是汉代以来的传统。

（二）佛教的"如来藏"思想、"佛性论"与道教的"道性论"

更值得注意的是，韩愈对当时"混杂佛老"而论性这一点。所谓加进佛、老的论题，这在孔子的"唯上智与下愚不移"中可以明显看出人性的"不平等观"以及上下之性"不可变更论"。反过来说，到韩愈以前的唐代中期为止，佛教和道教在事实上，已经提出了性的"人人平等观"以及性的"可变更论"，而这些对当时包含儒学在内的思想界产生了相当大的冲击。

然而，佛教关于性的"人人平等观"是"如来藏"思想及"佛性论"①，而道教关于性的"人人平等观"则是受到佛教刺激而产生的"道性论"。关于唐代的"性三品说"和佛教的"如来藏"思想、"佛性论"之间的关系，在田中利明的《白居易——为唐代思想研究提供了怎样的素材》（《学大国文》第二十七号，大阪教育大学国语国文研究室 1984 年

---

① 上文引用的渡边义浩著书中第一章第四节第三部分"九品中正制度与皇侃的性三品说"，擅自借用了笔者（池田知久）的论述并展开自己的议论。但由于渡边义浩没有正确理解笔者的旧论，因此在这里陷入了误解。焦点正如笔者旧论《天下中的人——性的思想的发生、性三品说的成立与展开》中所指出的那样，这仅仅是一个关于人的性的思想问题。然而，渡边义浩并没有提及佛教、道教对性的论述，而是仅有"尤其是佛教的平等性对于将差别放在基础的儒学来说是威胁"，仅仅叙述了佛教主张社会上人人平等便结束。如果仅仅指佛教主张社会上人人平等的话，并不需要特别指出来。在印度的原始佛教以来，就已经存在这一思想，例如，中村元《原始佛教的社会思想》（东京：春秋社 1993 年版）所收的第二章"人类的平等性"等就有详细的论述，中国佛教也并非例外，这一点早就广为人知。韩愈非难同时代的议论"掺杂佛老"，并非出于这种一般性的意义，而是仅限于关于人的性的思想的范畴。

版）一文中，在进行白居易研究的同时已经发表了优秀的见解。[①] 根据田中利明的观点，白居易（772—846 年）从直到唐代中期的“性三品说”的宿命论中寻求的救济是，以马祖道一（709—788 年）的系统为主的南宗禅的佛法。而白居易有很大可能被同一系统中的宝志和尚的颂（《景德传灯录》卷二十九所收）中，特别是其中“大智不异于愚”的话语吸引。而其“大智不异于愚”的内容，正是对《论语》中“唯上智与下愚不移”的正面否定。通过指出以上内容，田中利明根据小川一乘《佛性思想》（京都文荣堂 1982 年版）、服部正明《关于佛性论的一种考察》（《佛教史学》第四卷第三、四合并号，佛教史学会 1955 年版），引用《涅槃经》的主张：“一切众生，悉有佛性。”指出：“一切的众生毋庸置疑生来就具有‘佛性’的发想，让‘人性三品说’在根基上、从内部开始崩溃。”诸如此类，对成为焦点的各种问题进行了论述。

根据笔者的理解，这种“如来藏”思想、“佛性论”在中国佛教界受到瞩目是在东晋末期（5 世纪初）的《涅槃经》被翻译成汉文的时候。[②] 其后，443 年《楞伽经》《胜鬘经》也被译出，又经过约百年《宝性论》传来，在中国也产生并展开了极为多样、复杂的议论。关于其来龙去脉与事由，以及“佛性”本来的含义，应参照专门学者的优秀研究。如常磐大定的《佛性的研究》、高崎直道的《如来藏思想、佛性论 I》（春秋社 2010 年版）[③]、高崎直道监修《如来藏与佛性》（春秋社 2014 年版）[④] 等。因此，“如来藏”思想、“佛性论”的表现以“一切众生，皆有佛

---

① 笔者在上文引用的拙论《天下中的人——性的思想的发生、性三品说的成立与展开》中对韩愈的《原性》进行分析时，读到了田中利明的这篇论文并受到了很大启发。因此，在拙论的参考文献中列举了此论文。但是，在共著《中国思想史》中，笔者并没有将这一事实记下来。这是因为，该书是大学一般教育所使用的教科书，由于东京大学出版会的强烈要求，全篇不加一切注解。而结果就是渡边义浩可以轻易地擅自转载，关于此点，希望读者能够谅解。

② 参见［日］常磐大定《佛性的研究》（东京：国书刊行会 1973 年版），中篇《支那的佛性问题》。

③ 该书被收入《高崎直道著作集》第 6 卷。请参见第一部第二章八“如来藏与佛性——在中国、日本的展开”，以及第四章四“中国如来藏思想的传承”。

④ 该书被收入《系列大乘佛教》第 8 卷。请参见该书所收的下田正弘《向着如来藏、佛性思想的全新理解》（第一章）、幅田裕美《佛性的宣言——涅槃经》（第三章）、藤井教公《涅槃经与东亚世界》（第七章）。

性"为代表，并从中看出其性的"人人平等观"及"可变更论"的理解方式，笔者认为，是把该思想的诸多侧面集中到一面，将复杂的全体过度单纯化了。即便如此，唐代中期的白居易和韩愈等知识分子、士大夫所理解的"佛性论"，还是如田中利明所指出的那样，大概是以性的"人人平等观"和"可变更论"为重心吧。在上面提到的论文中，田中利明将韩愈非难的"佛老"中的"佛"，解释为仅指禅宗，尤其是马祖道一系统的禅宗，对此笔者基本是赞成的。这是因为到了唐代中期，让包括知识分子、士大夫在内的中国人感到佛教亲近的，无论如何还是中国化了的佛教，即禅宗。然而，禅宗初次接受"佛性论"，时期比田中利明说的马祖道一的系统要早一点，影响所及也更广。虽然此处不能详述，但自六祖慧能（638—713 年）以来，南宗禅的顿悟思想就已经几乎转到了这一方向。

韩愈所非难的"佛老"中的"老"，在田中利明的论文中并没有提及。而带着臆测来讨论的话，这难道不就是道教的"道性论"吗？也就是说，能够把握道而成为神仙的本性，是所有人生来就被赋予的。这一思想，如果追溯到过去的时代，在既是道家文献也是道教文献的《老子》《庄子》等中，很早就出现了论说道遍在于一切存在即万物之中的哲学思想。例如，《庄子·知北游》（西汉时期成书）中，有以下的文章：

> 东郭子问于庄子曰："所谓道恶乎在？"庄子曰："无所不在。……在蝼蚁。……在稊稗。……在瓦甓。……在屎溺。……至道若是，大言亦然。……物物者，与物无际。"

至上的道甚至存在于蝼蚁、稊稗、瓦甓、屎溺之中，即存在于一切万物之中的话，那么理所当然存在于所有人的性中。① 这样的话，可以说道家或道教倡导的，一切万物生来就具有作为性的道这一思想，对于儒学的"性三品说"中，人生来分为"上品""中品""下品"的"不平等观"

① 关于《庄子·知北游》的详细解释，可以参考拙著《庄子（下）全译注》中的《知北游第二十二》。

来说，很早就在思想内部的逻辑上将之打碎了。[①] 但是，这之后的时代中（西汉中期到唐代间数百年），历代的道家、道教的思想家，对这一重要的问题，即“道—万物”两者间的哲学关系，到底展开了怎样的思索，来迎接如上所述的唐代的思想状况呢？遗憾的是，无论日本还是中国，包括笔者在内，在世界的学界里，根本没有值得引用的优秀的研究成果。笔者对年轻一代的学者寄予期望。

关于唐代前后的“道性论”，是笔者力所不能及的课题，在这里，仅介绍镰田茂雄的《中国佛教史》（东京：岩波书店 1989 年版）。其第三部第十章第二节的“触及道教经典的佛教的影响”一段中，镰田这样说道：

> 道教接受了佛教的“佛性说”，而把其改变为“道性说”，这个现象可以在《大乘妙林经》《海空智藏经》《道教义疏》等中看到。特别是在《道教义疏》中，基于三论宗的吉藏的“五种佛性说”（《中论疏》）表现出了“五种道性说”和“草木道性说”。

这样的话，韩愈的《原性》中提起“性三品说”，就不能不被理解为面对当时佛教、道教的思想革新，来自保守的儒学方面的反击了。

（三）儒学“性说”的革新与程颐、朱熹的登场

到了稍后的宋学时代，儒学方面开始崭新的思想革新活动。不过，这种活动实际上在宋代以前的唐代中期，韩愈的同时代就已经开始了。如上所述，韩愈指出同时代“混杂佛老”而论性，其内容与孔子的“性三品说”相异，对同时代的这些性的思想进行了激烈的非难。而受到非难的其中一种思想，在上面引用的田中利明的论文中指出，是韩愈的弟子李翱在《复性书》中的关于性的“人人平等论”。同时，为了克服

---

① 关于自战国后期乃至西汉初期的道家思想的历史发展中，根源性实在的道内在于存在着万物的哲学思想研究，可参见拙著《老子 读尽其思想》的第Ⅱ部分第 3 章的“《老子》第五十四章的全‘天下’政治秩序的构想其一”。此外，特别限定在西汉初期成立的《淮南子》的话，可以参考拙著《译注〈淮南子〉》增补改订版中，序说 2“《淮南子》的目的与构成——要略篇中的‘道’与‘事’的纠缠”。

"性三品说"陷入僵局，对于宋代以前就开始的先驱活动，是否应该给予更高的评价呢？——关于这点，田中利明也已经指出了。在这里，虽然不能详细地分析李翱的人性论，但若引用重要的内容，则是下文：

> 人之所以为圣人者，性也。人之所以惑其性者，情也。喜、怒、哀、惧、爱、恶、欲七者，皆情之所为也。情既昏，性斯匿矣。……性者，天之命也，圣人得之而不惑者也。情者，性之动也，百姓溺之而不能知其本者也。圣人者，岂其无情邪。圣人者，寂然不懂，不往而到，不言而神，不耀而光，制作参乎天地，变化合乎阴阳。虽有情也，未尝有情也。然则百姓者，岂其无性者邪。百姓之性与圣人之性弗差也。虽然，情之所昏，交相攻伐，未始有穷，故虽终身而不自睹其性焉。

李翱明言"百姓之性与圣人之性弗差也"，与自己的老师韩愈的"性三品说"针锋相对。李翱的这种革新思想受到了佛教的影响，很多学者都已经提到了。①

北宋、南宋的儒学思想革新的代表人物程伊川（1033—1107 年）和朱子（1130—1200 年），毋宁说继承了佛教或道教提出的性的"平等观"和"可变论"，而完全放弃了及至韩愈得以完成的传统的"性三品说"。程颐在《颜子所好何学论》（《河南程氏文集》卷八所收）中说：

> 圣人可学而至欤？曰："然。……后人不达，以谓圣本生知，非学可至，而为学之道遂失。"②

① 现代中国的研究对李翱的性的"人人平等观"的评价并不高。笔者觉得不妥当。例如，侯外卢主编《中国思想通史》第 4 卷（人民出版社 1959 年版）第六章第四节"李翱唯心主义思想及其实际应用"；冯友兰《中国哲学史新编》第 4 册（人民出版社 1986 年版）第四十八章，第二节"韩愈、李翱在过渡时期的贡献"。另外，本论文所引用的《复性书》的文本，原则上依据《李文公集》（上海古籍出版社 1993 年版）。

② 本论文所引用的《河南程氏文集》文本，原则上依据《二程集》（中华书局 2004 年版）。

而朱子在《中庸章句》序中也说：

> 人莫不有是形，故虽上智不能无人心。亦莫不有是性，故虽下愚不能无道心。①

至此，自西汉中期到唐代为止，长期束缚人们心灵的“性三品说”，终于到了谢幕退场的时候了。

---

① 本论文所引用的朱熹《中庸章句》文本，原则上依据《四书章句集注》（中华书局1983年版）。

“多元宗教观”
——新文化运动多元性的一个论域

王中江

（北京大学哲学系）

摘要：新文化运动复杂而又多元。其多元性表现在诸多层面，也可以从不同角度去考察。“宗教观”是其中的一个层面。当时参与论辩的人有不同的背景和理念。围绕宗教的本性及功能和角色；围绕宗教与科学、知识、理性以及艺术的关系；围绕宗教是否可以被取代，它是否还有存在的必要和余地；还有孔教究竟是不是宗教；如何对待基督教等一系列问题，人们展开了理性的论辩，不管是立场和方法，还是观点和看法，都多种多样，充分体现了新文化运动中“宗教观”的多元性。

关键词：多元　宗教观　新文化运动　论域

对新文化运动的复杂性视野、多元性认知和反思正在超越和克服过去对它的一些单一描述和单向度化约。① 产生这种转变的趋势有赖于人们眼光的扩大和新方法的引入，但更主要是取决于新文化运动本身的“多

---

① 笔者倾向于用“新文化运动”而不是“五四运动”或“五四新文化运动”来称呼大约从 1915 年到 1922 年前后这场以思想文化、伦理等的革新为中心的复杂和多元的运动。将新文化运动看成单一反传统或西化都没有根据，它最多只是一种较大的倾向。将新文化运动同“文化大革命”相提并论的做法是荒唐的。“文化大革命”是在“文化”的旗号下进行的一场政治暴力和文化暴力运动。

元性”这一内在根据。不断展现的一些探讨表明①，新文化运动是一个多元和复杂的世界，不管是就它的局部方面说，还是从它的整体方面看，都是如此。这在新文化运动的“宗教观”中同样得到了印证。② 新文化运动的“多元宗教观”或“宗教观”的多元性表现在诸多方面，它不仅指参加宗教论辩的人有着非常不同的立场和看法；而且即使属于同一阵营、主要倾向上相近的人，他们的具体看法也有差别；甚至同一个人，他的立场前后也有变化。促成新文化运动“宗教观”多元性、复杂性的原因，正如造就新文化运动多元性的原因那样是多重的。人们强烈的求知欲、对真理的热忱、独立思考的精神、批判性思维、自由论辩及开放性竞争等因素，则发挥了关键性的作用。试想一下，如果围绕宗教没有自由的、开放性的讨论和论辩，如果人们的立论、立场没有对手，没有相互尊重、相互平等的争论和批评，当然就不会有新文化运动的“宗教观”的多元性，更不会有它的建设性。事实上，新文化运动中的“宗教观”是有深度、广度和高度的多元性的，就像新文化运动绝不是单纯的否定性，它同时又是多元的建设那样。③ 在下面的具体讨论中，笔者将通过不同的方面呈现出新文化运动中“宗教观”的复杂性面貌和内涵，证明为什么说它是多元的，并借此扩大和深化对新文化运动多元性的认知。

一 对宗教的本性、功能和角色的各种判断

新文化运动中知识人围绕宗教展开的讨论、争论和论辩有一些焦点，

---

① 有关新文化运动的多元性，参见冯友兰《中国现代哲学史》（广东人民出版社 1999 年版，第 42—117 页）、林毓生等《五四：多元的反思》（香港：三书店［香港］有限公司 1989 年版）、郑大华的《五四新文化运动：“多元的文化观念”》（《史学月刊》2016 年第 3 期）等。

② 有关中国宗教的整体性研究，参见杨庆《中国社会中的宗教》（修订版），范丽珠译，四川人民出版社 2016 年版；陈荣捷对现代中国宗教观进行的整体性研究具有奠基性，其中有对新文化运动及其前后“宗教观”的考察（参见陈荣捷《现代中国的宗教趋势》，廖世德译，台北：文特出版社 1987 年版）。何建明《近代中国宗教文化史研究》（北京师范大学出版社 2015 年版）是新近的一个整体性研究。此外，更多的是在个案方面进行。

③ 对此陈荣捷有比较恰当的评论。参见陈荣捷《现代中国的宗教趋势》，廖田德译，台北：文特出版社 1987 年版。

这些焦点的一部分现在属于宗教学中探讨的重要问题，比如宗教的本性、根源、功能和角色等。新文化运动的“宗教观”的多元性首先就表现在人们对这些问题的不同看法和论辩中。从宗教学的专门领域来说，当时参与争论和论辩的知识人大部分都不是从事宗教学研究的，他们自身也意识到了这一点。比如受邀参加《少年中国》组织的宗教讲演大会的人——王星拱、梁漱溟、李煜瀛等都非常谦虚地表示他们不是讨论这个问题的合适人选。他们是广义的知识分子并扮演着多重角色。这些人对宗教有一定的了解也有自己的见解，但同时又很有限，因此他们对宗教的本性、根源、功能和角色的看法也不能用后来的专业化标准来衡量。

当时参与讨论和论辩的知识人，对宗教不管是肯定、同情，还是否定和排斥，抑或是折衷、调和，他们大都认为讨论宗教，首先需要对宗教做出界定，需要揭示它的本性或本质，这是考察它的其他问题的前提。他们做出的界定不那么严格，有的界定有很强的个性，有的是借用别人的。如作为科学主义者的王星拱（1888—1949 年）说，宗教是由两个元素组成的，一个是信从，另一个是崇拜，两者缺一不可。这不能算是对宗教的严格定义，而是揭示了宗教的某种特征。王星拱说的信从，兼有相信和接受两个意义，它比一般所说的信仰两字的意义要弱。他认为如果问题只涉及信从而没有涉及崇拜，那就不属于宗教问题而属于哲学问题。就宗教而言，那就不仅需要信从，而且需要崇拜。信从是产生崇拜的基础，没有信从就没有崇拜。信从主要是指相信有超人权力的存在，相信这种权力能够支配人的生活。崇拜就是从这里发生的，一方面它是心理的崇拜，一方面它是仪式的崇拜。王星拱强调说，崇拜是宗教的灵魂，“不但崇拜的心理，是宗教所必需的，并且崇拜的仪式，也是宗教所必需的。没有仪式的崇拜，就没有庄严静肃的情境，没有这些情境，就不能引起与保存崇拜的心理。崇拜的心理，不能保存，则信从就要动摇了”①。

人文主义者梁启超，在新文化运动时期参与了宗教的辩论，也参与

① 参见《王星拱的讲演》，《少年中国》1921 年第 8 期。

了“科玄”论战。按照他的定义，“宗教是各个人信仰的对象”①。这种“对象”包括了形形色色的东西，人或非人、超人、主义或事情，只要人们信仰，它就是人的信仰对象；信仰是从人的情感而不是从人的理智中产生的；信仰是目的而不是手段；信仰纯粹是个人的，人们彼此不能相喻。梁启超强调信仰对象的广泛性，不限于一般所说的超自然神灵。人们之所以信仰这些东西，是为了满足他们的情感需要。但说人们的信仰完全不能相互理解，这是夸大其词。梁漱溟认为，人们精神上需要的东西不同于他们满足物理身体需要的东西，张三用了李四就不能用，它可以相喻和彼此分享。②

具有佛教信仰同时又是儒家人文主义者的梁漱溟认为，世界上的具体的宗教形态虽然很多，但它们有一致的地方。这种一致的地方，就是它们的共同的必要条件。从这里出发，他定义宗教说：“所谓宗教的都是以超绝于知识的事物谋情志方面之安慰勖勉的。”③ 梁漱溟很自信地说，他对宗教的这一定义对已有的宗教都是适用的，没有一个能够例外，最多它只是与争讼不已的孔教，还有对新立意开辟的赫克尔的一元教、倭锵的精神生活论有些不合。根据这一定义，梁漱溟说宗教之所以为宗教有两个根本条件：一是宗教的目的在于安慰和勖勉人的情志；二是宗教的根据在于超越一般的知识。前者是让人得到一个安身立命之所，“质言之，不外使一个人的生活得以维持而不至于溃裂横决，这是一切宗教之通点。宗教盖由此而起”④。后者可以说是超出、外乎理智的“神秘”和“超绝”。梁漱溟的说法也适用于哲学（伦理学和形而上学）。

人们对宗教的界定说明，还有一种情形是借用西方的说法或以此为出发点引申出自己的看法。如同是科学主义者的恽代英和周太玄（1895—1968 年）就是这样。恽代英从宗教的起源来界定宗教。他先列出

---

① 梁启超：《评非宗教同盟》，《哲学（北京）》1922 年第 6 期。有关梁启超的“宗教观”，Marianne Bastid-Bruguière（巴斯蒂）有复杂的讨论。参见《梁启超与宗教问题》，载［日］狭间直树编《梁启超·明治日本·西方——日本京都大学人文科学研究所共同研究报告》（修订版），社会科学文献出版社 2012 年版，第 367—419 页。

② 参见梁漱溟《梁漱溟先生的讲演》，《少年中国》1921 年第 8 期。

③ 梁漱溟：《梁漱溟先生的讲演》，《少年中国》1921 年第 8 期。

④ 梁漱溟：《梁漱溟先生的讲演》，《少年中国》1921 年第 8 期。

了几位西方人的解释，如西塞罗（Cicero）把宗教看成回念一切崇拜的神祇；赫伯特勋爵（Lord Herbert of Cherbury）认为宗教的真谛是相信神的存在；马雷特（Robert Ranulph Marett）认为对不寻常经验世界的追求；莱恩（Samuel Laing）认为宗教是将一切怪异的现象归于超自然的原因；安德鲁·朗格（Andrew Lang）认为宗教是对大神和祖先的崇拜；斯宾塞（Herbert Spencer）认为宗教是从信奉肉体之外的灵魂等中产生的。恽代英没有接受其中任何一个说法，他列出这些解释是想让人知道人们对宗教有不同的界定。他认为宗教是从恐怖、希望、误认、误解、美感和想象六个原因中产生的。他说这六个原因"有起于本能的情感，有起于智识的暧昧。起于本能的情感的，今人与古人恰是一致……起于智识的暧昧的，今人虽远胜于古人，但因一方人智有所穷尽，一方情感多所引诱，所以虽大哲学家、大科学家，每仍跳不出宗教藩篱"①。

同恽代英的思路类似，周太玄先也是先列出了西方对宗教的一些定义，然后为宗教的起源提出解释。这些说法来自莫勒（Max Müller）、耶韦勒（Rēville）、达梅斯特泰（Darmesteter）、斯宾塞、居友（Guyau）、涂尔干（Emile Durkheim）等。他们的界定分别是：（1）宗教是解释那些不可解释的事物和满足那些不能满足的热望（莫勒）；（2）宗教是人类生活中的一种感情绳索，它使人的精神和他所承认的宇宙力量达到一种神秘的冥合（韦勒）；（3）宗教包括了所有的非科学的知识和权力（达梅斯特泰）；（4）宗教用默许的教条和禁制来解释神秘并承认人类知识有达不到的普遍知识（斯宾塞）；（5）宗教是以神话的、非科学的现象和系统的教条为象征来引起人的幻想和信仰（居友）；（6）宗教是用界别和禁例来说明信仰和实行（涂尔干）。在这些定义中，周太玄认为居友和涂尔干的定义比较可取。他像恽代英那样更倾心于从宗教的起源来认识它。他认为宗教起源于四种东西，即神话、灵魂不死、象征物和仪式等，这些也是宗教的内容。在这些内容之外，促成宗教的因素还有人的苦与乐、恶念的强制、环境的索解等。宗教产生之后，它之所以能够存在和持续，

① 恽代英：《我的宗教观》，《少年中国》1921 年第 8 期。

人们信仰它，也是许多因素共同作用的结果。①

新文化运动知识人对宗教的界定和解释不同，在很大程度上就隐含着他们对宗教的功能和角色也将有不同的评判。上述几位参与宗教论辩的人如此，其他没有谈到的人也有类似情形。恽代英、周太玄侧重于从宗教的起源来解释宗教，这为他们否定宗教的作用和消解宗教提供了一个前提。既然宗教的起源和产生都有原因和条件，如果这些原因和条件没有了，那么宗教将不复存在；既然促成宗教的条件有的原本就不是好东西，它怎么可能会产生好的结果、扮演出好的角色。恽代英解释宗教的起源，其中两项说是由于“误认”和“误解”，这是“知识的暧昧”，由此他得出一个结论“宗教是虚伪的信仰”，认为即使物质主义不能满足人安身立命的需要，那也不能借助充满迷信的宗教。肯定宗教的人强调宗教对人的安慰作用（如梁漱溟），但恽代英反驳说，用虚伪、迷信的东西去安慰人，那不是真正的安慰，真正能安慰人的东西是真实的东西，譬如真理。他说：“聪明的人不用宗教，亦能得着安慰；不聪明的人若只得着宗教的安慰，于文化人又有许多坏处。我知道许多所谓普通聪明的人，因为问了几个‘为什么?’便发生了烦闷自杀的事。但是我想这不是说人类需要宗教，而是说人类需要最彻底的真理。最彻底的真理，不但能指导人的路径，而且能安慰人去走这一条路。这话可信么？就我的钝根，我都以为是十分可信的事。”②

王星拱从宗教的信从、崇拜和神秘出发，认为这些态度不对，有很多坏处（如笼统的总解决、以不知为知、唯心的构造等）。所谓宗教鼓励人上进、减除人的苦恼，这也可以用教育和美育来代替。王星拱还从决定论与非决论这两个矛盾出发，认为宗教对人的期望都没有帮助作用。不少科学主义者整体上都不承认或否定宗教的积极作用，因为宗教是迷信，人们信奉的都是虚幻、神秘等不真实的东西。如果这些对人有作用那也是坏的作用。持这种立场的还有西方人，如罗素等，他也参与到了宗教论辩中。罗素告诉中国人，宗教在欧洲是杀人和毒害，很幸运中国

① 参见周太玄《宗教与人类的未来》，《少年中国》1921 年第 1 期。

② 恽代英：《我的宗教观》，《少年中国》1921 年第 1 期。

的历史上没有这样的毒害，当然正在迅速变化的中国也要避免产生这种毒害。[①] 罗素对宗教的极端性否定，影响了不少中国知识人。因为当时他在许多中国知识人的心中是一个偶像。

新文化运动中的人文主义者一般对宗教的价值都持肯定的立场，至少是持同情的立场。上述梁启超、梁漱溟、屠孝实等是这样；此外的方东美、田汉、周作人等也是如此。也有低调温和的科学论者，对宗教也没有完全否定，如陆志韦。人文主义者普遍认为宗教能使人上进和奋发，能使人对生活充满乐趣和情趣，能使人达到超越。梁启超指出，宗教让脆弱的人在恐惧时有依靠、在绝望时有安慰，这是下等宗教的作用，高等宗教绝不是如此，"我在我所下的宗教定义之下，认为宗教是神圣，对人类社会有益且必要的物事；所以自己彻头彻尾承认自己是个非宗教者……要而言之，信仰是神圣，信仰在一个人为一个人的元气，在一个社会为一个社会的元气"[②]。梁漱溟从宗教是用超绝知识的不可思议来安慰人来论证宗教的真正必要，这同时也就肯定了宗教对人的精神生活和情感的不可或缺性。只是，梁漱溟情有独钟的是佛教的出世间理想。他说，一般所说的宗教的必要，如令人情感丰富热烈、令生活勇往奋发、令人有悲悯心和牺牲精神等，这可以叫作人有了宗教式的宇宙观。但这种东西不一定只有宗教能给人。宗教的真正必要是在佛教的出世间中、在佛教的宇宙无常中适性、安情。这是一个主观性很强的说法。周作人通过考察文学和宗教两者的相似性来肯定宗教的价值和作用，说宗教同科学不合，但同文学有许多相近的东西，其中最重要的就是两者都有理想，"宗教上的'神人合一''物我无间'，其特性即在此"[③]。

对刘伯明（1887—1923 年）来说，宗教是在理想和现实这两个要素的冲突和矛盾中产生的。就像小说的故事有客观性、对人有意义那样，宗教追求理想和信仰，它当然也有它的价值。罗素说人类的一切文明都是昙花一现，地球最终将毁灭，人类将与之同归于尽。造物主只是将人

---

① 参见章廷谦《罗素先生的讲演》，《少年中国》1921 年第 8 期。

② 梁启超：《评非宗教同盟》，《哲学（北京）》1922 年第 6 期。

③ 周作人：《宗教问题》，《少年中国》1921 年第 11 期。

类当玩物随意玩弄和支配，人生有什么乐趣和意义。对于罗素的这种推论，刘伯明说上次罗素在南京时（1920 年），他直接问罗素："你既相信世界终有消灭之一日，何以你还如此努力，以求社会之改造?"他说罗素不能回答。地球最终将毁灭当时已被人们承认，但是否从中就得出一个悲观的决定论则未必。刘伯明说："我以为我们对于宇宙之态度，须相信永无消灭，继续存在，有此理想，方可支持我们贡献于社会之勇气，而求人类之进化!"① 对宗教采取更为平允、客观立场的屠孝实认为，宗教的建立有两个重要的条件，一是人受自然的束缚和求解脱的心，二是人有直接的宗教体验。人一方面受自然和现实的束缚，另一方面又不安于此，强烈地追求自由和无限、追求超越。人追求超越，就会有宗教经验，在感情上使自己同超越者产生相互关系的心境。佛教的禅定、基督教的恍惚状态等就是如此。

新文化运动时期人们对宗教的界定及其本性和作用的解释非常多，上述列举出的只是其中的一小部分，但这就足以反映出当时"宗教观"的多元性。宗教的本性及其作用是宗教学的首要问题，是人们讨论宗教学其他问题的前提，也是我们这里探讨当时"宗教观"多元性的一个出发点。下面我们就来考察新文化运动中"宗教观"多元性的另一个重要问题，即宗教同科学、知识和理性等的关系。

二　宗教与科学、知识和进化论

恐怕没有谁（包括宗教界人士）会否认现代文明中挑战和冲击宗教的最大力量是科学，人们也会承认，客观上科学又促进了宗教的变化、革新及适应。对宗教的否定论者来说，这大概是一个意外。事实上，正如怀特海所说，近代历史图案中有两个显著的事实，"第一是科学与宗教之间经常存在着冲突；第二是宗教与科学两者都在不断地发展着"②。而

① 刘伯明：《宗教哲学》，《少年中国》1921 年第 11 期。

② ［英］怀特海：《科学与近代世界》，何钦译，商务印书馆 1959 年版，第 174 页。

"宗教与科学的接触是促进宗教发展的一大因素"①。只是，宗教同科学的接触带有一定的被动性。随着科学和科学世界观在现代文明中的主导性地位的建立，宗教在同科学的论争中就常常处于守势。科学主义者咄咄逼人，相信他们正在并将很快摧毁宗教。实际的结果是，科学只是扩大了自己的地盘和影响力，相应地减少或缩小了宗教的影响力，但宗教并没有被推翻，它依然坚持了下来并仍然具有影响力。现代中国特别是新文化运动时期科学与宗教的冲突和论辩，整体上是东西方科学与宗教相互关系的一部分。在中国，陈独秀把"科学"作为新文化运动的两面旗帜之一，一呼百应，它很快成了最高真理、权威和衡量一切的标准。人们不仅充分肯定科学知识的价值，而且将科学的方法普遍化，将科学的价值伦理化。② 对科学持有这种立场的人，他们如何面对宗教，我们可想而知。当然，具体到每个人，他们对宗教的态度也有某种差异。面对科学主义者对宗教的强势批判和否定，还有当时社会大众和社会舆论越来越多的反宗教情绪，人文主义者并没有退却，他们非常理性和冷静地回应科学对宗教的批判和否定，为宗教的正当性进行辩护。当时直接以"科学"与"宗教"为标题的论文就有不少。如青霞的《科学与宗教》(《大中华》1915 年第 8 期)、朱宝会的《论说科学与宗教之相须》(《神学志》1918 年第 3 期)、史济洽的《专论科学与宗教》(《沪江大学月刊》1919 年第 2、3 期)、陆志韦的《科学与宗教》(《少年中国》1921 年第 11 期)、乃光的《所谓宗教与科学之冲突》(《南风》1921 年第 2 期)、屠孝实的《科学与宗教果然不是两立吗?》(《哲学》1922 年第 6 期)、公侠的《科学与宗教的平议》(《青年进步》1924 年第 72 期)、李润章的《宗教与科学》(《少年中国》1921 年第 1 期)等。当然，当时有关宗教与科学的论辩更多地见之于其他论著中。

科学主义者以科学为标准批判和否定宗教，主要是认为科学建立在事实、观察、实验、求证和理性的基础之上，科学的知识和真理具有普

---

① ［英］怀特海：《科学与近代世界》，何钦译，商务印书馆 1959 年版，第 182 页。

② 科学本来是怀疑、批判、破除独断，不断追求新知，但科学主义者又将科学变成了独断甚至神话，似乎其他的东西都可以怀疑，唯独科学不在此列。

遍的适用性和价值。相反，宗教信仰和崇拜的东西没有事实根据，它是神秘的、虚幻的东西，它是人们愚昧无知、迷信和非理性的结果。如胡适用“科学实验方法”否定宗教神，说“上帝”的预设之所以不能接受，是由于它不能为我们所证实，它没有经验事实上的根据：“我们假使信仰上帝是仁慈的，但何以世界上有这样的大战，可见得信仰并非完全靠得住，必须把现在的事情实地去考察一番，方才见得这种信仰是否合理。”① 古代人为了得到情感上的安慰，完全牺牲了理智上的要求，一味依赖于信心、信鬼、信神、信上帝、信天堂、信净土、信地狱。这十分不幸。科学并不菲薄感情上的安慰，但科学只要求一切信仰须要禁得起理智的评判，须要有充分的证据。凡没有充分证据的，只可存疑，不足信仰。②

在用科学及其方法否定宗教神灵和神秘事物上，陈独秀同胡适类似。他说人们用超自然的神灵及其主宰力解释宇宙和万物，这是宗教存在的主要原因。他断定，烦琐的神学、传说、神灵等都是虚妄和欺骗：“天地间鬼神的存在，倘不能确实证明一切宗教都是骗人的偶像：阿弥陀佛是骗人的，耶和华上帝也是骗人的，玉皇大帝也是骗人的，一切宗教家所尊重的崇拜神的神佛仙鬼都是无用的骗人的偶像，都应当破坏！”③ 陈独秀特别否定基督教的“创世说”“三位一体说”及各种灵异，认为这些东西大半都是古代的传说和附会。天文学、地质学和生物学的发展，已对宇宙和万物做出了科学解释，使宗教迷信失去了存在的根据。④ 他说：“今且日新月异，举凡一事之兴，一物之细，罔不诉之科学法则，以定其得失从违；其效将使人间之思想云为，一遵理性，而迷信斩焉，而无知妄作之风息焉。”⑤ 陈独秀对宗教和基督教这种立场后来有某种变化，他说他之前对宗教的观点过激，宗教特别是基督耶稣的人格对人情感有积

---

① 胡适：《胡适讲演》，中国广播电视出版社 1992 年版，第 327 页。

② 参见胡适《我们对于西洋近代文明的态度》，《胡适文存》第 3 集，黄山书社 1996 年版。

③ 陈独秀：《偶像破坏论》，《陈独秀文集》第 1 卷，人民出版社 2013 年版，第 312—313 页。载《新青年》1918 年第 5 卷第 2 号。有关陈独秀的“宗教观”的前后变化，参见郭文深《“五四”时期陈独秀的宗教观》，《兰州学刊》2006 年第 9 期。

④ 参见陈独秀《随感录》，《陈独秀文集》第 1 卷，人民出版社 2013 年版。

⑤ 陈独秀：《敬告青年》，《陈独秀文集》第 1 卷，人民出版社 2013 年版，第 95 页。

极的作用。一方面他批评新文化运动的同道们，说他们否定宗教是一个大的错误，新文化中不能没有宗教；另一方面他对他过去的言论表示认错。一些人批评宗教，说宗教是"他力"，说宗教只有相对的价值。陈独秀辩护说，人们使用知识、利用美术和音乐也是借助了"他力"，世界上没有什么绝对的价值。不过，陈独秀仍然否定"创世说"。

生物进化论和哲学进化世界观是科学主义者批判和否定宗教的一大武器。[①] 他们从生物演化论出发，批评"创世说"和"上帝造人说"；从宇宙和社会的进化出发，否定宗教信仰的绝对性，认为随着各门科学的发展，宗教对世界的解释都将失去权威。如周太玄专门撰写一了·篇论文——《宗教与进化原理》，强调人们认识自然界首先要懂得进化的观念，它使人知道人类的演变同自然界的人格观念不能并存。进化原理为我们提供了最宝贵的自然知识，"其最重要的如：物种之变迁，本能与智慧，人种之来源，灵魂之构成，官能及生活力之由来等，都使我们能确知人在自然界的地位和变化的灿烂的生物世界之由来，于是一般的创造说、灵魄不死说以及其他超自然真理的妄见，都渐渐不能立足"[②]。进化原理对否定宗教有巨大的作用，那些宗教家缺乏自然界的知识而又主见极深，他们"以情感知识，实不啻以耳代目"[③]。又如，恽代英认为，知道了宇宙的运行受法则的支配，你就不能设想在一切事物的背后还有一个不可思议的绝对权力——上帝的存在："我们已经学了点宇宙的进化，自然不能信宗教创造世界的传说；我们已经学了点生物的进化，自然不能信宗教创造人类的传说。"[④]

对于科学主义者以科学、知识、理性等为标准批判和否定宗教的一元立场，人文主义者整体上并不接受。对他们来说，科学及其方法并不足以否定宗教的正当性和合理性。他们这样承诺，不是说科学本身和它的方法不能成立，也不是说科学知识没有重要作用。事实上，新文化运

---

① 有关现代中国的进化世界观，参见王中江《进化主义在中国兴起——一个新的全能式世界观》（增补版），中国人民大学出版社 2010 年版。

② 周太玄：《宗教与进化原理》，《少年中国》1921 年第 1 期。

③ 周太玄：《宗教与进化原理》，《少年中国》1921 年第 1 期。

④ 恽代英：《我的宗教观》，《少年中国》1921 年第 8 期。

动时期的人文主义者，包括新儒家等，他们并不否认科学及其作用，相反他们承认科学及方法的重要性，他们否认的只是“科学独断论”和“科学万能论”（如胡适）。① 对他们来说，科学有它的适应范围，不能以它为唯一的标准去判断一切东西，这其中就有宗教。② 这是人文主义者抵制科学主义者否定宗教的一个基本前提。他们强调说，科学与宗教各有自己的领域和适用范围，科学注重的是事实、实验和实证，是知识、理智和理性等；宗教注重的是体验、经验、非理性、神秘和信仰，是情感、伦理道德、神性和绝对。人文主义者认为，同科学重在求知、求事实、求理性不同，宗教重在明德、皈依神灵、情感慰藉和精神解脱。宗教信奉和信仰的对象，宗教的情感体验超出了科学知识及其方法的范围。宗教追求和达到的神人合一、宇宙与人合一的境界，既是人的精神超越和超脱，也是人的情感高峰体验。李石岑服膺施莱尔马赫（Friedrich Daniel Ernst Schleiermache，他译为诗来尔马哈）对宗教情感与科学理智的二分，并断定说：“科学者理知之事也，宗教者感情之事也。科学所重在客观，宗教所重在主观，其归结皆为宇宙与人生之探讨，以求最后之解决，固皆未可偏非也。”③ 当然，科学主义者不会接受人文主义者对科学理智与宗教与情感的二分，余家菊指出：“时人多谓科学是理智的，宗教是感情的，二者可并行而不相悖。且人生不可单事理性生活。若单事理性生活，将入于枯燥烦闷之一途而莫能自拔。是故感情、生活实有并重的必要。”④ 余反驳说，情感不是同理智不相干，它同理智有关系而且不可分离。在这种关系中，不是理智要听从情感的驱使，而是情感要受驭于理智。

对于科学理智与宗教情感的二元说，一些温和的人尝试在两者之间进行折衷调和，他们认为，科学与宗教两者各有其长，同时又各有其短，两者都不要故步自封，应相互借鉴、相互补充。陆志韦、屠孝实、李润

---

① 梁启超指出，他说的欧洲科学破产只是指科学万能的破产而不是科学本身的破产。比梁启超更早一点的严复，是一个称赞科学而又不否认宗教的一个例子。

② 1923 年的科学与人生观论辩，是哲学（形而上学、伦理人生观）对科学世界观的挑战和反思。

③ 李石岑：《宗教论》，《民铎杂志》1921 年第 5 期。

④ 余家菊：《基督教与感情生活》，《少年中国》1922 年第 11 期。

章、朱宝会、公侠等就持此观点。公侠在《科学与宗教的平议》中指出，科学与宗教二者间存在冲突和矛盾，或者是由于其中有未尽铲除的混合物，或者是由于误解了基本的事实。科学家们（更多的是科学主义者）要承认科学的限制，要关心科学同人生的关系，要注重人生的灵性价值；宗教家们要觉悟所以发生争论的缘故。公侠说，只要彻底理解了科学与宗教的各自特性及其相互关系，就会发现宗教与科学本来是一对孪生姊妹：“他们双方在人类生活中各有其位置。科学的目的是研究事实、法则和天然程序的知识，完全公开，没有成见。宗教的职务，是发展人类的良知、理想和志气。科学若没有宗教，不但不能造福人类，反要残害人类。若受了宗教的支配，就可成为进化的钥匙、前途的希望。宗教没有科学，就产生武断、执迷、压迫、宗教战争，以及其他种种借宗教而杀人的灾祸。”① 朱宝会认为科学和宗教各有不同的真理：“盖科学重知，宗教重信。信为先天之知，知为后天之信。知而能信，方为真知；信而能知，方为真信……科学为物内观，宗教为物外观。二者相辅，乃能尽物之全。”② 屠孝实规劝说，不要用科学去否定宗教，因为我们对于整个宇宙的态度不能以一种为限，科学和理智是一种，宗教也是一种。即使科学否定了宗教中对宇宙的不合理说明，它也无法完全否定宗教。因为宗教的本质是人的具体经验。同样，宗教要尊重科学知识，要尊重客观性的东西，要认识到人的具体宗教经验以主观为限，不要以它为前提任意去推论一切。③

尽管新文化运动时期科学主义的世界观占有主导性地位，人们从科学出发对宗教展开的批判和否定更有影响力，但这仍只是一种立场。人文主义者为宗教进行辩护，限定科学真理及其方法的适用范围，确定宗教信仰和情感的范围和适用性，这也有相当的说服力和吸引力，这又是一种立场。站在科学与宗教之间，既强调两者的特点及界限和并存，又强调两者的互补和相辅，这是科学与宗教论辩的第三种立场。当时产生

① 公侠：《科学与宗教的平议》，《青年进步》1924 年第 74 期。

② 朱宝会：《科学与宗教之相须》，《神学志》1918 年第 3 期。

③ 参见屠孝实《屠孝实先生的讲演》，《少年中国》1922 年第 8 期。

这一尖锐和激烈的争论，其中一个原因是中国迫切需要革新，科学被看成文明的革命性力量，一切传统的价值都被重估，而宗教在历史上确实曾经阻碍过科学。

三 宗教的“替代论”和“存废论”——它的现在及趋势

伴随着人类和社会发生并持续存在下来的悠久宗教传统，按理说，只要人类和社会继续存在，它就不会轻易消失。当前的事实是，不仅已有的宗教没有消失，而且不同的地域还出现了许多新兴的宗教。但新文化运动时期，人们围绕宗教是不是会被取代，它有没有存在的余地，人类社会的现在、未来还需不需要宗教，它是不是会消失进行了不同的论辩和预测。一些人（主要是科学主义者，还有唯物主义者）相信宗教将被取代，设想了各种取代性方案，提出了不同的“新宗教”，预测宗教不再有任何存在的空间和余地，将会消失，永远成为过去之物。为此他们进行了论证。为宗教的存在和延续进行辩护的另外一些人（主要是人文主义者）则相信，宗教不可能被取代，它也不会永远消失。对此，他们也提出了相应的根据。这是新文化运动中“宗教观”多元性的又一突出表现。

人们承认人类的不同文明存在着宗教，而且认为它还很古老。但承认宗教是历史事实，同承认不承认它在历史上有没有积极作用是两码事，同相信未来它会不会消失也没有必然的关系。否定宗教信仰和宗教价值的人，很难设想他对宗教在历史上的作用会有多少积极的评价，更难设想他会相信宗教将继续存在并发挥建设性的作用。事实上确实如此。科学主义者认为宗教在历史上扮演的都是或主要是负面的角色，它解释世界和万物的许多内容现在都被科学推翻了；它想扮演而没有扮演好的角色，现在也完全可以由其他相近的东西来取代，这是历史的趋势和未来的方向。在不同的宗教“替代论”中，蔡元培的“美育代宗教说”首先出现并引人注目，但最有力影响也最深远的是“科学代宗教说”。此外还有“哲学代宗教说”等。蔡元培的“美育代宗教说”，主要是认为在历史上，美育、艺术同宗教混合在一起来满足人的情感需要，宗教一方面对艺术和美育的发展有促进作用，但又有很大的限制。在现代社会中，美育和艺术从宗教中独立出来不仅能促进其本身的发展，而且也能使它们更好地满足人的情感需要。蔡元培整体上是理智主义者，这使他在“美育代宗教说”之外，又主张广义的“哲学代宗教说”，断言宗教只是历史上一时的产物，没有永存的本性，将来的人类，不再有拘束的仪式和对神的依赖。哲学上的各种主义都将是它的替代者。中国历史本来同宗教没有什么深切的关系，将来中国向新的和完美的方向发展，人人各有哲学上的主义和信仰，他们不再需要宗教。他说他对于宗教的这种看法在十年前的《哲学要领》中就表明了，现在也没有变化，他“始终认为宗教上的信仰，必为哲学主义所取代”①。

“科学代宗教说”大都同科学主义者相关，陈独秀、恽代英、王星拱、周太玄等都是如此。从他们用科学批判和否定宗教就可以知道，他们都是明确的或暗含的“科学代宗教论”者，也是“宗教消亡论”者。为了论证科学能够代替宗教，论证宗教在将来一定不复存在，周太玄著述《宗教与人类的将来》《宗教与中国之将来》《宗教与进化原理》等，说宗教的信仰是普通信仰的一部分，它的神秘观察是宿命的和暗示的，它有强烈的固定性、独占性和排他性，它是一时的和有条件的，它不是人类的永久需要；神的存在和灵魂不灭已被科学解决；人不是宗教的产物，人类的将来没有宗教。中国人乐天、坚忍，他们不承认有全知全能存在，对神的态度比较消极，天性同宗教本来很少契合，即使有人信神，他们对神也不存绝对的依赖之心，因此，“一句话说完：中国的将来是没有宗教的”②。傅铜在《为何研究宗教》中说，让宗教不存在的方法，一是消除人类对宗教的要求，二是用比宗教好的东西代替它。前者很难实行，后者则是可行的。他先是分别说明了科学、道德、美术等为什么能代替宗教，然后又将它们合在一起来代替宗教。③ 李思纯说，他相信哲学的上帝，不相信宗教的上帝。科学既与宗教的立足点不同，它取代不了

① 周太玄：《蔡孑民先生关于宗教问题之谈话》，《少年中国》1921 年第 1 期。

② 周太玄：《宗教与中国之将来》，载张钦士选辑《国内近十年来之宗教思潮》，京华印书馆 1927 年版，第 183 页。

③ 参见傅铜《为何研究宗教》，《哲学（北京）》1921 年第 1 期。

宗教。宗教的真正替代者，只能在哲学和美学中去找。①

“新宗教说”包含的意思一是主张宗教革新，一是“宗教替代论”的翻版。从宗教革新来说，人们尝试扩大宗教的内涵和外延，增加和补充新的宗教信仰。新的宗教信仰不必是神的信仰，它可以是“主义”信仰。陈独秀认识到宗教在旧文化中占了很大一部分，认识到现代社会还需要宗教，只是消极地反对它没有什么用处，恰当的做法是用好的宗教来满足人们的需要，用好的宗教来取代不好的宗教：“我以为新宗教没有坚固的起信基础，除去旧宗教的传说的附会的非科学的迷信，就算是新宗教。”② 周作人认为，不要狭隘地迷信一个宗派，如果是普泛的宗教信仰，或者是泛神论、一种主义，就不会有冲突。③ 罗素认为马克思主义已变成了一种宗教信仰。同样，科学也可以变成信仰。④ 胡适将它以科学为基础的信仰称为新信仰：“我们若希望人类的人生观逐渐做到大同小异的一致，我们应该准备替这个新人生观做长期的奋斗……宣传我们的‘新信仰’，继续不断地宣传，要使今日少数人的信仰逐渐变成大多数人的信仰。”⑤ 这一“新信仰”的具体内容即胡适的“科学的人生观”，他概括为十条，当时被基督教会称为“胡适的新十诫”⑥。此外，胡适又将以“理智化”“人化”和“社会化”为中心的信念叫作“新宗教”，说新宗教的首要特色是“理智化”，也就是“科学化”：“科学的发达丰富了人类的知识，使人们求知的方法更精密了、评判的能力也更进步了，所以旧宗教的迷信部分渐渐被淘汰到最低限度，渐渐地连那最低限度的信仰——上帝的存在与灵魂的不灭——也发生疑问了。所以这个新宗教的第一特色是他的理智化。”⑦ 胡适说新宗教的再一个特色是“人化”。人

---

① 参见李思纯《宗教问题杂评》，《少年中国》1921 年第 1 期。

② 陈独秀：《新文化运动是什么?》，《陈独秀文集》第 2 卷，人民出版社 2013 年版，第 3 页。

③ 周作人：《宗教问题》，《少年中国》1921 年第 11 期。

④ ［英］罗素：《罗素先生的演讲》，章廷许笔记，《少年中国》1921 年第 8 期。

⑤ 胡适：《〈科学与人生观〉序》，《胡适文存》第 2 集，黄山书社 1996 年版，第 150 页。

⑥ 与有神的宗教相对立，1918 年，胡适开始尝试建立新宗教。此时，他还没有说他建立的是新宗教，而且也没有宣称它是一种“普遍的宗教”（被限制为“我的宗教”）。这个他自己的宗教，胡适名之为“社会不朽论”。提出这种“社会不朽论”的直接原因，是他母亲的逝世。

⑦ 胡适：《胡适文存》第 3 集，黄山书社 1996 年版，第 5 页。

只相信自己的能力，而不再相信“天命”和“上帝”；人的主人只能是人自己，而不再是靠不住的神：“我们却信人格是神圣的、人权是神的。这是近世宗教的‘人化’。”① 最后，胡适说他的新宗教的第三个特色是“社会化”，功利主义的“最大多数人的最大幸福”是社会的目标，个人主义将为“社会化”的要求所取替。

不少人都认为宗教有革新的必要，宗教要适应社会的变化而变化，但他们不接受科学主义者或进步论者的许诺，不相信宗教会被其他什么东西取代，不认为宗教在现在和未来都没有存在的余地，它将在人类文明中消失，完全成为历史的陈迹。他们肯定宗教的独特价值和作用，相信宗教不仅是历史上的需要，现在和未来人类同样需要宗教，宗教不会消亡。如梁漱溟相信，佛学的出世间教是真正的宗教，它不仅不会消失，它还是人类宗教发展的方向。② 科学虽破除了宗教中的某些不可靠的原理，但科学否定不了“超绝者”的存在；科学虽能满足人的理智的需要，但人的情感满足、神秘宗教体验（神人合一），科学满足不了，也决非科学所能替代。

新文化运动中的科学主义和进步主义者，具有新与旧、文明与野蛮、进步与落后等二元论，人们从前者出发认为宗教是陈旧的、落后的甚至是野蛮的东西，乐观地认为它已经失去了存在的意义和价值，它应该被取代，历史正朝着一个无宗教的新时代迈进。对于当时普遍渴望中国革新的人们来说，这样承诺更有影响力。但它并不是决定性的，人文主义者对宗教存在的正当性的论证和辩护也有说服力和吸引力。他们不是宗教上的“一成不变论”者，他们主张宗教革新，使之适应不断变化的世界。实际上，这正是宗教能够存在下来的重要动力。

四　宗教与东西方传统——孔教、基督教

宗教一向就是各种各样的宗教形态和信仰，它有各自的教义、仪式、

① 胡适：《胡适文存》第 3 集，黄山书社 1996 年版，第 6—7 页。

② 参见梁漱溟《梁漱溟先生的讲演》，《哲学（北京）》1922 年第 6 期。

制度和组织等。回到新文化运动时期，当时人们论辩的宗教主要是基督教，此外还有佛教等。人们承认它们是东西方两种不同的宗教形态。欧阳竟无声称“佛法”既非宗教又非哲学，这是非常罕见的。① 至于孔教或儒教，问题就很不同了，它是不是宗教这本身首先就成了一大疑问。因此，对孔教的激烈论辩一开始就在它是不是宗教上展开。

孔教是不是宗教同人们对宗教这一概念的界定和理解有关，这个词源于西方并同上帝一神信仰紧密结合在一起；此外，它又同人们对孔子的学说和儒家的认识有关，人们普遍认为儒家对鬼神敬而远之，它关注的是礼乐和伦理等人文教化，所谓儒教的“教”并不是宗教的意思，而是教化的意思；还有，它同当时立孔教为国教的事件有关。既然孔教或儒教原本就不是宗教也不能成为宗教，所谓立孔教为国教也就从无从谈起了。不承认孔教是宗教的有科学主义者，如蔡元培、陈独秀、胡适等。与此相反，也有人认为孔教是一种宗教。如宗一位署名“CZY 生”的人说，狭义上说儒术本非宗教；但广义言之，也可说儒术是宗教。② 李思纯区分孔子与孔教，说孔子确非宗教教主，但孔教在中国历史上确是宗教。当然他认为这是中国的一个不幸。因此即使在中国历史中它是宗教，现在也不能再立它为国教。③

肯定儒家价值的人文主义者，也像一些科学主义者那样认为儒家不是宗教，如梁启超、梁漱溟等。这是人文主义者同科学主义者难得的一个共同点，但也仅此而已。因为科学主义者说儒家不是宗教，虽然也包含了他们对儒家的认知，但他们主要是为了反对将儒家立为国教，他们没有改变在现代社会中儒家已经过时的评判。一些人文主义者认为儒家不是宗教，这是对儒家的肯定，认为这是儒家的高明之处，这样的儒家对中国人的精神生活来说仍是需要的。在这一点上，罗素同他们形成了共鸣。实际上，儒家是不是宗教，远非如此简单。这不仅是因为西方将孔教同耶教等相提并论，而且因为不管是狭义的，还是广义的，在中国

① 有关儒家是不是宗教这一个问题，中国从 20 世纪 90 年代以来又展开了非常多的讨论。
② 参见“CZY 生”《宗教论》，《甲寅（东京）》1915 年第 6 期。
③ 参见李思纯《宗教问题杂评》，《少年中国》1921 年第 1 期。

历史上儒家都称得上是一种宗教，至少它是国教。黄遵宪在《日本国志》中说日本把儒教类比为宗教：“论宗教则谓敬事天主，即儒教所谓敬天；爱人如己，即儒教所谓仁民；保汝灵魂，即儒教所谓明德。”①

新文化运动时期人们对基督教的论辩主要集中在现代和未来的中国如何对待它。基督教是外来的宗教（虽然它早就传到了中国），它同中国传统文化之间存在紧张关系；近代它在中国的传播同西方对中国政治和文化的征服有某种关系。这就使新文化运动中围绕它展开的论辩复杂而又激烈，其中的几个事件又使争论变得更为尖锐和对立。1920 年少年中国学会接受巴黎分会的建议不接受信教者入会，并要求有宗教信仰者退会，在学会内部首先引起了分化，同时也引起了基督教阵营的应对。1922 年 4 月“世界基督教学生同盟”大会在清华大学召开大会，这又激发了人们对宗教和基督教的反对，“宗教反对者大同盟”相应而生。组织化地反对宗教、基督教，或者维护宗教、基督教，都带有一定的情绪，它反映了当时人们对宗教和基督教有着非常对立的两种态度。说到知识人之间的争论，他们的立场虽然也是相反的，但主要是理性的论辩。

胡适整体上是基督教的批判者。在美国留学时，他对基督教曾有过短暂的“亲近”，他后来还是同它“分手”了，成了“未经上帝感化的异端”者。少年就拒绝了佛教的胡适，在新文化运动中同其他科学主义者一起批判基督教的上帝。胡适对中国佛教的批判不遗余力，说东汉之后中国接受佛教是中国文化的一大不幸。被胡适过滤了的实验主义一直是他批判上帝的武器。在胡适看来，上帝的预设之所以不能被接受，是由于它不能为我们所证实，它没有经验事实上的根据。陈独秀对基督教的立场比较复杂些，他一方面是批判，另一方面又有某种意义上肯定，特别是赞颂耶稣的人格。

为基督教进行理性辩护的人，既有信仰者，也有非信仰者。周作人对基督教持开放立场，他说平常翻阅《圣经》，觉得基督教的精神是很好的。要革新中国人的心灵，基督教是很适合的。虽然少数人可以通过艺术、科学或社会活动去代替他的宗教要求，但对于大多数人来说这是不

---

① 黄遵宪：《日本国志》下卷，天津人民出版社 2005 年版，第 801 页。

可能的。① 张东荪说他的立脚点是人不需要宗教，但要是在中国提倡宗教，孔、佛、耶三者比较起来，还是基督教适合。佛教是向后的，孔子的思想缺乏奋斗精神。西方文化的根本精神是向前的，基督教是其中的一部分，它有很多地方可以矫正中国的习俗。② 激烈反传统的钱玄同对基督教并不简单地否定，他特别赞扬了基督的人格和精神："总而言之，我承认基督是古代一个有伟大和高尚精神的'人'，他的根本教义——博爱、平等、牺牲——是不可磨灭的，而且是人人——尤其是现在的中国人——应该实行的。"③ 钱玄同还引用陈独秀对基督人格的肯定，说陈说的话也是他想说的。钱玄同补充说，对基督教当然也要有分析的眼光，不能完全照搬。

一些信仰者对基督教的辩护也是很理性的，他们不仅肯定基督教的意义和价值，而且还在基督教与新的思潮如共产主义、社会主义之间寻找共同点。如文南斗一方面指出不要将基督教同共产主义混为一谈，另一方面又认为基督教的教义同共产思想有共同之处，如反对积累财富、主张互助等。④ 尤其是，基督教的信仰不是一味地为基督教辩护，他们还非常积极地接受人们对基督教的批评。徐宝谦于 1913 年加入了基督教，他本身是一位基督徒，在《基督教与新思潮》中他强调，基督徒对新思潮中基督教的反对或赞成都应该欢迎。⑤ 尤其是，在《基督教与新思潮》中认为基督教应该改革，人们对基督教的批评是基督教革新的契机，教会应当努力想办法在解决社会问题上做出贡献。尽管我们每个人的意见也许不同，但我们的目标只有一个，"就是从个人说，做更好的基督徒。从团体说，改革教会，做我们一种更好的工具，去建造天国"⑥。又如，柴约翰解释说，基督教同中国新思潮的关系完全一致，新思潮的目的是改造中国社会，这也正是基督教所希望的；新思潮绝不是反对基督教，

① 参见周作人《我对于基督教的感想》，《生命（北京）》1922 年第 7 期。
② 参见张东荪《我对于基督教的感想》，《生命（北京）》1922 年第 7 期。
③ 钱玄同：《答廷芳先生》，《生命（北京）》1922 年第 8 期。
④ 参见文南斗《基督的共产观》，《生命（北京）》1921 年第 3 期。
⑤ 参见徐宝谦《基督教与新思潮》，《生命（北京）》1920 年第 1 期。
⑥ 徐宝谦：《基督教与新思潮》，《生命（北京）》1920 年第 1 期。

它的重要方面同基督教是相合的。为了实现基督教改造社会的目标，基督教应该接受批评并自我审查：“论我个人的意见，我们基督徒应该欢迎他们对于基督教严格的审查。今日在中国的基督教，似乎需要一种活泼的生机，新思潮似乎可以给他奋兴的作用。就是基督自己对于当日的生活，也有这样严格的审查。”①

宗教的一元论或独断论往往标榜某种宗教是正统，将其他的宗教视为异端，这样的立场和做法越来越被宗教对话和“宗教多元论”取代。事实上，只有不同的宗教而没有“标准的宗教”。幸运的是，当时参加宗教论辩的人没有将某一种宗教绝对化。理性的基督徒没有将基督教当成一个封闭的堡垒，他们具有自我反思意识，包含批评并接受积极性的建议，期望自身不断更新并保持活力，这也特别难得。人们对孔教的论辩虽然涉及国家立法的问题，但他们对孔教是不是宗教的争论也基于理性，而且也有不同的和复杂的立场。这反映了新文化运动中在具体宗教论辩上的多元性。

五　宗教论辩与西方各种“宗教观”

新文化运动中“宗教观”的多元性表现在对西方主要是现代西方不同“宗教观”的选择取舍中。新文化运动时期中国文化和思想空前开放、自由和多元，它的一个重要见证是现代西方各种哲学、主义、思潮潮水般地输入中国，让人眼花缭乱、目不暇接，这本身就是新文化运动多元性的一个表现。同样，现代西方的不同“宗教观”也传到了中国，它既是新文化运动人物能够多元看待宗教的原因之一，也是新文化运动中“宗教观”多元性的体现。当时西方两位最著名的哲学家杜威和罗素先后来到中国，他们直接带来了他们的哲学和宗教主张，虽然这两位都是宗教（天主教、新教等）的否定者②，特别是罗素，他直接参与了当时的

① 柴约翰：《基督教与中国的新思潮》，《生命（北京）》1921年第1期。

② 有关杜威的“宗教观”，参见赵秀福《评杜威的宗教观》，《理论学刊》2002年第3期。

宗教论辩并影响了许多人。

西方不同的“宗教观”为新文化运动“宗教观”带来的多元性，可以从不同方面来说。首先它涉及许多人物。这里不说西方宗教界、基督教人士，仅就哲学、思想和文学界的人士而言，除了罗素、杜威和上述的西塞罗、赫伯特勋爵、马雷特、莱恩、安德鲁·朗格、斯宾塞、莫勒、耶韦勒、达尔莫默斯德得、居友、涂尔干，还有施莱尔马赫、席勒、尼采、詹姆斯、柏格森、倭铿、海甫定（Harold Hoffding）、罗曼·罗兰、马克思、蒲鲁东、托尔斯泰等。但这仍是其中的一部分。这些人物中有的很著名，有的不那么有名。新文化运动中持有不同“宗教观”的人，不同程度地跟这些人物有关。

其次，这些人物来自不同的国家，他们的“宗教观”多种多样，而且同他们的哲学和思想倾向有关，是他们的“主义”的一部分。斯宾塞代表的是进化论，尼采代表的是意志主义，罗素代表的是分析哲学和新实在论，杜威和詹姆斯代表的是实验主义，托尔斯泰代表的是不抵抗主义，马克思代表的是唯物主义，蒲鲁东代表的是社会主义和无政府主义。他们的“主义”不同，他们的“宗教观”相应地也不同，他们或批判和否定宗教，或同情和肯定宗教。当然问题也有复杂性，同是实验主义者的杜威和詹姆斯，他们的“宗教观”就不同；分属于不同“主义”的，他们的“宗教观”也有类似的地方。如杜威的与罗素的。新文化运动的知识人分别受到这些不同“主义”的影响，同时也接受了他们的不同“宗教观”。

最后，新文化运动知识人以不同的方式传播西方不同的“宗教观”。他们或者引用，这种情况最多。此外，他们或者通过翻译，或者通过专门的著述，直接而又系统地移植和传播西方多样的“宗教观”。直接翻译的如《宗教》（陶斯泰著，伯良译，《旅欧杂志》1916 年第 7 期）、《宗教与思想》（勃拉克讲，莘田记，《哲学》1921 年第 1 期）、《中国宗教之将来》（庄士敦著，汪心渠译，《昌明孔教经世报》1922 年第一卷第 1 期）、《宗教与科学》（恽德尔著，张剑初译，《益世主日报》1924 年第 1—26 期）、《唯物史的宗教观》（Hermaun Gorter 著，李达译，《少年中国》

1921 年第 11 期）等。这只是几个例子，其中的“宗教观”很不相同甚至对立。

专门讨论西方“宗教观”的论文，如方东美的《詹姆士底宗教哲学》（《少年中国》1921 年第 2 卷第 2 期）、刘国钧的《海甫定宗教经验观》（《少年中国》1921 年第 2 卷第 11 期）。这两篇论文分别对詹姆斯的宗教哲学、对海甫定的宗教经验观念做了比较细致的考察，尤其是前者。方东美说詹姆斯区分制度宗教与个人宗教，他注重的是个人宗教。对詹姆斯而言，宗教是人在岑寂时发生的情感动作、经验以及觉悟到了自己同神发生了关系。这种关系可以是道德的，也可以是仪式的。宗教的经验是庄严的经验。刘国钧解释海甫定的宗教经验观念说，他首先区分人的生活中的不同的经验。宗教经验不同于普通经验，其不同主要在于前者是一种宗教感情，它是人对宇宙的生动感情。这种感情来源于人的宗教信心，即人坚持将最高价值与实在统一起来的斗志。价值不灭的信心，是宗教的根本要素。可以看出，詹姆斯和海甫定的“宗教观”，都强调了宗教经验和宗教信念。

西方不同的“宗教观”跟新文化运动时期“宗教观”的多元性有非常复杂的关系，这里只能做简略的甚至是形式化的说明。但可以肯定，新文化运动“宗教观”的多元性，确实同西方的不同“宗教观”有关，这同新文化运动中多元的西方思潮的输入和运用整体上是吻合的。

结　语

简要总结一下，我们可以说新文化运动是多元的，其中的“宗教观”也是多元的。当时宗教论争的主要问题，一是宗教的本性及其功能和角色；二是宗教与科学、知识、理性以及艺术的关系；三是宗教是否可以被取代，是否还有存在的必要和余地，是否会消失；四是孔教究竟是不是宗教，对于基督教应该如何看待和对待。围绕这些问题，人们展开了各种论辩，不管是立场和方法，还是观点和看法，都是多种多样的，充分显示出了新文化运动在“宗教观”上的多元性。此外，这一论争涉及了西方不同的“宗教观”，人们从中选择取舍，这也是它的多元性的一个表现。这场论辩的结果，虽然不能像陈荣捷评判的那样，宗教打赢了这一战斗，但确实可以说宗教没有被打败，而科学也不是胜利者。

儒家学说的地域性展开

中国哲学的起源与地域特点*

张学智

（北京大学哲学系，北京大学国学研究院）

摘要：本文对中国哲学的起源与地域特点做鸟瞰式的勾勒，认为中国哲学起源于对周文疲敝的不同应对之道。儒家主张对周文进行损益，奠定了温和政治和士大夫精神修养的基础，并确定了中华文化的经典系统。墨家用俭约、功用来反对靡费、虚文，用大众趣味反对精英文化。道家摒弃了周文的礼乐教化，建立了以道法自然为最高原理、守柔谦下为行为准则的哲学，并在避世隐遁中保持批判精神。法家以法律、权势和御臣术为基点，批评儒、墨，推崇功利，扭转了周文的思想指向。从地域特点来说，孔子将鲁地的礼乐传统和东夷的仁爱精神相结合，建立了仁礼互相依持并敬畏天命的儒家系统。道家融合楚地巫觋传统和诗经中的浪漫风格，形成喜言天道、富于想象、厌弃礼乐、不事虚文的特色。墨家重视鬼神的传统是商代“先鬼而后礼”文化的遗留。齐、晋较早应和了春秋时代的社会变动因而较早致力于制度改革，加之北方剽悍易于法制化管理的习性，所以法家思想最强。南北不同文化传统在后世经学、佛教、道教、宋明理学中产生了深刻的影响。

关键词：中国哲学　周文　地域特点　南北差异

---

* 原文另已发表于《北京大学学报》（哲学社会科学版）2020年第6期。

一　中国哲学的起源：对周文疲敝的不同应对

哲学既然是人对自然、社会及人本身的活动成果的反思，那么中国先民面对的自然、社会不同于其他民族，进行反思的内容也会不同。也就是说，反思是一切哲学活动共同的形式，但被反思的素材是不同的。中国先民，面对的首先是天这一包含万类的总体，日月星辰的运行、阴阳四时的变化、草木枯荣、畜禽蕃长，所以他们习惯于现象地、实际地考虑问题；其次面对的是安土重迁的部落、部落联盟形成的早期社会：血缘纽带、等级尊卑、礼乐教化、法条惩戒，所以他们习惯于伦理地、人格修养地考虑问题。中国最早的思想者是基于这样的素材开始他们的反思活动的，他们的哲学脚步一开始便踏履在这样的土壤上。一句话，这是一个长于处理实际问题，长于如何使治理共同体并使其安居乐业的民族。由于各部落有广大的地域空间，所以不因土地贫瘠、食物匮乏、生活空间狭窄而去掠夺、侵占；战争多是出于对掠夺、侵占的反击。所以总体上不是雄鸷的、剽悍的，而是文雅的、和平的。虽然碰到强悍民族的侵略常处于劣势，但又常以文化的优越而同化侵略者。所以中国先民经营的最主要领域是政治，而处理政治问题惯常用伦理思路。

中国最早的哲学家是先秦诸子。先秦诸子是中国文化、中国哲学特点最鲜明且直接的表现。对于他们的思想来源，前人有不同的说法，有一种观点认为源于各家在官府中所任职事，职事不同，所学所长也就不同，后在社会动荡中失去职事，即以所长为谋生之具。此为“诸子出于王官说”。《汉书·艺文志》即主此说，如儒家出于司徒之官，道家出于史官，墨家出于清庙之守，法家出于理官（主司法刑狱）等。此说认为当时文化教育的情形是“学在官府，非吏无由得师”。有的认为是出于解决实际问题的需要，诸子皆救世之人，但救世的主张不同，故形成不同学派。诸子之学皆“应时而生”，与王官无关。此两说影响最大，貌似水火不容，其实并不构成绝对对立：救世而起，此为目的；王官之学，是所用手段。救世者必用其学，其学非无来源。王官者援据前人，而历史并非一成不变，所学非可拿来就用。故两说并不矛盾。实际的矛盾是历史为重还是现实为重，是文化型塑为主还是实效经验为主。主张前说的多是本土文化本位主义者，主张后说的多是西方实效主义的信奉者，仍是现代中国不同哲学立场及其思维方向之间矛盾的体现。另有学者认为可以调和两者，把先秦诸子各家都看作对周文疲敝这一时代问题的不同应对之道①，但所用的思想工具，却远有端绪。夏商两代，以礼乐典章制度为代表的文化系统尚未完备，周朝特别是周公奠定基础以后，在各代的努力下周礼始灿然明备。但至春秋末期，随着整个社会政治、经济、军事、法律制度的变革，原有的礼乐制度不适用了，对它的“损益”及其后根据的追寻，便勃然而兴。如果说“轴心时代”这个说法可以成立，中国哲学的轴心便是由对周礼的不同思考而兴起的百家之学。若把它看作世界文明的一部分追溯而观之，可以说有个“轴心时代”；若从本土文化的角度看，它只是中国绵延不断的历史过程的必然环节而已。远在夏商，中国文化的诸特点已经形成，周文是在它的基础上踵事增华，发展壮大的。而灿然明备以后，由于礼乐形式的固化，必然引起对它的改革，而对一种体量极大又源远流长的文明结果的改革，必然采取“损益”即有因循、有改变的办法。

孔子代表儒家做出的应对之道，第一是提出一条渐进的、温和的道路：“损益”；继承周文的基本方面，反对做不切实际的激进的改变。因为周礼是对夏商两代积累起来的礼乐制度的继承：“周监于两代，郁郁乎文哉！吾从周。”（《论语·八佾》）但也主张根据实际情况将它修补得更合理，所以提出“行夏之时，承殷之辂，服周之冕。乐则《韶》《舞》，放郑声、远佞人”（《论语·卫灵公》）。主张对各时代的礼择善而从。这是当时士大夫群体的主流看法，也是可以坐而论之而实行的稳健的道路。第二，揭示礼乐形式背后的精神实质。“礼云礼云，玉帛云乎哉？乐云乐云，钟鼓云乎哉？”（《论语·阳货》）“人而不仁如礼何，人而不仁如乐何！”（《论语·八佾》）礼乐形式固然重要，值得修习，更重要的是其中包含的精神意蕴。推广开来，礼乐是一套有形式、有内容的整体，徒习

① 参见牟宗三《中国哲学十九讲》，上海古籍出版社1997年版。

其形式，乃“买椟还珠”。而体会其内蕴的精神意味，只有通过做修养工夫从而具备觉解能力才能获得。第三，证悟超越层面。孔子是入世的，“发愤忘食，乐以忘忧，不知老之将至”（《论语·述而》），但他向往的是“曾点之趣”“孔颜之乐”之“上下与天地同流”的境界，自然而人文，下学而上达，即世而超越，为士大夫阶层指出精神修养方向。第四，删诗书、订礼乐，整理古代文献，使中华文化不坠，形成团结、融合多民族的文化基础；并提炼其中的精要教授弟子，使“六经”代表的中华核心文化走向不同层次的群体，使之具有更加宽阔、广泛的受众。以孔子为代表的儒家，在道、学、政几个方面，奠定了中华文化的基础。儒家成为中华文化的主干，并非徒然。

墨家是提出对治周文疲敝之策的另一大学派，与孔子代表的士大夫阶层不同，墨家主要是从事手工业的普通劳动者，他们的主张处处与儒家对立。他们“背周道而用夏政”，抬出大禹反对周公，用蓑衣草履手执锸耒对抗规行矩步、宽袍大袖；面对“六经”，取舍不同，认为礼乐是繁文缛节，对它不应损益，而是抛弃，更不去体会其中的文化意蕴。用俭约、功用来反对靡费、虚文，用大众趣味反对士大夫文化。墨家在中国数千年等级森严、礼文繁盛的制度文化中几乎中绝，却在崇尚平等、主张劳工神圣的近代中国某个时段中找到嗣响。墨家后学为了辩论需要所做的关于知识形成、逻辑方法的片断记载，也成了可与西方知识论、逻辑学相对接的知识资本。墨家当时与儒家并称“显学”，虽对治周文疲敝的道路难以全面推行，但也以其苦行卓异、忘我工作、服务大众及侠义精神，拥有广大的拥护者，成为与儒家并行的“显学”。

道家对周文采取了比墨家更为彻底的抛弃。他们看到了人世的苦难源于争夺，争夺源于多欲，多欲是由周文中的礼乐、教化引发的，须在根源上疗治人的精神顽疾，于是幻想一个至德之世。至德之世的法则是道法自然，一切不合自然法则的皆在破除之列。道家的一切主张几乎皆针对儒家而发。如道德，道家有自己的道、自己的德。道家的道是自然无为，德是对此道体之于身心，见之于行为。儒家的道德，是至德之世失去后无奈的选择：“失道而后德，失德而后仁，失仁而后义……”（《老子》第38章）仁义是人的桎梏，礼乐是强迫人就范的借口，道德仁义这些儒家自诩的治国利器，恰是残害人的用具。道家不但抨击儒家，也创造了“懦弱谦下，守柔不争”的自处之道，“上善若水”“抟气至柔能如婴儿乎”（《老子》第10章）是代表道家根本精神的象征物。还有“不遣是非，以与世俗处”（《庄子·天下》）的精神解脱方法，这就是，齐一万物，泯灭差别；消解是非，无系无缚；忘却生死，夭寿不二。甚至不要国家、不要社会、不要后世文明所创造的一切。对周文所采取的极端看法，使得它只能避世、隐遁，但恰也造成了道家对世间不平的批判精神。作为保持社会平静、保持精神平衡的两极中的一端，它与儒家处在对立互补中。它始终是儒家的对立面经常拿起的思想武器。如王充批判汉代“天人感应说”的种种虚妄附加，魏晋人批判“五经”解释中的各种天人比附、碎义逃难，都以道家的自然无为为理论根据。

法家沿袭了周礼的某些方面又掺入了思想家的个人创造。周礼是一套大到国家政权形式、典章文物、等级爵位，小到士大夫的礼貌仪节的制度规定、行为规范。法家以法为重，法是由国家颁布使民众知晓并遵守的成文系统，这是任何时代、任何政权形式都有的治国工具。法家以此为重，是对这一文明成果的顺遂。势也是周公之礼自然有的内容，等级制度、国家政令本来就靠政权的威势推行，否则就会太阿倒持，大权旁落，国家统治也不会长久。前期法家如李悝、吴起，都曾学儒，感到不能较快地解决现实问题而改宗法家。法家站在最高统治者的立场思考问题，所以处处以国家强盛、君主安全为最重要的考量。它以道家的冷静不掺杂个人情感为心灵基础，以功利为考虑问题的出发点，但这必然触动贵族利益，所以法家个人可以说是改革的英雄，但又大多是政治的牺牲品。法家的罢封建、立郡县，废除井田制，使农民从贵族的附从地位解放出来，变成国家耕战的工具。特别是后期法家韩非，糅合商鞅的法、慎到的势、申不害的术及纵横家的机巧，讲、法、术、势结合，发展出一套“抱法处势怀术”的统治方法。特别是其中的术，将担负辅弼之任的臣子玩弄于股掌之中，失去了手足、腹心关系，臣下成了君主完成其统治的工具。在法家眼里，君臣之间并无私恩可言，完全是利益交换关系，“君臣互市”：君用官爵交换臣下的智慧，臣下以所学交换君主的高官厚禄。孔子的“君事臣以礼，臣事君以忠”，完全是无用的门面话。君主的深藏不露、变幻莫测、无法揣摩才是最有用的御臣之术。儒家的顺天、敬德、亲亲、仁民、爱物等治国之道，在法家眼里都是不急之务；礼乐、教化是无用的靡费，儒家是腐蚀社会的蠹虫，“以法为教、以吏为师”才是唯一应该遵行的。法家顺应了战国中期以后各诸侯急于富国强兵、统一天下的时势，但抛弃了周文中的治国常道，发展出一套急功近利、苛法暴政、残民以逞的统治思想和具体法术。后世对其兴之也暴、亡之也速的教训多有总结，反证出儒家和风细雨式的治国方略是恒久的、可持续的。即使在某些需要霹雳手段重典治国的历史环境中，往往也要以儒家为掩护方得施行。

儒、墨、道、法是先秦最重要的四家，其他都是这四家的派生。对周文疲敝的不同应对之道，这四家及其衍生出的各学派之间的斗争、融合，构成了中国思想波澜壮阔、气象万千的场景。这样的自然、社会、人文环境，为哲人的反思提供了肇始期的主要思想资料，也为后来中国哲学的面貌规定了底色。

二　中国哲学的地域特色

中国文化的地域特色，是饶有兴致的问题。中国自古即幅员广阔，地大物博。由于它的地理特点，南北差别尤大。由不同的地理地貌、风土人情、饮食习俗、方言土语形成的地域差异，也在思想风格上表现出来。孔子即有南方之强、北方之强的分别。南方之强主要是“宽柔以教，不报无道”（《礼记·中庸》），北方之强表现为“衽金革，死而不厌”（《礼记·中庸》）。南人的特点是宽柔巽顺，含忍力强，北人的特点是刚劲果敢，勇于实行。这是一个总的特点，后来虽交通逐渐发达，人口流动增多，特别是由数次大的战乱引发南北人口迁徙，地域色彩有所减弱，但这一基本特点一直保存下来。

《管子》从不同地域的物质特性来解释人的特点。《管子》视水为万物本原，故以水流之急缓曲直、水质之清浊酸碱解释各地民性、气质之不同："水者何也？万物之本原也，诸生之宗室也，美恶、贤不肖、愚俊之所产也。"（《管子·水地》）后世以地理环境之不同因而民性不同解说文化差异的，代不乏人。儒家从"地域说"，主要是邹鲁文化。鲁国是周公之子伯禽代父受封之地。周公制礼作乐以礼乐治国的传统，是鲁文化的基础。春秋时代，王纲解纽、礼坏乐崩，各诸侯国的礼乐设施大多遭到废弃或破坏，唯鲁国保存最多，鲁国成了当时礼乐的中心，故有"周礼尽在鲁"之说。当时多有诸侯国派使者到鲁国观摩、学习礼乐。孔子尊崇周文化，对在鲁之周礼遗存有极大的学习兴趣，以"发愤忘食、乐以忘忧，不知老之将至"（《论语·述而》）的精神，"述而不作，信而好古"（《论语·述而》）的志趣，"子入太庙，每事问"（《论语·乡党》）的精细钻研，成了著名的礼乐专家。孔子删诗书，订礼乐，也以鲁地的丰富典籍和礼器、乐器为基本依据。另外，鲁地属古东夷之地，东夷人"仁而好生，天性柔顺，易以道御"，故有"君子之国"之称。[①] 孔子仁的学说，是对东夷之风的继承和改造。孔子创始的儒家，自始即以仁礼为两大支柱，并为其学说核心；孔子教授弟子，即以此两者为主要内容。内以成就仁德，外以娴习礼乐，两者互相依持，互相成就。儒家尚德行、好礼乐、守矩范、重传统的底色就此奠定。另外，孔子其先为宋国人，宋人的尊天事鬼文化对孔子的影响，首先表现在对待天与命的态度上。孔子"五十而知天命"（《论语·为政》），教导弟子"获罪于天，无所祷也"（《论语·八佾》），在难以辩白不得已表明心迹时只好说"予所否者，天厌之！天厌之！"（《论语·雍也》）在孔了心日中，天无言作，但万物自然成就："天何言哉。四时行焉，百物生焉。"（《论语·阳货》）故"巍巍乎唯天为大"（《论语·泰伯》）。对己则尽人事而听天命，故"不怨天，不尤人，下学而上达，知我者其天乎"（《论语·宪问》），"道之将行也与，命也；道之将废也与，命也"（《论语·宪问》）。对天命必须有所忌惮、有所敬畏："君子有三畏：畏天命，畏大人，畏圣人之言。"（《论语·季氏》）

---

① 见《后汉书·东夷列传》，及贾庆超等著《邹鲁文化研究》，中华书局2004年版，第676页。

“不知命，无以为君子。”（《论语·尧日》）对待贫富寿夭、穷达通塞，则付之天命：“死生有命，富贵在天”（《论语·颜渊》），唯以仰不愧于天，俯不怍于地自处：“吾谁欺？欺天乎！”（《论语·子罕》）认为朝代更替、政权转移，在某种程度上有天的作用：“天之历数在尔躬，允执其中。四海困穷，天禄永终。”（《论语·尧日》）天命在孔子这里并非仅指各种人力无法抗拒的外部机缘凑聚之合力，更是某种值得人敬畏、顺从的神秘力量，它不必是有人格的神灵，但也并非完全是物质的、人事的，只能是一种说不清的神秘力量。这种力量不是指向彼岸、指向宗教的统一神，而是指向人的敬畏、指向尽人事而听天命，它是积极的、达观的。它给崇德、好礼等人世间的努力一种形上的思考维度。给完全的理智主义有可能导致的功利、算计以人文性的中和、扭转，使之更加合理地对待面临的问题。这可能是鲁、宋地域文化带给孔子的不同的反思因素。因之而有孟子“尽心知性知天”（《孟子·尽心上》）的神秘联想、发挥和荀子“制天命而用之”（《荀子·天论》）的理智主义、现实主义的反诘、批判。但孔子奠定的思想底色是最基本、最主要的，后来者则是某些侧面的推阐、拓展。

墨家思想的地域特色主要表现在宋人文化中天、鬼观念的影响上。宋人作为殷商之后，其文化有较强的殷人特色。墨子的主要哲学主张都是针对儒家的，他本有极强的现实主义精神，故功利主文明显，一切都以是否“兴天下之大利，除天下之大害”（《墨子·兼爱》）为标准。儒家为维护等级社会而有的礼乐设施都被看作无用的靡费，虚文耗国；提倡兼爱是为了交相利，批评命定论是为了鼓励人强力作为：“强必贵，不强必贱；强必荣，不强必辱”（《墨子·非命下》）。墨家搬出来用以加强学说推行力量的工具是天志：非攻、兼爱是天的意志，仁义值得赞扬不是因为本身即善，而是因为出自天的意志。天能赏善罚暴，天欲去人之疾病祸患，是最高贵、最明智、最公正无私的。天是人间正义的奉行者、守护者。而墨家的主张是符合天意的。墨家也相信鬼神，认为鬼神赏善罚恶、明察秋毫；而且鬼神在人左右，是人可以感知到的。天志、鬼神是墨子从殷商文化遗留中接受的重要内容，以之为治国牧民、攻击儒家学说的有力武器。同时墨家学说是促使儒家向下层推展，用功利思想、实用主义抑制和改造儒家思想中的精英主义、理想主义的重要因素。而其对于天命、鬼神的过于经验主义和实用主义的援用，对儒家思想中的形上关怀和宗教性超越精神，是一种减杀。鲁地和宋地文化的融合，是中国哲学一次重要的中和。

道家具有浓厚的浪漫风格，这一风格受南方文化影响较深。南方文化指江汉楚地一带的文化。楚人原是中原华夏集团，因与殷人联盟支持武庚，周公东征得胜，此联盟退往江汉地区，与该地东夷、殷人、祝融族文化融合而成。南方文化的重要特色是重神权、重巫觋、重占卜①，故形成富于玄想，喜怪幻之事，放浪不喜节度，好纵酒歌舞等传统。这一传统融入诗经，特别是《周南》《召南》诸篇。朱熹解释"周南""召南"之名时曾说："其得之国中者，杂以南国之诗，而谓之《周南》。其得之南国者，则直谓之《召南》。"②《召南》中的许多诗产生于今襄阳、宜昌、江陵等地。老子生于陈，陈地之俗，好巫觋歌舞。《诗经·陈风》多记民间乐舞及男女期会之事。其中有以荷花、兰花起兴者，皆"美人香草"之喻。而《衡门》之诗，为隐居者自道其隐居之乐趣。庄子生于宋，宋地文化中殷文化的遗留甚重。"殷人尊神，率民以事神，先鬼而后礼，其民之敝，荡而不静"（《礼记·表记》），《诗经》这些文化要素，为我们勾勒出老庄据以产生的地域文化特点：喜言天道，尊信鬼神；富于想象，不乐拘管；厌弃礼乐，不事虚文。经过史官老子由"历记成败"而有的现实主义改造，于是天为自然万物，道为效法自然之原则，德为自然原则得之于身，鬼神等儒、墨常常道及的东西，则无容身之地。南方文化中原有的浪漫色彩，在《老子》中有所减杀，显得更加冷峻、沉毅；但在《老子》简约又富于想象，《庄子》婉转低回又汪洋恣肆的诗性思维、语言中，则保留下来。《老子》五千言为玄言诗，这自不待言；《庄子》是诗，不是所有人都认同的。诗之为诗，不在其是否谐声押韵，不在其是否有整齐的句式，也不在是否有比兴，而在其是否有形象化的思维与抒发情志的韵致。章学诚曾

---

① 参见劳思光《新编中国哲学史》第1卷，广西师范大学出版社2005年版。
② （宋）朱熹：《诗经集传》，中国书店1994年版，第1页。

说："学者惟拘声韵为之诗，而不知言情达志，铺陈讽喻，抑扬涵泳之文，皆本于诗教。"① 可以说，整部《庄子》就是诗，就是艺术家精神生活的传神写照。徐复观也说："庄子之所谓道，落实于人生之上，乃是崇高的艺术精神；而他由心斋的工夫所把握到的心，乃是艺术精神的主体。"② 老庄是在社会现实中发现了他们欲批判、抨击的对象，据此反思、构想出一个理想世界、一个包贯天人的完整哲学系统，然后用艺术精神、艺术手法把他们的哲学思想表现出来。在他们的反思结果及所采取的表现手法中，南方文化所孕育的地域特点起了很大作用。加上楚地山水明丽，人物聪颖，思想方法上喜好玄想、善于解悟，形成独特的文化韵味。文学上的楚骚与哲学上的老庄有相同的渊源和较为接近的艺术风格。老庄与楚骚共同构成南方文化的理想主义、浪漫主义基调，与北方的现实主义、好礼乐规范形成鲜明对比。名家之富于形上兴趣，好论辩、喜吊诡之言，受南方思想影响较多。而阴阳家的代表人物"谈天衍"虽受燕齐方士的影响，但好怪异之谈，喜宏大不经之思，则有道家的影响在其中。

法家则主要在北方的齐国与晋秦一带兴起。齐法家的代表人物是管仲；晋法家则在春秋时期有郭偃，战国时期有三家分晋之后的李悝、申不害、商鞅、韩非。之所以这些地方法家特盛，由于地处中原，农业发达，国富兵强，而齐国则有鱼盐之利和手工业传统，所以这些诸侯国对春秋时期的社会大变动反应较早，对旧的社会制度改革较多。齐桓公、晋文公的霸业很大程度依靠管仲、郭偃的法家政策。法家在齐国、在韩魏，韩魏的商鞅、韩非在秦国被重用，推行法家之道，与这些地方的地域文化有很大关系。《管子·水地》较早以水文地貌来说明一个地区的民风特点，其中说，齐国的水道迂回而流急，故其民贪鄙粗顽而好勇。秦国的水道浑浊缓慢，淤集滞留而诸水相杂，故其民贪戾狡诈而好击刺。晋国的水苦涩无甘多杂质，且干旱缺水，故其民善阿谀而暗藏诈伪，乖巧而尚财好利。根据水文地貌来说明一地民风，虽难免挂一漏万，以偏

① 章学诚著，叶瑛校注：《文史通义校注》，中华书局1985年版，第78页。

② 徐复观：《中国艺术精神》，春风文艺出版社1987年版，第3页。

概全，但在古代交通不便，转徙不易，较多受制于特定地理条件的情况下，也可窥见仿佛。另，北方苦寒，多山石瘦硬之地，农作物多耐低温干旱，故民风剽悍刚直、尚武好勇。其民易于刑罚治理而难以道德教化，易行军伍制度而难以自由散居。从以上孔子北方之勇之形容可见一斑。而法家多认为人性趋利避害，人与人为利益交换关系，故须靠法律规范、靠强力威慑。这些地域文化特点都容易产生法家。

儒、墨、道、法是中国哲学主要的四家，但是墨学在战国以后中绝，儒、道、法三家构成了中国思想的主要成分，它们是源头期中国哲学的底色。沿之而下，后世南北学风明显不同。两汉经学最盛。治经首分今古文，西汉今文经学盛，东汉古文经学盛。今古文之特点，经学家皮锡瑞说得最为分明："前汉今文说，专明大义微言；后汉杂古文，多详章句训诂。"[1] 后汉末经学大师郑玄兼宗今古文，义理训诂皆精，所注"三礼"，冠绝同侪。但多以阴阳五行解说，又杂以谶纬。三国魏时王弼以老庄之义注《周易》，大畅玄风，扫去阴阳谶纬，解经之风大变。加之南北民风政俗与性情特点不同，北方之治经者多宗郑玄，南方之治经者多学王弼，南学北学遂致大别。《北史·儒林传序》谓："南人约简，得其英华；北学深芜，穷其枝叶。"《世说新语·文学》也有言："北人学问渊综广博，南人学问清通简要。北人看书如显处视月，南人学问如牖中窥日。""显处视月"者，渊综广博但不简约深刻；"牖中窥日"者，清通简要而不广博核实。南北不同的治经风格也影响了南北佛教之不同特点。佛教传入中国之始，即有般若、禅数两大派，前者重悟，后者重修。南北朝时南北分立，尤其是北方加入了较多的少数民族宗教、文化，加剧了南北不同文化的差异。南方重义解，辅之以修持；北方重修持，辅之以义解的总体格局形成，于是有隋统一中国后的南北佛教融合，天台宗首倡"破斥南北，禅义均弘"。但南北风格之差异，依然存在。如禅宗大兴之后的"南能北秀"顿、渐二宗。而空有两宗，空宗盛于南方，有宗之唯识学则从未在南方大行。道教之南北差异也存在，北方的新天师道、楼观道和南方的上清派、灵宝派就大不一样，前者重教规戒律、斋

① （清）皮锡瑞：《经学历史》，中华书局1959年版，第89页。

醮仪式、符箓丹鼎等，后者则对道教教义、经典、哲学思想加以阐发。后来南宋、金元的道教，主要是盛于南方的金丹派南宗和北方的全真教。虽然两家都主张儒释道（实际是理学、禅、全真）合一，性命双修，但在具体修炼方法上有不同。南宗重视炼内外丹，主张先命后性，同时擅长理论著述，受理学和禅宗影响，将两者的理论引入丹道实践中。而北宗则厌弃肉体，重在修养心性，主张通过心性的修炼达到生命之永恒，可谓先性后命，但对丹道理论阐发较弱。这仍是南方重义解、北方重修持这一总体特点的表现。但在明代，全真道因在元朝受宠而遭诸帝冷落，江南之正一道兴盛得宠。正一道因侧重于斋醮、符箓、为王廷祈福禳灾等，理论所造不深，道教理论阐发反在潜学独修之全真道。

理学兴起并壮大后地域风格也很明显。濂溪之学与楚湘文化渊源极深，其"无极而太极"的宇宙观，其人格之"胸怀洒落如光风霁月"，受道家影响较大。洛学则受河洛文化影响较大，所得多由熟读经书优游涵泳而来，故对"五经"之体悟语特多。又重视下学上达，形上形下贯通："知尽性至命必本于孝悌，穷神知化由通于礼乐。"① 亦受佛教影响，重视体验空静之本心。而由弟子传到南方之后，则衍生出不同学派。关学刚毅强劲，苦学力行，以《周易》《中庸》刚健、灵动的形上学下贯质实的礼学，有秦人朴实、硬朗之风。注重实修，倡导"知礼成性，变化气质"。同时的苏轼蜀学、王安石荆公新学，地域特色也较突出。朱熹出于洛学而有闽方特点，即广博、精微兼有，善于捕捉精要，简化繁复，善平衡对立之两端而推究其所以然，经学、理学兼修而互相依持。其学传承自北方而大行于南方。江西陆九渊则善抓关键而易走极端，喜先立其大，以一御万，内省强而不善细思具体事物之理。永嘉永康之学虽同属浙东功利之学，但永嘉叶适以经学为本，对诸子择善而从，批评理学"专以心性为主"是偏离儒家，故以经制言事功。永康陈亮则心高气雄，专言王霸事功，不以经学、理学为高，更反对诚意正心等内省工夫。同属浙东的吕祖谦则着重治史，但治史须参稽典章制

① （宋）程颢、程颐：《明道先生行状》，《二程集》，王孝鱼点校，中华书局 1981 年版，第 638 页。

度、先贤言论掌故，既有史实之记录，又有史评之致用，故传“中原文献之学”。至明清则有“浙东贵专家，浙西尚博雅”① 之说，指虽同奉儒学，王阳明事功大成，刘宗周气节皎然，黄宗羲、万斯同、全祖望师弟史学卓著，各有千秋，天人性命必落实于经世实学，与顾炎武朴实治经，考据真确，不空言性命，以经学代理学之风不同。湖湘学派承继北方洛学，胡安国在注释《春秋》中发挥儒学，认为五经之蕴皆体现于《春秋》中，孔子重修之《春秋》犹如五经总旨之事例体现。传承正学可以通过经史注释来实现。这一方向奠定了湖湘学派的基础，此后的胡寅、胡宏、张栻等皆循此方向，重视经典注疏。至明末清初王夫之，遍注群经，将经学之广大与理学之精微、天人性命与经世致用、继承传统与开创新局熔于一炉，集湖湘学之大成。元代理学，由赵复等人把南方之朱子学回传北方而后始有发展：“当是时，南北不通，程朱之书不及于北，自先生而发之。”② 明代学术，以理学为主，而理学又以阳明学为其大端。由于南方经济、文化教育强于北方，理学的地域特点更表现在南方各地，如阳明弟子，浙中、江右、楚中、粤闽、南中王门，学风各有不同。清代朴学之吴皖两派，手法与风格大异，章太炎谓：“吴始惠栋，其学好博而尊闻；皖南始戴震，综形名、任裁断。此其所异也。”（《訄书·清儒》）即吴派尊信前人特别是汉代注经之言，皖派则多思考、推断而坚持自己之独得。桐城方氏几代都是著名学者，尤其方以智以易学融会庄子，又喜佛禅之书，其学儒释道兼宗，又与方氏文学传统相结合，其文恢宏谲怪，极富特色。近代西学传入之后，因风气之开化与闭塞，学问领域之偏中与偏西，对旧制之保守与革新，此问题更加纷繁复杂。

中国哲学的地域性是个十分明显而又不易厘清其原委、明晰其流变的问题。可以肯定的是，中国哲学的早期，因交通所限，迁徙不易，学术传承全靠书院教育、师徒授受，传播不甚广远，又因宗族制度的牵绊，受地域影响尤深。中国长期的南北政权对峙，特别是晋人南渡、宋人南

---

① （清）章学诚著，叶瑛校注：《文史通义校注》，中华书局1985年版，第523页。

② （清）黄宗羲：《宋元学案》，中华书局1986年版，第2994页。

渡对南北方文化交融影响极大。而分裂之后的统一，又是各种地域文化减弱其特色，形成更广大、统一的文化的契机。中国哲学因为有了不同的地域文化，才显得这样风格各异、气象万千；而其一多、分合之际，正是哲学家思考、展开论说的切入点。

明代岭南心学的思想旨趣及特征*

景海峰**

（深圳大学国学院）

摘要： 儒家之心学，始于孟子，成于南宋，而尤盛于明代。明初儒学经历了由朱子学向心学的转变，其风肇始于陈白沙，至湛若水、王阳明出，分主教事，有所谓粤宗与浙宗的分际。阳明之后，分枝散叶，流派繁盛，天下心学皆归于王门，而粤宗则渐渐淡出。时至今日，谈心学者也多半瞩目于阳明学而甚少他顾，对岭南心学的关注明显不够。实际上，由陈白沙开创的江门学派是明代心学的真正源头，岭南学术也得以在明中叶异峰突起、引领思潮，实现了从边缘走向中心的历史性转折。岭南心学独具特色，高扬学贵自得的旗帜，宗主崇尚自然的精神，以“主静”为修养之法，随时随地体证天理，以实现天人相合的终极目标。岭学宗旨，不迷信权威，不迷信书本，只遵从自我内心的道德法则，于伦常日用中磨炼心性、提斯精神，事无巨细，照实做去，平平常常，以成圣功。

关键词： 岭南心学　陈白沙　湛若水　自得　自然　主静 随时随处

儒学在岭南地区的发展，汉有“三陈”（陈钦、陈元、陈坚卿）、“四士”（士燮等），唐有张九龄及韩愈等，宋亦可举出余靖、崔与之等

---

* 本文系贵州省哲学社会科学规划国学单列课题“岭南心学文献的整理与研究”（项目编号：17GZGX08）的研究成果，另已发表于《孔学堂》2020 年第 4 期。

** 作者简介：景海峰，深圳大学国学院院长、教授。

人。但总的来讲，偏处一隅的岭表因地理阻隔和远离政治中心等原因，在历史上始终处在中原文明的末梢和边缘地带，儒家文化的影响和传播也是十分有限的。① 观其大势，从整体的学术版图来讲，明显地呈现出一种由北向南渐次递减的趋势，更不用说扮演中心或者是引领潮流的角色了。到了明代，这一情形才有了根本的改变，陈白沙的出现和江门学派的崛起，引领了有明一代的学术风气，为心学的重新开启和持续发展奠定了基础，使得粤地之学术第一次从边缘走向了中心。岭南心学的发轫始于陈献章（1428—1500 年），亦以白沙之思想为基调与核心，白沙门下弟子众多，杰出者如林光、张诩、湛若水、贺钦、李承箕等，而甘泉实为传其衣钵者。湛若水（1466—1560 年）以九五高寿遍建书院以祀白沙而成岭学之大宗，又与王阳明本人紧密互动，引领心学思潮渐入佳境，有所谓"分主教事"的说法，其势头便与浙学形成了互掎之态，一时间王、湛之学几淹天下。在甘泉之后，粤学逐渐散佚于岭表以外，王、湛两家之门人又"递相出入"，线索便渐渐地模糊了；传湛氏学脉者，如吕怀、何迁、洪垣、唐枢等，皆非粤人，且大多调停于两派之间。而溯源其宗风，在之后学者当中唯有庞嵩、唐伯元、王渐逵等几位庶几近之。以陈、湛学术为中心的岭南心学，在经过了几代人的构建与传承之后，于有明一代大放异彩，从明中叶起始的一百多年间，占据着儒学非常重要的位置，实现了粤地学术从边缘到中心的历史性跨越。

岭南心学的出现，有其客观的历史因素，唐宋以后文化重心自北向南渐次转移，尤其是南宋理学的深深浸润，早已使得粤边数省成了儒家文化的中心；蒙元的强烈冲击和文化板块的重新组合，在历史记忆的断续与连接之中，也为边地学术的崛起提供了可能。从学统和师承来讲，白沙心学并不是南宋陆学的简单复活，也不是明初朱子学形态的自然延续，而是在特定的历史条件下出现的一个重大的时代转折，它由此开启了一种新的儒学形态，创造出一个崭新的局面。故黄宗羲总结道："有明

① 对此，陈白沙曾感叹道："夫自开辟达唐，自唐达宋至于今，不知其几千万年。吾瞻于前，泰山北斗，曲江公一人而已耳。吾瞻于后，泰山北斗，公（余靖）与菊坡公二人而已耳。噫！士生于岭表，历兹年代之久，而何其寥寥也。"（《韶州风采楼记》，《陈献章集》，孙通海点校，中华书局 1987 年版，第 26 页）

之学，至白沙始入精微。”“作圣之功，至先生而始明。”① 以陈、湛学术为代表的岭南心学自不同于宋元时期的理学，与南宋之陆学也有着不小的差别，对于明初流行的朱子学而言，更是形成了鲜明的对抗性。从明代学术发展的背景和宋明理学跌宕起伏的转折及路向的调整来看，这一学派在构建的过程中，形成了自己独有的特点，对儒学形式的丰富化和心学之境的开掘，发挥了极为重要的作用。

一　以“自得”之学扭转风气

明初学术略显凋敝，儒学的影响和活力尚处在蛰伏的状态，随后朱子学被朝廷定于一尊，胡广等人奉命纂修了三部《大全》，配合科举，颁行天下，士子无不翻腾于流俗之中。《明史·儒林传序》有言：“原夫明初诸儒，皆朱子门人之支流余裔，师承有自，矩矱秩然。曹端、胡居仁笃践履，谨绳墨，守儒先之正传，无敢改错。”北方的理学大师薛瑄（1389—1464年）主张：“四书《集注》《章句》《或问》，皆朱子萃群贤之言议，而折衷以义理之权衡，至广至大，至精至密，发挥先圣贤之心，殆无余蕴，学者但当依朱子‘精思熟读，循序渐进’之法，潜心体认而力行之，自有所得。”② 南方的硕儒，也是白沙老师的吴与弼（1391—1469年），虽刻苦奋励，学问多从五更枕上汗流泪下得来，但也只是“一禀宋人成说”（黄宗羲语）。并世大儒，尚且如此，一般的读书人就可想而知了。在钦定朱子学的笼罩下，士子竞奔于科举之途，逐而不反，已不知儒家的真精神为何物。章懋（1437—1522年）在《原学》中痛切地说：

今之学则又异于是矣！心性之教不明，而功利之私遂沦浃而不

① （清）黄宗羲：《明儒学案》，沈芝盈点校，中华书局1985年版，上册第78页。

② （明）薛瑄：《读书录》卷一，《薛瑄全集》，孙玄常等点校，山西人民出版社1990年版，第1025—1026页。

> 可解，传训诂以为名，夸记诵以为博，侈辞章以为靡，相矜以智，相轧以势，相争以利，相高以技能，相取以声誉，身心性命竟不知为何物。……然要其所为，不过为假仁袭义之事，终不足以胜其功利之心，其去圣学也远矣。①

陈白沙便是这一境况下的典型受害者，他二十岁“中乡试第九”，其后“凡四入京师”，三次会试不第，直到四十出头才作罢。② 此一痛切的经历，使白沙对科举制的戕害人性体会甚深，他力抵章句之学的危害：“由斯道也，希贤亦贤，希圣亦圣，希天亦天。立吾诚以往，无不可也。此先王之所以为教也。舍是而训诂已焉，汉以来陋也。舍是而辞章已焉，隋唐以来又陋也。舍是而科第之文已焉，唐始滥觞，宋不能改，而波荡于元，至今又陋之余也。”③ 对于科场儒学的失望和厌离，进行反省批判，构成了白沙倡言“自得”的前提和基础。

“自得”观念，源于《孟子》。《离娄下》谓：“君子深造之以道，欲其自得之也。自得之，则居之安；居之安，则资之深；资之深，则取之左右逢其原，故君子欲其自得之也。”孟子的尽心知性、存心养性，根植于“天人合德”的信念，唯其生命个体与天地万物为一体，故在根源处能够不离于天命，修身以俟之，默识心通，达到“人之所不学而能者，其良能也；所不虑而知者，其良知也”的境地。对于孟子所讲的“自得”，大程子解释道：“大抵学不言而自得者，乃自得也；有安排布置者，皆非自得也。”强调“学要在自得”“默识而自得之”④，也就是处在日常生活状态的优游餍饫间，真积力久，然后必有所得。“自得”显然不是从知识论的意义来讲的，而是本之于道德自我的良知体认，在事上磨炼，

---

① （清）黄宗羲：《明儒学案》卷四十五，沈芝盈点校，中华书局1985年版，下册，第1080页。

② 参见阮榕令《编次陈白沙先生年谱》卷一，载（明）陈献章《陈献章集》附录二，孙通海点校，中华书局1987年版。

③ （明）陈献章：《古蒙州学记》，《陈献章集》，孙通海点校，中华书局1987年版，第28页。

④ （宋）程颢、程颐：《河南程氏遗书》卷十一，《二程集》，王孝鱼点校，中华书局1981年版，第1册，第121、118页。

日积月累，最终得以显豁的境地。它是一套道德修养的工夫论，而不是讲如何获得外在的知识。所以“自得”不是从书本上所得到的理解，而是自我身心在真实体味生命实存的过程中所达到的境界。即如孟子所谓“尽信书，则不如无书”（《孟子·尽心下》）之意，明白这些事理，不是依赖于书本上的知识，而是全靠生命的体验。小程子说：“解义理，若一向靠书册，何由得居之安、资之深？不惟自失，兼亦误人。”① 这种“自得”之工夫，便是二程兄弟所讲的“自家体贴”的那套东西了。

陈白沙所提倡的“自得”之学，显然继承了孟子一路，不重书本知识，而是靠内心的体悟，重在独立遗世的精神。他科场失意，遂远离举业，杜门不出，习静十年，其曰：“百氏区区赘疣若，汗牛充栋故可削”，“读书不为章句缚，千卷万卷皆糟粕”。自认“吾能握其机，何必窥陈编”的白沙，描绘其“自得”之境是：“卓乎有以自立，不以物喜，不以己悲”，胸中充盈着“华落实存”的浩然之气。② 这种超拔脱俗的境界，不能用知识传递的方式来教导，而只能以“光风霁月”的气象来感召，大概贺钦（1437—1510 年）一类的弟子最能够体会得到。在《与贺克恭黄门》数则中，白沙有充分的开示：

> 人要学圣贤，毕竟要去学他，若道只是个希慕之心，却恐末梢未易凑泊，卒至废弛。若道不希慕圣贤，我还肯如此学否？思量到此，见得个不容已处，虽使古无圣贤为之依归，我亦住不得，如此方是自得之学。
>
> 心地要宽平，识见要超卓，规模要阔远，践履要笃实，能此四者，可以言学矣。
>
> 为学须从静中坐，养出个端倪来，方有商量处。③

---

① （宋）程颢、程颐：《河南程氏遗书》卷十五，《二程集》，王孝鱼点校，中华书局 1981 年版，第 1 册，第 165 页。

② （明）陈献章：《李文溪文集序》，《陈献章集》，孙通海点校，中华书局 1987 年版，第 8 页。

③ （明）陈献章：《与贺克恭黄门》，《陈献章集》，孙通海点校，中华书局 1987 年版，第 133、135 页。

在这些描述性的语言中，没有讲到掌握知识的技能和获得知识的路径，而只有对于此种境地之揣摩的印迹和体味的韵致，以情态相感、以默会相契，就个体而言，如人饮水，冷暖自知。所以贺钦在读了白沙的手书后，叹曰："先生之资质高，工夫深，真豪杰之士，不为流俗之所移者!"①《明儒学案》有记，陈庸"游白沙之门，白沙示以自得之学。谓：'我否子亦否，我然子亦然。然否苟由我，于子何有焉?'先生深契之"②。这种心领神会，以神遇而不以目视，是否真正能够把握得到，是无法用言语来表达的，也无法用事实来验证，甚至无法沟通和交流，而只能默识于心而已。

白沙所提倡的"自得"之学，上承孟子，近接象山，对宋元以来渐成大宗的程朱理学是一个巨大的扭转，与明初复兴儒学的中坚力量薛瑄、吴与弼、胡居仁等人相较，走了一条完全不同的路。从"自得"之意，我们能感觉到岭南心学的开端是具有很大独创性的，其致思取向与同时代仍旧延续朱子学路线的儒家人物也是很不一样的，其另辟蹊径，彻底复活了心学的记忆，并使之发扬光大。就师承而言，虽说白沙师从过吴与弼，但是在崇仁学派的门下，几大弟子的学术志趣并不相投。敬斋最能谨守师业，思想接近于程朱的传统，对白沙之异见新说也多有批评。而一斋相对要复杂些，但娄门弟子对白沙也是颇有微词的，谓"白沙之学近禅"。可见白沙的"自得"之学并不是从师承的线索得来的，在当时颇不能见复兴理学的主流儒家，甚至在一干师友当中，也是处在孤立无援的境地。尤其在明初，儒学为科举所束缚，而"六经分裂于训诂，支离芜蔓于辞章业举之习，圣学几于息矣"的状况下③，陈白沙能够倡言"自得"，力挽狂澜，扭转风气，这是何等的不易。正是在这种独立遗世的精神品格的激励与感召下，白沙的"自得"之学才吸引了一大批人，并且后有传承，得以发扬光大，从而彻底复活了心学的真精神。正如张诩（1455—1514 年）所说的：

① （明）贺钦：《医闾先生集》，武玉梅校注，辽宁人民出版社 2011 年版，第 18 页。

② （清）黄宗羲：《明儒学案》，沈芝盈点校，中华书局 1985 年版，上册，第 105 页。

③ （明）王守仁：《别三子序》，《王阳明全集》，吴光等编校，上海古籍出版社 1992 年版，第 226 页。

若夫为学，舍身心外皆非古人所谓学也。所谓身心者，内则端其本，复能励行守义以方乎外，而弗苟焉，徇物以为名利规者也。本端而行义立，异日出而用世，必能建功立业，以康济我生民；即弗用，亦能安素履、崇节谊，以维持乎名教。①

“自得”之学的倡扬，破除了拘泥于书本知识的僵固化形式和条制化的朱子学形态，将个人的生命体验和道德实践活动重新置于学问的顶端，一切知识的获得都必须要经过个体生命的体悟与验证，只有通过身心的不断磨砺，才能够获得切己的和有意义的所知。

二 从“自然”体认天道

早在20世纪30年代，容肇祖先生就已指出：白沙“反对朱熹以来理学派的‘戒慎恐惧’的烦琐的操存，而归于简易的‘致虚以立本’。这是理学上的解放，即是由程朱的谨严，而解放到陆九渊的简易”②。后来牟宗三先生进一步分析，在儒学发展史上，“烦琐”和“简易”这两种风格实际上是情理如何铺摆与交融的问题。在《论语》中，曾点的“风乎舞雩”和孔子“吾与点也”之叹喟，只不过是一种“轻松的乐趣”，而到了宋明理学里面，二程将此与道体流行拼在一起，成就一种虽然平常而实极高明的境界。濂溪、康节均有这种风格，但朱子却很不喜欢这套。陈白沙的“学宗自然”，可以说是续了这个彩头，开显了明代心学“情识而肆”的极致面貌。③

岭南心学的这种风格从表面来看，与道家和禅宗极为相像，从白沙的时代开始，此一特征就不断地遭到他人的质疑和批评。正如许多学者

① （明）张诩：《南海县庙学重修记》，《张诩集》，黎业明等编校，上海古籍出版社2015年版，第149页。

② 容肇祖：《明代思想史》，齐鲁书社1992年影印本，第43页。

③ 参见牟宗三《从陆象山到刘蕺山》，台北：台湾学生书局1979年版。

所指出的，陈白沙之“自然”，有得于庄子之“齐物”“逍遥”，有得于魏晋之自然主义，有得于高僧之“禅悦”。如他在《湖山雅趣赋》中所描绘的“当其境与心融，时与意会，悠然而适，泰然而安。物我于是乎两忘，死生焉得而相干?”之意境，以及“灵台洞虚，一尘不染。浮华尽剥，真实乃见”的那种自得之乐①，还有在《示湛雨》中所言“天命流行，真机活泼。水到渠成，鸢飞鱼跃”等话头②，这些与庄、禅之意趣何其地相似！特别是其诗作中大量的山水之情、草野之趣，均处处透显着道家之情韵和禅僧的逸致。诚如湛若水所诠释的：

> 盖其自然之文言，生于自然之心胸；自然之心胸，生于自然之学术；自然之学术，在于勿忘勿助之间，如日月之照，如云之行，如水之流，如天葩之发，红者自红，白者自白，形者自形，色者自色，孰安排是，孰作为是，是谓自然。③

但深究一层，白沙所说的“自然”，在本质上又毕竟不同于庄、禅的“自然”，它的宗旨依然是以道德自我作为主体的，落实在“虚己”体认和希圣向学。陈白沙说：“古之善学者，常令此心在无物处，使运用得转耳。学者以自然为宗，不可不着意理会。”④ 这样，“自然”就是一个“文理须到融液处，操存须到洒落处”⑤ 的道德主体性的问题，而并不是道家所谓的自然，与禅僧之意趣也不相同。对此，湛若水有明白无误的说明：

> 夫自然者，圣人之中路也。圣人所以顺天地万物之化，而执夫

---

① （明）陈献章：《湖山雅趣赋》，《陈献章集》，孙通海点校，中华书局1987年版，第275页。

② （明）陈献章：《示湛雨》，《陈献章集》，孙通海点校，中华书局1987年版，第278页。

③ （明）湛若水：《重刻白沙先生全集序》。《甘泉先生续编大全》（上），钟彩钧等点校，台北：“中央研究院”中国文哲研究所2017年版，第36页。

④ （明）陈献章：《与湛民泽》，《陈献章集》，孙通海点校，中华书局1987年版，第192页。

⑤ （明）陈献章：《复张东白内翰》，《陈献章集》，孙通海点校，中华书局1987年版，第131页。

天然自有之中也。……先师白沙先生云："学以自然为宗。"当时闻者或疑焉。若水服膺是训，垂四十年矣，乃今信之益笃。盖先生自然之说，本于明道"明觉自然"之说、"无丝毫人力"之说。明道"无丝毫人力"之说，本于孟子"勿忘勿助"之说。孟子"勿忘勿助"之说，本于夫子"毋意、必、固、我"之教。①

这个"自然"，体现的是一片"淳和之心"，包含了仁爱、忠厚、诚信等道德价值，是儒家伦理原则之天然性的反向证成。"自然之蕴，其淳和之心乎？其仁义忠信之心乎？夫忠信、仁义、淳和之心，是谓自然也。"所以，简又文先生说："溯本寻源，其'自然'名辞，透过明道而得自道家，但其含义则大异于道家而仍是儒家本质的。至其发微阐奥则又超越明道之简单的理解与说法矣。"②

回到明初的情形，白沙所倡扬的"学宗自然"，可以说是其"自得"之独立学术精神的必然导出。他本人厌恶科第之学，对程式化、僵固化的官方朱子学拒斥，渴望能从这些套套中解放出来，为儒学创辟新的动源与活力。正因如此，白沙"自我得之，自我言之"的心学，在当时是悖逆主流、有违官学的。他退居边地，隐于民间，仍不免遭到各色诋毁，有目之为禅者，有控其为"自立门户"的，更有人加之以伪学的罪名。围绕着陈白沙不同于流俗的"自然"之说，当时的学界有两种反应。笃守朱子学"格物穷理"之旨、以"居敬"为工夫的一派，大多持批评的态度，尤以崇仁同门为著；而散落在民间的一些边缘性学者，却能呼应白沙的想法，与之遥相发明。

在吴与弼的三大弟子（石斋、敬斋、一斋）中，最能谨守师业的是胡居仁（1433—1484 年），当时最不能容忍白沙之异见新说的也是这位敬斋。他对白沙多有责备，认为其"物有尽而我无尽"的主张，"即释氏见性之说""是认精魂为性"，有违儒门宗旨。对于这位同门的批评，白沙

① （明）湛若水：《自然堂铭》，《泉翁大全集》卷三十三，钟彩钧等点校，台北："中央研究院"中国文哲研究所 2017 年版，第 875—876 页。

② 简又文：《白沙子研究》，香港：香港简氏猛进书屋 1970 年版，第 70 页。

未做任何回应。后来黄宗羲勉为调停，谓敬斋也有主“静中之涵养”的话，同白沙所谓“静中养出端倪”意同。“而先生必欲议白沙为禅，一编之中，三致意焉，盖先生近于狷，而白沙近于狂，不必以此而疑彼也。”① 实际上，敬斋、白沙二人不只是个性有异，其学问宗旨也根本不同。敬斋主“敬”，左绳右矩，严毅自律，属保守型的理学家，学问气象与白沙迥然有别。白沙的另一位同门娄谅（1421—1491 年）因“遗文散失”，学术面貌不明，而他的弟子夏尚朴（东岩）却也是“传主敬之学”的。在《东岩集》中，就有不少批评白沙的话，谓“白沙之学近禅”，并明确将当时的学风大坏（实为学风转变）归罪于白沙：

> 近世论学，直欲取足吾心之良知，而谓诵习讲说为支离，率意径行，指凡发于粗心浮气者，皆为良知之本然。其说蔓延，已为天下害。揆厥所由，盖由白沙之说倡之耳。②

这说明白沙“学宗自然”确实开了一代新风，其不容于崇仁同门，痛遭贬斥与逐除，正好说明他与正统朱子学已经分道扬镳，而走上了心学之路。

反过来，在白沙的同调之中，多为当时的边缘人物。其中最可注意的是陈真晟（1411—1474 年，字剩夫），《白沙集》收有《与陈剩夫》一函，透露出两人惺惺相惜、急盼相会的消息。“穹壤百年，极欠一会。某自春来得厥疾，一卧至今，武夷之游遂成虚语。”③ 生前未能相见，白沙极引为憾事。“陈布衣竟不及面而卒，当此衰否之极，又失此人，可叹，可叹！”④ 为什么白沙于此人如此情真意切？原来“学无师承，独得于遗经之中”的陈剩夫也是以复兴心学为己任的，他认为心学道统在宋以后

---

① （清）黄宗羲：《明儒学案》，沈芝盈点校，中华书局 1985 年版，上册，第 30 页。

② （明）夏尚朴：《东岩集》，载（清）黄宗羲《明儒学案》卷四，沈芝盈点校，中华书局 1985 年版，上册，第 69 页。

③ （明）陈献章：《与陈剩夫》，《陈献章集》，孙通海点校，中华书局 1987 年版，第 268 页。

④ （明）陈献章：《复张东白内翰》，《陈献章集》，孙通海点校，中华书局 1987 年版，第 132 页。

又失其传："及朱氏没而复晦者，只由宋、元学校虽皆用程、朱之书，而取士又仍隋、唐科举，是以士视此心学为无用，故多不求，遂又多失其真传焉。"① 所以他教人静坐，主一养心；又仿周敦颐《太极图说》，作《心学图》，试图将心学之本体也宇宙图式化。他的心学思想在当时显然识者寥寥，故黄宗羲说："凡先生学有所得者，至是皆无所遇。"② 可见陈剩夫在明初儒林中，也是一个孤寂的探索者。为了转化主流学术，陈剩夫有意将居敬穷理糅合在"养心"之中。他说："所谓敬者，岂非涵养此心，使动而穷夫理，则有刚锐精明纯一之气，静而合夫理，又有高明广大之量者乎？"③ 对陈剩夫"先养其心"的主张，白沙当然是心有灵犀的，"其人虽未面，然尝粗闻其学术专一，教人静坐，此寻向上人也"④。"此学寥寥，世间无人整顿得起"，得一同道，于白沙而言，当是莫大慰藉。除了陈剩夫之外，庄昶（定山）、蔡清（虚斋）等，也能呼应白沙"学宗自然"之说，遥相成掎角互持之势。

对于陈白沙的"以自然为宗"，后人多有分析与定评。如李颙（1627—1705年）谓："白沙之学，以自然为宗，去耳目支离之用，全虚圆不测之神，见之词翰，从容清真，可以观其养矣。'出辞气，远鄙倍'，其先生之谓乎。读其《集》，令人心融神怡，如坐春风中，气质不觉为之默化。"⑤ 陆世仪（1611—1672年）说："陈白沙学问，以自然为宗，最近于天然，却又是曾点一家，只是天机动荡，非性与天道全体太极之天。"⑥ 需要说明的是，"以自然为宗"并非白沙一人之主张，而是整个江门学派的特点，尤为张诩等弟子所持守。故白沙生前在描述张诩的学

---

① （明）陈剩夫：《心学图》，载（清）黄宗羲《明儒学案》卷四十六，沈芝盈点校，中华书局1985年版，下册，第1092页。

② （清）黄宗羲：《明儒学案》卷四十六，沈芝盈点校，中华书局1985年版，下册，第1090页。

③ （明）陈剩夫：《论学书》，载（清）黄宗羲《明儒学案》卷四十六，沈芝盈点校，中华书局1985年版，下册，第1094页。

④ （明）陈献章：《与胡佥宪提学》，《陈献章集》，孙通海点校，中华书局1987年版，第153页。

⑤ （清）李颙：《二曲集》，陈俊民点校，中华书局1996年版，第50页。

⑥ （清）陆世仪：《思辨录辑要》卷二十三。载《儒藏》（精华编），景海峰点校，北京大学出版社2016年版，第196册，第247页。

问概貌时就说过："廷实之学，以自然为宗，以忘己为大，以无欲为至。即心观妙，以揆圣人之用。其观于天地，日月晦明，山川流峙，四时所以运行，万物所以化生，无非任我之极。而思握其枢机，端其衔绥，行乎日用事物之中，以与之无穷。"① 而张诩在白沙死后，为其所作之《墓表》及《行状》中，皆将回归自然、体悟自然（浩歌长林、孤啸绝岛、弄艇投竿于溪涯海曲）作为白沙学问的最终归趋，并认为此天人合一的状态是"自得"之学的终极意义之所在。

三 由"主静"涵养道德性情

《四库全书总目》有言："史称献章之学，以静为主。其教学者，但令端坐澄心，于静中养出端倪，颇近于禅，至今毁誉参半。"② 黄宗羲也总结白沙之学是"以静为门户"。白沙确说过许多诸如"学劳扰则无由见道，故观书博识，不如静坐"的话③，在当时就引起激烈批评。胡居仁说他是"多流于禅"；"静中养端倪""是将此道理来安排作弄，都不是顺其自然"。④ 曾是白沙学友的周瑛（翠渠）致书李大厓（世卿，白沙高足）与之辨，认为白沙所主"今乃块然静坐，求毕体用之学，是释氏之虚空也"⑤。时人厌恶静坐，诋白沙近禅，多拘泥于形迹，而未了其深心，白沙之"主静"，实在于拔人于利禄之涂，是在对症下药。其主张静坐，一如倡言"自得"，有其深刻的历史背景。他命弟子林光（1439—1519年）代笔书信，面授机宜道："大意只令他静坐寻见端绪，却说上良知良

① （明）陈献章：《送张进士廷实还京序》，《陈献章集》，孙通海点校，中华书局 1987 年版，第 12 页。

② （清）永瑢等：《四库全书总目》，中华书局 1965 年影印本，下册，第 1487 页。

③ （明）陈献章：《与林友》，《陈献章集》，孙通海点校，中华书局 1987 年版，第 269 页。

④ （明）胡居仁：《胡居仁文集》，冯会明点校，江西人民出版社 2013 年版，第 89 页。

⑤ （清）黄宗羲《明儒学案》卷四十六，沈芝盈点校，中华书局 1985 年版，下册，第 1096 页。

能一节，使之自信，以去驳杂支离之病。”① 静坐的目的是卸去重担，从书本中解放出来，“以我而观书”“求诸吾心”，使自己成为学问的主人，而不是为学问所缚。他说：“六经，夫子之书也，学者徒诵其言而忘味，六经一糟粕耳，犹未免于玩物丧志。”② 这是针对当时学术的利禄化、官方朱子学的威权化，以及普遍的心灵窒塞、思想僵固，而做的振聋发聩之吁，实为济世之举。

“主静”观念经周敦颐改造后，已与释、道二家判然有别，成为理学的重要修养方法。后人据此点，也往往将白沙的思想来源上溯至濂溪。当然，从学术渊源来讲，白沙之“主静”对宋、元理学家当然有所继承，这是没有问题的。他本人也曾述其源流，并对“主静”与“主敬”之纠葛有所辩白：

> 伊川先生每见人静坐，便叹其善学。此一静字，自濂溪先生主静发源，后来程门诸公递相传授，至于豫章、延平二先生，尤专提此教人，学者亦以此得力。晦庵恐人差入禅去，故少说静，只说敬，如伊川晚年之训。此是防微虑远之道。然在学者须自量度何如，若不至为禅所诱，仍多静方有入处，若平生忙者，此尤为对症药也。③

这就说明白沙此时强调“主静”，主要是缘于一种实存的感受，即士子奔竞于科举之途，久已迷失自我，利禄钻营，扰攘动杂，只有静坐稍安，扪心一问，才是转疾起疴之良药。就像“道问学”和“尊德行”是两种不同的完善人格之方法一样，“主静”与“主敬”也有不同的入手处。“主静”强调身体自我的调适，凝聚精神，存养本心。主敬偏重于关系自我的顺合，交相为用，格物穷理。但从根本来讲，两者的目标是一致的，

① （明）陈献章：《与林缉熙书》，《陈献章集》，孙通海点校，中华书局 1987 年版，第 972 页。

② （明）陈献章：《道学传序》，《陈献章集》，孙通海点校，中华书局 1987 年版，第 20 页。

③ （明）陈献章：《与罗一峰》，《陈献章集》，孙通海点校，中华书局 1987 年版，第 157 页。

相辅相成，并不矛盾。明初，朱子学独尊，居敬穷理的主张占据主导地位，理学家多偏执于下学工夫（如薛瑄等），言行酬酢流于俗泛。生活化（伦常日用）的居敬穷理工夫无形中对“主静”派构成了贬斥和排挤，二者的张力由此加大，在理学内部自然也就产生出某种紧张，从当时的“主静”与“主敬”之诠解、辩难即可看到这一点。白沙逢人便说静坐，可以说是对“主敬”派话语霸权的一种挑战。

白沙言静坐，遭谤议为禅，他本人未多置辩，只说禅与吾儒“似同而异，毫厘间便分霄壤”。①他的朋友庄昶却为之鸣不平，指出“世之好事诋陈为禅者”，拘于名辞，不究其理。如儒家也讲“无”（“无极而太极”“静无而动有”等），“吾儒亦不能无‘无’也。但吾之所谓无者，未尝不有，而不滞于有；禅之所谓无者，未尝有有，而实滞于无。禅与吾相似，而实不同矣”。②所以，白沙所主之“静”同禅家所谓“静”是根本不同的。湛若水用静以待动、先翕后辟来解释白沙之“主静”。他说：“先生之意，总见先静而后动，须以静为之主；由虚乃至实，须以虚为本。若不先从静虚中加存养，更何有于省察？……圣学精微俱括于此，奈何以禅目之！”③可见当时复兴心学的一派，皆重视“主静”之作用，但都不承认自己是禅。后来黄宗羲总结说：“白沙论道，至精微处极似禅。其所以异者，在‘握其枢机，端其衔绥’而已。禅则并此而无之也。奈何论者不察，同类并观之乎！”④作为明代心学的殿军，黄宗羲于白沙之“主静”未免袒护，但所言基本靠实。

实际上，白沙之“主静”是动静合一的，只不过在言语上多用“静坐”一词，给人以专一静而不及动的印象。再加之对动描述得不多，不以动、静对举，所以就易遭人误解。可能张诩意识到了这一点，故在

---

① （明）陈献章：《与林时矩》，《陈献章集》，孙通海点校，中华书局 1987 年版，第 243 页。

② （明）庄昶：《语要》，载（清）黄宗羲《明儒学案》卷四十五，沈芝盈点校，中华书局 1985 年版，下册，第 1083 页。

③ （明）湛若水：《白沙子古诗教解》卷上，载（明）陈献章《陈献章集》附录一，孙通海点校，中华书局 1987 年版，第 711 页。

④ （清）黄宗羲：《明儒学案》卷六，《明儒学案》，沈芝盈点校，中华书局 1985 年版，上册，第 94 页。

《行状》中，特意加上“随动随静以施其功”一阶段，作为白沙学术思想发展的第四个时期。另外，当时白沙门人对此问题也有所展开和申述。如林光以“闲其心”解释“主静”，提出“静养动应说”：

> 夫人之一心，息之极而闲之至，足以参两间，而后群动万物不足以相挠，死生不足以为变，视世之为仁义者犹若拘拘，而况于功名富贵乎？……闲其心者有要也，要者，一而已矣。事之未至一其心，则静而闲矣；事之既接一其心，则动而闲矣。知静养而不知动应，是有体而无用，非吾儒之学也。①

张诩还以虚来解释了“主静”的本体意义：“得其要，则可以体道，可以求益，可以应事，可以摄生。天下事无大小，盖无乎不可也。至哉虚乎，其天地之根、性命之蒂乎！”② 蔡清（1453—1508年）虽非门人，但“极重白沙，而以新学小生自处”③。他亦用虚作为诠释“主静”的关键概念，认为由静—动—虚构成了一个交互为用的系统：

> 人心本是万里之府，惟虚则无障碍，学问工夫，大抵只是要去其障碍而已。……故吾妄意虚之一字，就是圣贤成终成始之道。
>
> 静之一字，更须于动中验之，动而不失其静，乃为得力，反覆体验，又止是虚而已。盖居尝一念及静字，犹觉有待于扫去烦嚣之意，唯念个虚字，则自觉便安。④

这些诠释都发挥和引申了白沙的意思，致力于寓动于静、动静相合的思考，以补静坐字面意义之不足。

---

① （明）林光：《南川冰蘖全集》卷二，罗邦柱点校，中国文史出版社2004年版，第38—39页。

② （明）张诩：《虚所说》，《张诩集》，上海古籍出版社2015年版，第206页。

③ （清）黄宗羲：《明儒学案》卷四十六，沈芝盈点校，中华书局1985年版，下册，第1097页。

④ （明）蔡清：《语要》，载（清）黄宗羲《明儒学案》卷四十六，沈芝盈点校，中华书局1985年版，下册，第1099页。

白沙“主静”，静只是出发点，养静为其方法，而关键是要养出一个“端倪”来。这就是他所说的，“为学须从静中坐，养出个端倪来，方有商量处”①。“端倪”是什么？刘宗周认为“毕竟不离精魂者近是”（《明儒学案·师说》）。实际上，白沙所谓“端倪”，即是“善端”，养“端倪”就是养“善端”。他说：“夫养善端于静坐，而求义理于书册，则书册有时而可废，善端不可不涵养也。……诗、文章、末习、著述等路头，一齐塞断，一齐扫去，毋令半点芥蒂于我胸中，夫然后善端可养，静可能也。”② 白沙是将人的主体性从人所依附的外在世界，特别是从人自身的创造物之负赘中剥解出来，成就一个“纯粹的我”。这是对孟子“善端”“养气”诸说的进一步发展，因为静坐也就是识蔽、去蔽的过程，通过静坐，明天理而消人欲，养成君子品格。“由来须一静，亦足破群疑。敢避逃禅谤，全彰作圣基。”③ 由此，我们说白沙之“主静”在本质上完全是儒家的，而不同于释、老所谓静，更不是枯木死灰。他的静是孕育生机之静，静坐是体悟天地之道的过程，而“主静”的目的在于养成参赞化育、与天地参的君子人格。“君子之所得者有如此，则天地之始，吾之始也，而吾之道无所增；天地之终，吾之终也，而吾之道无所损。天地之大，且不我逃，而我不增损，则举天地间物既归于我，而不足增损于我矣。”④ 江门后学王渐逵（1498—1558 年）在解《恒卦》卦爻时说：“上六振恒，凶天下之道，惟静为长久。故砚静而能久，笔躁则不能久。人之养身亦然，惟静以处之，气定神凝，乃为寿命之道。治天下国家亦然，岂特穷兵黩武为不善，凡自作聪明，纷纷变更，不能与民安静者，皆是也。为学亦然，武侯曰‘学，須静也’，程子曰‘多着静不妨’，又每见人静坐，便叹其善学，盖不能默坐，使之久久自明，而欲躁暴急迫

① （明）陈献章：《与贺克恭黄门》，《陈献章集》，孙通海点校，中华书局 1987 年版，第 133 页。

② （明）陈献章：《与林缉熙书》，《陈献章集》，孙通海点校，中华书局 1987 年版，第 975 页。

③ （明）陈献章：《偶题》，《陈献章集》，孙通海点校，中华书局 1987 年版，第 986 页。

④ （明）陈献章：《论前辈言铢视轩冕尘视金玉》上，《陈献章集》，孙通海点校，中华书局 1987 年版，第 55 页。

以求之，何以能得。”① 又在解《系辞下》“寂然不动，感而遂通天下之故”一句时，谓：“朱子曰‘其寂然者，未尝不感，其感通者，未尝不寂’，此心学之妙。周子曰‘静而无静，动而无动’，程子曰‘动亦定，静亦定’，无非发明此心之体用而已。”② 从这样的理解来看，主体性的我即达到了天人相合，即“君子一心，万理完具。事物虽多，莫非在我”③。这就为心学的重新发煌奠定了形而上的基础，并且由此走出了僵固化的朱子学之理世界的强力笼罩，而于明初学术的凝滞状态之中，另外创辟出一新途。

四 随时、随处的体证工夫

白沙之学以自得为要，以自然为宗，吃紧工夫全在于生命的涵养，陆世仪谓：“陈白沙最善涵养，故其言曰：工夫在勿忘勿助间。”④ 也就是说，其涵养工夫不是外在的事功，不是做一件具体的事情，更不是有意识地去下一段力气以成就一个结果；而是在永不停歇的日常生活状态里，将工夫体现在生命的真实活动之中，消弭其迹，化于无形，一切都是随时、随处在呈现。所谓“雪消炉焰冰消日，月到天心水到渠”，“好春刚到融融处，细雨初开淡淡花”，“静处春生动处春，一家春化万家春”，这些美妙的诗句，就特别神似地表达出了这里所说的“勿忘勿助”的那般意境。这样一种工夫，是生命本体中所含具的，是生命活动中活泼泼的自然之呈现，而不是在外在力量的驱使之下的有意作为。从人的自然情感的蕴聚来讲，它是本有的，是心之灵敏，感而遂通；从涵养工夫的把持力来看，它又是处静的，八风不动，所谓“喜怒未发而非空，

---

① （明）王渐逵：《读易记》中卷，载《续修四库全书》，上海古籍出版社1996年版，第6册，第611—612页。

② （明）王渐逵：《读易记》下卷，载《续修四库全书》，上海古籍出版社1996年版，第6册，第642页。

③ （明）陈献章：《论前辈言铢视轩冕尘视金玉》上，《陈献章集》，孙通海点校，中华书局1987年版，第55页。

④ （明）陆世仪：《思辨录辑要》卷七，《儒藏》（精华编），第196、116页。

万感交集而不动”。陈白沙将他所体味到的这种工夫称为“不可以言传者”，是致虚立本，他说：

> 夫学有由积累而至者，有不由积累而至者，有可以言传者，有不可以言传者。夫道至无而动，至近而神，故藏而后发，形而斯存。大抵由积累而至者，可以言传也；不由积累而至者，不可以言传也。知者能知至无于至近，则无动而非神，藏而后发，明其几矣。形而斯存，道在我矣。是故善求道者求之易，不善求道者求之难。义理之融液，未易言也；操存之洒落，未易言也。夫动，已形者也，形斯实矣。其未形者，虚而已。虚其本也，致虚之所以立本也。戒慎恐惧，所以闲之而非以为害也。①

积累而至的知识是有形的，表现为外在的，所谓“为学日益”；不由积累而至的工夫是无形的，是“虚而已”，所谓“为道日损”。不明就里者，谓白沙之自然工夫近于老氏“致虚极，守静笃”之旨，或是“高妙处不容凑泊，终是精魂作弄处”②。杨慎（1488—1559 年）亦谓：“儒教实，以其实实天下之虚；禅教虚，以其虚虚天下之实。陈白沙诗曰：六经皆在虚无里，是欲率古今天下而入禅教也，岂儒者之学哉!”③ 这一类的批评，一如对于“主静说”的误判，都是没有抓住白沙思想的要义，而是将基于生命本体意义的工夫之内在性，转移为外在的有行迹的事功来看，从而形成了一种错解。

当然，按照常人的理解，此“义理之融液”“操存之洒落”的工夫最终是需要知会的，“未易言”最终是需要言的，而且单从诗的意境来照查也是远远不够的。所以，白沙之门人为了弥补这一只能意会不可言传的缺憾，之后从不同的角度、以不同的方式对“主静”的工夫论做了各自

---

① （明）陈献章：《复张东白内翰》，《陈献章集》，孙通海点校，中华书局 1987 年版，第 131 页。

② （清）黄宗羲：《师说》，《明儒学案》，沈艺盈点校，中华书局 1985 年版，第 4 页。

③ （明）杨慎：《升庵集》卷七十五，文渊阁《四库全书》本，上海古籍出版社 1987 年版，第 1270 册，第 752 页。

的发挥。林光尝试从体用关系来解释此一“主静”的工夫，谓其为“闲其心”，即不为外物所累，就本体而言是闲适、静定的，但物来顺应，又可以随机而发动、发之为用。所谓“事之未至，一其心则静而闲矣；事之既接，一其心则动而闲矣”，故“知静养而不知动应，是有体而无用，非吾儒之学也”。[①] 张诩则强调了虚的重要性，虚才可以做到物来顺应，纳万物于一心，所以要以虚静为本。他指出“端倪”即为本心，养端倪即涵养本心，而此本心是虚静的，可以容含万物，只有“端本澄源”，才能够成就其他的外王之事业。“端本澄源，以出治化，所以治其里也。诸公发迹贤科，历官中外，以至今识，素所抱负者，古人明德新民之学，心得而身体之久矣。”[②] 贺钦认为，通过静坐可以涵养性情，“于性命、道德之蕴，天理、民物之彝，经世之要道，为学之大法，所得益深，始内履焉”[③]。这相当于是打通了内外之隔，能够将内心的澄净之感落实在修身明德的躬行实践当中，处静的涵养在德行的表现上便自然地彰显。此合一内外之道，从本体与工夫的关系来讲，是体用相即的，通过静坐工夫来收拾身心，然后于“人事中体认天理”，做到“即事以求道”。也就是说，静的工夫最终要内化为实践活动，从日常生活中的每一件小事做起，随时随地都能够体现出“养端倪”的特有意义来，寓“求天理”于一事一物之中。李承箕（1452—1505 年）从“主静”的工夫延伸出了本心的“无肆”“无妄”特点，他说：“吾尝观古今人矣，事业美大，可以济世之泰否者，心乎不肆者也；风声清熏，可以鼓动上下者，心乎不妄者也；才量洪密，竟注不流溟渤，而淑淑渊渊，可以气施而形生者，通明强健其心者也。”[④] 也就是说，通过静坐修养，可以涵育出良好的性情，培养人格，成就一种超凡脱俗的特别心境。这种因道德实践所陶冶而成的“至人”之境或“大人”之境，能够将静坐工夫内化成为日常的生活样态，达到身心的和谐、行为的自如和性情的怡然，与大道流行相

---

① （明）林光：《南川冰蘖全集》，中国文史出版社 2004 年版，第 39 页。

② （明）张诩：《张诩集》，上海古籍出版社 2015 年版，第 144 页。

③ （明）贺钦：《医闾先生集》，辽宁人民出版社 2011 年版，第 157 页。

④ （明）李承箕：《委心亭记》，《李承箕集》，朱志先点校，湖北人民出版社 2017 年版，第 197 页。

配适、相统一。李承箕将这种理想的人生状态称之为“真乐”，所谓“不言鸢飞鱼跃，不必随柳傍花，天机默契乎无声，真乐何关于外物”。①

在这些诗意之外的陈述中，白沙后学动用了各种理论资源，有儒家内部学理的挖掘，也有对释、道义理的借用和发挥，在当时各种思潮的激荡与镜鉴之下，将白沙所力倡的“主静”的体证工夫加以充实和发展。这其中，尤以湛若水的贡献为巨，他系统地提出了一套“随处体认天理”的理论，对理学和心学的关系做了中和，也调适了儒释道各家的想法，对当时的各派学说都有相当的观照与应对。在甘泉看来，理学讲的天理和心学讲的“良知”“端倪”，在体证工夫上都是需要随时随地地照应与呈现的，离不开一个及时性和处境化的前提，“随”就是触处皆是、当下即是、应机而出。所谓“随动随静，随感随寂，随有事无事，无往而非此体认之意耳”②。儒家经典中虽然用了不同的概念，论述的角度也不同，但这种处处、事事的遍在性和无物不然、无理不可的通贯性，在各经的言教里面都已经含具了。甘泉与弟子王元德之间有一段对答：

> 元德窃思体认天理，不曰某处，而曰随处，最好。随意、随心、随身、随家、随国、随天下，只是一个格物。随性、随情、随形、随体、随礼、随乐、随政、随教，只是一个慎独。随视、随听、随言、随动，只是一个勿。随色、随貌、随言、随事、随疑、随忿、随得，只是一个思。何等容易！何等快活！
>
> 此段见得甚好，首二句尤足破惑人之惑，尤好！③

可见，不管是《大学》的“格物”、《中庸》的“慎独”，还是《论语》的“四勿”、《孟子》的“良知良能”，都包含了这一“在场”和“即

① （明）李承箕：《定山先生诗集序》，《李承箕集》，朱志先点校，湖北人民出版社2017年版，第252页。

② （明）湛若水：《新泉问辩续录》，《泉翁大全集》卷七十三，钟彩钧等点校，台北：“中央研究院”中国文哲研究所2017年版，第1815页。

③ （明）湛若水：《新泉问辩续录》，《泉翁大全集》卷七十一，钟彩钧等点校，台北：“中央研究院”中国文哲研究所2017年版，第1753页。

是”的意思。这种随处所言，是一个即在的临场感，严丝合缝的对接和没有任何空隙的包裹，是一种深深的浸润状态。天理是“天然自有之中”，心随机应发，随处体认之，便是心与事对，随感而应之，得其中正，不偏不倚，这就是理，也就是对理的体证。工夫不离本体，所以随处，既是对天理的体认与证成，也是工夫本身的见在与展开，没有随处的工夫，也就没有意义可以呈现的天理。对于甘泉所主张的“随处体认天理”，白沙生前也表示过大体的赞同，谓“日用间随处体认天理，着此一鞭，何患不到古人佳处也”。① 但甘泉后续之着力营造和规模宏大的义理展开，恐怕又是白沙当时所难以想见的了。

经过弟子们后续的陈述和引申，白沙“主静”的体认工夫论从诗意的朦胧之中得以云开雾散，呈露出理论的圭角，可以供后人做系统的描绘。此体验、体证的状态并非心之静寂、形如枯槁，而是始终活泼泼的，处于一种亲临和在场感，是生命活动的全幅呈现。对于每一个生命个体而言，这种体证是具体的、处境化的，根植于日常生活的真实细节当中，每一种道德行为都可以成为生命成长过程中的创造性素材和显现意义的动力。随着境遇的不断变化与磨砺和体验活动的丰富累积，个体与社会环境的相和性与融洽度也就不断地增强，工夫的涵养便会越来越深刻，变得持久而细密，生命的强度和坚韧力量也得到了提升。在此随时、随处的呈现过程中，体验、体证活动变为了生命的一种常态，它不是外在的施与之功，而是就含具在生生不息的生命人流之内，“勿忘勿助”，只是顺其自然，做必有之事，成必有之功，便是体会了自然的这个道理。而此种体会，不是外在的求知活动，更不是要将心与事剥离开来，将事推出去言说和认识，将其客观化；而是即事体会，即事言心，心是自然之心，所得的道理也是自然之理，这样便做到了事理相融、心物不二。

① （明）陈献章：《与湛民泽》，《陈献章集》，孙通海点校，中华书局1987年版，第193页。

《诗经》中的生态伦理思想及其基本特征分析

李　伟[*]　翟澜杰[**]

（宁夏大学，宁夏大学民族伦理文化研究院）

摘要：《诗经》作为儒家的经典代表作之一，蕴含着丰富的生态伦理思想。这些生态伦理思想在中国伦理思想史上占据着重要地位，深刻影响着中国古代环保意识和生态伦理思想的发展，不仅为中国传统生态伦理思想的发展奠定了深厚的理论基础，而且为生态文明建设提供了重要的理论资源。从生态伦理的角度对《诗经》进行研究，不仅是对中华传统生态伦理文化探源的一次尝试性研究，也能为全球化背景下生态危机的解决给予一定的借鉴。

关键词：《诗经》　生态伦理思想　当代价值

一

《诗经》的生态伦理思想的产生并不是空穴来风，而是有着深厚的文化渊源和理论基础。《诗经》时代，人们既传承了先民由于对自然认识的不足而形成的原始崇拜，又在此基础上，运用理性的思维来重新审视人与自然的关系，尤其是对于天地万物本原的探究，致使人们对自然规律

---

[*] 作者简介：李伟，宁夏大学教授、博士生导师。

[**] 作者简介：翟澜杰，宁夏大学民族伦理文化研究院研究人员。

和人与自然的关系有了新的认识，进而导致了生态责任意识的觉醒，提出了顺应自然的生态要求，开展了一系列关于环境保护的生态实践。

（一）崇拜自然的生态信仰

《诗经》中所涉及的日月星辰、风雨雷电、名山大川、飞禽走兽、花草鱼虫等种类繁多，根据孙作云先生的统计，《诗经》中光动植物就有252种，当然并不是所有对自然物的描写都是自然崇拜的对象，只有涉及崇拜、祭祀的诗歌才能被当作体现自然崇拜的篇章，按照内容主要分为三类。

1. 山川崇拜

山川崇拜是指把山川河流视为神灵加以崇拜，在中国古代社会普遍存在。在《诗经》中，山川崇拜主要体现在统治者和诸侯各国对山川祭祀的重视。

《周颂·时迈》是周武王灭商后，祭祀苍天和山川诸神的诗。“时迈其邦，昊天其子之。……怀柔百神，及河乔岳。”周武王发兵讨伐纣王使天下四方惊慌，众神都需要祭祀来安抚，让高山河流之众神全都来享用祭品，这也是此次祭祀的前因后果。《毛诗序》：“《时迈》，巡守告祭柴望也。”所谓“柴望”是指，在祭祀天地和祭祀山川的时候，所适用的所有祭礼的总称。“柴”就是在祭天的时候焚烧木柴的仪式；“望”则是指君主在祭祀山川的时候，不用亲自到达那个地方，可以遥望山川举行祭祀活动。诗中“怀柔百神，及河乔岳”，充分体现了周人对山川众神的崇拜和敬仰之情。

《周颂·云汉》中则描述了宣王二年至六年天下大旱，宣王向上天求雨时祭祀天地众神的情景。诗中反复提道：“靡神不举，靡爱斯牲。”无神不祭，所有祭品都不吝啬，“上下奠瘗，靡神不宗”。“奠”是祭天神的礼仪，“瘗”是祭地神的礼仪。这里的意思是天地众神全都祭祀，没有不尊敬的。

2. 动物崇拜

《诗经》时代，在长期的生活实践中，人类与动物的关系极为密切，建立了一种特殊的情感，经人格化之后，动物便成了不可触犯的神灵。

在《诗经》中，人们常常把传说中的麒麟、凤凰、龙等神兽看作祥瑞的象征，认为能够用于占卜的动物可能拥有某种神秘力量，把狐、鹿等视为崇高品德的象征，马则由于备受依赖而使人发自内心地崇拜。

如《大雅・卷阿》中反映了周人对凤凰的崇拜。“凤凰于飞，翙翙其羽，亦集爰止。蔼蔼王多吉士，维君子使，媚于天子。凤凰于飞，翙翙其羽，亦傅于天。蔼蔼王多吉人，维君子命，媚于庶人。”凤凰在大周振羽和鸣，众多贤士慕名而来，追随周王，齐聚一堂，服从君命，任君差遣，受天子和百姓的爱戴。“凤凰于飞，翙翙其羽”，不仅引众贤士聚集追随周王，而且还比喻周王室兴盛之景。

《小雅・吉日》中则有祭祀马神的场景，“吉日维戊，既伯既祷”，是说周宣王在打猎之前要在吉日祭祀马神。《诗经》时代，马在政治、社会、生活中常常起到关键作用，马的数量是统治阶级和贵族阶级身份的象征，马还常常被视为国富兵强的重要标志，因此人们对马的赞颂、崇拜之情不言而喻。《毛传》:“伯，马祖也。重物慎微，将用马力，必先为之祷其祖。祷，祷获也。”因为田猎要用马，所以必须先祭祀马神，祈求获得丰收。

3. 植物崇拜

在自然崇拜中，植物崇拜也是极为重要的一个方面。在《诗经》中，大部分诗歌都以植物起兴，可见当时人们对植物的重视和关注，并且与人类的生存生活、个人情感相关联。

桑树是《诗经》中出现次数最多的植物，在风、雅、颂中均有涉及，但是它并不是作为单一的物象出现，有时以桑树整体出现，有时则以桑枝、桑叶、桑葚等部分出现，甚至以其衍生出的桑田、桑林等词语出现。这与当时的社会文化背景下产生的桑树的崇拜密切相关。桑树是中国古代广泛种植的树木之一，与百姓的衣食密切相关，为周人的生活提供了保障。《豳风・七月》中的“爰求柔桑”“猗彼女桑”“八月载绩”描写的就是人们采桑绩织的画面。《小雅・小弁》中则云“维桑与梓，必恭敬止”。诗中主人公对桑树和梓树毕恭毕敬，不光是因为这两种树木是父母亲手种植的，更重要的是源自人们对桑树和梓树本身的崇敬和喜爱。此外，在《魏风・汾沮洳》“比汾一方，言采其桑。彼其之子，美如英”和

《曹风·鸤鸠》“鸤鸠在桑，其子七兮。淑人君子，其仪一兮。其仪一兮，心如结兮”等诗篇中，桑树常常和美好、高洁的事物同时出现，这正是源于人们对桑树的尊敬和崇拜。

桃树不仅容易种植，果实还可以食用，因此，常常被人们视为桑树之外的又一神树。《周南·桃夭》中，“桃之夭夭，灼灼其华。……桃之夭夭，有贲其实。……桃之夭夭，其叶蓁蓁”。全诗以桃枝、桃花、桃子、桃叶作为比兴事物，用于新婚贺词，不仅衬托出新娘年轻貌美和成婚的快乐氛围，还包含新娘婚后多子多孙的祝福。这是因为桃树的生命力和生殖力都非常强，古代先民因而将其看作生育之神，因此用于祝贺新婚是再自然不过的事情。花椒也与多子有关，《唐风·椒聊》中写道："椒聊之实，蕃衍盈升。”花椒的果实成熟以后，收获颇丰，能装满整个升子。之后紧跟着写，“彼其之子，硕大无朋”。这里是用花椒果实的丰硕来比喻子孙后代的繁盛。可见，人们对花椒的崇拜，实质是对其旺盛的生命力和生殖力的崇拜，推崇多子多孙的思想。

此外，在自然崇拜基础上进一步衍生出的图腾崇拜，也是原始宗教信仰的一种文化传承。在《小雅·六月》中，尹吉甫北伐俨狁时，“织文鸟章，白旆央央”，军旗上绘有鸟隼的图案。此外，《诗经》中有多次提到画有各种动物图像的军旗，如《鄘风·干旄》中“孑孑干旄，在浚之郊”。“孑孑干旟，在浚之都。”“孑孑干旌，在浚之城。”“旄”是饰有牛尾的旗，“旟”是有鹰雕纹饰的旗，“旌”是以五彩鸟羽为饰的旗。《小雅·出车》中“设此旐矣，建彼旄矣。彼旟旐斯，胡不旆旆？”除前面提到的“旄”与“旟”之外，还提到了“旐”，即绘有龟蛇图形的旗。《小雅·车攻》中“建旐设旄，搏兽于敖”，宣王在打猎的时候也要挂起画着龟蛇和装饰牦牛尾的旗。

我们可以看出《诗经》中的自然崇拜并不是崇拜所有的自然，而是崇拜那些对人们的生产、生活最有影响或者最有作用的自然物，也可以理解为能够满足人们衣食住行的某种需求的自然物。但是事实上动植物本身所附有的使用价值和审美意蕴，远比周人的挖掘更深远。我们不能苛求在生产力和认识水平低下的《诗经》时代，周人对于自然认识的匮乏，至少他们对山川鸟兽草木的崇拜是虔诚而发自内心的，仅这一点就值得后人学习和思考。

(二) 生态责任意识的觉醒

1. 周初的理性萌芽

与殷人一样，周初人们依旧认为上帝是宇宙间最高的主宰，敬畏天命，《大雅・天保》虽然是臣子祝颂君主的诗，但是前三章反复咏唱“天保定尔”：“天保定尔，亦孔之固田。……天保定尔，俾尔戬穀。……天保定尔，以莫不兴。”“天保”就是上天保佑的意思。周灭商以后，周天子继承了夏商时期的“天命观”，认为他们的政权受命于天，所以他们更加注重“畏天之威”“敬天之命”。上天保佑才能使王位牢固，国家昌盛，永享福禄，莫不兴盛，是周初对殷商天帝崇拜继承和发展而形成的“天命观”。

但是周人在夺取政权之后，吸取殷商灭亡的教训，进一步认识到天命的变化在于人类行为的善恶，不仅把天视为最高的存在，而且还把天当作最高的道德本体，德成为周人“天命观”的重要内涵。“皇天无亲，唯德是辅”(《尚书・蔡仲之命》)，天命以人是否有德为转移。《大雅・文王》不仅歌颂周文王受命于天建立周朝的功绩，而且揭露了商周兴亡更替的原因就在于周文王顺应天命，实行德政。这首诗一开始就指出文王的在天之灵，标榜天命。“虽旧邦，其命维新。”(《诗经・大雅・文王》)周过去虽然是殷商的旧属，但是国运却出现新气象，这个新气象就是周克商，也是不可违背的天命。周文王端庄恭敬、黾勉勤劳、美誉广传，因此，上帝令周文王兴周朝，令殷商子孙诚服周邦，可见“天命靡常”，上帝之前授命于殷商，现在却又受命于周，旨在告诫统治者“无念尔祖，聿修厥德”(《诗经・大雅・文王之什》)，牢记祖德并将其发扬光大。殷商在未失去民心之前，也是合乎天命的，吸取殷商灭亡的教训，要顺应天命不违背，敬法周文王的品德，才能够使天下万邦敬仰。诗中把殷商的灭亡和民意、民心联系起来，把人的意愿当作治世的标准，“惟天惠民”，把民意、民心提升到天意的高度。

《大雅・皇矣》就特别强调了“敬天保民”的思想。这是周初的一首叙事诗，朱熹《诗集传》说：“此诗叙大王、大伯、王季之德，以及文王伐密伐崇之事也。”上帝在上监察天下，了解万民的苦难，殷商的统治政治昏暗、不得民心，因此上帝旨意在周国，令其扩大疆域、开辟岐山。太王开辟岐山时，“作之屏之，狱蹄衫暂。修之平之田，其灌其栵。启之辟之，其柽其椐。攘之剔之，其檿其柘”。种植树木，开启山林，辟出道路。上帝巡视岐山时，林木繁茂，材用丰富，道路畅通，知道周国善于养民，因此建立周国选取贤王。“维此王季，帝度其心。”上帝了解王季的思想和美德，慈善爱人、明辨是非、和顺民心。因此到了文王即位后，上帝教诲周文王，“无然畔援，无然歆羡”（《诗经·大雅·皇矣》），不要贪图安逸，不要非分贪羡。周文王遏制密人侵略邻邦，迁徙到渭水旁的岐山，成为万邦的榜样、天下的君主。上帝赞赏周文王的美德：“不大声以色，不长夏以革。不识不知，顺帝之则。”不疾言厉色，不用鞭棍待民，如同不知不觉，自然而然，遵循上帝的法则。

“敬天保民”的思想还出现在《大雅·假乐》中，“宜民宜人，受禄于天。保右命之，自天申之”。符合臣民的心意才能享受上天赐予的福泽，上天才会下令保佑，一再降福降禄，“民之攸塈”，使民众安定、国运亨通。

周初这种“以德配天”“敬天保民”的观点是从殷商灭亡中总结出来的历史经验，在这些诗人看来，“帝迁明德”，上帝心向着品德光明的人，“求民之莫”，以人民安定为宗旨，即天命的有常还是无常取决于统治者是否德行无双而使人民安居乐业。自此，天命实现了由殷商的神向人文精神的过渡。周人注重以人事论天命，将德注入天命之中，这也是周人“天命观”中的理性精神，但这并不是说周人与殷人的“天命观”是完全对立的，理性精神的觉醒绝不是一蹴而就的，无论是周人“天命观”的内容还是性质，都是在借鉴殷人思想观念的基础之上有了理性认识，这种理性精神的觉醒是有限的，他们笃信天命、宣扬天命、利用天命、揣测天命的做法与殷人并无二致。周初的“天命观”处在觉醒与未觉醒、理性与不完全理性相交织的状态。

2. 西周末年生态责任意识的觉醒

到了西周末年，礼乐崩坏，政治黑暗，社会动荡，百姓生活在水深火热之中。在周厉王执政期间，周厉王贪利无厌又屡兴战争，终于在公元前 841 年激起国人暴动，周厉王逃到彘地，朝政由召公、周公二位相国共管，史称“共和行政”。其后，虽经宣王“中兴”，仍无法阻止周王朝江河日下的颓势。周幽王时，为政贪婪腐败，重用奸臣，天灾频繁，外族入侵，犬戎在骊山杀死了周幽王致使西周灭亡。春秋时期，奴隶主王权动摇，奴隶社会开始瓦解，周初的“天命观”也发生了重大变化。越来越多的人开始认识到周人和殷人的天命都是一样的，都要遵循天帝的旨意，并不是永恒不变的，没有德行、不实行仁政的天子无法得到上天的恩赐和保佑，因此，人们开始怀疑自己尊崇信奉的天命，对动荡的社会状况和自然灾害的频发表现出极大的不满，主要体现在《诗经》的怨刺诗中。《大雅·召旻》就是一首讽刺周幽王轻信小人、任用奸臣而导致朝政混乱、灾荒频发、国土日削、社会动荡、国家将亡的诗。“旻天疾威，天笃降丧。瘨我饥馑，民卒流亡。我居圉卒荒。”叙述了上天降下灾祸，饥民遍野，百姓流亡，原本居住的地方变得极为荒凉的可怕场景。“蟊贼内讧田”，“皋皋訿訿”，“我相此邦，无不溃止”，生动描述了小人当道，纲吉败坏，昏庸邪辟，即将崩溃的昏乱局面。“维昔之富不如时，维今之疚不如兹。彼疏斯粺……池之竭矣……泉之竭矣”，相较于之前的富裕生活，如今粗食不可得、池中和喷泉之水逐渐干涸、枯竭，灾害已经遍布全国，还在不断扩大，诗人对这样的现状痛心疾首，主要原因是当今执政者缺乏德行。此外，有的诗歌则痛诉上天降灾人间。如《小雅·节南山》，“昊天不佣，降此鞠讻。昊天不惠，降此大戾。……不吊昊天，乱靡有定。式月斯生，俾民不宁”。诗人责备上天：苍天不公不仁，降此大难祸害百姓，祸乱年年月月不停发生，百姓生活不得安宁。

无论是对统治者的讽刺还是对上帝暴虐的控诉，都标志着周人开始重新审视人与自然的关系，开始反省人自身的行为，开始质疑长久以来所尊崇的“天命观”，开始触及造成生态环境变迁的深层原因，其思想之深刻、感情之激愤，最终导致了周人在精神层面上产生了生态忧患意识。这种生态忧患意识是一种对现实和自我做出理性的思考和反思之后，所萌发的理性认识和主观意志，象征着人类自身生态责任意识的觉醒。

（三）顺应自然的生态要求

通过对周人“天命观”演变历程的研究，我们可以发现，在“敬畏天命”思想的基础上，周人的“天命观”更加趋于理性。一方面，“以德配天”的思想是周人理性精神的萌芽；另一方面，人们的“天命观”开始由“敬畏天命”向“不畏于天”转变，这就导致一系列责难、控诉苍天的怨刺诗的出现，激发了人们对人与自然关系的进一步认识，触及了造成环境改变的深层原因。在这种思想的指导下，周人摒弃了以往祈求上天的消极思想，意识到必须顺应自然规律来把握自己的生产、生活节奏，最终提出了“顺应自然”的生态要求。

《豳风・七月》就是一首典型的农事诗，诗中完整地描写了西周时期农夫们一年四季生产劳作和生活的情景。人们在劳作中根据自然物候划分节气和四时，比如春天鸧鹒（黄莺）鸣叫是采桑的时候，七月鵙（伯劳鸟）鸣叫是纺麻织布的时候，十月熏出老鼠堵塞鼠洞是因为粮食要进谷仓、蟋蟀来到床下是因为气候变冷、到了御寒的时候，展现了生命从沉寂到活跃，又从活跃到沉寂的循环有序的生息转换，不仅充满了浓厚的乡土气息，而且隐藏了一种强烈的生命意识。这种生命意识就是对物候的体认、对时间的把握，因此，诗歌并不是呆板的记录，而是在描写大量物候现象的基础上，强调物候知识是人们从事生产、生活实践的重要依据，主张人们依照物候、顺应自然来安排生产、生活，从事各项劳作。这不仅是满足人们生产、生活的有效途径，而且充分体现了周人顺应自然的生态要求和物我相谐的美好期许。

（四）保护环境的生态实践

《诗经》时代，先民们热爱自然、善待自然，并不只出于自身的审美需求，也因为自然万物给人们的生产、生活提供了丰富的物质资源。随着周人生态责任意识的觉醒，人们在开发、利用自然的同时，开始有意识地对自然资源采取一些保护的措施，坚决反对过度开发、随意破坏的行为。

1. 重视资源环境

无论基于人们对大自然的依赖，还是由于生态意识的不断增强，先民们非常重视所居住地区或国家的资源环境，并将其当作国家富饶的重要标志，因此，人们不仅把生态资源环境良好的地方视为兴邦建国的必要条件，还开始注重合理利用和开发自然资源以满足人类长久生存繁衍的物质需要。

《大雅·韩奕》是一首歌颂韩侯的诗。全诗写了韩侯到都城接受册封后返回封国的全过程，其中讲到了韩侯与蹶父之女结婚的场景。蹶父之所以将女儿嫁给韩侯是因为韩国是一个富饶的好地方，“川泽訏訏，鲂鱮甫甫，麀鹿噳噳，有熊有罴，有猫有虎”。川泽水域宽广，鱼类众多，公鹿母鹿群聚山冈，熊、罴、猫、虎栖居深林，资源丰富，国家富饶。这充分表明人们已经把良好的自然生态环境视为生产、生活的“乐土”，当作国家富饶的重要标志，深刻表现了人们重视自然环境的生态观。

周人既然把良好的自然生态环境看作国家富饶的重要标志，那么他们自然就会在兴邦建国的时候，注重对生态环境的选择和对自然资源的合理利用。在《大雅·皇矣》中，有一段描述周太王古公亶父在开辟岐山时大规模植树造林的情景，“作之屏之，其菑其翳。修之平之田，其灌其栵。启之辟之，其柽其椐。攘之剔之，其檿其柘”。连砍带拔把杂树除掉，除掉直立或倒地的枯木，把它们修减齐整，又生出新苗，开启山林，开辟道路，把河柳和榉树都除掉，清除烦冗的枝条，让山桑和黄桑长得更好。从中我们可以看出，人们在《诗经》时代就已经积累了大量关于植树造林的实践经验，在清除枯树枝叶、荒草之后，进行合理的种植，使草木能够更好地生长，实现居住环境的和谐发展。之后上帝考察岐山，看到杂树皆除，道路通畅，才建立周国。这充分说明，国君开基立业时绿化育材、建国之后治理生态环境的优劣已经成为上天审察天子德行的重要依据，可见，在《诗经》时代，人们对环境优劣和生态治理的高度重视。

2. 仁及草木

仁及草木的传统美德在西周时期就已经形成，在《诗经》中多次出现。如《大雅·行苇》中开篇即写：“敦彼行苇，牛羊勿践履。方苞方体，维叶泥泥。”当看到路旁初生芦苇葱绿的苞芽嫩叶时，心生喜爱，宴会的主人情不自禁地呼喊：不要让牛羊踩踏。《毛诗序》说：“《行苇》，忠厚也。周家忠厚，仁及草木。”仲春万物初生之际，将仁者之心施于草木，这种爱护草木的行为反映了宴会主人对自然的仁慈之心。这种防止牛羊踩踏芦苇嫩叶的行为也符合《礼记》中“安萌芽，养幼少”的生态观。

《周南·麟之趾》云：“麟之趾，振振公子，于嗟麟兮。”在古人眼中麟是仁义之兽，陆玑在《毛诗草木鸟兽虫鱼疏》中指出，麒麟“不履生虫，不践生草”。诗中用不踩踏虫草的麒麟来比喻公子仁厚的品德，表现了诗人对生态保护行为的礼赞。

《召南·甘棠》则是一首“睹树思人，思人爱树”之作，那郁郁葱葱、枝叶繁茂的棠梨树让人们忆起曾经备受尊敬、爱戴的召伯，因为相传召伯南巡时曾在棠梨树下劝农教稼，民享其利，因此通过对棠梨树的爱护，睹木思人，怀念召伯，歌颂其功绩。“勿翦”即不要剪其枝叶，“勿伐”即不要砍其枝条，“勿败”即不要损伤它，“勿拜”即不要攀折枝条弯曲它。从不要砍伐到不要损伤，再到不能攀折、弯曲，对棠梨树的破坏越来越小，充分体现了人们保护棠梨树的至诚之心。

3. 取之有时、用之有道

由于生产力的低下，古人的衣食住行完全依靠自然资源，所以他们很早就认识到保护自然资源的重要性，懂得有限制地利用和采集。

《小雅·鱼丽》篇中写到了鲿（黄颊鱼）、鲨、鲂（鳊鱼）、鳢（黑鱼）、鰋（鲇鱼）、鲤（锦鲤）六种鱼，极力表现出了鱼种类的丰盛。毛亨认为，《诗经》时代，包括鱼类在内的物产之所以丰盛，都是因为当时的人已经有“取之有时，用之有道”的自然保护的意识。冬天极寒之日过去后，人们才能“火田”，即通过焚烧山林的方式来狩猎；秋天树木凋零之后，人们才能进山林去砍伐树木；豺祭兽之后才可以狩猎，獭祭鱼之后才可以捕鱼，鹰隼搏击长空之时才可以设网捕鸟。所谓“獭祭鱼”，是因为獭会把捕捉到的鱼排列在岸上，就像人们举行祭祀一样，这与“豺祭兽”相似，时间一般都在阴历的十月。这就保障了动物有更多的繁殖和生长时间。狩猎时“不合围”“不掩群”“不麛不卵”“不隐塞”，都是为了保证在狩猎的时候不把动物一网打尽，以保证动物种群数量的稳定，防止它们被人类过度捕杀。庶人渔网的孔目一般有四寸大，是人们有意识地让小鱼能从渔猎中幸存。只有这样，山林不会没有草木，湖泊也不会枯竭，鸟兽鱼鳖都能够繁荣生长，实现对自然资源的生态养护，充分体现了古代先民对保护自然资源的生态实践。这段话中的“时”代表了动植物的生长规律，遵循这一规律则山中草木、水中鱼鳖、林中野兽就会成为人们可以持续利用、永不枯竭的生活资源。

通过毛亨的分析我们可以发现，《诗经》时代的先民们从时间限制和数量限制两个方面来控制对自然资源的开发和利用，既保障了动植物有充足的繁衍生长的时间，又避免了过度猎杀采集对自然资源再生性的破坏，虽然由于诗体的限制，表达上尚有些简略，但这种合理利用资源、保护生态环境的思想影响深远，不仅指导了先民们的日常生产、生活，而且也成为之后政令法律的理论之源。《礼记·月令》则把这种思想转化成了道德规范层面的行为准则，为保护生态环境、合理利用资源提供了实践参考。

（五）天人合一的生态情怀

随着西周农业文明的进一步发展，人们的物质需求得到一定程度的满足之后，精神世界也逐渐成为人们关注的焦点。《诗经》中自然万物的生成演变与人们内心的情感之间有着不可名状的相通之处，人们丰富的情感和心理变化都可以依托具体的自然事物来表达。如《豳风·七月》中全诗采用客观写实的方法，比较真实地描述了农民一年四季的劳作和生活，从春耕到采桑、从纺织到秋收、从打猎到岁末祭祀等，呈现出一幅幅生动详细的生活场景，虽然有艰辛、有劳苦，但人们没有怨恨的情绪，不仅展现了农村生活的丰富多彩、气氛的和谐融洽、精神的淳厚朴实，还充分表达了一种同自然万物和谐共生的美好期许。又如《小雅·无羊》中，“尔羊来思，其角濈濈。尔牛来思，其耳湿湿。或降于阿，或饮于池，或寝或讹”。展现了牧人放牧的场景，碧草连天的草原上，数百只牛羊从山坡上走下来，或在草地上吃草，或在池塘边喝水，或躺着，或卧着。草原、山坡、牛羊、池塘交相辉映，不仅为我们描绘了一幅形象生动的放牧图，还体现了牧人顺其自然的生态观，表现了最质朴的生态情怀和对美好生活的追求。

《诗经》作为中国第一部诗歌总集，是我国古代先民原生态情感的表达，这种情感的表达基于周人对自然景物观察的仔细，源于周人对自然万物的重视和尊重。人是大自然的一部分，先民们生产生活的方方面面都与大自然密切相关，当人们开始审视自然万物的时候，必然会从这些自然物看到自身的影子并引发人们的感触，成为人们表达或宣泄内心情感的载体，这种情感的表达不仅说明周人将自然界的草木花鸟鱼虫都放在与自身平等的地位，而且还体现了周人与自然和谐共生的生态意识，表现了周人内心深处天人合一的生态情怀。

二

《诗经》生态伦理思想虽然由于社会历史条件的限制略显质朴，但是不可否认其对人与自然关系的认识是正确的，而且在理论和实践方面对后世生态伦理文化的发展有很多思想贡献。因此，从整体上来看，《诗经》生态伦理思想呈现出兼具原始宗教与伦理理性、兼具生态实践和生态情怀、兼具现代启示和历史局限的基本特征。

（一）兼具原始宗教与伦理理性

《诗经》是中国古代思想文化中承上启下的重要节点之一，主要是因为《诗经》生态伦理思想兼具原始宗教和伦理理性，并最终实现了其生态思想从原始宗教向伦理理性的转变。《诗经》生态伦理思想，一方面沿袭了远古时期原始宗教信仰中的自然崇拜，其中有大量关于山川崇拜、动物崇拜、植物崇拜和图腾崇拜的篇章和描写，以在生产生活中能够满足人们某种物质需求的自然物为主要崇拜对象，怀有虔诚的敬畏之心，在思想上尊崇自然，在行动上禁止伤害打杀图腾崇拜的对象，虽然这种崇拜自然的原始信仰是源于人们对自然认识的欠缺而产生的畏惧心理，但不可否认其在《诗经》时代对自然环境的保护起到重要作用；另一方面继承了殷人的“天命观”，将天（上帝）视为宇宙间的最高主宰和世间万物变化的无上权威，但是周人突破了这种在原始宗教意识束缚下对天

(上帝)蒙昧的认识，将关注的焦点转换到天命变化与人类行为善恶的关系，把德作为重要的精神实体和天相配，开始用道德规范来约束统治阶级的行为，无论在内容还是性质上都充分体现了伦理理性的觉醒，实现殷人命定之天向周人道德之天的转变。

随着西周末年社会环境的突变和理性认识的发展，人们对人与自然关系的认识不再是盲目地崇拜和畏惧自然，而是突破了原始宗教的束缚，开始理性地思考和反思自然灾害、异象与人事活动善恶之间的密切关系，人们开始探究造成生态环境变迁的深层次原因。这些思想集中体现在《诗经》的怨刺诗中，诗人或控诉统治者的暴行，或埋怨上帝的不公和暴虐，其思想之深刻、感情之激愤充分表现了人们精神层面的忧患意识，标志着周人生态责任意识的觉醒。这种生态责任意识的觉醒，不光是对统治阶级和天（上帝）的控诉，也包含对个人行为的反省，任何人的行为都要符合德的规范和要求，上天（上帝）要仁德公正，执政者要有良好的品德、实行德政，个人要“仁及草木”、有道德地对待自然万物。在此基础上，周人摒弃了以往祈求上天的消极思想，逐渐建立了一系列伦理道德规范来约束人的行为，以期能实现人与自然的和谐共生。

（二）兼具生态实践和生态情怀

《诗经》生态伦理思想是人们在理性认识的基础上重新审视人与自然关系的结果，人们已经意识到生存环境优劣与人类活动善恶之间密切相关。在长期的生产、生活实践中，积极发挥主观能动性，不仅总结了一些自然规律，而且还积累了大量的物候知识，并用以指导日常生活、生产实践。实践的总体要求就是要顺应自然，顺应四时节律，遵循自然规律；个人要发自内心地喜爱自然物，形成了“仁及草木”的美德；群体则要按照“取之有时，用之有道”的原则来维系自然资源和生态环境的恒久发展；国家要重视资源环境，合理开发资源、美化环境被视为兴邦建国的重要举措。根据《周礼》中的记载，当时已经设置了许多负责自然保护的专门官员，如“野虞”“山虞”“林衡”“川衡”“泽虞”“水虞”等。由此可见，《诗经》生态伦理思想已经渗透到政治、经济、生活等方方面面，实现了生态意识向生态实践的延伸和拓展，但是《诗经》

生态伦理思想绝不止于此。

周人不仅认为自然万物为人类生存发展提供了重要的物质资源，还认识到自然万物作为人们最初的审美对象，其中蕴含的审美价值也是人们精神生活的重要来源。人与自然万物不仅存在生命的共感，在微妙的心理和情感之间仍然存在着不可名状的相通之处，因此，周人在与自然的相处中寻求精神上的寄托。在《诗经》中，自然景物常常成为诗人借以抒发情感的对象，借景抒情，托物言志，不仅实现了人的情感与自然万物之间的共鸣，还体现了人们将自然物放在与自身平等的地位，反映了周人内心深处天人合一的生态情怀，这也正是周人在精神上的无限诉求。

（三）兼具现代启发和历史局限

《诗经》生态伦理思想虽然继承了原始的自然崇拜和图腾崇拜，但是理性的觉醒使人们突破了原始宗教的禁锢，开始重新审视人与自然的关系。一方面，开始尝试把道德对象的范围从人扩展到“人—自然”共同体，突破以人为尺度或以人的利益为伦理标准，以人与自然的和谐共生为目标，以敬畏自然、尊重自然、顺应自然为前提，承担人对自然的道德责任，合理利用自然资源，自觉维系生态平衡；另一方面，在与大自然的长期接触中认识到自然万物与人类情感之间不可名状的相同之处，并借助具体形象的自然事物来表达内心深处微妙的情感和心理，情感上的共鸣使自然物成为人们情感的依托和精神的依赖，人与自然物之间是物我相谐的关系，反映了周人内心深处天人合一的生态情怀。二者对于晚周诸子乃至后世生态伦理的发展和演变影响深远，不仅为生态伦理思想的发展奠定了理论基础，而且对于生态实践的展开和延伸提供了实践经验。这些生态伦理思想对于任何社会都是适用的，尤其对于工业社会而言更具有说服力。为了克服现代人类所面临的日益严峻的生态危机，研究《诗经》生态伦理思想不仅可以追溯儒道生态伦理思想的源头，而且可以传承和弘扬优秀的生态智慧，使人们从中受到启迪和教益。

但是我们在肯定的同时要具有理性的批判精神，要清楚认识到《诗经》生态伦理思想产生的社会历史背景与当今社会全球化背景下面临的生态危机是有很大差距的。因为《诗经》生态伦理思想是农业社会要求人与自然保持和谐统一的反映，本质上人与自然的关系并未精确化，虽然在历史上曾经发挥了一定的作用，但是放到现代文明中还存在局限性，不能完全解决现代社会所面临的严重复杂的环境问题。考察《诗经》生态伦理思想有利于引导我们调整人与自然的关系，重新确立一种普适的价值取向，使社会发展和人生价值的实现走向健康合理的发展道路，但这并不是说仅仅依靠《诗经》生态伦理思想就可以直接解决任何一个生态问题，指望这种富有启发性的见解能够做出所有实际性的决策是不合理的，而是要以时代主题为根据，立足于实际的世情、国情，从中吸取有益于解决生态问题的哲学智慧和思维方法，着重发掘和弘扬《诗经》生态伦理思想的积极因素，培养天人合一的生态情怀，传承物我相谐的生态智慧，并付诸生态文明建设的生动实践，进而实现传统生态文化的现代转型。

试论巴蜀儒学的兼容性

蔡方鹿[*]

（四川师范大学哲学研究所）

摘要： 巴蜀儒学与整个儒学相通，既有儒学的共性，又有随时代变迁发展之地域文化的个性，其共性与个性相互联系，具有多元会通、兼容互补的特色。这主要表现在巴蜀儒学所具有的兼容今古文经学；兼容诸子；兼容三教，不把佛道作异端；兼容象数与义理；兼容事功思想；兼容中西等方面，体现了巴蜀儒学的兼容性特征。这也是蜀学的特点之一，值得认真总结，以客观全面地认识地域文化之巴蜀儒学。本文对此做一探讨，以就正于方家。

关键词： 儒学　巴蜀儒学　兼容性　特点

自文翁兴学化蜀以来，儒学传入巴蜀，与蜀地固有文化相结合，形成了以儒为主，融合诸家学术的蜀学，并得到长足发展。就巴蜀儒学而言，在历史发展的长河中，形成并具有兼容性的特点，这主要体现在以下方面：

一　兼容今古文经学

今文经学在两汉时期的巴蜀地区颇为流行，一定程度上体现了今文经学的特点，即与占卜、谶纬相结合，讲阴阳灾异之说，倡天人感应，

---

* 作者简介：蔡方鹿，四川师范大学杰出教授、博士生导师。

以符合当时统治者的需要。也就是说，由于今文经学的盛行和易学的流行，使两汉时期巴蜀的众多学者，大多讲阴阳灾异和谶纬之学，而形成风气。

古文经学较为冷落，传习者较少，后来主要是到了东汉末才从荆州传入而流行起来。《三国志》的作者陈寿在其所著《三国志·尹默传》里说“益部多贵今文”①，这反映了今文经学在汉代巴蜀为人们所看重的情形。后来古文经学兴起，对“贵今文”之学提出批评，而不崇章句之学，因章句之学与今文经学相关。进入三国蜀汉时期，今文经学仍然在蜀地流行，出现了孟光、何宗、何随、周群、杜琼、杜微、张裔等研习今文经的学者。古文经学传入巴蜀之地，并在蜀汉时期得以兴起和流传，涌现出不少如向朗、来敏、来忠、许慈、李譔等研习古文经的学者，形成今古文经学等多元并存的局面。

蜀汉经学的发展演变，经历了由今文经学到古文经学，再到今古文经学渐趋融合这样一个发展演变的趋势。秦宓和谯周是蜀汉著名的蜀学与经学人物。以往有把秦宓、谯周说成是古文经学者的，也有人把二人说成是今文经学者的。但从目前掌握的材料看，尚不能下定论，依据都有所不足，需要挖掘。故对二人经学的性质尚不作定论，而是着重探讨他们具有哪些今文经学和古文经学的思想。其中秦宓在致人书中首次提出了“蜀学”二字，这是他对蜀学的贡献。谯周也是融合今古文经学的重要学者。

谯周的经学倾向，于今古文经较难区分，从其父治《尚书》，兼通诸经及图、纬的家学渊源以及谯周本人多次引述图谶之言来看，较为倾向于今文经学。但随着古文经学传入了蜀地 ，谯周又受到古文经学的影响和浸染，具有兼容今古文经学的倾向，从而体现了巴蜀学术的传统有所改变。

除谯周外，当时的学者文立蜀汉时游太学，专《毛诗》、“三礼”，兼容今古文经学。据《华阳国志·后贤志》记载：“文立，字广休，巴郡临

① （晋）陈寿：《蜀书》十二，《尹默传》，《三国志》卷四十二，中华书局1959年版，第1026页。

江人也。少游蜀太学，治《毛诗》、‘三礼’，兼通群书。州刺史费祎命为从事。”① 从文立治《毛诗》而言，被视为古文经学；就文立治“三礼”来讲，则今古文经学均有涉及，故文立可视为融合今古文经学的学者。

任熙也是一位兼容今古文经学的学者。《华阳国志·后贤志》记云：“任熙，字伯远，蜀郡成都人也。汉大司农任昉后也。世有德彦。父元，字秀明，犍为太守，执金吾。熙治《毛诗》《京易》，博通五经，事亲至孝。”② 任熙治《毛诗》乃为古文经学，其治《京易》，则为今文经学，可见其融合今古文经学，而博通五经。

以上可知，三国蜀汉经学的流传演变呈现出：继两汉今文经学在巴蜀地域的盛行，进入蜀汉，今文经学仍然兴盛，今文经学经孟光、何宗、何随、周群、杜琼、杜微、张裔等人的研习传授，影响仍较大。但古文经学在这一时期经向朗、来敏、来忠、许慈、李譔等学者的传习，也产生了重要影响。这一时期，今古文经学渐趋融合，秦宓、谯周、文立、任熙、王长文、寿良等均具有融合今古文经学的倾向。这反映了三国蜀汉时期经学发展演变的大致趋势。

二　兼容诸子

两汉巴蜀地域的学术也一定程度上受到黄老之学的影响。除严遵好老庄，又结合讲儒家的孝、顺、忠而外，其弟子扬雄对道家思想也加以取舍。另有东汉翟酺除传习“《诗经》学”外，还“好《老子》”，主张俭德。大儒杨厚晚年辞职归家后，修黄老之术，教授门生。杨厚弟子冯颢辞官隐居，晚年修黄老之学，恬然终日，怡然自得。折像既通今文易学之《京氏易》，又受到黄老思想的一定影响。可见在蜀地经学流行的同时，亦有黄老之学的影响存在。这与巴蜀的文化底蕴有关，也与道教产生于汉末蜀地相关。这表明汉代巴蜀地域黄老之学并没有缺失。这一时

① （晋）常璩：《后贤志》，《华阳国志》卷十一，齐鲁书社2010年版，第179页。
② （晋）常璩：《后贤志》，《华阳国志》卷十一，齐鲁书社2010年版，第187页。

期的蜀学除以儒家经学为主外，亦受到黄老道家思想的影响。

扬雄继承其师严遵，借鉴吸收了老庄之学，又以孔孟后继者自居，主张儒、道相兼，具有较强的融通性。其儒、道融合对巴蜀儒学产生了一定的影响。

扬雄在辟墨子的同时，也注意汲取墨家的“兼爱”思想，用以丰富儒家的仁爱思想。他说：“理生昆群兼爱之谓仁也，列敌度宜之谓义也，秉道德仁义而施之之谓业也。”① 把墨家的兼爱视为仁，即仁包含了墨家兼爱的内容。这体现了扬雄儒墨兼容的思想。

赵蕤对自己兼容诸家的思想加以概括。他说：

> 数子之言，当世失得，皆悉究矣。然多谬通方之训，好申一隅之说。贵清净者，以席上为腐议；束名实者，以柱下为诞辞。或推前王之风，可行于当年，有引救弊之规，宜流于长世。稽之笃论，将为蔽矣。由此言之，故知有法无法，因时为业，时止则止，时行则行，动不失其时，其道光明，非至精者，孰能通于变哉?②

赵蕤指出，“数子之言”即诸子百家的学说，论述的都是当世政治的得失与功过是非，对此，都应认真加以考究。然而世人对为政之道大多存在着误解，只偏好于某一种说法。如尊崇清静无为学说的道家，视儒家学说为迂腐；拘泥于名实的名家，却认为道家学说乃荒诞之辞；有的学派推崇古代的王者之风，认为现在依然可以实行；有的人征引以往救弊的成规，认为它适合流传于后世。其实如果认真考究，这些认识都有各自的弊病。由此可见，有法与无法，应当根据时代的不同来加以讨论，时代结束了，实用于那个时代的政治方针也就失去了它以往的效用；时代向前发展了，政治制度也要随时代变迁而发展。只要行动不错过时机，它的前途必然光明。如果不具有聪明智慧、透彻的把握，谁能够通晓时

① （宋）司马光集注：《玄摛》，《太玄集注》卷七，刘韶军点校，中华书局1998年版，第186页。

② （唐）赵蕤：《正论第十六》，《长短经》卷三，文渊阁《四库全书》影印本，台北：台湾商务印书馆1986年版，第849册，第73页。

代变迁的奥妙道理呢？可见赵蕤对以“数子之言”为代表的诸子百家学说都有所吸取，也根据时代变迁有所保留和批评，而不只是偏好一家之言。

刘沅主张“以中庸之道折衷百家，以圣人之书权衡杂术，可知教本无二，理道惟一中矣”①。以孔子不偏不倚的中庸之道来折衷诸子百家，并以儒家经典即圣人之书来权衡各种杂术，以此统一教化和道理，使之不离儒家圣人的规范和原则。他说：“诸子百家亦有可取者，特必以圣人中正之道为权衡耳。”② 强调以儒家圣人中正之道作为权衡百家包括佛老的标准，其以儒为本的立场较为明显。

蒙文通认为，儒学的发展离不开诸子百家之言：“考之先秦学术之变，而知儒之日益精卓者，以其善取于诸子百家之言而大义以恢宏也。”③ 主张儒学吸取诸子而发扬其大义。

三　兼容三教，不把佛道作异端

所谓蜀学，指巴蜀地区自古迄今的以儒为主、贯通三教的学术文化。巴蜀儒学作为蜀学的主流，与佛道二教融会交流，而不分离。

道教产生于东汉末的四川，对巴蜀儒学影响很大，不把道教视为异端。蜀学思想家具有融合黄河流域的齐鲁文化和长江流域的楚文化的特色，使富于伦理道德的孔孟思想与浑然朴实富于哲理的老庄思想融为一体。后又汲取佛教的思想，造就了巴蜀思想文化的独特风貌。汉代巴蜀思想家严遵著有《老子指归》，他继承老庄的哲学，讲由无生有的过程，但也受到儒家思想的一定影响，主张德刑并用，并提出顺民、重民的思想。唐代李鼎祚指出：“易有圣人之道四焉，斯之谓矣。原夫权舆三教，

---

① （清）刘沅：《槐轩约言》，《正讹》，《槐轩全书》十，巴蜀书社 2006 年版，第 3713 页。

② （清）刘沅：《四书恒解》上论上册，《槐轩全书》一，巴蜀书社 2006 年版，第 161 页。

③ 蒙文通：《论经学遗稿三篇·甲篇》，《经史抉原》，《蒙文通文集》第 3 卷，巴蜀书社 1995 年版，第 147 页。

钤键九流，实开国承家修身之正术也。”① 强调涵有圣人之“道四”的“易”乃三教九流之本，以此作为儒佛道三教、诸子百家的根本和统领。北宋初龙昌期注《三教圆通论》，主张兼取儒佛道，思想不拘，融贯三教。

北宋以苏洵、苏轼、苏辙为代表的三苏蜀学具有典型的融合三教的学风，他们既提倡儒家政治伦理思想，又对老子的道论加以吸取。苏轼对韩愈的道统论提出批评。他说：“韩愈之于圣人之道，盖亦知好其名矣，而未能乐其实。何者？其为论甚高，其待孔子、孟轲甚尊，而拒杨、墨、佛、老甚严。此其用力，亦不可谓不至也。然其论至于理而不精，支离荡佚，往往自叛其说而不知。”② 苏轼批评韩愈道统论拒杨、墨、佛、老甚严。从韩愈到程朱，均把杨、墨、佛、老视为异端，苏轼明确批评韩愈对杨、墨、佛、老拒之甚为严厉，这反映了三苏蜀学容纳异端的兼容思想，同时也体现出与理学的区别。苏轼说：“呜呼！孔老异门，儒释分宫，又于其间禅律相攻，我见大海西北南东，江河虽殊，其至则同。”③ 认为孔老虽异门，儒释虽分宫，但“其至则同”，而主张三教融合。

苏辙亦主张兼容佛、老，认为佛、老之教不可去，自有其不可去的道理，并没有什么害处。他说：

> 尧、舜、周、孔之道行于天下，无一物而不由，无一日而不用，而佛、老之教常与之抗衡于世。世主之欲举而废之者屡矣，而终莫能，此岂无故而能然哉？诸生皆学道者也，请推言其所以然，辩其不可去之理，与虽不去而无害于世者。④

苏辙指出，尧、舜、周、孔儒家圣人之道无物不由，无时不用，周行于

① （唐）李鼎祚：《周易集解原序》，《周易集解》，中华书局2016年版，第8页。

② （宋）苏轼：《韩愈论》，《苏轼文集》卷一〇一，载曾枣庄、舒大刚主编《三苏全书》，语文出版社2001年版，第14册，第206—207页。

③ （宋）苏轼：《祭龙井辩才文》，《苏轼文集》卷一五〇，载曾枣庄、舒大刚主编《三苏全书》，语文出版社2001年版，第15册，第445页。

④ （宋）苏辙：《策问一十六首》，《苏辙集》卷七十二，载曾枣庄、舒大刚主编《三苏全书》，语文出版社2001年版，第18册，第198页。

天下久矣，而佛、老之教却常常与之抗衡于世。对此，统治者多次欲加以废止，但最终也不能如愿，这难道是无缘无故发生的事？必然有其原因。既然诸生都是学道之人，那么请分析一下其所以然的原因。苏辙认为儒家尧、舜、周、孔之道行于天下，而佛、老之教也行于世而不可废，既然三教并行，那么就请诸生来回答佛老之教不可去的道理，及其无害于世的现实原因。这反映出当时苏辙已将三教融合的内容作为朝廷策问的题目，影响到科举选士。

北宋两度为相的著名蜀地学者张商英撰《护法论》，强调："三教之书各以其道善世砺俗，犹鼎足之不可缺一也。"① 体现了他儒释道三教融合，不可缺一的思想。

程颐三传弟子成都学官李石通过范淑继承了程颐的学说，又提出包罗诸家、融合三教的思想。他说："吾儒百行以孝为本，而二氏亦以孝为本。"② 并指出："若夫吾儒以孝为德，老氏以孝为功行，佛氏以为补报推己以利人，尽心以及物，未尝不同本而出也。"③ 认为儒佛道三教都讲孝，就三教都讲孝这个意义上，"中不得不异，而本则同"④，倡三教同本之说。

元代理学家虞集提出融通三教，"博涉于百氏"⑤ 的思想，把佛教视为西方圣人所传，认为道教神仙之学不出天理之外，主张对诸子百氏各尽其蕴，而不偏于一方。

清代著名蜀学学者刘沅除潜心研究儒家经典外，也通过接触探讨道、佛，深受二氏的影响，提出佛老不为异端的思想，他说："古今称异端必曰杨墨佛老。杨墨之道，孟子言之详矣。辟佛老者始于昌黎，然僧道之徒可

---

① 《护法论》，《大藏经》，台北：新文丰出版公司 1983 年版，第 52 册，第 643 页。

② （宋）李石：《安乐院飞轮藏记》，《方舟集》卷十一，文渊阁《四库全书》影印本，第 1149 册，第 651 页。

③ （宋）李石：《安乐院飞轮藏记》，《方舟集》卷十一，文渊阁《四库全书》影印本，第 1149 册，第 651 页。

④ （宋）李石：《安乐院飞轮藏记》，《方舟集》卷十一，文渊阁《四库全书》影印本，第 1149 册，第 651 页。

⑤ （元）虞集：《道园遗稿序》，《虞集全集》，天津古籍出版社 2007 年版，第 1176 页。

辟，老佛不可辟也。”[1] 认为佛老不为异端，“佛老之真者与圣贤无二”[2]，儒佛道是相通的。指出佛理原不外于儒理，佛亦不外于人伦物理，与儒无异。

以上著名蜀学人物以儒为主，会通儒佛道三教的思想体现了巴蜀儒学所具有的包容性、开放性的特征，吸取诸家学术之长而发展了蜀学。这与受早期蜀学人物扬雄《易》《老》结合，儒、道相兼思想的影响分不开。与其他地域文化相比，巴蜀儒学的包容性似乎更强，基本不把老子道家，佛道二教视为异端。

四　兼容象数与义理

巴蜀地区易学盛行，程颐有“易学在蜀”[3] 之论断，反映了易学在蜀地发展的盛况。蜀地易学具有兼容性，诸多治易学者提出兼容象数与义理的思想，而不偏于一边。

唐代著名易学家李鼎祚之易学以象数学为主，擅长筮占，同时也不废义理，其义理的阐发以象数为依据，而把象数与义理结合起来。李鼎祚把易之象数学、阴阳五行说与仁义五常之义理结合起来，相提并论。他在对《乾卦》之《文言》“贞固足以乾事”的案语中云：

> 夫“在天成象”者，乾，元、亨、利、贞也。言天运四时，以生成万物。“在地成形”者，仁、义、礼、智、信也。言君法五常，以教化于人。元为善长，故能体仁，仁主春生，东方木也；亨为嘉会，足以合礼，礼主夏养，南方火也；利为物宜，足以和义，义主秋成，西方金也；贞为事乾，以配于智，智主冬藏，北方水也。故孔子曰“仁者乐山，智者乐水”，则智之明证矣。不言信者，信主土

① （清）刘沅：《四书恒解》上论，《槐轩全书》一，第160页。

② （清）刘沅：《槐轩杂著》卷三，《复王雪峤书（二）》，《槐轩全书》九，巴蜀书社2006年版，第3432页。

③ （元）脱脱等：《谯定传》，《宋史》卷四五九，中华书局1977年版，第13461页。

而统属于君，故中孚云："信及豚鱼"，是其义也。若"首出庶物"而"四时不忒"者，乾之象也。"厚德载物"而五行相生者，土之功也。土居中宫，分王四季，亦由人君无为皇极，而奄有天下。水火金木，非土不载；仁义礼智，非君不弘。信既统属于君，故先言乾而后不言信，明矣。①

在这里，李鼎祚以象数来阐明义理。他认为"在天成象"就是乾，元、亨、利、贞，天有客观的运行规律，春夏秋冬的运行使得万物生长。而"在地成形"，则为仁、义、礼、智、信五常。人君效法五常以教化人民。他把乾之元、亨、利、贞与仁、义、礼、智、信之五常和木、火、金、水、土之阴阳五行，以及春夏秋冬之四时联系起来，认为元能体仁，仁主春生，在东方为木；亨以合礼，礼主夏养，在南方为火；利以和义，义主秋成，在西方为金；贞以配智，智主冬藏，在北方为水；信主土而统属于君，强调水、火、金、木，非土不载；仁义礼智，非君不弘。土居于中宫地位，五行相生乃土之功。五行本质上出于阴阳二气，而以乾坤、天地为代表。李鼎祚把阴阳五行与象数之学相结合，将天象与仁义五常相配合，也就是把象数与义理结合起来。

虽张浚之易学重视义理，但他主张义理思想要建立在象数卦爻的基础之上，其整个易学是以象数为本，而理则是在象数之后力有。他说：

圣人作《易》，本诸心，体诸天，通诸神，著诸用，无往而不得其中。故能和顺道德而天人之道罔不协备。用之于一身，一身得其宜；用之一家，一家得其宜；用之天下，天下得其宜。纤悉小大，一一有伦，为用妙矣。象数既立，天下之理于是而穷；卦爻既成，天下之性于是而尽。从之而吉，违之而凶；顺之而福，逆之而祸。②

---

① （唐）李鼎祚：《乾卦·文言》，《周易集解》卷一，中华书局2016年版，第10—11页。

② （宋）张浚：《读易杂记》，《紫岩易传》卷十，文渊阁《四库全书》影印本，台北：台湾商务印书馆1986年版，第10册，第260页。

张浚强调，就《易》而言，“象数既立，天下之理于是而穷；卦爻既成，天下之性于是而尽”，也就是说，象数是穷理的基础，卦爻是尽性的前提，有了《易》之象数卦爻，才可能在此基础上穷理尽性。可见尽管张浚重视义理，但仍把象数作为易学之本，在此基础上把义理与象数结合起来。对此，张浚指出：“夫天下万物一神耳，数变象显，理无逃焉。”① 理寓于象数之中，与象数不脱离。这与程颐易学以理为本，直接发挥义理，而不是通过象数去阐发义理的治《易》路数有所不同。

南宋魏了翁治《易》，主张在义理与象数两个方面都应该留意，并力图融合程、邵易学：“易学则义理、象数俱当留意，合程、邵而贯之，乃为尽善。”② 其义理、象数俱当留意，是指讲义理时不脱离象数，而讲象数时又不脱离义理，将义理与象数结合起来，合程颐、邵雍两家的易学而贯之。他说：“程《易》明白正大，切于治身，切于用世。”③ 而邵易明于象数，“以《易》观心”④，亦不可废。故对义理与象数两派都应予以足够的重视。

魏了翁认为，《易》是谈论天人关系及相互区别的，本没有义理、象数之分，言象数就有义理包含其中，言义理就不能脱离象数。他说：“《三易》所以明三代正朔之殊，上下经所以言天道人事之异。义理、象数则学者之自异也。刚柔往来则卦之涉于变者也。”⑤ 在魏了翁看来，义理、象数的区分是学者人为造成的，但既然有了这种区分，就不应拘泥于义理或象数任何一家，而对两派都应留意。

来知德的易学别具特色，针对宋儒不言象只言理，象数与义理相

---

① （宋）张浚：《系辞上》，《紫岩易传》卷七，文渊阁《四库全书》影印本，第10册，第213页。

② （宋）魏了翁：《答杨次房少张》，《鹤山集》卷三十六，文渊阁《四库全书》影印本，第1172册，第415页。

③ （宋）魏了翁：《答丁大监》，《鹤山集》卷三十六，文渊阁《四库全书》影印本，第1172册，第423页。

④ （宋）魏了翁：《书潼川柳彦养墓碑阴》，《鹤山集》卷六十二，文渊阁《四库全书》影印本，第1173册，第36页。

⑤ （宋）魏了翁：《问六经疑》，《鹤山集》卷一〇二，文渊阁《四库全书》影印本，第1173册，第466页。

脱节的倾向，来知德提出了自己独特的“舍象不可以言易”①，假象以寓理，“理寓于象数之中”② 的易学思想；又提出“太极不过阴阳之浑沦耳”③ 的观点，认为太极之理以气的聚散、流行为其存在的根据；并错综取象以注《易》，对象、错、综、变、中爻等加以说明，把错、综、中爻的理论与卦、爻辞紧密结合，用象数释义理，把义理的获得建立在对象数考释的基础上，亦是把义理与考释结合起来，兼容象数与义理，对《周易》予以新解，发展了传统易学。对易学的发展作出了贡献，也是对蜀地易学的发展。

五　兼容事功思想

在巴蜀儒学发展史上，儒学与事功思想紧密结合，体现了巴蜀儒学重躬行践履、实事实功的特点，而非脱离实际的空谈。

蜀学重躬行践履，注重事功之风由来已久，早在西汉初，文翁为蜀守，便兴修水利，灌溉繁田千七百顷，使民物阜康，然后施之以教，开蜀学躬行践履之风。

唐代赵蕤，乃李白之师，著《长短经》，提出经世哲学，洞察“农事伤则饥之本，女工害则寒之原”④，而主张兴农事，重女工，以保障百姓基本生活需求。体现了其重视民众客观物质利益满足的思想。《四库全书》馆臣对赵蕤的《长短经》加以评价，指出：“此书辨析事势，其源盖出于纵横家，故以长短为名。虽因时制变，不免为事功之学，而大旨主于实用，非策士诡谲之谋，其言故不悖于儒者。”⑤ 认为赵蕤因时制变，倾向于事功之学，其大旨在主于实用，而非策士的诡谲之谋，所以其言

① （明）来知德：《系辞下传》，《周易集注》卷十四，九州出版社 2004 年版，第 666—667 页。

② （明）来知德：《系辞上传》，《周易集注》卷十三，九州出版社 2004 年版，第 645 页。

③ （明）来知德：《古太极图说》，《周易集注》末卷，九州出版社 2004 年版，第 843 页。

④ （唐）赵蕤：《长短经》卷一，文渊阁《四库全书》影印本，第 849 册，第 25 页。

⑤ 《钦定四库全书总目》卷一一七，《子部杂家类〈长短经〉提要》。文渊阁《四库全书》影印本，第 3 册，第 551 页。

与儒者不悖。

至宋代，张栻修正理学流弊，汲取功利之学，重躬行践履，留心经济之学，指出："若如今人之不践履，直是未尝真知耳。"① 这与永嘉学派重实事实功的思想相吻合，而与正统理学有别，故遭到朱熹的批评。

魏了翁继承张栻，又受到叶适功利学的影响，既重功利，讲求实事实功，又主张义利统一，"趋事赴功"②，重视功利与实效，强调"一寸有一寸之功，一日有一日之利，皆实效也，事半功倍，惟此时为然"③。认为功利须平时一点一滴地讲求，才能收到事半功倍的效果，这是魏了翁经世致用思想的基础。张栻、魏了翁对事功的重视，在理学中别具一格，体现出巴蜀儒学的特色。

南宋高斯得受到叶适功利学派的影响，把"兴起事功"作为治天下的要务之一。他说："人君之治天下，建立法度，兴起事功，安定国家，捍御菑患。"④ 明确把"兴起事功"视为治理天下、安定国家不可缺少的要务，这体现了蜀学的特点。

明清之际的费密提倡经世致用之学，主张"通人事以致用"⑤，开颜李学派之先声。费密提出以力行代清谈的主张，认为一切有关国计民生的实事都应该认真讲求，习行实施，而空谈则误国。与费密同时代的著名思想家唐甄反对所谓"儒者不计功"的说法，强调事功修为，"崇实黜虚"，把道德原则建立在实事实功的基础上，而强调"仁义礼智俱为实功"⑥。反映了时代的变迁和社会风尚的转移，由重道德自律而转向关注人生日用的事功之学。这也体现了巴蜀地域学术的特点。

---

① （宋）张栻：《答朱元晦》，《南轩集》卷三十，《张栻全集》，长春出版社1999年版，第961页。

② （宋）魏了翁：《答馆职策一道》，《鹤山集》卷二十一，文渊阁《四库全书》影印本，第1172册，第274页。

③ （宋）魏了翁：《奏论蜀边垦田事》，《鹤山集》卷十六，文渊阁《四库全书》影印本，第1172册，第205页。

④ （宋）高斯得：《圣主之衵臣有五义论》，《耻堂存稿》卷三，文渊阁《四库全书》影印本，第1182册，第43页。

⑤ （清）费密：《圣门定旨两变序记》，《弘道书》卷下，怡兰堂丛书，1920年刊本。

⑥ （清）唐甄：《宗孟》，《潜书》，中华书局2009年版，第9页。

明清之际著名思想家唐甄在治学中，批判封建帝王专制；重视事功，批评程朱理学，主张道不离欲，把道德原则建立在实事实功和客观物质欲望的基础上。其对理学的批判和反省，反映了时代的变迁和社会风尚的转移，由重道德自律转向事功之学和关注人生日用。

唐甄批评宋明儒所追求的对古昔之圣言的解析，而对于事功则无所闻，认为这不过是“虚言”罢了。对脱离事功的学问，唐甄提出批评：

> 大瓠曰：“吾闻儒者不计功。”曰：“非也。儒之为贵者，能定乱，除暴，安百姓也。若儒者不言功，则舜不必服有苗，汤不必定夏，文武不必定商，禹不必平水土，弃不必丰谷，益不必辟原隰，皋陶不必理兵刑，龙不必怀宾客远人，吕望不必奇谋，仲尼不必兴周，子舆不必王齐，荀况不必言兵。……事不成，功不立，又奚贵无用之心。”①

唐甄反对所谓“儒者不计功”的说法，他认为，儒之所以为贵，正是在于能够做出定乱、除暴、安百姓的事功。如果说儒者不言事功，那么儒家所推崇的圣人——舜就不必服有苗，汤、武也不会革暴君桀、纣之命而推翻残暴的夏、商王朝，禹也不必治理河流水土，弃、益、皋陶、龙、吕望、仲尼、子舆、荀况等也都不会做出各自的事功修为。所以说诸圣贤都是有所作为的，否则与匹夫匹妇有何异？对于所谓“心者事之本”的说法，唐甄指出，如果只是一味地强调心，而不把心建立在事功的基础上，那将是“事不成，功不立”的无用之心，不足为取。这是对阳明心学空谈心性弊端的修正。

受时代思潮“崇实黜虚”的影响，唐甄也提倡“实”，把道德原则建立在实事实功的基础上。他说：“古人多实，今人多妄。”② 以古人的“实”来批评今人的虚妄。并指出：“天下莫强于仁。有行仁而无功者，

---

① （清）唐甄：《辨儒》，《潜书》，中华书局2009年版，第3页。

② （清）唐甄：《尊孟》，《潜书》，中华书局2009年版，第5页。

未充乎仁之量也。”① 仁是儒家思想的核心，但唐甄则明确把仁与事功联系起来。在唐甄看来，仁的内涵就包括事功，无功则不足以体现仁之量。强调“仁义礼智俱为实功”②。这是对儒家仁说的发展，也是对脱离功利而空谈仁义的理学流弊的针砭。

六　兼容中西

巴蜀儒学的兼容性还体现在现代新儒家代表人物贺麟、唐君毅等兼容中西哲学和思想文化方面。

贺麟在治学过程中，密切联系社会发展的实践，主张面对西学的输入，要勇于应对，在逆境下求生存。他说：

> 假如儒家思想能够把握、吸收、融会、转化西洋文化，以充实自身、发展自身，儒家思想则生存、复活而有新的发展。如不能经过此考验，度过此关头，它就会消亡、沉沦而永不能翻身。③

贺麟指出，西方学术文化的输入，是大规模而别无选择的，使得中国儒家文化面临前所未有的生死存亡的大考验，形势十分严峻，但又存在着生存复活的机遇。其前提是儒家思想要能够在新形势下把握、吸收、融会、转化西洋文化，推陈出新，发展自己。如果不能在西学的冲击下经受考验、渡过难关，那儒学就会被外来文化淹没而沉沦下去，不会有所转机。

为此，贺麟提出儒化西洋文化是否可能的问题，认为这关系到中国文化能否翻身、儒家思想能否复兴的问题。他说：

---

① （清）唐甄：《尊孟》，《潜书》，中华书局 2009 年版，第 6 页。
② （清）唐甄：《宗孟》，《潜书》，中华书局 2009 年版，第 9 页。
③ 贺麟：《儒家思想的新开展》，《文化与人生》，上海人民出版社 2011 年版，第 13 页。

儒家思想是否能够有新开展的问题，就成为儒家思想是否能够翻身、能够复兴的问题，也就是中国文化能否翻身、能否复兴的问题。儒家思想是否复兴的问题，亦即儒化西洋文化是否可能，以儒家思想为体、以西洋文化为用是否可能的问题。中国文化能否复兴的问题，亦即华化、中国化西洋文化是否可能，以民族精神为体、以西洋文化为用是否可能的问题。①

贺麟以复兴中国文化，复兴儒学为己任，其所谓“儒化西洋文化”也就是“华化、中国化西洋文化”，他力图以儒家学说为主体，以西洋文化为主体的作用来吸收、融合、会通西学，这涉及儒家文化新开展的问题。也就是说，在文化交流和汲取外来文化优长的过程中，存在着文化交流的主体问题。即以本民族的文化为主体来融合、吸收西洋文化，并在文化交流中起着主导的作用，这须结合时代发展的社会实践来进行。在贺麟看来，中华民族在历史发展的悠久的长河中所创造出来的灿烂文化应视为中外文化交流中的主体，而儒家思想是中国文化的主要体现，它对中国文化的形成、发展和演变，产生了深远影响，在中国文化发展史上占有重要的地位。由此，贺麟提出“儒化西洋文化”是必要的也是可能的，而批评失去民族文化的主体性，盲目效法西方的殖民地文化。他说：

就个人言，如一个人能自由自主，有理性、有精神，他便能以自己的人格为主体，以中外古今的文化为用具，以发挥其本性，扩展其人格。就民族言，如中华民族是自由自主、有理性有精神的民族，是能够继承先人遗产，应付文化危机的民族，则儒化西洋文化，华化西洋文化也是可能的。如果中华民族不能以儒家思想或民族精神为主体去儒化或华化西洋文化，则中国将失掉文化上的自主权，而陷于文化上的殖民地。让五花八门的思想，不同国别、不同民族的文化，漫无标准地输入到中国，各自寻找其倾销场，各自施展其征服力，而我们却不归本于儒家思想而对各种外来思想加以陶熔统

① 贺麟：《儒家思想的新开展》，《文化与人生》，上海人民出版社2011年版，第13页。

> 贯，我们又如何能对治这些分歧庞杂的思想，而达到殊途同归、共同合作以担负建设新国家新文化的责任呢？①

在重建新国家新文化，复兴儒家文化的过程中，贺麟强调，一方面，既要坚守民族文化的主体性；另一方面，也不能完全排斥大量传入的西洋文化，而是主张以儒家思想为主体，儒化西洋文化，以谋求中国实现现代化包括获得文化的独立与自主。贺麟既主张应吸收不同国别、不同民族的文化，以中外古今的文化为用具，而不是排斥西洋文化；又强调中华民族须以儒家思想和民族精神为主体，去儒化或华化西洋文化，否则中国将失掉文化上的自主权，而陷于文化上的殖民地。

唐君毅提出融解中西以“返本开新”的思想。“返本开新”是唐君毅在《人文精神之重建》一书中提出的。他说：“中国人文精神之返本，足为开新之根据，且可有所贡献于西方世界。我们又看出西方人文精神亦已有，且当有一返本开新之运动，或人文精神之重建之运动。”② 唐君毅主张回到中国传统人文精神之中，并认为只有这样才能够重新建立中国之人文精神。要说明的是，“返本”并不是说要完全回到传统儒家思想的老路上去，而是唐君毅思想中所蕴含的中国传统文化的主体性与根本性特点。正如他自己所说：“人当是人，中国人当是中国人，现代世界中的中国人，亦当是现代世界中的中国人。”③ 可见，唐君毅的“返本开新”指的是以中国人文精神为主体，不能将西方思想硬套在中国文化之上，寻求的是古今中外思想文化的一种融通，即“疏导百年来中国人所感受之中西文化之矛盾冲突，而在观念上加以融解”④，从而促进儒学与中国文化新的发展。

马一浮作为中国现代儒学的代表人物之一，梁漱溟称其为“千年国粹，一代儒宗”。汤一介认为他是继廖平之后“一位更为重要的经学家，

---

① 贺麟：《儒家思想的新开展》，《文化与人生》，上海人民出版社 2011 年版，第 13—14 页。

② 唐君毅：《人文精神之重建》，台北：台湾学生书局 1974 年版，第 1 页。

③ 唐君毅：《人文精神之重建》，台北：台湾学生书局 1974 年版，第 2 页。

④ 唐君毅：《人文精神之重建》，台北：台湾学生书局 1974 年版，第 1 页。

他是一位融汇古今、贯通中西的国学大师"①。马一浮认为"西来学术亦统于六艺"，即"如自然科学，可以统于《易》，社会科学（或人文科学）可统于《春秋》。因《易》明天道，凡研究自然界一切现象者皆属之。《春秋》明人事，凡研究人类社会一切组织形态者皆属之"②。这里马一浮将西方学术中的自然科学与人文科学分别归属于"六艺"中的《易》与《春秋》，进而认为"世界人类一切文化最后之归宿必归于六艺，而有资格为此文化之领导者，则中国也"③。并把"六艺"教育贯彻到乐山复性书院的教学中，主张学生通观博览，只有这样才能培养出通儒。即在现代教育中培养学贯中西的"通才"。

谢无量借鉴西方哲学理路撰写了我国第一部哲学史专著《中国哲学史》，论述了宇宙论、本体论，并在中西对比中讨论了孔子的伦理学思想，他说：

> 近世所谓伦理之根本概念者有三：曰善，曰德，曰义务是也。考西洋伦理学史，则古代学者主善，中世学者主德，近世学者主义务，皆因世异尚，希能同时具求三者之义而观其会通也。惟吾国儒家之说，则善论、德论、义务论莫不皆备。④

谢无量认为儒家学说之中具备了西洋伦理学不同时期所具有的善论、德论与义务论三个方面，并认为孔子是这些思想的集大成者。他说："要之，至善论、德论、义务论三者皆自儒家所具，其学说或远承自数十百年以前，非尽孔子所创，然孔子实集其之大成，不可不察也。"⑤ 具体而言，谢无量从义务论、孝弟论、君子论三个角度对孔子的伦理学思想进

---

① 汤一介：《论马一浮的历史地位与思想价值》，载吴光主编《马一浮思想新探——纪念马一浮先生诞辰125周年暨国际学术研讨会论文集》，上海古籍出版社2010年版，第6页。

② 马一浮：《论西来学术亦统于六艺》，《马一浮集》，浙江古籍出版社、浙江教育出版社1996年版，第1册，第21页。

③ 马一浮：《论西来学术亦统于六艺》，《马一浮集》，浙江古籍出版社、浙江教育出版社1996年版，第1册，第24页。

④ 谢无量：《孔子》，《谢无量文集》第1卷，中国人民大学出版社2011年版，第132页。

⑤ 谢无量：《孔子》，《谢无量文集》第1卷，中国人民大学出版社2011年版，第132页。

行了讨论。

以上兼容今古文经学；兼容诸子；兼容三教，不把佛道作异端；兼容象数与义理；兼容事功思想；兼容中西等方面体现了巴蜀儒学的兼容性特征，这也是蜀学的特点之一，值得认真总结，以客观全面地认识地域文化之巴蜀儒学。并探讨与其他地域儒学之相互关系及其异同，以加深对整个儒学的本质及其在各地各时代的具体表现。

经学分派视阈下之儒学的“地方性”

——以蜀学为中心

刘雄峰

（四川省社会科学院宗教翻译与研究中心）

摘要： 作为中华传统文化“三大支柱”之一的儒学，因经典诠释的侧重点不同进而形成了不同的学术流派（亦即派分）；同时，通过与不同的地域文化的互动与融合，儒学亦形成了诸如齐学、鲁学、蜀学、关学、洛学、湘学、闽学、浙学、晋学等地域性的学术形态，构成了中国学术思想史的重要内核。从经学派分之视角观之，作为儒学之地域文化的重要形态之一，蜀学的“地方性”正是儒家经学分派下之地域性流派的代表和象征。尽管无论从广义抑或狭义上言之，蜀学的内涵和外延显然均超出了儒学之范畴，但其与地域文化之互动中的儒学的主体性地位，应是毋庸置疑的。从而，主体性的儒学蜀学和地域文化共同构成了蜀学的“地方性”特色。

关键词： 经学分派　儒学　地方性　蜀学

一　前言

作为中华传统文化“三大支柱”之一的儒学，自创立以来，便随着其经典的微言大义和众说纷纭而兴旺发达且经久不衰，从而对中华文明产生了重大而又深远的影响。同时，它亦因地理区位和自然环境的不同，在发展中带上了浓郁的地域文化特征，从而体现出了鲜明的“地方性”，亦即所谓“在地化”（Localization）。前者因此形成了文化传统之学术意义上的“经学”并因经典诠释的侧重点不同而形成了不同的学术流派（亦即派分）；而后者则通过儒学与不同的地域文化的互动与融合，形成了诸如齐学、鲁学、蜀学、关学、洛学、湘学、闽学、浙学、晋学等地域性的学术形态，构成了中国学术思想史的重要内核。因此，如果说经学的派分可看作儒学发展之“历时性”演变的话，那么，儒学的“在地化”则就是其“共时性”之内在关系的呈现。经学的分派和儒学的“在地化”，乃儒学学术发展史中之“历时性”和“共时性”的有机辩证的统一。而从经学派分之视角观之，作为儒学之地域文化的重要形态之一，蜀学的“地方性”正是儒家经学分派下之地域性流派的代表和象征。尽管无论从广义抑或狭义言之，蜀学的内涵和外延显然均超出了儒学之范畴，但其与地域文化之互动中的儒学的主体性地位，应是毋庸置疑的。从而，主体性的儒学蜀学和地域文化共同构成了蜀学的“地方性”特色。

二　经学派分与儒学的发展

众所周知，所谓“经学”，原乃泛指先秦各家学说之要义的学问，它是中国古代学术的主体。后来，随着汉代之罢黜百家、独彰“六经”，其便专门指向了“六经”。而“六经”又为以孔子为首的儒家之所创，所以，经学便成为对于儒家经典进行阐述、发扬的学问。因而，从这个意义可以说经学亦有了广义和狭义之分。因此，不管人们在经学的定义上有何分歧，但自从儒家学派诞生以来，“经学”一词便成了儒家学术思想的代名词。而作为学术思想的“经学”，亦以对于儒家思想的阐发而为人所知并以其狭义的定义而约定俗成。

由于儒家思想的源远流长（由孔子所开创）和对中国社会文化的广泛而又深远的影响，因而随着中国社会形态的发展和变化，历代的学者（经学家）们留下了诸多对儒家经典之不同的见解和观点，由此而形成了许多不同的流派或学派，此即所谓“经学派分”或曰经学的分派。纵观儒学经学的发展历史，对于经学研究本身及其经学家们的众说纷纭和纷争（譬如今古文经学之争、汉学和宋学之争等），似乎只是到了清代开始，方才有人将它从经学派分的维度进行了阐述和总结。它们概有“二派说”（纪昀）、“三派说”（龚自珍、康有为）、“四派说”（叶德辉、刘师培）等。

（1）关于“二派说”，纪昀将儒家经学分为汉学和宋学两个派别。他曾在《四库全书总目提要·经部总叙》中说：“自汉京以后，垂两千年……要其归宿，则不过宋学、汉学两家，互为胜负。”并评论道：“盖考证之学，宋儒不及汉儒；义理之学，汉儒不及宋儒，言岂一端，要各有当。”（《大学章句提要》）

（2）关于“三派说”，龚自珍的“三派说”将儒家经学流派分为了汉学、宋学和清学（国朝学）。对此，他在《与江子屏笺》一文中进行了阐述。可以看出，龚自珍之所以将儒家经学流派分为汉学、宋学和清学三派，乃是基于他认为汉学是汉代人的，而清学则是清代人的，不可以将二者混同为一的认识。而康有为的“三派说”则是将儒家经学流派分为汉学（西汉今文经学）、新学（包括东汉古文经学）、宋学三大流派。他认为：“夫‘古学’所以得名者，以诸经之出于孔壁，写以古文也；夫孔子壁既虚，古文亦赝，伪而已矣，何‘古’之云！后汉之时，学分今古，既托于孔壁，自以古为尊，斯新歆所以售其欺伪者也。……后世汉宋互争，门户水火，自此视之，凡后世所指目为‘汉学’者，皆贾（逵）、马（融）、许（慎）、郑（玄）之学，乃‘新学’，非‘汉学’也。即宋人所尊述之经，乃多伪经，非孔子之经也。”（《新学伪经考·序目》）

可见，康有为的“汉学”乃专指今文经学，而将古文经学看作了所谓“新学”，亦即“新（王）莽之学”。且只有今文经学才是得到了孔子真传的真正意义上的“汉学”。

（3）关于“四派说”，叶德辉将儒家经学流派分为今文经学、古文经学、郑氏（玄）学、朱子（熹）学四大派别。在《皮锡瑞六艺论疏证序》中，他较为详细地阐述了其分类的依据和理由。持“四派说”的还有刘师培，但他将儒家经学分为了两汉、三国至隋唐、宋元明、近（清）儒四派。他曾在《经学教科书·序例》中指出："经学派别不同，大抵两汉为一派，三国至隋、唐为一派，宋、元、明为一派，近儒为一派。"（《刘申叔遗书》）显然，刘师培的"四派说"是按时期来分派的，将儒家经学的分期和分派混为了一谈。

由上可见，在儒家经学的历史发展过程中，因为经学家们对于经典之理解和阐释的不同，而形成了不同的经学学术流派。尽管这些流派忽有争论，有时甚至于攻讦，但它们亦不过是"同源而易流"（龚自珍语）罢了。其最终目的仍然是对于儒家经典思想的阐发和弘扬，亦正是通过这些"不同"经学流派间的纷争和交流，客观上促进了经学的弘扬和普及，进而使儒学在社会中更加深入人心，历经数千年而经久不衰，并一度成为中国人安身立命的圭臬。

三　蜀学溯源及其历史发展

实际上，一般意义上的"蜀学"，指的是所谓"宋代蜀学"，以及宋代所形成的蜀学。正像前述之经学具有广义和狭义之定义一样，所谓"宋代蜀学"亦有广义和狭义的定义之分。一般而言，狭义的宋代蜀学，即指由"三苏"（苏洵、苏轼、苏辙）所开创和发展，并有黄庭坚、张耒、秦观等参与而形成的具有国内共同蜀学基础和学术倾向的学术团体（流派）。而广义的宋代蜀学，则是指宋代之在以"三苏"为首的基础上，又加入了周敦颐、程颐，以及后来的张栻、度正、魏了翁等融合蜀洛、汇通三教（儒释道）而以宋代新儒学为主的巴蜀地区之学术。由此可见，广义之蜀学乃呈现出了具有极度之融合性的特征；这一方面是因为周敦颐、程颐并非蜀人，只是在蜀地活动过并于此产生了一定之影响；而张栻、魏了翁则其学术影响虽然并不在蜀地，但却是作为蜀人而位列其中的。

尽管本文作者于此的议论是在狭义蜀学的视域下进的，由是观之，蜀学的特点便是要由"三苏"之思想的基本特点所决定的。因此，宋代的蜀学就是一个儒学的派别。但与此同时，宋代蜀学作为一个儒学派别却又是在以儒为宗，并通过融汇三教、兼采诸子来创立、充实和发扬蜀学学术体系的。这从苏轼所谓“君少与我师皇坟，旁资老聃释迦文”之句中，似可窥得一斑。

从文化发生学的角度视之，宋代蜀学的产生并非偶然，更不是凭空产生，它有着深厚的历史文化背景和渊源。否则，它就会成为无源之水和无本之木，更遑论它的发展和壮大了。而且，文化的最初发生，亦是依赖于环境的（包括自然环境和社会环境）。因此，正是在巴蜀地区和古代巴蜀文化的重要影响下，宋代蜀学的产生才得以可能，并在日后的发展中体现出其鲜明的“地方性”特色。而这种影响，归而述之，即是所谓蜀学之盛冠天下而垂无穷者，其具有三：一曰文翁石室，二曰高公之礼殿，三曰石壁之《九经》。

从上述所谓文翁石室、高公之礼殿、石壁之《九经》的具体内容来看，其主要是在弘传以孔子为首的儒家思想和教化。特别是《九经》的石刻，开启了儒家经典在蜀地的传扬，并直接促成了随后之《孟子》等的石刻臻成，从而完成了儒家之“十三经”体系的构建并在蜀地乃至全国产生了重大的影响。这无疑是蜀学所谓“以儒为宗”的重要学术渊源。而所谓“旁资老聃释迦文”，则体现了老子道家思想和佛教作为其学术渊源的影响。首先，就老子道家思想而言，乃为蜀地学者严君平之注解和阐发老子思想的《老子指归》。作为《老子》之汗牛充栋注解书之一，《老子指归》被认为是唯一进行了发挥的著作，是在深刻掌握了《老子》思想之精髓基础上的“再发挥”，因而，在一定意义上可以说，严君平的《老子指归》对于蜀地道教，乃至中国道教的产生都有着不可忽视的重大意义。而与此同时，随着佛教的两汉时期传入中土以及在蜀地的传播与发展，其与儒家思想的融合，亦直接影响了宋代蜀学的形成和日后的发展内容和方向。

因此，思想文化渊源乃成为蜀学形成和发展的“动力因”之一。而另一个“动力因”，则自然是离不开众多蜀地学者（包括蜀地本土和外籍在蜀学者）的弘扬。其中，除了创立者“三苏”之外，亦有众多人士的添砖加瓦和共同努力。特别是经历了宋时的辉煌而进入近代（晚清）以来，通过尊经书院的创办，在张之洞、王闿运等的倡导下，促进了蜀学与同样作为地域文化的湘学、浙学等的交流与融合。通过这种交流与融合，蜀学摒弃了陈腐的“八股”时文，重新回到了注重对于儒家经典的传习和研究，“通经致用”“中体西用”遂成为其突出的表现。而在“复古以求解放”的口号下，蜀学的学者们在实现传统学术之解放的同时，亦使蜀学和湘学共同成为中国传统学术的重心，从而构成为中国经学发展的新阶段和新形态。

四　经学派分视阈下之蜀学的“地方性”

如前所述，在儒家经学的历史发展中，因对于所涉经典的侧重点和解释的不同，形成了不同的经学学术流派。而对于这些经学学术流派的划分和归类，出现了诸如“二派说”“三派说”“四派说”等分派观点。而其中有的观点还触及了关于经学的分期问题，如在刘师培的“四派说”中，就涉及了经学的分期。只是令人遗憾的是，刘师培于此是将经学的分派和分期问题混同了起来。因此，诚如诸多学者所指出的那样，经学的分派与分期表面看似两个不同的问题，实际上，却是一个问题的两个方面。其中，“分派是关键，分期则是依据经学基本派别来确立的”①。所以，对于经学派别的划分（即经学派分）及其分期的把握，乃关系到对整个儒家经学体系的认识和解读。而“没有对经学基本派别与经学史分期的正确认识，就难以把握经学历史发展的逻辑”②。

诚然，经学的分派和分期是两个问题，但却是两个紧密联系的问题，甚至可以说是一个问题的两个方面。分期是对经学发展阶段在时间上的划分，而时间的划分是从经学发展不同阶段的独特内容与特点而得出的，不同阶段的经学内容与特点又是通过经学派别来体现的。离开经学派别，

① 黄开国：《论汉武帝以来的经学分期分派》，《哲学研究》2018 年第 4 期。

② 黄开国：《论汉武帝以来的经学分期分派》，《哲学研究》2018 年第 4 期。此外，关于中国经学的分派和分期的议论，还可参见张志哲《儒家经学流派评述》、同氏《中国经学史分期述评》，《史学月刊》1988 年第 3 期；黄开国《龚自珍对经学纷争的评议》，《中山大学学报》（社会科学版）2009 年第 4 期等。

经学发展不同阶段的独特内容与特点就无从表现。所以，经学的分歧必以经学不同派别作依据，若无准确的分派为前提，分期既无意义，也没有依据。因此，分派是根本，分期则是依据分派而得出的。经学史的分派与分期，二者应该完全是统一的，而不应该期而为二。这应该是处理经学分派与分期的一个原则。由这个原则出发，在讨论经学分派分期研究时，首先应该关注的是分派问题，而不是分期问题。已有的“分期说”众说纷纭，一个根本的原因，就在于许多的分期说没有依据经学派别来划分经学的不同时期。①

由此可见，在所谓经学的分派与分期的问题当中，二者是相互融摄的。分派必然涉及分期；而分期亦必然涉及分派。但显然，“分派是根本”，而分期只是依据分派来进行的。

亦如前述，蜀学作为一种地域文化，同齐学、鲁学、关学、洛学、浙学、湘学等一起，共同成为中华传统学术文化的重要组成部分。并在数千年的历史发展中，通过不断的继承、融合与创新，体现出了鲜明的“地方性”特征。因而，因着蜀学之“以儒为宗并通过融汇三教、兼采诸子”的性质，在经学派分的视阈下，蜀学的这种“地方性”，主要体现在三个方面。

第一，诠释经典的广博性。对于蜀地的学者来说，从经学早期的“五经”“四书”到石壁的《九经》，再到儒家“十三经”体系的建立，表明了蜀学内涵的逐渐扩展和丰富。同时，这亦是蜀学之“地方性”特色逐渐形成发展的过程。

第二，诠释内容的包容性。这种包容性不仅体现在对于儒家经学的内容上，同时，如前所述，亦在以儒家思想为主干的基础上，融合道教和佛教的思想和理论精髓。

第三，诠释方法的多样性和独特性。众所周知，苏轼父子的主要成就乃在于文坛，因而，他们的经学思想并没有得到足够的重视和认识，所以，由“三苏”所创立的宋代蜀学，亦没有像经学流派中一些其他的地域性文化的地位和影响。而这种以文学的方式来解读经学经典的诠释

① 黄开国：《论汉武帝以来的经学分期分派》，《哲学研究》2018年第4期。

方法，亦正形成了蜀学之独特的风格。这从蜀学之众多学者的著述中，均可窥得端倪。

除上述主要的三点之外，蜀学的“地方性”特点还表现在与地域文化的融摄性、学者思想的变化性和矛盾性等。总之，它们一起共同构成了经学派分视阈下的蜀学的“地方性”，亦即“在地化”（Localization）特征。

五　结语

综上所述，由孔子所创立的儒家学说及于此基础上发展而来的儒家思想，历经数千年的发展演变，成为中华传统文化占据主体地位的“三大支柱”之一，并对中华文明产生了重大而又深远的影响。而在其发展过程中，它亦因地域环境的不同，通过与地域文化的交流和融合，从而使儒学形成了由诸多极具地域特色的“地域性”儒学组成的儒学体系，此即所谓儒学的“地方性”（亦即“在地化”）。而蜀学便是其中最为杰出的代表之一，它与齐学、鲁学、关学、洛学、浙学、湘学、闽学、晋学等一起，共同成为儒学的重要组成部分。与此同时，出于对儒家经学典籍的侧重点的不同而做出的阐释和变化，亦产生做了儒家经学的不同流派。可见，“地域性”儒学的发展与儒家经学的分派（即经学派分）及其发展乃是中国儒学整体发展过程中之不同视角下的两个侧面。二者既相重合，又相分别，共同统一于中国儒学的历史发展之中。而在经学派分的视阈下，作为“地域性”儒学的蜀学，在同地域文化的互动发展中，就其主体性的儒学而言，则体现出了经典诠释的广博性、诠释内容的包容性、诠释方法的多样性和独特性等极具特色的“地方性”。“地方性”特色既是儒学蜀学安身立命的基础和前提，同时，亦是其数千年来蓬勃发展、生生不息的强大生命力之所在。

从文化的地域性看《周易》在春秋的流传

谷继明

（同济大学人文学院）

摘要：《左传·昭公二年》记载韩宣子聘鲁，见《易象》与鲁《春秋》，感叹“周礼尽在鲁”之事。杜注与孔疏的解释，未十分惬人意。《易象》本是筮书之通名，在此语境中主要指《周易》。韩宣子之所以感叹《易象》，乃是因晋之卜筮杂用《周易》，不具备正典意义。春秋时期的占筮地理格局，以周鲁为一组、晋秦为一组、楚为一组，展现了文化的地域性。但周、鲁的《易象》，并不是将之定性为卜筮书，而具有礼典的意义。这才是韩宣子感叹的根本原因。《易象》不仅仅是卜筮，更是周人对于三才之道的把握；周礼不仅仅是仪节、制度，更是周时的整个文明系统。《易象》和《春秋》因此可以作为周礼的代表。周人由《易象》通三才之。周礼对《易象》《春秋》的这种定位，恰恰是孔子删述六经的思想史背景。

关键词：易象　周易　周礼　左传

一　考注疏

《左传·昭公二年》载：“晋侯使韩宣子来聘，且告为政，而来见，礼也。观书于大史氏，见《易象》与鲁《春秋》，曰：‘周礼尽在鲁矣，吾乃今知周公之德与周之所以王也。'"① 这段话的"周礼尽在鲁"非常有名。但有几个地方需要解释：第一，《易象》是什么？是一部书，还是《易》之象。它与今《周易》又有何关系？第二，《易象》与鲁《春秋》缘何成为"周礼尽在鲁"和"周公之德与周之所以王"的表征？

先看作为代表的杜注、孔疏如何解释。（1）对于第一个问题，杜预认为："《易象》，上下经之象辞。"也就是认为，彼处的《易象》即今《周易》。孔疏进一步解释说："《易》文推演爻卦，象物而为之辞，故《易系辞》云：'八卦成列，象在其中。'又云：'易者，象也。'是故谓之'易象'。孔子述卦下总辞，谓之为'彖'；述爻下别辞，谓之为'象'。以其无所分别，故别立二名以辨之。其实卦下之语，亦是象物为辞，故二者俱为象也。"②

今传解释《易经》的《易传》，有所谓"十翼"。其中解释卦辞的称作《彖传》，以"彖曰"开头；解释上下两体之象以及爻辞的，称作《象传》，以"象曰"开头。《易传》称"彖曰""象曰"，意味着它们所诠释的对象即彖、象；也就意味着，卦象和卦爻辞就是彖、象。爻辞之称为"象"，乃因为它是对爻象的表征；那么卦辞是对于整体的判断和表征，虽然可以特别地称"彖"，但本质上亦可称作"象"。这样，今本《周易》作为经的部分（卦象 + 卦辞 + 爻辞），便可通称为"象"。"易象"之名即指《周易》而言。以上是孔疏的逻辑。

（2）关于第二个问题，杜注和孔疏之间其实有差别。杜注说："《春秋》遵周公之典以序事，故曰'周礼尽在鲁矣'。"这里根本没有把《易象》看作周礼的一部分。孔疏察觉到了这种说法的不妥，所以才弥缝道："鲁国宝文王之书，遵周公之典，故云周礼尽在鲁矣。文王、周公，能制此典，因见此书，而追叹周德：吾乃于今日始知周公之德，以周公制《春秋》之法故也；与周之所以得王天下之由，由文王以圣德，能作《易

① （三国）杜预注，（唐）孔颖达疏：《春秋左传注疏》，浙江大学出版社 2015 年影印阮元南昌府学刻本，第 2831—2833 页。

② （三国）杜预注，（唐）孔颖达疏：《春秋左传注疏》，浙江大学出版社 2015 年影印阮元南昌府学刻本，第 2833 页。

象》故也。”① 文王之书即《易象》，周公之典即鲁《春秋》。前者（《易象》）对应的是“周之所以王”，后者（《春秋》）对应的是“周公之德”。二者合起来，便是“周礼尽在鲁”的意义。

显然，孔疏的说解更整齐完备。而杜预为何不将《易象》视作周礼呢？他不是疏忽，而是有自己的特殊考虑。因为周公是周礼的代表，而周礼在杜预的语境中，实际指向了旧史记。所以他在《春秋序》中同样引用了昭公二年的段落，而评论说：“韩子所见，盖周之旧典礼经也。”② 在此段之前，杜预的序说：“《周礼》有史官，掌邦国四方之事，达四方之志。诸侯亦各有国史。大事书之于策，《孟子》曰：‘楚谓之《梼杌》，晋谓之《乘》，而鲁谓之《春秋》，其实一也。’”③ 然则杜预明确地把周王室的史官所修史记当作“旧典礼经”，不及《易象》。孔疏在此处亦感到不安，弥缝说：“韩子之言，并叹《易象》；此之所见，唯谓《春秋》者。指说《春秋》，不须《易象》故也。”④ 这是一种调停之说，因为杜预的定位十分明确：鲁史记秉承了周公的书法，而周公所制的史记之法，就是周礼。这里面没有《易象》的位置，《易象》只是与“周之所以王”有关。

（3）孔疏还由第二个问题引出了第三个问题：为何“周礼尽在鲁”？是否意味着其他诸侯国没有周礼（即《易象》与《春秋》）了呢？既然孟子曾经说“楚谓之《梼杌》，晋谓之《乘》，而鲁谓之《春秋》，其实一也”，则不可能晋国没有《春秋》；同时《易象》是周王室之宝典，似乎亦不可能为鲁国所专。出于这样的考虑，孔疏解释说：“此二书，晋国亦应有之，韩子旧应经见，而至鲁始叹之，乃云‘今知’者，因味其义，

① （三国）杜预注，（唐）孔颖达疏：《春秋左传注疏》，浙江大学出版社 2015 年影印阮元南昌府学刻本，第 2832 页。

② （三国）杜预注，（唐）孔颖达疏：《春秋左传注疏》，浙江大学出版社 2015 年影印阮元南昌府学刻本，第 34 页。

③ （三国）杜预注，（唐）孔颖达疏：《春秋左传注疏》，浙江大学出版社 2015 年影印阮元南昌府学刻本，第 28—32 页。

④ （三国）杜预注，（唐）孔颖达疏：《春秋左传注疏》，浙江大学出版社 2015 年影印阮元南昌府学刻本，第 34 页。

而善其人，非为素不见也。”[①]

以上仅仅是经典注疏的解释思路。但这些解释并不能尽如人意。首先，杜预不将《易象》数入周礼就不符合《左传·昭公二年》那一段话的语境。郑玄在注《周礼·小史》时，即据昭公二年一段，将《易象》理解为礼，孙诒让进一步指出：“此官掌邦国之志，盖所藏者多当代典章，韩起以《易象》《春秋》为周礼亦是也。”[②] 其说可信。又竹添光鸿也发现了杜预的问题，他说：“周礼，礼字极重，犹言周道。‘周礼尽在鲁’，兼《易象》《春秋》而言。杜专属之《春秋》，非也。”[③] 其次，《易象》仅仅是指《周易》吗？这个问题并非不言自明的。最后，其他国家是否能见到《易象》？如果其他国家也有，那么鲁之《易象》的优胜性在哪里？

所有这些问题又都指向一个根本的问题：《易象》与周礼的关系为何？以下即分别辨析这些问题。

二 《易象》辨名

并不是所有人都认同《易象》即《周易》，比如惠栋《易例》有言：

> 《象》者，五帝时书名也。《尧典》“历象日月星辰”，此历书也；“象以典刑”，《皋陶谟》曰“方施象刑惟明”，此刑书也；“予欲观古人之象”，此《易》书也。《易》曰“在天成象”，“法象莫大乎天地”。圣人因天，故治天下之书，皆名象。《周礼》六官称六象，悬于象魏，故《春秋传》“命藏象魏，曰‘旧章不可忘也’”，“韩宣子聘鲁，见《易象》”，犹沿五帝之名。则象为书名无疑也。[④]

---

① （三国）杜预注，（唐）孔颖达疏：《春秋左传注疏》，浙江大学出版社 2015 年影印阮元南昌府学刻本，第 2832 页。

② （清）孙诒让：《周礼正义》，汪少华点校，中华书局 2015 年版，第 2526 页。

③ ［日］竹添光鸿：《左传会笺》，辽海出版社 2008 年影印版，第 416 页。

④ （清）惠栋：《易例》，乾隆间刻《贷园丛书》本，卷上第 9 页。

惠栋此处主要是为了证明“象”为书名之一种。考昭二年原文，韩宣子既然是“观书”而见《易象》，则“易象”为书名无疑。惠氏此处只是列举了更广泛的证据。如果“象”是书名，那么“易象”就是有关《易》的书名。这个名是通名，换言之，是所有有关《易》的书都可以称为“易象”，不必然指《周易》。

在先秦，《易》不仅有《周易》一种，即以《周礼》的记载，太卜掌握了“三易之法”：《连山》《归藏》《周易》。而《礼记·祭义》又载：“昔者圣人建阴阳天地之情，立以为易，易抱龟南面，天子卷冕北面。虽有明知之心，必进断其志焉，示不敢专，以尊天也。”尽管郑玄注牵合《周礼》，将“立以为易”的“易”字视作“三易”之“易”，但未必合乎实情。尚秉和说：“易者占卜之名，因以名其官。”① 此说得之。易官大致对应于太卜之类的官；且既然“抱龟”，则是兼掌龟卜和蓍筮。这种执掌，与当时的占筮情境、制度相符合。因为周代卜、筮并用。《洪范》有言“卜五，占用二”，《诗经·氓》有言“尔卜尔筮”，皆可证明。《春秋》虽然制度崩乱，但仍存有卜筮并用的遗制，这在《左传》许多筮例中皆可见。

既然“易”是龟卜、蓍筮的共名，则《易象》也当是卜书与筮书的统称。而且，“象”更天然地与龟卜相亲。《左传·僖公十五年》韩简说：“龟，象也；筮，数也。”

《易象》是占筮书的统称，包含了龟卜书和筮书，而筮书里又有《连山》《归藏》《周易》等内容。不过仍需要指出的是，在昭公二年的语境中，《易象》的主要具体指称，是《周易》，因为涉及“周之所以王”。

三 《周易》与春秋时代的《易》占格局

如果我们归纳《左传》时代的筮例，可以根据地域和内容分成两组：一组以周王室与鲁国为主，旁及卫国，主要以《周易》占筮；一组以晋

---

① 尚秉和：《周易尚氏学》，中华书局2008年版，第21页。

国为主，旁及秦、郑等国，杂用《周易》《归藏》等多种筮书。参看本文附录。

宋代的陈埴就有过这样的观点。他说："《周易》虽卜筮常用，然掌在太易，属之太史。侯国想无此官，亦无此书，故其卜筮繇辞见于列国者各不与《周易》同，自是一项占书……凡周易，鲁所筮，皆《周易》正文。以此见《周易》惟周与鲁有之，列国占筮皆是俗法。惟鲁与周正法。故韩宣遂谓周礼在鲁。"① 全祖望则表示了异议，他通过列举，指出其他诸侯国并非不用《周易》，只是用得较鲁国少；而鲁国亦并非不用杂占，只是主要用《周易》。然后他推测："当周之初，典礼流行，《易象》一经，必无不颁之列国者。至是而或残失，不能不参以杂占。惟鲁以周公之旧，太史之藏如故，此宣子之所以美之也。"②

今按陈埴的说法虽不周延，但全祖望的猜测思路颇成问题。全祖望认为周初各国皆有《周易》，比较纯粹；后来各国散亡，又掺杂了其他易占，这种模式只是他个人的推测。古代分封诸侯有颁朔的事，但从未见过颁《周易》的记载。颁朔之所以要实行，是因为诸侯对于历法只有遵行的份，没有参与制定的份，便体现了周天子对诸侯的控御。《周易》则是非常特殊的，它代表了通神的技术，并不可以随随便便颁发给诸侯。

更重要的是，在春秋之前技术是世袭垄断的。《易象》由专门的官员保管，同时其技术也由专门的家族世袭传习，以备王之咨询。文末所附录的筮例中，有"卜楚丘之父""卜楚丘"，可见此技术的世袭和内传性质。春秋时此技术已外传，所以子服惠伯不是史官，也说"吾尝学此"。

职是之故，比全祖望推测更合理的是，《周易》最初就主要保存在周王室和鲁国而已。为何其他国家，特别是晋国也有呢？这与平王东迁，礼崩乐坏有关。《左传》所记载的"周史有以《周易》见陈侯者"，成了关键的信息。此事的叙述发生在庄公二十二年，但既然是追叙陈厉公的占筮，则实发生在鲁桓公中后期（公元前700年左右）。时距平王东迁已

① （宋）陈埴：《木钟集》卷九，文渊阁《四库全书》本，台北：台湾商务印书馆2008年版，第703册，第701页。

② （清）全祖望：《经史问答》卷一，《全祖望集汇校集注》，上海古籍出版社2000年版，第1875页。

过去七八十年，王纲不振，恰恰是周王室的文化职官散而之四方的时候。所谓“天子失官，学在四夷”（《左传·昭公十七年》）。王官学分散，呈现出两种形态：从地域看是自中央到地方，从阶层看是自朝廷到民间。《史记·太史公自序》：“自司马氏去周适晋，分散，或在卫，或在赵，或在秦。其在卫者，相中山。”这是史官分散的情况。不但中央到诸侯是如此，诸侯之间也是如此，《论语·微子》：“大师挚适齐，亚饭干适楚，三饭缭适蔡，四饭缺适秦，鼓方叔入于河，播鼗武入于汉，少师阳、击磬襄入于海。”这都是鲁国的乐官在鲁衰的时候散之四方。这个人才流动阶段，也是诸子百家形成的背景。那么晋国的《周易》，有可能就是周代的史官传过去的。蒙文通先生已经察觉到这种文化的区别，他认为当时的学术可分三派：鲁学、齐学、晋学；鲁学是王道，齐学、晋学是霸道；《左传》《国语》是晋学，仅把“六经”作为一个参考，鲁学则醇乎“六经”，本于周代。[①] 这个分析十分锐利。但晋国何以是霸道？蒙先生认为缘于文襄改制以后失去了周礼。[②] 我们则以为，晋国的礼制和文化本就不如鲁国之醇。

考察一下《左传》所记载的第一次晋地出现的占筮，则益可证明我们的推定。此即《左传·闵公元年》，毕万筮仕于晋，辛廖占之的筮例。刘文淇引孔疏，对于此事的讨论和分析相当地详尽：

> 本疏云：“杜云：‘辛廖，晋大夫。’则以毕万筮仕，在晋国而筮。刘炫云：‘若以在晋国而筮，何得云筮仕于晋？又辛甲、辛有并是周人，何故辛廖独为晋大夫？’今知不然者，《传》以毕万是毕国子孙，今乃筮仕于晋，言‘于晋’以对毕耳。非谓筮时在他国也。案昭十五年《传》云：‘及辛有之二子董之晋，于是乎有董史。’注云：‘辛有，周人。二子适晋，为大史。’则辛氏虽出于周，枝流于晋。刘炫用服氏之说，又以晋国不得有姓辛，而规杜过，其义非也。”按贾说与服异。杜用贾说。以上毕万服注推之，则服当以辛廖

① 参见蒙文通《经学导言》，《蒙文通全集》，巴蜀书社 2015 年版，第 1 册。

② 参见蒙文通《蒙文通全集》，巴蜀书社 2015 年版。

为周大夫。《规过》用服说。①

按贾逵以辛廖为晋国大夫，杜预、孔颖达从之；服虔以为周大夫，刘炫从之。考察其语境，贾、杜说似是。但有一点是肯定的：辛廖之祖先为周史。不管辛廖是周史还是晋史，起码可以证明晋的《周易》，是周史传播过来的。

据此我们就能理解周、鲁与晋、秦在用筮时呈现出的差别。周、鲁虽然卜筮并用，筮有三《易》，但以《周易》为本位和核心。尽管会有其他占筮因素的掺入，大体是比较醇正的。三晋地区，本来就没有《周易》本位的负担，他们对于各种筮法，在原则上是平等地接受的。但由于跑到晋的史官多自周来，习《周易》，所以《周易》也占了相当大的比重。

先秦文化的地域性，比后世要强得多。三晋地区除了运用《周易》，自己也有独特的筮法，同时可能还会吸收其他地区比如秦、楚的筮法。尤其是楚，巫俗甚盛，筮法繁多，自成一格。我们目前发现的出土材料中，筮法出土最多的，就是在楚地。这一方面是由于楚地出土的简帛较其他地区多，却也反映了楚地在先秦时“好鬼”的风气。这些地区的筮法，与传世文献有很大差别。如果说传世文献是继承周、鲁的话，那么出土文献与传世文献的不同就不仅仅在历时性的差别，而且在于地域性的差异。比如清华简的《筮法》，以及包山简等，都与现行大衍筮法不同，也没有断辞。不少学者怀疑是《归藏》。② 清华简的《筮法》比较成系统，其占断的法则，包括考察筮数与四时的关系，分析爻的中、应，以中四爻为占等。③ 这也就意味着，当时的许多占筮不必用卦爻辞，比如僖公二十三年筮史分析时说的“闭而不通，爻无为也”；或者有另外一套卦爻辞，比如成十六年晋文公占复卦的“南国戚，射其元王中厥目”，僖十五年秦伯筮蛊卦的“千乘三去，三去之余，获其雄狐”。

---

① （清）刘文淇：《春秋左氏传旧注疏证》，科学出版社 1959 年版，第 224 页。

② 程浩：《清华简筮法与周代占筮系统》，《周易研究》2013 年第 6 期。

③ 参见谷继明《清华简筮法偶识》，《周易研究》2015 年第 2 期。

四 周礼在鲁

有了以上的分析背景，我们可以体会出韩宣子的想法。考察之前，我们还是分析一个晋国占筮的例子。即文末所附《国语·晋语四》：

> 公子亲筮之，曰："尚有晋国。"得贞屯、悔豫，皆八也。筮、史占之，皆曰："不吉。闭而不通，爻无为也。"司空季子曰："吉。是在《周易》，皆'利建侯'。不有晋国，以辅王室，安能建侯？我命筮曰'尚有晋国'，筮告我曰'利建侯'，得国之务也，吉孰大焉！……"

在此例中，得到了屯、豫两卦。叙述的顺序，先是"筮、史占之"，然后是司空季子引《周易》卦爻辞。这说明：第一，筮、史用的方法与《周易》不同；第二，方法虽不同，占筮的卦却相同。以此类推，六十四卦系统，可以有不同的解卦方式和卦爻辞，《周易》仅是其中之一。

《周易》是多元之一，这是立足于占筮应用的角度所做的定位。一部书及其技术，一旦成为应用性的东西，其损益便不可避免。《周易》仅被当作占筮之书，在《春秋》流行的过程中，自然也会虽应用者的喜好而变化，而残缺损益。这不是我们的揣测，而是有旁证。比如阜阳简的《周易》，我们可以看其中一段爻辞："［九］三。伏戎于［莽］，［升其高陵，三歳不］兴。卜有罪者凶战適（敌）强，不得志。卜病者不死，乃（癃）。"① 前半部分是《周易》的爻辞，后半部分自"卜有罪者"以下云云，一是问战争，一是问疾病。皆是十分具体的指示。这是因为《周易》本身多是取象，不一定直接告诉某类事情的结果，所以它在向民间传播的过程中，需要进一步的解释，就像本条爻辞后面所附录的样子。② 这类

① 韩自强：《阜阳汉简周易研究》，上海古籍出版社 2004 年版，第 53 页。

② 有些学者认定阜阳简爻辞后面的"卜"是龟卜，据此推断这是卜辞。这种看法是有问题的。它的基础是《周易》的卦爻辞，自然是基于《周易》的筮法，后面的"卜"是宽泛的"卜筮"意义。专言之，则龟曰卜，蓍曰筮；泛言之，则卜筮可通用。

书，也不能不称作《周易》。所以《汉书·艺文志》的数术类记载了“《周易》三十八卷”一条，也当是类似的书。

韩宣子到鲁国，在太史氏那里看到的《易象》，比在晋国所看到的卜筮书，表面上是残缺混乱，与系统性的区别。但更根本的是，两国对待《易》的态度之差别。韩宣子看到了某种光辉、伟大的东西，承载在鲁国的《易象》和《春秋》里。作为周礼的一部分，《易象》呈现给韩宣子的，是它的规范性和系统性。系统，故完备而且有结构；规范，所以不任意。规范、系统相关的便是权威。权威意味着不会随使用者的喜好而随意改动。《易象》的正典地位，作为大经大法的性质，才是它能作为周礼的最重要意义。以往解释《易象》与“周礼尽在鲁”，往往根据礼书，把《易》的占筮作为周礼太卜礼官的一种职掌，实在是把这个问题看小了。

《易象》的正典性，意味着它尽管可能被用来卜筮，但其根本性质已非卜筮，而是对于天地人三才之道的摹写。礼从狭义来说关注人，实际是将天道落实于人；易道从狭义来说关注天，实际是推究人道的天道本原。所以《系辞传》有言：“圣人有以见天下之赜，而拟诸其形容，像其物宜，是故谓之象。圣人有以见天下之动，而观其会通，以行其典礼，系辞焉以断其吉凶，是故谓之爻。”

前面辨析过“易象”是通名，但《易象》诸书中能具有如此重要地位的，非《周易》莫当。《周易》是一部被创作的书，它撰作时的意图就与其他一般的卜筮书不同，因而具有了经典的品格和位置。我们现在当然不能坐实作者就是文王（包括周公），但即便不是文王（或周公），至少也是一位杰出的史官①；且撰成之后，便为王室的知识精英及权力机构所认定。

思想史界一种通行的观点是，《周易》至早也要到孔子之后，才分化引申出其哲学意义。这其实是用“表达出来的系统论述”这样一个标准来要求古代文献的结果。在诸子百家之前，经典就没有对于宇宙和人生基本结构的领悟吗？马王堆帛书《要》篇记载孔子之言：“《尚书》多仒

---

① 近代有些学者，诋毁《周易》不遗余力，特别是将《周易》看作散乱的、仅仅是当时占筮的一些零散记录。这是无视《周易》许多卦的爻辞中有明显的秩序，且爻辞撰作对应于卦象，这样一个最基本的事实。比如潜龙、在田、或跃、在天、亢龙，再比如咸其拇、腓、股、脢、舌，这都是一种出于有意的安排。所以《周易》当然是撰，不是编。

矣，《周易》未失也，且又古之遗言焉。予非安其用也，予乐［其辞也］。”[①] 孔子将《周易》与《尚书》并列，且认为《周易》较于《尚书》“未失”，又“有古之遗言”，对《周易》的地位予以非常高的肯认。孔子选定《周易》，与他对《易》的定位有关。他说：“予非安其用也，予乐其辞也。”[②] 先秦筮法中，有许多是没有辞的，比如清华简所反映的那种；有的有辞，却多怪诞混乱。只有《周易》，出自圣人（或知识精英）之撰作，其称名则“杂而不越”，其系辞则“辨物正言”，真正能使阅读者和学习者达到“洁静精微”的功效。“乐其辞”“古之遗言”就意味着孔子不把《周易》当卜筮来用——这与他说的“我观其德义耳”相一致。孔子批评了巫、史，认为巫只知道求神，史止步于数的把握，这也就与其他卜筮划清了界限。但孔子的这种想法，不是凭空产生的。周、鲁将《易象》视为礼典，已经昭示了未来这种可能的发展方向。

五　观国之光

由此我们可以重新明确韩宣子聘鲁一段中，《易》与周礼的内涵：《易象》不仅仅是卜筮，更是周人对于三才之道的把握；周礼不仅仅是仪节、制度，更是周时的整个文明系统。周人由《易象》通三才之道，知天命，赞化育，才能代殷有天下。《系辞传》有言：“《易》之兴也，其当殷之末世、周之盛德邪？当文王与纣之事邪？”《要》说：“文王仁，不得其志以成其虑；纣乃无道，文王作，讳而辟咎，然后《易》始兴也。”[③] 都是对《易象》之意义的肯认。惠栋说得好：“易之书首要在赞化育，其次为寡过。”[④]

据此而言，面对《系辞传》和《要》的两处记载，我们切忌将《周易》卦爻辞还原到殷周之际的历史中去，研究某一爻寓意殷周时的某一

① 廖名春：《帛书周易论集》，上海古籍出版社 2008 年版，第 388 页。
② 廖名春：《帛书周易论集》，上海古籍出版社 2008 年版，第 388 页。
③ 廖名春：《帛书周易论集》，上海古籍出版社 2008 年版，第 389 页。
④ （清）惠栋：《易例》，《贷园丛书》本，卷上第 4a 页。

事。《系辞》说《易》当文王与纣之事，只是介绍其形成背景，并不是意味着《周易》作者在写每一条爻辞的时候都是为了寄托当时的历史。《易》的本质在于“象”，象就是要通过具体的事件把“意”表达出来，但这个事件仅仅是“意”的通孔而已。这条爻辞可以举殷周的历史，另一条爻辞又可以举明清的历史。（记载事件的）辞的目的不是为了存史，而是为了达意。《周易》的卦爻辞体系是靠象数组织起来的，不是借线性的历史叙事扭结起来的。

《易象》与周礼会通的第二义，是《易象》中多含有周代礼制，从大的方面说包括了三代改制，从小的方面说包括器物度数。郑玄以礼注《易》可谓代表。张惠言说：“韩宣子见《易象》与鲁《春秋》，曰：‘周礼尽在鲁矣。’《记》曰：‘夫礼必本于太一，转而为阴阳，变而为四时，其降曰命。’故知《易》者，礼象也。”① “《易》者，礼象也”是张惠言十分精辟的论断。《周易》中相关的礼制，已经有不少学者做过研究和揭示②，亦非本文目的，故从略。

惠栋在解释观卦六四“观国之光，利用宾于王”时说：“《聘礼·记》，归大礼之日，有请观之礼。吴季札聘鲁，请观于周乐；晋韩起聘鲁，观书于太史氏，皆其事。郑氏谓：‘聘于是国，欲见宗庙之好，百官之富。’谓之观光者，《礼》、乐、《诗》《书》光于千古，威仪辞气光在一身。”③ 韩宣子在太史那里，看到的岂仅竹帛而已，而是确实看到了某种光明的东西，使他不由自主地赞叹。这种光明也到达了孔子那里，是《易象》之光，也是礼乐之光。

附录 《左传》《国语》筮例分组归类

按：以下若采自《国语》则标明《国语》，其余则自《左传》。

---

① （清）张惠言：《虞氏易礼》自序，载《续修四库全书》，上海古籍出版社 2002 年版，第 26 册，第 601 页。

② 参见兰甲云《周易古礼研究》，湖南大学出版社 2008 年版。

③ 惠栋：《周易述》，乾隆间雅雨堂刻本，卷三第 14 页。

第一组：周、鲁、卫。

周。(1) 庄公二十二年：(陈敬仲) 其少也，周史有以《周易》见陈侯者，陈侯使筮之，遇观之否。曰："是谓'观国之光，利用宾于王。'代陈有国乎。[①] (2) 宣公六年 (周)：郑公子曼满与王子伯廖语，欲为卿。伯廖告人曰："无德而贪，其在周易，丰之离，弗过之矣。"间一岁，郑人杀之。

按：杜注曰："二子，郑大夫。"《左传・襄公八年》有"使王子伯骈告于晋"，故杜注以为是郑大夫。虽为郑大夫，而何以系以"王子"？或有学者认为郑国自成王，故其子亦僭越称王子。[②] 这其实不符合《春秋》之叙事。皮锡瑞的说法较为通达："当时王室弱，诸侯强，王之子孙有出仕侯国者。郑注《论语》'王孙贾自周出仕于卫也'，皇疏以贾为灵王孙。《广韵》引《世本》云'卫有王孙贾，出自周顷王之后'。是王孙贾为王孙出仕卫者。郑有王子伯廖、王子伯骈，疑皆周王之子出仕郑者。齐之王子成父亦然。"[③] 然则王子伯廖本即周之王子，深通《周易》，评价曼满时引《周易》以说理，深得《周易》礼典之法。伯廖虽郑之大夫，其学实源自周室，故系于此组。

鲁。(1) 闵公二年：成季之将生也，桓公使卜楚丘之父卜之。……又筮之，遇大有之乾，曰："同复于父，敬如君所。"(2) 襄公九年：穆姜薨于东宫。始往而筮之，遇艮之八。史曰："是谓艮之随。随其出也。君必速也。"姜曰："亡。是于《周易》曰：'随，元亨利贞，无咎。'"(3) 昭公五年。初，穆子之生也，庄叔以《周易》筮之，遇明夷之谦，以示卜楚丘。曰："……明夷之谦……" (4) 昭公十二年：南蒯之将叛也，枚筮之，遇坤之比，曰："黄裳元吉。"以为大吉也，示子服惠伯，曰："即欲有事，何如？"惠伯曰："吾尝学此矣，忠信之事则可，不然必败。……"

卫。昭公七年：孔成子以《周易》筮之……遇屯。又曰："余尚立

---

① 占筮地点虽在陈国，但占筮的人是周史。所以系在此组。

② 参见刘起釪《尚书校释译论》，中华书局 2005 年版。

③ (清) 皮锡瑞：《汉碑引经考》，《皮锡瑞全集》，中华书局 2015 年版，第 7 册，第 509 页。

繁，尚克嘉之。”遇屯之比。以示史朝。史朝曰：“‘元亨’，又何疑焉？”成子曰：“**其繇曰‘利建侯’**。”①

第二组：晋秦。

（1）闵公元年：初，毕万筮仕于晋，遇屯之比。辛廖占之，曰：“吉。屯固比入，吉孰大焉？……”（2）僖公十五年：初，晋献公筮嫁伯姬于秦，遇归妹之睽。史苏占之曰：“不吉。其繇曰：‘士刲羊，亦无亡也。女承筐，亦无贶也。’西邻责言，不可偿也。归妹之睽，犹无相也。……。”（3）僖公十五年（秦伯伐郑）：卜徒父筮之，吉。涉河，侯车败。诘之，对曰：“乃大吉也，三败必获晋君。其卦遇蛊，曰：‘千乘三去，三去之余，获其雄狐。’……”（4）《国语·晋语四》（僖公二十三年）：公子亲筮之，曰：“尚有晋国。”得贞屯、悔豫，皆八也。筮史占之，皆曰：“不吉。闭而不通，爻无为也。”司空季子曰：“吉。是在《周易》，皆‘利建侯’。……”（5）《国语·晋语四》（僖公二十三年）：董因迎公于河，公问焉，曰：“吾其济乎？”对曰：“臣筮之，得泰之八。曰：是谓天地配亨，小往大来。”（6）僖公二十五年：秦伯师于河上，将纳王。……使卜偃卜之……公曰：“筮之。”筮之，遇大有睽，曰：“吉。遇‘公用享于天子’之卦也。……”（7）宣公十二年（晋）知庄子曰：“此师殆哉。《周易》有之，在师之临，曰：‘师出以律，否臧凶。’”（8）成公十六（晋楚）公（晋文公）筮之，史曰：“吉。其卦遇复，曰：‘南国戚，射其元王中厥目。’国戚王伤，不败何待？”公从之。（9）《国语·周语下》成公之归也，吾闻晋之筮之也，遇乾之否，曰：“配而不终，君三出焉。”一既往矣，后之不知，其次必此。（10）昭公元年：（秦医和）赵孟曰：“何谓蛊？”对曰：“在《周易》，女惑男，风落山，谓之蛊。皆同物也。”（11）昭公二十九年（蔡墨论龙）：《周易》有之，在乾之姤，曰：“潜龙勿用。”……（12）昭公三十二年（赵简子问于史墨）：社稷无常奉，君臣无常位，自古亦然。故《诗》曰：“高岸为谷，深谷为陵。”三后之姓，于今为庶，王所知也。在《易》卦，雷乘乾曰大壮，天之道也。（13）哀公九年：晋赵鞅卜救郑，遇水适火，占诸史

① 之所以把卫国也放在这一组里，是因为孔子说“鲁卫之政，兄弟也”，卫国文化虽有殷商遗存，但与鲁国亲近，受鲁国影响较大。

赵、史墨、史龟。……阳虎以《周易》筮之，遇泰之需，曰："宋方吉，不可与也。微子启，帝乙之元子也。宋、郑，甥舅也。祉，禄也。若帝乙之元子归妹，而有吉禄，我安得吉焉？"乃止。

按：阳虎，季氏之家臣而已，浸润于鲁之周礼，至晋竟能为人占《易》。此亦可见鲁国文化氛围厚重，以及他国对鲁文化之景仰。

杂组。（齐）襄公二十五年：武子筮之（娶棠姜），遇困之大过。史皆曰："吉。"示陈文子，文子曰："夫从风，风陨，妻不可娶也。且其繇曰：'困于石，据于蒺藜，入于其宫，不见其妻，凶。'"（郑）襄公二十八年：子大叔归，复命，告子展曰："楚子将死矣！……《周易》有之，在复之颐，曰：'迷复，凶。'其楚子之谓乎？"

中国传统儒学的现代转型*

——以张岱年先生为中心的考察

杜运辉**

摘要：中国儒学的现代转型，主要有现代新儒学的以儒家思想为“主要潮流、根本成分”的“儒学复兴”与以中国化马克思主义为指导的批判继承、综合创新两种基本路径。张岱年先生是儒学转型的中国化马克思主义路径的最重要的代表之一，他倡导在中国化马克思主义的指导下转化儒学之“深层奥义”，既反对宣扬文化虚无主义和历史虚无主义的“儒学否定论”，也反对罔顾历史事实和基本国情的“儒学复兴论”，而主张走一条马克思主义主导的综合创新之路。

关键词：张岱年　儒学　综合创新　转型

五四运动以后中国思想界的最深刻变化，就是近代以来的中与西、古与今的二元对立，不可逆转地演变为马克思主义、中国传统文化、西方资本主义文化对立互动而又错综交融的三元态势，中国文化的发展道路集中体现为如何处理中、西、马三种文化资源的地位和相互关系。在这种新形势下，两千多年来的中国传统儒学还有没有生命力？任何一种自圆其说的儒学观，都不能不以某种方式回应时代问题的挑战。中国现代哲学史上对儒学转型的探索，最典型的有现代新儒学的以儒家思想为“主要潮流、根本成分”的“儒学复兴”与以中国化马克思主义为指导的

---

* 原文另已发表于《南开学报》（哲学社会科学版）2020 年第 1 期。

** 作者简介：杜运辉，北京语言大学马克思主义学院教授（北京 100083）、河北师范大学马克思主义学院博士生导师（石家庄 050024），主要从事中国哲学和文化研究。

批判继承、综合创新两种路径。

中国哲学史学科的重要奠基者、中国马克思主义文化综合创新学派的主要创立者张岱年（1909—2004 年）先生，在撰著《中国哲学大纲》时首先回应了“所谓中国哲学史是中国哲学的史呢，还是在中国的哲学史呢?”① 这一“金岳霖之问”，主张以“范型”与“类称”“特例”与“总名”来区划“一家哲学之界说”与“一般哲学之界说”，中、西、印等各派哲学都属于民族性与世界性、独创性与交融性相统一的“哲学类型”。这种基于人类生活实践、蕴含着矛盾普遍性与特殊性之统一的平实理路是张岱年先生儒学研究的重要前提，他不仅对儒学本体论、宇宙论、人生论、认识论、方法论等诸多领域有着深入研索，而且率先开启了儒学价值哲学、生态哲学等新领域，是以中国化马克思主义为指导的儒学现代转型之路的最杰出代表之一，这对当代儒学发展和中国文化复兴具有重要启迪。

一　儒学研究的立场和方法

梁漱溟先生主张中国文化的复兴之路是走“孔子的路”，但对现实问题和人生问题的求索又使他“衷心佩服”马克思、恩格斯的科学社会主义，坚信个人本位、自我中心的欧美资本主义必然转入社会本位、以生产资料公有制为基础的社会主义，肯定“共产党在中国出现，并且成功，那是很合理的”②。贺麟先牛一方面主张“以儒家思想或民族精神为主体去儒化或华化西洋文化”③，另一方面则批评“辩证唯物论哲学思想的贫乏”④，对三种文化资源做出自己的判定。作为中国哲学史学科的重要奠基人，冯友兰先生虽然致力于“接着”程朱理学讲而建构“新理学”，但

① 冯友兰：《三松堂全集》第 2 卷，河南人民出版社 2001 年版，第 617 页。

② ［美］艾恺采访，梁漱溟口述，一耽学堂整理：《这个世界会好吗》，天津教育出版社 2011 年版，第 23 页。

③ 贺麟：《文化与人生》，上海书店 1947 年版，第 3 页。

④ 贺麟：《当代中国哲学》，重庆胜利出版公司 1945 年版，第 76 页。

在《中国哲学史》中也探讨了“政治制度、社会组织及经济制度”对思想变迁之影响，这是对梁启超、胡适思想史的重大突破，乃至张岱年先生亦赞誉“此书之应用唯物史观，不是机械的应用，而是活的应用”①。在中国新文化的发展前途上，这些现代新儒家学者都主张以某种形态或成分的儒家思想为主导，同时也或多或少地涉猎、汲取某些西方文化和马克思主义的思想要素，都是把传统儒学推进、转型为资本主义时代的新儒学形态。

总体上来看，在西学的强势范式下，现代新儒家一方面倡导以儒家思想为“主要潮流、根本成分”的“儒学复兴”；另一方面又致力于曲折论证“内圣”开出科学、民主之“新外王”。特定的阶级立场和偏狭的文化心态遮蔽了对中国现实国情的准确把握，使这种“儒家资本主义”理论形态未能在根本上超越“中体西用”的思维模式，不可能正确反映中、西、马三种文化资源之综合会通、超越创新的时代精神。

在现代新儒家之外，张岱年先生开辟了儒学转型的中国化马克思主义新路径，这就是以中国化马克思主义为主导的文化综合创新之路。首先，这种新路径的基本立场，坚持将马克思主义一般原理与包括儒学精华在内的中国优秀文化融为一体，由此奠定中国特色社会主义新文化之理论基础。

根据最新发现的手稿，张岱年先生早在1925年（16岁）左右就接受了李大钊的唯物史观。通过长期研究，他完整、准确地掌握了唯物史观和唯物辩证法的基本原理，深为赞佩马克思主义哲学的博大精深和正确切实，称之为“当代最伟大的哲学”；在中国现代哲学史上，他较早地系统总结了马克思主义经典作家的认识论、人生论、文化论并进行了创造性阐释，这为他的儒学研究提供了理论指南。他认为“人之生活状况之改进，基于人之生产状况之改进。产业之形式有变，则群制随之而变。群制有变，则学术、思想亦随之而变”②，由此，儒学的产生发展及其阶级性质、理论实质、学派论争、历史作用、发展前途等重大问题，都必

---

① 杜运辉编：《燕赵文库·张岱年集》，河北人民出版社2017年版，上册，第393—394页。

② 杜运辉编：《燕赵文库·张岱年集》，河北人民出版社2017年版，上册，第787—788页。

须深入社会生产力、经济基础、政治制度等层面才能正确解决。受其长兄张申府先生“百提，伊里奇，仲尼，三流合一”① 之影响，张岱年先生从20世纪30年代就坚信中国未来新文化必将是“社会主义的新中国文化”，创造性地提出以“唯物、理想、解析，综合于一”② 作为新综合之指针，既要以辩证唯物主义和历史唯物主义扬弃中西传统唯物论、辩证法，也肯定中国新文化“必与以往儒家哲学有多少相承之关系，必以中国固有的精粹之思想为基本”③，要继承中国哲学最注重生活理想特别是“仁”的优秀传统；同时，还要汲取西方科学、民主和逻辑解析等合理要素。这种新文化的核心，是马克思主义与以儒学为主体的中国传统文化的优秀要素相融合的产物。为此，张先生非常注重阐扬儒学中的唯物论和辩证法资源，认为《易传》、张载、王夫之是中国哲学“对理唯物论”（辩证唯物论）传统的优秀代表，是马克思主义中国化的丰厚思想土壤。同时，也只有走社会主义道路，儒学“正德”“仁”“大同”的崇高生活理想才能得到升华和实现。以马克思主义为导向而激活、弘扬儒学之精华，乃儒学现代转型的必由之路。

张岱年先生的“综合创新”之所以不是调和、混合而是“创造的合”，根本原因是既要综合、改造、提高已有文化之合理要素，更要创造出统贯新文化体系的“新的一贯的大原则”，而这种新原则就是以中国化马克思主义为主导而兼综中国传统文化之精华与西方文化之优长，“马克思主义综合创新派是非常明确地以马克思主义为‘一元主导’的，但是它并不排斥科学、民主、法治、现代化，以及自由主义和儒学中的某些思想资源，它们都可以作为‘支援意识’而被兼容，或者说辩证地综合进来”④。因此，当前的种种“综合创新”文化观之间是有着根本区别的，这就是究竟是以什么思想作为主导因素或一贯原则，回避、否定中国化马克思主义的指导地位而清谈“综合创新”，或如当前某些大陆新儒

① 杜运辉编：《燕赵文库·张申府集》，河北人民出版社2017年版，上册，第614页。

② 杜运辉编：《燕赵文库·张岱年集》，河北人民出版社2017年版，上册，第421、422页。

③ 杜运辉编：《燕赵文库·张岱年集》，河北人民出版社2017年版，上册，第213页。

④ 方克立：《综合创新之路的探索与前瞻》，《哲学动态》2008年第3期。

家学者侈谈“创造的综合”，实际上已经违背了张岱年先生“综合创新”文化观的本真意涵、背离了中国特色社会主义新文化的正确方向。

其次，这种新路径的基本方法，坚持史学方法与哲学方法相会综、阶级分析与理论分析相统一、唯物辩证法与逻辑解析法相结合。先秦时期，儒学与其他学派平等论辩，这是诸子交相辉映的重要条件。汉代“独尊孔氏”以后，君主专制制度与“以孔子之是非为是非”互为屏障，儒学日益固化为信仰的教条而非真理的启迪。辛亥革命与“打(倒)孔家店”相续而行，至胡适的《中国哲学史大纲》重新以“平等的眼光”来“评判”孔子、儒学的“本来面目”，历史仿佛呈现出否定之否定的演变轨迹。只有去神圣化、偶像化和宗教化，把儒学作为哲学史、思想史、文化史的客观现象，才能不断推进对儒学的正确研究。在此意义上，侯外庐学派社会史与思想史相结合的学术路径仍有重要价值。侯外庐先生倡导治学要“以中国人的立场分析中国的问题”①，主张从社会存在和社会意识的辩证统一中揭示中国思想文化的经济根源性、社会阶级性、意识形态性和继承改造性，具体地指出中国思想发展“在一般的合规律的运动中”的“特别传统与其运行的特别路向”，揭示中国文化的本真面目以作为“批判地接受与发扬之明鉴”。②

通过反思近代以来儒学的种种遭遇，张岱年先生既反对盲目“尊孔”的复古主义态度，更反对全盘“反孔”的历史虚无主义和文化虚无主义倾向，而主张在“研孔”“析孔”基础上客观地“评孔”。他主张以“修辞立其诚”的“求真”之心研究儒学，认为“吾人对任何学说皆应保持批评的态度……盲信与盲诽，皆背乎批评者也”③，探求真理者既不能以任何学说、任何学派自囿，又要始终自虚其心，警惕由“爱智”而异化为“炫智”“占有智”和“偏好立异”。要免于“盲信”或“盲诽”之武断，就必须养成“精细谨慎、广大宽容，常要做审慎的考察、精密的

① 侯外庐：《韧的追求》，生活·读书·新知三联书店1985年版，第107页。

② 侯外庐、杜守素、纪玄冰：《中国思想通史》第1卷“中国学术研究所序”，新知书店1947年版。

③ 杜运辉编：《燕赵文库·张岱年集》，河北人民出版社2017年版，上册，第215页。

分析、虚心的体会"① 的"批评精神与客观态度"。这种观点有张申府先生"纯客观主义""大客观"及"具体相对论"的思想渊源，后者认为根源于人类实践活动的任何观点都是相对的、有条件的、有限度的，主张"把一切学说理论的所见所蔽，当与不当，如何解则当，如何说则不当，在什么地方某种范围则当，在什么地方某种范围则否，都爬梳剔抉，陈示出来，以使各如其分、各得其所、各守其当"②。张岱年先生以变化、发展的眼光看待儒学，把儒学看作内在矛盾和外在矛盾共同推动下而不断演变的历史过程，致力于由"虚心体会"或"试思"而达到同情之了解和客观之估价。

儒学研究，首先要探求其本真义谛。张岱年先生把"好学深思，心知其意"（《史记·五帝本纪》）作为儒学研究的指导方针，传承和发扬学思并重、知行合一、实事求是等中国哲学优秀传统。"好学深思，心知其意"乃张先生中国哲学研究方法论之精髓，陈来先生称之为"八字真经"："就是说，读古人书要仔细体会其原意，并用'解析'的方法加以严谨的分析、表达。"③ 那么，如何实践"好学深思，心知其意"呢？这就要做到"观察的客观性"，扬弃"信古""疑古""释古"之局限而坚持严格审查、谨慎分析的"析古"。为此，首先，要做史料的调查与鉴别、校勘、训诂、史事的考证、史料的诠次等工夫。在这方面，侯外庐先生亦强调要自觉地批判继承清代朴学特别是王国维考辨史料的谨严方法，认为"对待历史材料应谨守科学的法则，善于汲取前人的考据成果，同时应有自己的鉴别，勇于创新"④，在文献学基础上准确理解"古人用语的实在所指"⑤。其次，包括儒学在内的中国古代思想往往兼有阶级意义和理论意义，要在准确把握史料的基础上坚持"博览""深观""谨严"和"历史的观点"，做到历史分析、阶级分析与理论分析相结合。20

① 杜运辉编：《燕赵文库·张岱年集》，河北人民出版社 2017 年版，上册，第 241 页。

② 杜运辉编：《燕赵文库·张申府集》，河北人民出版社 2017 年版，上册，第 9—10 页。

③ 陈来：《难忘的回忆——张岱年先生与我的求学时代》，《不息集》，北京大学出版社 2005 年版，第 267 页。

④ 侯外庐：《我对中国社会史的研究》，《历史研究》1984 年第 3 期。

⑤ 侯外庐：《中国古代思想学说史》，文风书局 1946 年版，"序"，第 2 页。

世纪五六十年代对古代哲学家划定阶级脸谱的简单化做法，对中国哲学史和儒学研究产生了严重的不良影响；但对长期处于封建社会的儒学进行阶级分析，仍是当代儒学研究不可回避的基本方法之一。儒学研究既要警醒脱离社会阶级背景的纯粹概念分析，也要反对以阶级分析简单代替理论分析，应充分汲取历史教训而促进阶级分析方法的深化和完善。受“中国系的一般哲学”理念之影响，张岱年先生早期的儒学研究较少涉及政治与宗教维度，他后来对此有所反思。

运用解析法（一般解析法、辩证解析法）和辩证法（会通法）对儒学思想进行理论分析，首先，要深入体会和精心辨析其外显的或隐含的“基本倾向”“基本假定”或“根本态度”，比如宇宙论上的“体用一源”“整体观与过程观”“反复两一观”；人生论上的“天人合一”“知行合一”“以人为本”“以和为贵”“刚健有为”；认识论上的外界客观实在、外界可知；本体论、认识论与道德论相统一的复杂内容，以及经学与哲学相结合的表现形式等基本特点。其次，要具体分析儒学的概念（范畴）、命题和体系。（1）对范畴研究的倡导和实践，是张岱年先生对中国哲学和儒学研究的重大贡献。中国哲学范畴具有历史性、学派性、综合性等重要特点，要具体分析其确切意谓。（2）“析其辞命意谓”，重点是辨析命题的“特殊意义”和“普遍意义”，冯友兰先生区分“抽象意义”和“具体意义”在这一点上确有所见。（3）“察其条理系统”，呈现特定思想体系内在的逻辑结构，进而确定其基本性质和主要贡献。最后，揭示儒学之发展源流，既要关注每一时代儒学思潮、学派的复杂情况，也要看到儒学中唯物主义和唯心主义的对立争辩、相互联结、相互引发；既要关注占统治地位的思想派别，也要重视不占统治地位而开拓认识真理道路的哲学家。在这方面，黑格尔有关哲学史发展过程的“圆圈观”和列宁的“螺旋观”对儒学研究仍有重要意义。

上述立场和方法，是在马克思主义和外域文化的参照下对儒学进行历史的、辩证的分析，具有会通考古学、文献学、解释学等领域的开放性，为我们立足当代生活实践而批判继承、转化创新儒学之精义提供了重要指南。

二 儒学的浅层思想与深层意蕴

现代以来的儒学研究有两种倾向，一种是强调儒学与封建专制制度的联系而突出其保守性和反动性；一种是强调儒家的“真精神、真意思、真学术”而突出其普世性和永恒性。张岱年先生试图在二者之间走一条辩证综合的“中道”，主张儒学既有维护等级区分的“浅层思想”，也有高扬精神生活的价值、增进民族凝聚力等“深层意蕴”[①]，二者共同构成儒学的完整内容和思想实质。鉴于儒学的这种二重性，既要从社会史出发，运用阶级分析法揭示儒学的阶级性、等级性，又不能把儒学与封建专制、等级制度简单画等号；既要弘扬儒学中真理性、人民性的思想精华，又要防止脱离具体历史条件的抽象解读和过度诠释。

张先生认为，冯友兰先生区分“抽象意义”和“具体意义”或“特殊意义”和“普遍意义”有一定意义，但更要注重“思想观念是否符合客观实际”或“思想观念是否符合社会发展的需要”[②]，儒学批判继承的基本标准是真理性与人民性相统一。李存山先生指出：“对中国传统哲学采取批判继承的态度，取其精华、弃其糟粕，将这项工作视为发扬民族独立精神和熔铸中西、发展马克思主义哲学的重要一环，这是张先生从事中国哲学史研究的根本宗旨。”[③] 正确区分真理性、进步性、人民性之精华与谬误性、保守性、反动性之糟粕，取其“见”而弃其“蔽”，是儒学研究的重要任务。

儒学既有内在的系统性，又有构成要素的可分性、可析取性。一方面，儒学发展的前后阶段或形态之间有着思想要素的“述”（继承）与“作”（创新）的关系；另一方面，儒学内部的诸思想要素之间也有着批判、继承与创新的关系。如果说一般意义上“文化的发展过程就是文化

---

① 张岱年：《张岱年全集》第7卷，河北人民出版社1996年版，第1页。

② 张岱年：《张岱年全集》第7卷，河北人民出版社1996年版，第120页。

③ 李存山：《并非“陈迹”——张岱年先生早期哲学思想的今日启示》，《中国社会科学》1991年第6期。

的不同要素的新故推移、选择取舍过程”[①]，那么儒学的发展也体现为原有思想体系的解构与新思想体系的建构。儒学的现代转型之路，不可能是固执于整体性的复古主义，而只能是对儒学中具有真理性、人民性的精华要素的准确诠释和创造性重构。包括儒学在内的一切学术研究，都应面对当代新形势而创造性地解决新课题，这是其是否具有生命力的试金石。

在儒学的“浅层思想”方面，张岱年先生指出先秦儒学和宋明理学都“尊君而不主独裁”，不能简单地把儒学等同于专制主义。孔子思想的核心“仁”是“阶级社会中的仁”[②]，而“所谓礼，一方面是行动的规范，一方面实乃维持阶级分别的工具”[③]，“和为贵”“中庸”“天人合一”等观念亦都有其特定的阶级内涵。近代以来中国落后的根本原因是君主专制制度和文化专制主义窒息了社会变革和文化创新的生命力，但儒学自身的重大缺陷也起着严重的消极作用。儒学还有贬低关于物的知识、鄙视生产劳动等严重偏失，“没有能够为自然科学研究提供理论基础，更没有为自然科学研究提供方法论的指导”[④]，这些都是不容否认的历史事实。

在儒学“深层奥义”的辨析和弘扬上，张岱年先生深入阐发了“自强不息”（“刚健自强”）、“厚德载物”以及“天人合一”“仁智合一”“知行合一”“义命合一”及变通观念、民族意识、历史意识等儒学精义。其中，以人为本的“自强不息”与以和为贵的“厚德载物”，共同构成中华民族精神的内核。儒学以道德意识或道德自觉性作为人之内在价值，肯定人之价值、现实生活的价值、道德价值之统一，这是儒学民本思想的理论前提；以“多样性统一”为基本内涵的“和为贵”，重视人际和谐、人与自然的和谐，表现了宽容而爱好和平的精神。“天爵、良贵”的独立人格与“仁民爱物”的责任心相统一的仁学，在塑造中华文化的基本面貌中发挥了主导作用，体现着中国人民对自我价值、人与社会的关

---

① 张岱年：《张岱年全集》第7卷，河北人民出版社1996年版，第141页。

② 杜运辉编：《燕赵文库·张岱年集》，河北人民出版社2017年版，下册，第707页。

③ 杜运辉编：《燕赵文库·张岱年集》，河北人民出版社2017年版，上册，第806页。

④ 张岱年：《张岱年全集》第6卷，河北人民出版社1996年版，第300页。

系、人与自然的关系的高度自觉。

那么，对“深层奥义”本身又应该如何理解呢？这至少有两个维度：第一，儒学蕴含着“相对的恒久价值”，是连续性（积累性）与变革性（阶段性）相统一的发展过程，既有以“仁”为核心的一贯原则、中心思想或根本性征，这可谓儒学之“常”；也有不同时代、不同阶段、不同学派的具体形态，这可谓儒学之“变”。儒学之“变中有常”不容否认，而“常”之内涵可进一步探讨，如李存山先生就提出“崇尚道德、以民为本、仁爱精神、忠恕之道、和谐社会”①。因而，既要防止固执于“常”而拒斥变革的因循守旧，也要反对固执于“变”而割裂传统的文化虚无主义。第二，儒学蕴含着“相对的普遍意义”，体现着民族性与世界性、独创性与交融性之统一。从比较文化的视野来看，儒学有其“特殊的精神”，表征了中华民族在特定物质生活条件下的生活方式、文化自觉和独特贡献，曾经是民族文化主体性的集中体现；同时，儒学同人类其他文化形态一样，体现着人类在生活实践中认识和改造世界、认识和完善人性的共同趋向。儒学还表征着中华民族“生生日新”的创造性和“和而不同”的包容性，这在它汲取、转化相同社会性质的佛教文化的历史实践中得到鲜明体现。

对儒学的“深层奥义”，还要进行历史的、辩证的解析。一方面，儒学在中国传统文化中居于主导地位，其“相对的恒久价值”与“相对的普遍意义”仍然是中国文化自我更新的内在精神支柱和思想源泉；另一方面，正如恩格斯所指出的：如果把世界理解为“过程的集合体”，那么“关于最终解决和永恒真理的要求就永远不会提出了；人们就始终会意识到他们所获得的一切知识必然具有的局限性，意识到他们在获得知识时所处的环境对这些知识的制约性”②。儒学植根于封建社会的农业文明，在中、西、马三种文化资源对立互动的新时代背景下，这些“深层奥义”表现出其历史局限性，比如，关于人的价值的思想与区分上下贵贱相连，实际上没有肯定普通劳动人民的个体价值，只有社会主义“才可能真正

① 李存山：《儒家文化的“常道”与“新命”》，《孔子研究》2016 年第 1 期。

② 《马克思恩格斯文集》第 4 卷，人民出版社 2009 年版，第 299 页。

充分地肯定人的价值”①；“天人合一”“参赞化育”倡导天人和谐，却“对于变革自然、改造自然的重要意义认识不够，尤其对于通过自然科学的探讨以掌握自然规律来改变自然界使自然界适合于人类的生活需要的重要性认识不够”②；“天下大同”的崇高理想，“只有经过社会主义的革命及建设”③ 才能变为现实；“知行合一”可谓“理论与实践统一”的古代形式，而所谓“行”仅限于个人道德履践，“不包括革命变革的行动，更不包括自然科学的实验活动”④，等等。通过上述分析，必然合乎逻辑地得出如下结论：一方面，儒学的现代转型是中国文化复兴的重要内容，是中国社会主义新哲学、新文化之民族特色的深厚源泉，“自强不息”“厚德载物”“天人合一”“天下大同”等儒学精义应该而且能够得到保存、更新而继续发展，得到更彻底、更圆满的彰显；另一方面，对儒学要始终保持清醒的反思意识，必须正视儒学的某些历史局限性和理论狭隘性，要始终保持面对多种文化资源的开放性、包容性和创造性，实现历史新阶段的创新性发展。

三　儒学的历史命运与当代发展

在张岱年先生看来，地主阶级的本质属性、维护等级制度等思想特征，既是儒学由先秦百家之一上升为君主专制社会占统治地位的国家意识形态的内在依据，也是其在近代走向衰落的根本原因，“儒家之能为中国两千年来的正统哲学者，在于此；儒家之将不能适应新的社会，亦在于此”⑤。价值判断应以事实判断为前提，探讨儒学的当代发展，必须正视三个基本事实：第一，传统儒学既为塑造中华文明、熔铸民族精神作出最重要的贡献，又曾经是阻碍近代中国社会进步的沉重枷锁；第二，

① 张岱年：《张岱年全集》第 5 卷，河北人民出版社 1996 年版，第 417 页。
② 张岱年：《张岱年全集》第 7 卷，河北人民出版社 1996 年版，第 3 页。
③ 杜运辉编：《燕赵文库・张岱年集》，河北人民出版社 2017 年版，上册，第 246 页。
④ 张岱年：《张岱年全集》第 7 卷，河北人民出版社 1996 年版，第 6 页。
⑤ 杜运辉编：《燕赵文库・张岱年集》，河北人民出版社 2017 年版，下册，第 709 页。

只是在中国化马克思主义而不是儒学的指导下，中国人民才能够彻底扭转自鸦片战争以来的屈辱遭遇，改写中华民族乃至人类的发展命运；第三，中国特色社会主义的中华民族伟大复兴，是当代儒学发展的现实基础。

在马克思主义与儒学的关系这个核心问题上，张岱年先生“既强调要以马克思主义的基本理论为指导，又格外重视文化的民族主体性，并力图把二者结合起来”①。早在1987年，他就明确指出马克思主义与中国实际相结合“不限于经济、政治的实际，也应包括思想传统的实际”②。一方面，包括儒学精华在内的中国优秀传统文化，如唯物论、辩证法、大同理想等本土思想资源与马克思主义相通互近、相互契合，是马克思主义中国化的重要土壤；而儒学的某些“深层奥义”虽与马克思主义有所不同，但“都可以相成相济，相得益彰”③。另一方面，儒学精华也“必须与马克思主义的普遍真理密切结合，才能提升到更高的水平”④，如儒学肯定人之价值、“尽性、成能”等思想应升华到“每一个个人的全面而自由的发展”⑤ 的理论高度。因而，以马克思主义为主导的马克思主义与儒学精华融为一体，既是马克思主义中国化的重要内容，也是儒学当代发展的必经之路。为此，张岱年先生曾提出马克思主义与儒学的“结合”“主导思想”与“支流思想”“今中为体，古洋为用”等具体模式，试图区分马克思主义的主导性、中国文化的主体性和对西方文化的开放性，但他没有来得及把形式（二元）与内容（三元）的关系整合为一个更精练明晰的新命题。这种努力在方克立先生的“马学为魂，中学为体，西学为用，三流合一，综合创新”⑥ 中得到进一步发展，提供了一种正确处理一元主导、民族主体与兼容多元的复杂文化关系的学术范式。

在中国文化的发展道路上，张岱年先生既坚决批判宣扬文化虚无主

① 方克立：《关于文化的体用问题》，《社会科学战线》2006年第4期。
② 张岱年：《张岱年全集》第6卷，河北人民出版社1996年版，第267页。
③ 张岱年：《张岱年全集》第7卷，河北人民出版社1996年版，第159页。
④ 张岱年：《张岱年全集》第7卷，河北人民出版社1996年版，第159页。
⑤ 《马克思恩格斯文集》第5卷，人民出版社2009年版，第683页。
⑥ 方克立：《关于文化的体用问题》，《社会科学战线》2006年第4期。

义和历史虚无主义的“儒学否定论”，也明确反对罔顾历史事实和基本国情的“儒学复兴论”，而主张走一条中国化马克思主义主导下的综合创新之路。张先生对儒学的当代定位有两个基本判断：第一，“从整体说来，我们不可能复兴儒学。儒家学说在中国占统治地位的时代已经一去不复返了”①，“新中国的占主导地位的哲学思想应是具有中国特色的唯物论，亦即辩证唯物论与中国古典唯物论的结合，亦即马克思主义普遍真理与中国文化优秀传统的结合”②。中国近代以来历史命运的伟大转折，最根本的是在马克思主义指导下确立了广大劳动人民而不是少数圣贤创造历史的主人公地位。社会主义社会中的儒学，只能作为新时代的百家之学而继续存在，而不可能再恢复封建时代的统治地位。第二，“儒学不可能提供从根本上解决当代问题的方案”③。汉代“独尊孔氏”曾经导致中国文化发展的严重偏倾，儒学更不能满足中华民族当代发展的全面需要。在中国化马克思主义指导下兼综中外文化之优长并加以新的创造，是中国当代文化发展的正确方向和现实道路。

值得注意的是，张先生晚年多次明辨儒学与宗教的关系，认为“中国哲学中从无以证明神的存在为务者”④。虽然他晚年试图从“提供一定的关于宇宙人生的信念”来区分“有神论的宗教”与“超越了有神论的宗教”，认为儒学可谓“以人道为主要内容、以人为终极关怀的宗教”⑤，但其基本倾向仍然是强调儒学与基督教、佛教等传统宗教之本质区别。即使任继愈先生所主张的“宋明理学的建立，标志着中国儒教的完成”，其主旨也是强调“儒教”是“封建宗法专制主义的精神支柱，它是使中国人民长期愚昧落后、思想僵化的总根源”⑥。两位学者的立论虽有不同，但都批评儒学的宗教化、反对“退回到‘五四’以前的老路上去”。然而，当代大陆新儒家学者却有一种强烈的宗教化冲动，企图“重建儒教”

① 张岱年：《张岱年全集》第7卷，河北人民出版社1996年版，第126页。

② 张岱年：《张岱年全集》第7卷，河北人民出版社1996年版，第466页。

③ 张岱年：《张岱年全集》第7卷，河北人民出版社1996年版，第196页。

④ 杜运辉编：《燕赵文库·张岱年集》，河北人民出版社2017年版，下册，“序论”第10页。

⑤ 张岱年：《儒学与儒教》，《文史哲》1998年第3期。

⑥ 任继愈：《论儒教的形成》，《中国社会科学》1980年第1期。

“立儒教为国教”以“转化中国的现实政治，在中国建立起源自天道性理的合法的政治秩序”①，诱导中国人民把百年来浴血奋斗赢得的自由、平等和民主权利拱手让给极少数“儒士”及世袭“衍圣公”，使中国倒退为少数人统治绝大多数人专制统治。张岱年先生曾感叹：“流弊易染，精微难学。”② 儒学的精华与糟粕是一枚硬币的两面，当代儒学发展应该大力弘扬儒学中肯定人之价值、倡导独立人格、高扬爱国主义、崇尚和而不同等“深层奥义”，不断促进每个人之全面而自由的发展，而不是走向政治化、宗教化、神学化之歧路。

我们认为，儒学转型的现代新儒学路径，实质上是把作为君主专制意识形态的传统儒学，改造、转型为作为资产阶级意识形态的现代新儒学。这两种剥削阶级意识形态之间既有时代性的区别，如经过现代西方哲学洗礼的现代新儒学更加强调儒学中平等、自由等思想因素，乃至极力从“内圣”开出科学、民主的“新外王”；但也有维护私有制、宣扬圣人史观等共性，集中表现为否定人民群众创造历史的伟大地位。儒学转型的中国化马克思主义路径，则主张儒学研究必须坚持唯物史观的指导作用与中国社会史的具体结合，彻底否定私有制、阶级制度和一切形式的奴役制，实现“每个人的自由发展是一切人的自由发展的条件”③ 的人类美好社会；坚持以“马克思主义与中国哲学中的唯物论与辩证法的优秀传统的综合”④ 作为中国社会主义文化的“新统”，马克思主义与作为中华文化重要载体的儒学之间是“主导思想”与“支流思想”“主导意识”与“支援意识”“一元主导”与“兼容多元”的辩证统一；在研究方法上，儒学可以析分、解构为多个要素，比如区分“民主性精华”与“封建性糟粕”“深层意蕴”与“浅层思想”等，因而也可以采取扬精弃糟的态度对它进行重构，把其中适应社会主义、适应当代社会发展的某些要素整合到综合创新的新文化中去；在儒学发展前途和形态上，反对只看到儒学有“与当代社会相适应、与现代文明相协调”的精华奥

---

① 蒋庆等：《中国必须再儒化》，新加坡八方文化创作室2016年版，第2页。
② 杜运辉编：《燕赵文库·张岱年集》，河北人民出版社2017年版，上册，第415页。
③ 《马克思恩格斯文集》第10卷，人民出版社2009年版，第666页。
④ 张岱年：《张岱年全集》第7卷，河北人民出版社1996年版，第451—452页。

义、无视马克思主义与儒学在阶级本质上的根本差异的片面倾向，认为作为封建意识形态的儒学在社会主义社会不可能整体上转型为某种“新儒学”。笼统地讲二者的“结合”或者“儒学马克思主义化”“马克思主义儒学”“马克思主义新儒学”，就会否定人民群众的历史主体地位而滑向“儒士共同体”的变相专制主义。

以毛泽东等为代表的中国共产党领袖与侯外庐、张申府、张岱年、冯契等为代表的一大批马克思主义学者，都是儒学转型的中国化马克思主义路径的倡导者和实践者，特别是张岱年先生在20世纪八九十年代的儒学研究和文化思潮中发挥了指引方向的重要作用。任何思想家都有其时代局限性，我们对张岱年先生的儒学研究也要采取批判的反思态度，但他的基本立场、研究方法和主要结论，今天看来也是符合历史实际而具有重大理论意义的，值得我们深入总结和认真实践。

“多元他者”“外推”与“感通”：沈清松论儒家哲学对西方现代困境的补救

谭明冉*

（山东大学易学与中国古代哲学中心暨哲学系教授）

摘要： 通过中西比较，沈清松教授分析了儒家哲学为什么没有发展出科学和民主，又如何有助于人类走出现代化困境。他提出“多元他者”“外推”和“感通”等概念，试图论证儒家的仁和人格提升或许是走出现代化困境的良方。他以中国哲学的万物一体、天人合一超越西方的人类中心主义，要求人们在发展科学与民主之时，要以人与自然的和谐共荣为目的。通过认可“多元他者”的存在，以“感通”的方式体悟万物的浑然一体，去除人类过分关注自我而生的自私和盲目。

关键词： 关键词：现代性　儒家　感通

当牟宗三通过“良知坎陷”开出民主和科学时①，萨特（Jean-Paul Sartre）和海德格尔（Martin Heidegger）已经在反思科学和民主所带来的宰制、疏离和虚无主义等弊病，要求回到人的存在本身去发掘人生的意义。发现这种“现代性”的认识时差，先师沈清松教授试图以比较的视

* 作者简介：谭明冉，北京大学哲学博士、多伦多大学东亚系博士；山东大学易学与中国古代哲学中心暨哲学系教授。

① 牟宗三：《现象与物自体》，台北：台湾学生书局1990年版，第121—127页。

野，分析儒家哲学为什么没有发展出科学和民主，又如何有助于人类走出现代化困境。他提出“多元他者”“外推”和“感通”等概念，试图论证儒家的仁和人格提升或许是走出现代化困境的良方。

沈师的“多元他者”是对德勒兹（Gilles Deleuze）的“他者”概念的补充。他认为，“他者”包含与主体对立的观念，仍是从人本位、人自主的角度看待他人。而“多元他者”则是对万物的开放和接受，包含了自然、他人与超越界的上帝、神灵等。① 沈师的目的在于用“多元他者”的概念超越西方的主客对立，破除西方的人类中心主义。

沈师将“外推”作为向“多元他者”开放的手段。所谓“外推”，就是“是走出自己，走向他者，走向别异的行动”②。它要求人们不自限于自己一向的范围，而要不断向“他者”开放，“用他者可理解的语言说自己的主张，考虑不同于己的实践脉络”③，克服相对主义。既然在“外推”的过程中仍然心含“他者”，则说明在“外推”阶段，沈师尚不能避免人我二元，没有达到“物我一体”的境界。“走出自我，迈向多元他者”只相当于张载的“大心”或开阔心胸的过程，还没有达到庄子“坐忘”的“离形去知，同于大通”（《庄子·人间世》）。

沈师或许认识到了“外推”的不足，进一步用“感通”来超越主客对立。观沈师的文意，“感通”指人与人、人与物之间的感应。这种感应使我们能够重视他人、他物的存在，从而开展出仁、义、礼等道德情感和规范。这种感应之所以发生是因为万物是相互关联的，是一个有机的整体。他说：“古典儒家对于内在感通之说和重视人性的看法，加上西方民主所重视的合理与客观之制度，终将超越民主在今日所遭遇之（自私和冷漠）困境。”④

运用这些概念，沈师分析了科学、民主和儒家哲学的优缺点，从三个方面论证了儒家可以补救现代性的不足。（1）儒家提供的价值体系和

① 参见沈清松《返本开新论儒学》，孔学堂书局 2017 年版。

② 沈清松：《返本开新论儒学》，孔学堂书局 2017 年版，第 34 页。

③ 沈清松：《全球化脉络下的人格教育：视野与结构、动力与发展》，《市北教育学刊》2018 年第 4 期。

④ 沈清松：《返本开新论儒学》，孔学堂书局 2017 年版，第 141 页。

所重视的人的最高的可完美性，使人的生活有值得奉献的理由，不致由于工具理性之膨胀，使得生命意义被漂白尽净。(2) 儒家的内在感通将柔化民主制度的过度理性化、客观化之趋势。(3) 原始儒家既然认为整体宇宙为一个生生不已的创造历程，人在其中亦应参赞天地化育，并积极推动之，则此种想法应可及于制度本身的修改与创新。①

一 现代化的特质和弊病

沈师将现代性归结为四个方面：主体性、表象性、理性和宰制性。这四个方面可以用主体性统摄之。正是主体性导致现代性的三大弊病：宰制、人情疏离和价值虚无主义。

（一）主体性

沈师说，自从笛卡尔以“我思故我在”道出人是认知的主体，主体便成了西方各个哲学流派的基石。“人作为认知、权利和价值的主体”②这一基本肯定，是整个近代文化及其中科学、艺术、社会制度、政治制度的根本精神所在。主体性在西方现代生活中最具体的体现就是对个体和人权的尊重。在民主之奠基人——洛克的眼中，个人是一切权利与义务的唯一真正之主体。③

对个体的尊重和保护不但将西欧人从教会和封建领主的农奴制中解放出来，而且也在世界范围内掀起了尊重个体、反对以集体或国家为借口压迫个体的热潮。但是，在朝鲜、阿拉伯等国家的人们还在为个体尊严奋斗之际，西欧和北美却走向了个人主义泛滥。英国前首相撒切尔夫人说：“在自由的名义下，一切东西都要让位。自由腐化为淫逸。……英

① 参见沈清松《返本开新论儒学》，孔学堂书局 2017 年版。

② 沈清松：《在批判、质疑与否定之后——后现代的正面价值与视野》，《哲学与文化》2000 年第 8 期。

③ 参见沈清松《返本开新论儒学》，孔学堂书局 2017 年版。

国治安的恶化，正是保守党过分强调个人主义的后果。”①

针对个人主义及其所倡导的人权和自由在当前世界的尴尬地位，沈师评论说：“尊重个人是整个现代生活的根本原则，但是它往往会走向两个极端。第一个极端就是走向自私自利，另外一个极端就是变成盲目的群众。”② 个人主义走向自私自利容易理解，但是，为什么会形成与“强调个性”相对立的“盲目的群众”呢？沈师说：“因为个人在面对自己的自由之时，必须抉择与承担，然而一般人往往会浸没在群众的非理性中去逃避责任。”③ 用王夫之的话加以证实就是：“乃忧其独之不足以胜，贷于众以袭义而矜其群。”④ 意思是，普通人没有独立的人格和判断力，常常借助于人群来增加自信。然而，使普通人失去独立判断的深层原因则是西方社会的制度化。西方的民主制度虽然保证了个体的平等和人权，但是它的机械控制却将每个人变成大机器中的一小螺丝，使个体常常失去自己作为权利、价值主体的地位。⑤

（二）表象性

表象性是现代性另一种表现形态。在近代世界中，人以自己为主体，以自然世界为客体，而主体透过建构种种表象来表现自我、知识或控制客观世界。在认知上，无论印象、概念、理论，都是表象，人借以认识世界，甚至进一步控制它。于是乎表象变成主、客之间的重要中介。⑥ 表象最重要的作用就是代表，以符号代表客观世界。波柏（Karl Popper）说：“科学家在尝试解释物理世界或心灵世界时，必须诉诸由理论、符号与象征所构成的第三世界。”⑦ 换言之，科学和技术的普及引领人类生活

---

① “Thatcher Hits Out at Licentious, Permissive Society”, *The Straits Times* September 27, 1996.

② 沈清松：《返本开新论儒学》，孔学堂书局 2017 年版，第 118 页。

③ 沈清松：《返本开新论儒学》，孔学堂书局 2017 年版，第 118 页。

④ （清）王夫之，《船山全书》，岳麓书社 1996 年版，第 11 册，第 325 页。

⑤ 参见沈清松《返本开新论儒学》，孔学堂书局 2017 年版。

⑥ 参见沈清松《在批判、质疑与否定之后——后现代的正面价值与视野》，《哲学与文化》2000 年第 8 期。

⑦ 转引自沈清松《科技对文化的影响与中国哲学的展望（上）》，《鹅湖月刊》1983 年第 6 期。

在科学家所建构的“符号世界”之中，使得人们离真实的自然界越来越远，找不到自己存在的意义。

（三）理性

现代性是一“理性化”的历程。近代西方人认为，人的理性能力是人探讨世界、对待世界，促成人类进步的根本依据，不必，也不能再诉诸上帝作为理据。① 但是，哈贝马斯（Jürgen Habermas）则认为理性化的历程是走向有规律的控制。② 理性化之所以走向控制，是因为理性的探求以人为主体，以自然世界为客体，试图通过把握客体的规律来控制客体。这种控制来源于用表象符号建设的“符号世界”。人们生活在这个符号世界中，完全被它决定了，于是出现了“主体已经死亡”或“作者死亡”。包瑞亚（Jean Baudrillard）在《符号的政治经济学批判》一书中提出：“[死亡]就是与实在脱离关系，且所有价值不必再指向实在。如果所有的价值都不必诉诸实在，则价值仅在于符号与符号彼此之间交换的关系。”③ 可见，理性建立的符号世界反过来限制了主体的活动，将主体变成这个符号世界的奴隶。这可以说是主体性的悖反，也是主客二分的理性分析的必然结果。

（四）宰制性

由于主体运用理性建构表象，用来控制事物与人们，于是形成了宰制性。这种对自然的控制，随着人类对万物规律的更多把握而逐渐加强。当这种方法也被用来探讨人类社会和人类的行为的规律时，就建立起规范人类的社会制度。这种制度不但控制了当权者的肆意妄为，也控制了普通人的自由创造和主体能动性。于是，个体成了社会机器的一个螺丝钉，可以为任何人所代替，个人失去了主体性和存在价值，于是造成了人生价值的虚无主义。

---

① 参见沈清松《返本开新论儒学》，孔学堂书局 2017 年版。

② 参见沈清松《在批判、质疑与否定之后——后现代的正面价值与视野》，《哲学与文化》2000 年第 8 期。

③ 沈清松：《在批判、质疑与否定之后——后现代的正面价值与视野》，《哲学与文化》2000 年第 8 期。

二　儒家哲学与现代性之关系

沈师通过解释儒家哲学何以不能开出民主和科学，精辟地论述了儒家哲学与现代性的关系。但是，他同时又暗示，正是这些缺点反而又弥补了科学与民主的不足、成了解决现代性危机的良药。

沈师首先从中西哲学的不同价值取向解释儒家哲学为什么发展不出科学。西洋哲学是起始自一种“惊奇”（wonder）态度的结果，导致科学知识的理论建构；然而中国哲学乃肇端于一种“关怀”（concern）态度，如此则会走向指引人的命运的实践智慧。① 西方哲学因为惊奇于万物的生灭，而去探求其本原，以增进对世界的理解。中国哲学更关注于人类如何在万物中生存。虽然因为生存的需要也倡导“格物”，但是由于中国哲学的道德至上主义，“格物”往往被理解成在事事物物上发现道德意义。在沈师看来，这种“惊奇”与“关怀”的差异，“亦说明了何以中华文化在儒家主导下，并未产生西方近代意义的科学”②。

沈师接着以现代科学的三要素为坐标，来分析儒家哲学为什么发展不出科学。其一，“中国传统科学”没有数理逻辑。中国古代那些类科学理论主要地建基在直观和思辨的想象之上，这样或许有益于洞悉人生和社会的全貌，但毕竟是缺乏了方法学上的精确性和逻辑上的严密性。③ 其二，中国传统科学缺乏控制良好的系统性实验。中国古代的经验数据都是以一种虽详细但是被动的观察建立的，鲜少尝试任何有系统的实验，或对我们的认知采取任何主动的人为控制。④ 孔子虽然要求“多识鸟兽草木之名”，但是他关怀的重点多投注到有意义的人间世界，并不关心无意义的自然世界。在孔子看来，自然世界是要依合乎事物的本性与合于人

---

① 参见沈清松《返本开新论儒学》，孔学堂书局 2017 年版。

② 参见沈清松《返本开新论儒学》，孔学堂书局 2017 年版。

③ 参见沈清松《返本开新论儒学》，孔学堂书局 2017 年版。

④ 参见沈清松《返本开新论儒学》，孔学堂书局 2017 年版。

的本性的规范来加以组织，而不是要用任何技术程序来予以控制的。① 其三，中国传统科学缺乏知识论反省和科学哲学的传统。儒学并未构想任何演绎、否证，归纳、证明之类的互动关系。就儒学而言，统一性的模式是经由伦理实践的过程，诉诸终极依据，因而进行精神的整合。实践被理解为个人与群体在生命历程中积极参与、实现人性的行动，至于技术上的问题，也都必须在此伦理实践的脉络中重新定位，予以考虑。②

如果说科学是理性对自然界的建构，民主制度则是理性对人类社会的重建。科学强调孤立地对待和分析自然物；民主则孤立地尊重个体之人。科学重视客观的体系，用实验来控制自然物；民主则诉诸客观的社会制度来控制个人。这样，民主之于人类社会，正是科学之于自然界的映照。儒家哲学开不出科学，当然，也不可能开出民主。沈师说，民主有三个原理。其一，要尊重每一个人的价值与权利，因为所有人都是生而平等的。其二，个人与个人、个人与群体、群体与群体之互动，须透过制度的中介来进行。其三，制度本身可以经由社会成员合理的讨论来加以修改，而不必诉诸暴力来予以全盘否定或推翻。③ 以此原理为标准，沈师揭示儒家哲学为何未能为后世立下民主之基。

首先，儒家缺乏西方近现代对个体生而有之的生存权利、价值和尊严的保护。儒家重视的是“道德的民主”，也就是孟子的“人皆可以为尧舜”，而不重视政治上的民主。④ 其次，儒家没有建立起客观的强有力的制度。孟子虽然说：“徒善不足以为政，徒法不足以自行”（《孟子·离娄上》），但是，孟子更重视仁心的发用和扩充，不重视结构本身的理趣及其客观性。⑤ 荀子重视制度，但是，“（荀子）没有纯粹从组织的结构面、逻辑面来加以考虑。也因此，其制度的合理性与客观性论述，仍然缺乏理性结构的基础”⑥。换言之，荀子并没有提出如何限制权力的方法或制

① 参见沈清松《返本开新论儒学》，孔学堂书局 2017 年版。
② 参见沈清松《返本开新论儒学》，孔学堂书局 2017 年版。
③ 参见沈清松《返本开新论儒学》，孔学堂书局 2017 年版。
④ 参见沈清松《返本开新论儒学》，孔学堂书局 2017 年版。
⑤ 参见沈清松《返本开新论儒学》，孔学堂书局 2017 年版。
⑥ 沈清松：《返本开新论儒学》，孔学堂书局 2017 年版，第 137 页。

度，因而，他所倡导的明分使辟、物资分配就不能够得到有效的贯彻。最后，儒家学者缺乏修改或批评制度的意识。孔子认为周代礼制是无须更改的。孟子虽然认为暴君应当更换，但是他并没有反思君主制度的合理与否。荀子提到“从道不从君”，但是他仍然是在君主制度的框架内匡正君主的过失，并没有修改制度的意识。根据以上分析，沈师虽然没有明说，但是可以推测，他并不认为儒家哲学能发展出现代式的民主。

其实，我们还可以补充说，儒家重情感，不能客观地看待外物；强调爱有差等，不能平等地对待他人；重视整体性和关联性，不能孤立地看待外物。这都决定儒家不可能客观地、孤立地、平等地对待自然物或他人，不可能进行科学实验或尊重人权。儒家虽然重视理性，但这个理性是情理，是处理事务时的分寸感，是《中庸》所说的喜怒哀乐之中节，而不是康德或西方人所崇尚的纯粹理性或认知理性。由此而来，虽然儒家的礼和法是理性的建构，但是它们必须服务于人情，而不能像民主制度一样客观而无情。圣人“缘人情而制礼”（《史记·礼书》），其后果就是在人情或人欲的需要之际，当权者可以超越或变更法度，无视法律和制度。

但是，正是因为制度和礼制得不到完全的尊重和遵守，或者说，制度的控制性的微弱，儒家使个体的能动性获得了发挥的空间。个体虽然受到君亲的压迫，但是个体的角色是可以改变的，个体无论靠资历或者靠聪明才智都可以上位。今日的臣子可以变成明日的君亲。西方的科学与民主虽然尊重个体，但是其以理性建制起来的制度却具有绝对性。在理性的规律面前，个体性和多样性被扼杀，个体成了制度的奴隶。正像苏隆德（Ronald de Sousa）所言，一部机器动物和一位康德式天使的共同点是什么？可以将它们归结为完全的决定性。前者是由于机制，后者是由于理性。[①] 据此，沈师感慨道：“对于合理而客观的制度之重视，却使得制度本身过度按自主的逻辑膨胀，使得科层组织或官僚体制对于个人产生控制的现象。……个人被纳入体系，被制度化了，成为大体系中的

① 参见［美］苏隆德（Ronald de Sousa）著，马竞松译，沈清松校订《情感的合理性》，《哲学与文化》2005年第10期。

一个零件，丧失其为知识、价值与权力的主体地位。”① 这解释了为什么西方现代化以来，个体获得了人权和民主，却走向了人情疏离和人生无意义的虚无主义。

三　儒家哲学对西方现代性弊病的救治

沈师认为，儒家的“个体的可完美性”或“道德的民主”可以纠正价值的丧失或虚无主义，使个体有值得奋斗的目标。儒家的仁或“感通”可以改善民主制度的过度理性化、客观化。通过个体的主观努力，使人在任何制度里面生活都有意义。

所谓“个体的可完美性”就是个体德行的完满实现的潜能。这种个体德行的完满以“立德、立功、立言”为理想，将个体的价值实现和生命意义巧妙地融合在对家国的贡献之中，使每一个个体在奉献中成就自身。于是，个体的自我在获得对方接受的同时，也向对方敞开心扉，避免了个体主义带来的自私冷漠和价值虚无主义。

所谓“以仁或感通来改善民主制度的过度理性化、客观化”，就是用儒家哲学对人类生命意义的重视、对万物一体和人与人、人与自然之和谐的强调来克服现代性带来的宰制、虚无和人情疏离。儒家不但认为人类社会是有生命意义的，而且认为整个自然界都充满了生命。大到飞禽走兽、小到一草一木都不仅仅是一种无情的客体，而是有生命的有机体，与人类的生命在不断地互动之中。所以，当旁人问周敦颐“窗前草为何不除?”答曰：“与自家意思一般。”② 意思是，我与万物都是生命，我也应该像珍惜自己的生命一样，珍惜爱护它们。

其具体方法就是承认“多元他者”，发挥儒家的仁恕之道，以“外推”的方式，站在他人的角度思考问题。沈师非常欣赏胡塞尔的主体间

① 沈清松：《返本开新论儒学》，孔学堂书局 2017 年版，第 140 页。

② （宋）程颢、程颐：《二程遗书》，上海古籍出版社 2000 版，第 112 页。

性和伙伴关系，要求人们以同理心（empathy）去体会他人的性格。[①] 他更接受吕格尔的思想，指出“他者”乃自我之为自我的背景，自我为“他者”开放而成其意义、合乎伦理的生活。[②] 主体与“他者”是相反相成的。唯有走向“他者”才能完成主体，也唯有主体渐趋成熟，始会致力“他者”之善。[③]

沈师将走向“他者”称之为“外推”。“外推”的第一步就是交谈。交谈的前提是从良知出发，与对生活世界的共同关怀而先有一种默契。在通过交谈达到和谐共识之后，沈师推出他的“实践的外推”。所谓“实践的外推”，就是把某一种文化脉络中的思想和文化价值，移入另一种文化中，看是否能行，以检测其有效性。[④] 但是，笔者认为，这种移入，必须经过再诠释。问题是，经过再诠释和适应新的文化脉络，原文化的思想也不再保持其原貌，甚至大相径庭。例如，自由之作为西方的价值，强调的是个体的独立自主。但是，在五四时期将之引入中国时，却变成了破坏家庭关系的利器。沈师引《五四与中国》说：“在北大文学院大门口，我遇到一个朋友，他身边的女朋友把头发剪短了。‘请问贵姓?’我问他。她瞪我一眼，然后叫道：‘我没有家姓!’有些人写信给他们的父亲说道：‘从某月某日我不再认你为我父亲，我们都是朋友，互相平等。’”[⑤] 据此，南乐山（Robert Cummings Neville）警告道：“创造对话……将西方对于价值所在的人类主体性与被认为价值中立的客观世界之间的区分，导入了儒家。西方的德行伦理学仅是一个从主体这边建立规范伦理学的尝试……而没有认真考虑在伦理环境中事物的价值。”[⑥] 言外之意，沈师必须考虑移入文化对新文化的改造，以及对自身的改造。

沈师的最终诉诸是儒家的仁。所谓仁，可以视为是人与人之间、人

---

① 参见沈清松《返本开新论儒学》，孔学堂书局 2017 年版。

② 参见沈清松《返本开新论儒学》，孔学堂书局 2017 年版。

③ 参见沈清松《在批判、质疑与否定之后——后现代的正面价值与视野》，《哲学与文化》2000 年第 8 期。

④ 参见沈清松《返本开新论儒学》，孔学堂书局 2017 年版。

⑤ 沈清松：《从解构到重建：民国以来价值体系的变迁与展望》，《哲学与文化》2001 年第 12 期。

⑥ 沈清松：《从跨文化哲学观点看邬昆如教授的比较伦理学》，《哲学与文化》2016 年第 9 期。

与自然之间，甚至人与天地之间的动态相感相通：既是个人伦理生活的先验基础，也是宇宙和谐的终极依据。由仁生义。而所谓义，就代表了伦理规范、道德义务、道德判断，甚或有时代表我们对此道德义务的觉知。由义生礼。所谓礼，是指行为的法则，或宗教与政治的仪式，甚至亦意指社会制度。① 这样，"人从内在感通，转变为道德规范，再由道德规范变成行为准则，可以说是儒家思想使人在任何制度之下活得有意义的方法"②。

推而广之，沈师声言，人必须在儒家的人文主义脉络中去发展科学和技术。儒家思想中的人文精神，并不只是被动地向宇宙现象学习，或只在模拟自然，而是主动地在宇宙中有所感悟，并且进一步发挥人精神上的努力，来转化宇宙，点化自然。所谓"观乎人文，以化成天下"（《易・贲・彖》），就是要发挥人自身的精神成就，透过人的道德努力和艺术心灵来改造周遭的自然世界，使其变成合乎人性要求的生活世界。③ 在这种视域下，科学技术不应被视为宰制自然和社会的工具，而应该是协调人与自然、人与他人的手段。

可见，沈师以儒家哲学改造科技的策略是：人必须成为科学与技术的主人，而不是科技的奴隶。所有科技的进步，都必须为人性潜能的展开与实现而服务。人类生命的意义应该优先于数学与实验架构的严整。所有科学与技术的发展皆须经由人性重新思考，以便将它们吸纳进中华文化的创造动力之中。通过人与人、人与自然的互动，破除现代化的宰制，而代之以协调。通过尽己之性、尽人之性、尽物之性，以赞天地之化育，而不是主宰控制天地。

四 中华文化中理性和主体性的角色再认识

沈师认为中华文化属于"讲理"（reasonableness）的学问。但是，儒

① 参见沈清松《返本开新论儒学》，孔学堂书局 2017 年版。
② 参见沈清松《返本开新论儒学》，孔学堂书局 2017 年版。
③ 参见沈清松《返本开新论儒学》，孔学堂书局 2017 年版。

学在致力于“讲理”的同时，忽略了其自身的理性潜能。儒学正是由于此一理性方面的缺陷而未能产生现代式的科学。① 无独有偶，牟宗三也说：

> 知体明觉之感应（智的直觉，德性之知）只能知物之如相（自在相），即如其为一“物自身”而直觉之，即实现之，它并不能把物推出，置定于外，以为对象，因而从事去究知其曲折之相。②

“知体明觉”相当于孟子和王阳明的良知。牟宗三的意思是，传统文化重视良知的直觉体认、物我一体，而忽视了物我对立的认知理性，所以开不出科学。比较起来，沈师与牟宗三皆认为传统文化忽视了认知理性的潜能。但是笔者疑惑，传统文化又何尝忽略之？又何须“坎陷”而再开出之？

一个最明显的反例就是《周易》卦爻系统的建构。这个建构类似于西方用表象、概念建构的符号世界。其目的也是用来控制或预测自然和社会的发生过程。这个系统一直存在于中华文化之中。虽然孔子提出“观德义”，以塑造占筮的伦理特色，但是基于《周易》的象数学仍然得到长足的发展，以至于邵雍可以提出“元”“会”“运”“世”预测宇宙。

当然，直接体现古代哲学的认知理性的更在于老庄对求知的批判、荀子对认知的肯定和宋儒对“格物”的解释。老庄相信自然有其自身的法则，人类应当顺应之，而不是用自己的思虑去妄作。他们之所以反对思虑妄作，是因为他们发现，人的认知能力是有限的，而道或宇宙万物是无限的。人认识到的东西永远是局部的、片面的，从而否定了认知理性的有效性，转而诉诸直觉或“感通”。老子说“不出户，知天下，不窥牖，见天道。其出弥远，其知弥少”（《老子》第47章）。庄子则直接诉诸“虚室生白”和“心斋”。（《庄子·人间世》）尽管如此，荀子在继承了老庄的虚静和自然之后，还是提出了“虚壹而静”（《荀子·解蔽》）

---

① 参见沈清松《返本开新论儒学》，孔学堂书局2017年版。

② 牟宗三：《现象与物自体》，台北：台湾学生书局1990年版，第121页。

的认识理论。他要以人的认识能力去把握天道，从而"制天命而用之"（《荀子·天论》）。从这个角度看，科学理性在中国古代并没有被忽略。到了宋代，朱熹更以《大学》为底本，倡言"格物"。其一物自有一理、万物皆有理的主张，确实"误导性"地导致后代学子重视客观物理。比如，王阳明等人的格竹子之理就是明证。

因此，中国文化中并不是没有发展出认知理性，而是在如何用上与西方人分道扬镳。中国人将认知置于对人生意义的追求或者道德修养的从属地位。结果，虽然中国古代时而有耀眼的发明创造，但是皆被列为雕虫小技而不加重视。中国人重视的是成圣、成贤之道，是如何完成个人在宇宙或人类社会中的价值和意义。《庄子·天地》的抱瓮老人不是不知道桔槔在灌溉时可以提高效率。可是，他重视的是修心，是去除机械、机事、机心，以保持心地的纯白无私。这说明，中国古人早就认识到了认知理性的存在和作用，而是考虑到其对人生心灵的搅扰而有意将之摈除。

与认知理性相关的就是主体性。西人将主体凸显出来，强调主体的自主性和与客体的对立；中国哲学则强调主体与外界的关联性。主体一方面是独立的、自主的，但同时主体性的完满实现则需要通过与客体的互动融合，通过超越主客分离、达到主客合一。

庄子首先肯定每个个体都是独特的和完满自足的，只要顺着自己的本性作为，就能完美自身。但是，他发现，人有了思虑心知之后，往往不能顺应本性发展，而是被外在的、世俗的名利是非所左右，从而导致中道夭折。于是，庄子要求发挥人的主体性和能动性，达到更高层次的觉解。证之以"坐忘"：颜回在忘却仁义、礼乐之时，都是认知主体在发挥其能动性。等达到"坐忘"，才连主体一并忘却，这就是"离形去智，同于大通"（《庄子·大宗师》）。这种境界表面上与"块不失道"相似，但是它却是通过主体的自觉达到的新境界，是与慎到的"无知之物"不同的。

类似地，孟子虽然高扬反求诸己，但是他的"浩然之气"却是贯通天地、超越自我的。他的"尽其心也，知其性也，知其性则知天"（《孟子·尽心上》）最终也是超越主体，达到天人、物我的合一。《中庸》的尽其性、尽人之性、尽物之性，以至于“赞天地之化育”的过程也是一个从自我、主体“外推”到他人、万物的过程。随着这个“外推”的扩大，主体性也包容得越来越多，最终“与天地合其德，日月合其明，鬼神合其吉凶”（《易传·系辞上》），而超越主体。

这种思想被宋明儒生发展成通过主体性的自觉，体悟到“仁者浑然与物同体”① 的境界。这与西方近代的主客对立形成鲜明的对比。因此，沈师所说的人格的完美本身应当是主体性的发展过程。这个发展最终在天人合一、物我合一中达到主体性的完满，但是这种完满本身又是对主体的自我、自私的超越。

儒家和道家对主体性的弘扬，特别是对成德的期许，本身就是对圣贤的要求或束缚。它要求圣贤以天下为己任，超越自我，通过服务天下以实现生命的意义。它期许所有的执政者要么像尧舜禹那样无私奉献；要么像许由、泰氏那样无欲无为。然而，他们只看到了高扬主体性、成圣成贤的光辉面，而没有发展出用制度来控制私欲的膨胀。他们虽然倡导“虚心”“寡欲”，但是由于他们不重视制度的建构或维持，斥礼为“道之华”和“乱之首”，或者坚持圣人可以“缘人情以制礼”，他们为主体性带来的私欲也留下了极大的活动余地。其政治后果就是圣贤执政，民众沐浴在和风细雨之中；暴君执政，民众挣扎在水深火热之中。

五 对沈师“能欲”的理解和补充

沈师似乎把“能欲”（desiring desire）作为“感通”的基础。他将“能欲”视作“本心”：“原初欲望或能欲由于是指向他人、他物的原初动力，基本上是不自私的，是自我走出、指向多元他者的原初慷慨，或可称之为人的‘本心’。”② 他接着将这个“本心”等同于“无心之欲”，说：“此一‘能欲’早就以原初形态存在于人的身体和无意识，是一尚未

① （宋）程颢、程颐：《二程遗书》，上海古籍出版社2000年版，第66页。

② 沈清松：《全球化脉络下的人格教育：视野与结构、动力与发展》，《市北教育学刊》2018年第4期。

转为有意识的动力，可谓'无心之欲'，为此，我不称之以'欲望'，而以'能欲'称之。"①

沈师的论述，一方面将"能欲"等同于王阳明的本心或良知。良知本身无恶，只有在沾染于外物时才产生恶。同样，"本心（也就是'能欲'之欲），以及其最初向善之初动、初心（也就是可欲之欲），都是不自私的。只有当欲望固定在某对象或对象群之时，也就是所欲之欲时，才会开始转成自私的"。一个人要"从不自私的能欲出发，开显为可欲与所欲，本此原初慷慨，发挥仁爱精神，不断进行外推与内省，层层穿透，日新又新，乃至止于至善"。②

另一方面他又将"能欲"等同于欲望。"在人的身体中孕育并形成了人的原初意欲，作为人追寻意义的基本动力。人的原初意欲，在无意识层面可称为'欲望'；俟其浮到有意识层面，则可称为'意志'，其实皆是同一个走向可欲之善的动力。……为此，我不称之以'欲望'，而以'能欲'称之。"③ 他举例说：人与人之间的"感通"，首先表现为男女之相感相悦，有了爱情，因而嫁娶，成为夫妇。④ 这是把男女相悦的性欲当作了"能欲"，当作了"感通"的基础。在评价孟子的"四端"时，他认为"四端"都是人内在原有的向善之性。这种内在向善之性会自然而然地发用，一旦遇上任何相关事件，比如小孩落井，便会立刻赶往救援。这时，人们是想不到自私的念头的。只要把这本有善性加以扩充、发展，便可达致实现，成为德行。⑤

为了保证"能欲"不自私，沈师将"能欲"置于先验的层面，说："至于第一层楼，则是先验的'能欲'；而所谓 need 与 want，只是'能欲'在经验中的表现。所谓'先验'意指'先于经验而又使经验成为可能'。"⑥

---

① 沈清松：《全球化脉络下的人格教育：视野与结构、动力与发展》，《市北教育学刊》2018 年第 4 期。

② 沈清松：《返本开新论儒学》，孔学堂书局 2017 年版，第 58 页。

③ 沈清松：《全球化脉络下的人格教育：视野与结构、动力与发展》，《市北教育学刊》2018 年第 4 期。

④ 参见沈清松《返本开新论儒学》，孔学堂书局 2017 年版。

⑤ 参见沈清松《返本开新论儒学》，孔学堂书局 2017 年版。

⑥ 谢林德、汪履维、沈清松、但昭伟、林建福：《全球化脉络下的人格教育：视野与结构（响应与讨论）》，《市北教育学刊》2018 年第 4 期。

这样一来，沈师就走向了康德的先验范畴，而离开了良知的既内在又超越的特性。

沈师的“能欲”很可能借鉴了苏隆德对欲望和情感的研究。苏隆德说：“如果情感是本性的记号，那么欲望就应该是客观的、普遍的。”又说：“情感从中产生的原始性向，并不是情感。”① 这个“本性的记号”或“原始性向”就是人类的生存本能，或儒家所说的生意。从其维持生命的角度，它是善的、无私的，可以说是沈师“能欲”的原型。据此，我们就可以将沈师的“本心”和“欲望”统一起来，将二者皆归于“生存本能”或“生意”。这种生存本能体现在夫妇之道就是男女相悦；体现在《孟子》之中就是恻隐之心或仁和人之同欲同好。正是因为这种生意的贯穿，人与人、人与万物才能相互“感通”，达到程颢所谓的“仁者浑然与物同体”（《程氏遗书》卷二）的境界。

当然，这种“感通”或“外推”更有其本体论的根据，这就是庄子的“通天下一气也”（《庄子·知北游》）。既然天地万物本来是一体的，当然我的情感、我的仁心可以“感通”天下万物，这反映在孔孟那里就是心安和恻隐，在程颢、王阳明那里就是一体之仁。

总之，沈师是以中国传统的人文主义重新审视现代性的。这种人文主义与后现代思想家对现代性的批判不谋而合。沈师的睿智在于以万物一体、天人合一超越西方的人类中心主义，要求人们在发展科学与民主之时，不但要“以人为目的”，更要以人与自然的和谐共荣为目的。通过认可“多元他者”的存在，以“感通”的方式体悟万物的浑然一体，去除人类过分关注自我而生的自私和盲目。庄子说：“知天之所为，知人之所为者，至矣！……知人之所为者，以其知之所知以养其知之所不知，终其天年而不中道夭者，是知之盛也。”（《庄子·大宗师》）人类是到了反思何者当为、何者不当为、为理性划定一个范围的时候了。

---

① ［美］苏隆德（Ronald de Sousa）著，马竞松译，沈清松校订：《情感的合理性》，《哲学与文化》2005 年第 10 期。

湘学研究专题

湘学近代转型的原因及特点*

陈代湘

（湘潭大学碧泉书院院长、教授、博士生导师）

摘要：湘学是极富湖湘地域特色的学术思想，在中国学术思想史上有十分特殊的地位。湘学的近代转型典型地代表了中国哲学和中国文化近代转型的进程和特点。湘学的近代转型主要有两个方面的原因：一是学术发展的内在呼唤，二是中西文化冲突的外在时代背景。近代湘学有三个最突出的特点：一是经世致用，二是实事求是，三是爱国主义。

关键词：湘学　近代转型　原因　特点

湘学是极富湖湘地域特色的学术思想，在中国学术思想史上有十分特殊的地位。湘学人物在中国近、现代历史上扮演着举足轻重的角色，湘学的近代转型典型地代表了中国哲学和中国文化近代转型的进程和特点。湘学的近代转型主要有两个方面的原因。一是学术发展的内在呼唤。梁启超在《清代学术概论》中说："在我国，自秦以后，确能成为时代思潮者，则汉之经学，隋唐之佛学，宋及明之理学，清之考证学，四者而已。"① 宋明理学和清代乾隆、嘉庆时期的考据学，是我国宋代以后两种典型的学术形态。宋明理学的产生，使儒学发展进入崭新的阶段，在历史上发挥了巨大的积极作用。但是，在明朝后期却出现了严重的弊端，空疏的学风引起有识之士的强烈不满。接着明末发生了的社会动荡和政治变局，汉族政权亡于"异族"之手，让汉族知识分子痛心疾首。号称

* 原文另已发表于《中国社会科学报》2017 年 8 月 25 日。

① 梁启超：《论时代思潮》，《清代学术概论》，上海古籍出版社 1998 年版，第 1 页。

明末清初“三先生”的顾炎武、黄宗羲、王夫之，对宋明理学和心学进行了反思和批判，提倡经世致用的学风，其学问研究与社会现实密切相关。

通过清初几位经学大师的努力，经学研究逐渐摆脱空疏浮泛的习气，趋向质朴具体的学风。雍、乾时期，文字狱频仍残酷，大批知识分子逃离政治，钻进古书堆中，专注于对经书的文字、音韵、训诂、名物以及古代的典章制度进行考据，形成兴盛百年的考据学风。他们有代表性的考据著作大多撰成于乾嘉时期，史称乾嘉学派或考据学派。

乾嘉学派属于清代古文经学派，其优点是求真务实、广征博引、考证精密，具有一定的科学性。但是，在乾嘉时期达到顶峰以后，便日益陷入支离破碎的烦琐考据，学问知识严重脱离国计民生。与此同时，清代今文经学派亦有人在。常州人庄存与创立常州学派，带领弟子刘逢禄、宋翔凤等人研究今文经传的“微言大义”。清代末期，国势衰颓，危机四伏，刘逢禄的弟子龚自珍、魏源，采用今文经学这一古老形式，发挥经世致用传统，宣传社会改革。

晚清学术发展和变革的这种理论呼唤和现实需求，是湘学近代转型的内在因素。这一时期的湘学，出现了今文经学派和理学经世派，学者阵容颇为强大，代表人物有魏源、曾国藩等。魏源为晚清今文经学派的代表，他对汉学和宋学都进行了批判，提倡“通经致用”，开一代学风。曾国藩属于晚清理学经世派，他尊崇理学，又以开明的心态主张汉宋兼采，而其最根本的目的则是经世致用，将儒家之道落实到治国、治军、洋务等安邦济世的实践中。

二是中西文化冲突的外在时代背景。1840 年鸦片战争后，中西文化发生了前所未有的剧烈冲突，这是湘学近代转型的外部因素。

湘学发展的历史与文化冲突的关系极其紧密。学理和学术传承意义上的湘学产生于宋代，周敦颐既是理学开山，又为湘学鼻祖，他所处的时代正是儒家文化与佛、道文化激烈冲突的时代，他就是在融合儒、佛、道文化的基础上开创了理学和湘学。南宋时期又有以胡安国、胡寅、胡宏父子以及张栻等人为代表的湖湘学派的诞生，这也是湘学史上的重大事件。湖湘学派的诞生，是剧烈的宋、金民族文化冲突以及儒、佛文化冲突的直接影响使然。另外，南宋时期出现了地域学派林立的独特学术景观，湖湘学派与朱子学派、江西学派、浙东学派等著名地域学派产生思想冲突，在冲突和融合的过程中，湖湘学派深受影响，同时也影响了其他学派的学术思想建构，为宋明理学的发展作出了巨大的贡献。明末清初的王船山，既是宋明理学的总结者，又是湘学的集大成者，他的思想体系就是在当时的满、汉文化冲突的影响和刺激下完成的。与此同时，王船山所处时代西方文化已经引进中国，中西文化在思想观念上亦有较大的冲突。

近代以来，随着国门被西方的坚船利炮打开，中西文化发生了激烈的碰撞和冲突。这次文化冲突程度之剧烈、影响之深广，是中国历史上前所未有的。面对这“数千年未有之变局”，中国传统文化熏陶出来的仁人志士挺身而出，以极大的历史责任感和民族忧患意识，积极寻求救国保种、强国保学的济世良方。在这个过程中，先进的湘学人物引领了时代的潮流。魏源、贺长龄、曾国藩、左宗棠、彭玉麟、胡林翼、谭嗣同、唐才常、熊希龄、黄兴、宋教仁、蔡锷、陈天华、杨昌济、毛泽东、刘少奇、蔡和森……这一长串名字，被中国近现代的历史丰碑深深地铭刻，他们不但在事功实践中取得了辉煌的成就，而且在理论创造上也作出了突出的贡献。作为中国思想文化重要组成部分的地域学术——湘学，也在这些先进的湘学人物应对中西文化冲突的探索和抉择过程中发生了转型，产生了近代湘学这一新的形态。

那么，近代湘学的特点是什么呢？我们认为，近代湘学最突出的特点有三个。第一，经世致用。尽管经世致用思想不为湘学所独有，但在近代湘学中却最突出。经世致用在湘学历史上有久远的传统，与儒家的“内圣外王”思想有极深的渊源。

早在先秦时代，孔子思想中就有内圣外王的观念。尽管孔子没有使用“内圣外王”一词，但其“修己以安人”，“修己以安百姓”（《论语·宪问》）等言论，说的就是内圣外王之道。儒家经典《大学》开宗明义即提出“明明德”“亲民”“止于至善”，即所谓“三纲领”，以及“八条目”：“格物”“致知”“诚意”“正心”“修身”“齐家”“治国”“平天下”，讲的就是“内圣外王”。朱熹继承了《大学》的思想纲领，既重内圣，又重外王。

南宋时期，与朱熹思想最为接近的是湖湘学派，他们服膺儒家的“内圣外王”观念，既重理论的探索，探讨宇宙人生的大本大原，又倡导经世实学，追求理想人格在现实中的实现。湖湘学派最大的理论代表胡宏说：“学也，行之也，行之行之而又行之。”①

到了近代，湘学经世致用的特点最为突出。梁启超评论晚清学术思潮时说：“思潮之暗地推移，最要注意的是新兴之常州学派……产生一种新精神，就是想在乾、嘉间考证学的基础之上建设顺、康间‘经世致用’之学。代表这种精神的人是龚定庵（自珍）和魏默深（源）。这两个人的著述，给后来光绪初期思想界很大的影响。”② 龚自珍和魏源是近代经世致用精神的开风气者。魏源主编的《皇朝经世文编》，是“风行海内”的经世巨著。他编写的另一部著作《海国图志》，介绍世界各国的政治、经济、军事、历史、地理、文化等情况，提出“师夷之长技以制夷”的主张，为中国人打开了向西方学习的大门，后来的洋务运动，就是秉承魏源思想而开始的“师夷”“制夷”实践。

魏源身处鸦片战争时期，他与陶澍、贺长龄等封疆大吏同气相求、同声相应，推动经世致用风气在“三湘”大地乃至全国流行。此后的湖南，出现了一拨又一拨举世闻名的人才群体，都是受到湘学经世致用学风影响而涌现的。

第二，实事求是。如果说经世致用是近代湘学的时代学风，那么，实事求是则是近代湘学的思想方法。

“实事求是”最初是一个考据学命题。《汉书·河间献王传》称河间献王刘德“修学好古，实事求是”③。这是迄今所知最早出现的“实事求是”概念，指搜集古书，加以整理考订，言必有据。后来清代考据学兴起，学者们十分推崇实事求是这种考据学风。

最早将“实事求是”这一考据学命题转化为哲学认识论命题的，是

① （宋）胡宏：《胡宏集》，中华书局1987年版，第46页。

② 梁启超：《中国近三百年学术史》，东方出版社1996年版，第31页。

③ （汉）班固：《汉书·景十三王传·河间献王》，《二十四史》，中华书局1997年版，第615页。

近代湘学重要代表人物曾国藩，他说："近世乾嘉之间，诸儒务为浩博。惠定宇、戴东原之流钩研诂训，本河间献王实事求是之旨，薄宋贤为空疏。夫所谓事者，非物乎？是者，非理乎？实事求是，非即朱子所称即物穷理者乎？"① 曾国藩将实事求是与朱熹的"即物穷理"命题联系起来，对实事求是做了不同于考据学的解释，强调研究具体事物的知识和规律。曾国藩将实事求是从一个考据学命题创造性地转化为哲学认识论命题，并运用到自己的军政实践中，成了一种思想方法，并在近代湘学中蔚然成风，对毛泽东提出实事求是作为共产党的思想路线，产生了重要影响。

第三，爱国主义。爱国主义是中华民族的优秀传统，湘学是中华优秀文化的一部分，近代湘学的爱国主义特征十分突出，这也是近代湘学人物在救国图强、自立发展中能够做出赫赫功绩的精神和情感保证。

湘学的爱国主义传统有悠久深厚的历史，其源头可追溯到屈原。屈原不是湖南人，但他与湖南的关系非同一般。湖南是他的流放地和魂归处，他的大部分作品是在湖南创作的，对湖南的历史文化传统以及湖南人精神气质塑造起了极其重要的作用。屈原是我国爱国主义精神的化身，其爱国思想和情感在中华大地尤其在湖湘地区代代相传，影响非常深远。南宋湖湘学派产生时，正值金人侵掠中原，胡安国父子及湖湘弟子怀着强烈的民族忧患意识，坚决主张抗金救国、收复中原。胡安国晚年隐居湖南湘潭碧泉，撰写《春秋传》，全面阐扬《春秋》"大一统""华夷之辨""尊王攘夷"之义，目的是保护在当时相对先进的华夏文化不被落后的少数民族所毁灭。其子胡寅、胡宏断然拒绝卖国贼秦桧的召用，甘愿耕读授徒于穷乡僻壤。胡宏的高徒张栻与其父张浚（抗金名将）一起参加过多年抗金斗争，并鼓励弟子们学习兵法，弟子中多有能带兵打仗者。公元 1276 年，元军攻陷长沙，岳麓书院、潭州州学等学堂的学生数百人"荷戈登陴，十亡其九"。在湘学精神熏陶下的湖湘学子这种大无畏的牺牲精神，可歌可泣。

---

① （清）曾国藩：《书〈学案小识〉后》，《曾国藩全集·诗文》，岳麓书社 2011 年版，第 14 册，第 229 页。

明末清初的王船山也十分重视研治《春秋》。明亡后，他在躲避追缉途中，还在湖南常宁、郴州一带大讲“《春秋》学”，利用“华夷之辨”宣传反清复明思想，将湘学中深厚的爱国主义精神发展到了极致，并对近代湘学产生了巨大的影响。杨树达说：“自王船山先生以后，湖南人笃信民族主义，因欲保持自己民族，故感觉外患最敏，吸收外来文化最力，且在全国为最先。如魏默深之志海国，郭筠仙、曾劼刚之赞欧化，光绪丁酉、戊戌之办新政，皆其例也。”① 至于谭嗣同为变法图强而血洒菜市口，陈天华、杨毓麟因抗议帝国主义之无理和清政府之无能而分别在日本和英国蹈海殉国，则是近代湘学人物爱国主义情感最震撼人心的表现。

① 杨树达：《积微翁回忆录·积微居诗文钞》，上海古籍出版社 2013 年版，第 100—101 页。

承旧与开新：王闿运在近代湘学中的地位*

王向清

（湘潭大学碧泉书院）

摘要： 王闿运是近代湘学的重要代表人物，在近代湘学发展过程中起着承旧开新的双重作用。承旧之一体现在王闿运继承传统湘学的经世特色，具有不屈不挠的经世信念：一是建议曾国藩养精蓄锐，取代清王朝自立；二是建议丁宝桢经营西藏，联合印度、缅甸等国抗击英法在南亚的侵略、扩张。承旧之二体现在王闿运继承了传统湘学的求实精神，在撰写《湘军志》和《湘潭县志》《衡阳县志》等地方志时能够客观、公正地再现历史人物和事件，具有秉笔直书的实事求是精神。开新体现为王闿运具有追求民主、崇尚平等的超前意识。

关键词： 王闿运　近代湘学　承旧　开新

王闿运（1832—1916年），字壬秋，号湘绮，湖南湘潭县云湖桥镇人，近代湘学的重要代表人物。中国近代是半殖民地半封建的时代，是饱受帝国主义国家侵略、奴役的时代；同时又是先进的中国人向西方学习，以求得国家独立和民族解放的时代。面对千孔百疮、积贫积弱的中国，王闿运一方面继承湖湘先贤的经世致用思想，主张治经致用，治学应当解决实际问题，具有不屈不挠的经世信念、秉笔直书的实事求是精神等典型的湖湘文化特质。另一方面受西方文化的熏陶，他还具有追求

---

* 原文另已发表于《河南教育学院学报》（哲学社会科学版）2017年第1期。

民主的超前意识，崇尚平等的独立人格。

一 不屈不挠的经世信念

经世致用，治学和践履结合是湖湘文化传统的最突出特点。湖湘学派的创始人胡宏就十分重视经世致用。他认为“学圣人之道，得其体，必得其用，有体而无用，与异端何辨?”“故务圣人之道者，必先致知，及超然有所见，方力行以终之。”① 王夫之主张“知而不行，犹无知也”②。“君子之道，力行而已。”③ 曾任两江总督的陶澍强调“有实学，斯有实行，斯有实用”④，要求学者应“通经学古，而致诸用”⑤。魏源更是大力提倡、推行经世致用的实学，倡言：“以实事呈实功，以实功呈实事”⑥。

王闿运继承了湖湘先贤特别是魏源的经世致用思想，主张治经为解决现实问题服务。他的经世致用思想主要体现在两度献纵横策：一是建议曾国藩养精蓄锐，取代清王朝自立；二是建议丁宝桢经营西藏，联合印度、缅甸等国抗击英法在南亚的侵略、扩张。

1860 年年初，当围困天京的清军江南大营和江北大营被太平军攻破后，咸丰帝不得不诏令曾国藩署理两江总督，统率湘军对付太平军。曾国藩从此由空头侍郎一跃而为集军权和地方行政权于一身的权臣。当得知这一消息后，王闿运认为施展自己平生帝王之学的千载难逢的机会到了，于是匆匆赶到湘军总指挥部所在地安徽祁门县为曾国藩出谋划策。他这次到湘军驻地不像以往来去匆匆，而是长住了近三个月，多次与曾国藩长时间探讨时局，提出自己的见解。据曾国藩《日记》记载，王闿

① （宋）胡宏：《胡宏集》，中华书局 1987 年版，第 146 页。
② （清）王夫之：《船山全书》，岳麓书社 1996 年版，第 7 册，第 408 页。
③ （清）王夫之：《船山全书》，岳麓书社 1996 年版，第 7 册，第 999 页。
④ （清）陶澍：《陶澍集》下，岳麓书社 1998 年版，第 99 页。
⑤ （清）陶澍：《陶澍集》下，岳麓书社 1998 年版，第 100 页。
⑥ （清）魏源：《魏源集》，中华书局 1983 年版，第 208 页。

运是6月4日到达军中的，到8月底，在两个半月的时间里，他一共十四次去曾国藩的帐下与曾“言事”，与曾在下午或晚上久谈的就有十一次。其中尤其以6月14日的日记耐人寻思：“傍夕与王壬秋久谈，夜不成寐。”可见，二人所谈之事非同小可。那么，王闿运究竟为曾国藩筹划了什么呢？来祁门前近一年时间，王闿运对清王朝势如垒卵的险恶处境有着清醒的认识。他来祁门的目的就是向曾国藩献纵横策：建议湘军以湘鄂为根本，割据东南，不要急于向太平军进攻；而应养精蓄锐，等待时机成熟，与太平军达成协议。届时，推翻外国清政府，驱逐外国人在华势力，也就指日可待了。

出乎意料，曾国藩居然不接受这一建议，王闿运怀着壮志未酬的心情告别了祁门。离开祁门不久，他写了《发祁门杂诗》二十二首，流露出“纵横计不就，空留高咏满江山”的情怀。其中一首吟道：“道在身将老，名轻愿不刊。浮生信舟楫，高咏满江山。王粲从军去，陶潜解印还。文章吾后汝，流传愧兵间。”

王闿运一生对科举考试视同等闲，虽两次会试未第，也只当平常事，因而在自己的诗集中无下第之作。唯有这次失去千载难逢之良机，使他萌生了漂泊无依之感。还没有三十岁，就发出“道在身将老”的悲叹。但他并没有改变自己的志向，“名轻愿不刊”，作为纵横家的他，经世素愿未酬，绝无更改。

19世纪下半叶，英、法等帝国主义国家在南亚推行扩张政策，并企图肢解西藏。为了国家的领土完整和主权独立，当时在四川成都任尊经书院院长的王闿运向四川总督丁宝桢提出经营西藏，联合印度、缅甸等国共同抗击英、法侵略扩张的国际反帝斗争计划。费行简的《近代名人小传》提到了此事的谋划经过：闿运“说宝桢曰：‘印，英仇也，而从之，实势是屈。今方闲暇，先营卫藏，为印后援。可乎？’丁宝桢大称善。”①丁宝桢很赞赏王闿运的计划，准备及早实施。当王闿运因事暂回湘潭时，丁从成都致函他，嘱他代为撰写奏稿，以便呈报清政府批准实施。万万想不到的是，这个计划还未付诸实施，六十七岁的丁宝桢竟病死任上。

① 萧艾：《王湘绮评传》，岳麓书社1997年版，第46页。

失去了丁的推行，王闿运提议的国际联合抗击英、法帝国主义侵略的大计也随着流产。

第二次纵横策的失败给予王闿运精神上的打击比祁门献策不为所用的打击还要大，他在祭丁宝桢的诗文中对此流露了无限的悲伤。第二次经世谋略落空时，他已是五十多岁的老人了，已无力亲自实现匡世济民的心愿了。但他依然初衷不改。作为一个教育家，他把自己这种治学精神传给了学生，希望自己的素愿在学生手中实现。令人欣慰的是，杨度、宋育人等弟子或多或少地实现了乃师的志愿。

正因为王闿运注重治经为解决现实问题服务，无锡学者钱基博把他列为近代湘学重要的经世之士："胡林翼、曾国藩、左宗棠、刘蓉、郭嵩焘，一代名臣，声施四海；王闿运、阎镇珩，老儒暗修，独抱遗经。遭际不同，出处攸异，然学不仅占毕，志在于匡俗；通经欲以致用，文章蕲于经国，则固不同而同。"①

二 秉笔直书的实事求是精神

实事求是，客观、公正地对待认知客体是湖湘文化不容忽视的特点。这一特点在王夫之、魏源身上得到了明显的体现。魏源在做陶澍、贺长龄幕僚时所提出的改漕粮河运为海运、改食盐官营为商营等经世建议之所以能付诸实施并收到良好的经济效益和社会效益，乃是因为这些经世建议是在深入实际进行调查的基础上做出的，是实事求是的结晶。

王闿运继承、发扬了湖湘文化的实事求是精神。这主要体现在他撰写《湘军志》和《湘潭县志》《衡阳县志》等地方志时能够秉笔直书，客观、公正地再现历史人物和事件。

为使湘军打败太平军的"功勋"名留史册，曾国藩的故旧、部属决定撰写《湘军志》，考虑到作者的名望、学识、经验，以及与曾国藩的关系，曾国藩的儿子曾纪泽决定请王闿运承担这一任务。历时近五年、数

---

① 钱基博：《近百年湖南学风》，中国人民大学出版社 2004 年版，第 60 页。

易其稿，王闿运才完成了自认为足可以与《三国志》《后汉书》相伯仲的《湘军志》。《湘军志》以实事求是的态度，客观地、全面地再现了湘军的创立、发展历史，特别是与太平军的作战史。

其一，它不只是歌颂曾国藩等湘军将领的功勋，也揭露了他们的凶残与贪婪、腐败。湘军统帅曾国藩乃一介儒生，对百姓和士卒理应仁慈宽厚。但事实却相反，对于迫于生计揭竿而起的百姓和临阵退却的士卒主张坚决镇压。曾国藩在给咸丰皇帝的一道奏折中声称："臣欲纯用重典以锄强暴，即良民有安生之日，臣身虽得残忍严酷之名，所不敢辞。今之急务，在使通省无不破之案，而尽除大小会匪，则涤瑕荡秽可期也。有曾经抢掠、拜会、结盟者，请即用巡抚令旗，恭请王命，立行正法。"① 他对于自己的士卒也凶残成性。请看他如何处置临阵退却的士卒："寇出，团丁遽反奔，官军亦退。争浮桥，桥以门扉、床板，人多桥坏，死者百余人。国藩亲仗剑督退者，立令旗岸上曰：'过桥者斩！'"② 曾国藩的残忍可见一斑。作为攻陷天京首功的曾国荃，经常以此自夸和炫耀。王闿运不但没有歌颂他的这一"功绩"，反而如实叙述了他的贪婪。

其二，揭露了湘军士卒的贪婪和残暴。"军兴，而养兵之利害尽著。诸帅臣则稍稍召募，而江忠源以'楚勇'显。然兵妒勇益盛，所屯则私斗，战败固不救，反陷之。"③ 湘军创建伊始，就与绿营兵相互争利、相互拆台。"咸丰二年冬，湖北大营患潮勇横恣，罢遣之归，乃益道掠，公奸良民妇衢市，所至焚杀。愚民以为官兵不如寇。"④ 湘军烧杀抢掠、强奸民妇，无恶不作，其对百姓的危害程度远远甚于太平军。湘军的反动性暴露无遗。

其三，尊重史实，没有诋毁太平军。受历史条件局限它虽称太平军为"寇"，但全书都没有对太平军进行恶毒攻击。湘军将领因镇压太平天国革命有功，一个个加官晋爵，曾国荃更是由浙江巡抚加太子少保，封一等伯爵。把这些人的阴暗面如实地留在史册中，没有求实的精神、公

---

① 王闿运：《湘军志》，岳麓书社 1983 年版，第 19—20 页。
② 王闿运：《湘军志》，岳麓书社 1983 年版，第 24 页。
③ 王闿运：《湘军志》，岳麓书社 1983 年版，第 19 页。
④ 王闿运：《湘军志》，岳麓书社 1983 年版，第 19 页。

正的态度、无畏的勇气是做不到的。正因为《湘军志》的秉笔直书，曾国荃等人见了气得暴跳如雷，对王闿运进行围攻、诋毁、辱骂。也正因为《湘军志》的这一特点，使它得到了不少有正义感和良知的人士和学者的肯定。“国语一篇新出手，鱼龙喷沫鬼神惊”，这是曾纪泽对它的评价。王森然教授认为《湘军志》“是非之公，推唐后良史第一”①。

王闿运所修的几部地方志中的实事求是精神体现在两个方面。其一，因地制宜，突出各地特点。各地方志反映不同的行政区域，而不同的行政区域都有各自的特点，这决定了各地方志应有自己的特点。王闿运在撰写地方志时很重视对各地特点的把握。例如，《桂阳州志》辟有“洞徭志”一栏，就是别的地方志没有的。这是因为桂阳及其所属三县处在湘南崇山峻岭间，汉徭杂居，必须反映徭族的经济、文化及风土人情。否则，就很难说对桂阳有全面和深入的了解。

其二，揭露了清朝统治者的残暴。作为少数民族的清朝贵族为夺取全国政权，不但依靠武力逐渐消灭了明王朝的军队，而且凭武力镇压手无寸铁的汉族平民百姓。清朝军队在攻陷湘潭城后对平民就进行了大屠杀。“清顺治六年正月，大兵至湘潭。明督师大学士定兴侯何腾蛟死之。……大兵下令屠城，自二十六日至二十九日方止。……数十里无行人。”（《湘潭县志·纪事》）以往，人们常用“扬州十日”“嘉定三屠”来揭露清朝统治者的残暴，鲜有人知其在湘潭的暴行，《湘潭县志》把这一大屠杀永远留在了历史的长河中。

三　追求民主的超前意识，崇尚平等的独立人格

专制、不自由是封建制度的基本特征之一。反封建的主要任务之一就是铲除专制，营造民主。受西方文化的影响，王闿运体悟到封建专制的残酷，渐渐形成了民主意识。这主要体现在他向弟子传播民主观念。民主本来是与资产阶级文化相伴而来的，但王闿运不是直接把西方的民

① 王森然：《近代二十家评传》，文海出版社 1974 年版，第 5 页。

主灌输给弟子，而是从儒家典籍中引申出民主观念。换言之，他不把民主看作外来文化，而是当作中国传统文化固有的成分。他的入室弟子杨度对其师的民主教育印象尤为深刻，用诗歌的形式做了简明的描绘："事变谋空反湘渚，专注《春秋》说民主。廖康诸氏更推波，学界张皇树旗鼓。"① 这实际上是继承今文经学家的治经传统，从《春秋》中引申出的新的"微言大义"。

事实也正是如此，王闿运在四川尊经书院授业期间就注意从典籍中引申民主观念，培养出了一批追求民主的热血青年。他们为了救亡图存，不惜流血牺牲，杨锐、刘光第就是杰出代表。杨、刘二人在以反对封建专制、实现民主为重要内容的戊戌维新运动中献出了年轻的生命。自称为王闿运私淑弟子的谭嗣同更是以冲决封建专制之网罗，争取民主、自由为己任，在戊戌变法失败后可以亡命的情况下选择捐躯，更是惊天地、泣鬼神。如果算上谭嗣同这位私淑弟子，"戊戌六君子"竟有三人出自王闿运门下，可见他"专注《春秋》说民主"在中国近代史上的重大影响。

王闿运受的是中国传统文化特别是儒家文化的教育，一生绝大部分时间是在专制的封建社会度过的，但从 19 世纪 70 年代就或多或少形成了民主观念，并向弟子传播，跟同时代的中国其他知识分子比较而言，他的民主意识是超前的。

等级森严、不平等是封建制度的另一个基本特征。中国封建时代的知识分子大多摆脱不了这一陈腐观念的羁绊，不但没有质疑其合理性，反而自觉或不自觉地加以维护。王闿运却是典型的反例，从青年时期起就萌发了崇尚平等的独立人格。王闿运结交的达官贵人中，曾国藩的地位最高，名望最大。在与曾的交往过程中，他始终不卑躬屈节，我行我素，不依附于曾，保持自己的独立人格。曾国藩在训练湘军的过程中，曾招募王闿运等不少文人仕子充当幕宾，为其出谋献策。俟曾发迹时，幕宾们以做曾的弟子为荣，纷纷以弟子之礼事曾。王闿运不为所动，依然以幕客身份与曾交往。"值天下大乱，将帅多开幕府招致才俊，曾文正尤称好士……时幕下布衣或起家为藩臬，裸身来，归，资巨万。先生

---

① 萧艾：《王湘绮评传》，岳麓书社 1997 年版，第 43 页。

（王闿运）独以客自居，不受事……迨公益贵，宾僚率著籍称弟子，先生仍为客。往来军中，每旬月数日即归。会走谒文正于金陵节署，公未报（曾国藩未回访），但遣使召饮。先生笑曰：'相国以我为回蒐乎？'径携装乘小舟去，追谢弗及。"① 这段文字非常生动地揭示了王闿运具有不为名利所动的价值观念、崇尚平等的独立人格。

王闿运的这种独立人格，还体现在前述撰写《湘军志》时能够暴露曾氏兄弟及其他湘军将领的阴暗面。如果说不屈不挠的经世信念、秉笔直书的实事求是精神是王闿运对湘学传统的承旧，那么，追求民主的超前意识、崇尚平等的独立人格就是他对湖湘文化精神的开新。承旧是重要的，它确保湖湘学脉绵延；开新则是更重要的，它确保湖湘文化伴随时代的步伐前进。湖湘文化是一种反映时代精神的开放文化，这种开放文化正是通过王闿运等学者的承旧和创新实现的。

① 王森然：《近代二十家评传》，文海出版社1974年版，第3页。

胡安国《春秋传》* 的义理向度

徐建勇**

（湘潭大学碧泉书院教授）

摘要：《春秋》“三传”基本上是以礼为宗旨来诠释《春秋》的，其诠释者大都认为它反映了孔子“克己复礼”的思想。胡安国时代，由于社会发展、时势变迁，理学思想开始流行，并因之影响了《春秋》诠释的传统。胡安国正是适应了这种变化。他从当时时势政治的需要出发，以义理为向度，极力诠释《春秋》中的尊王大义。同时，他还通过对“理一分殊”的具体运用，极力发挥要尊君父，就必须攘夷，就必须复仇，就必须抑臣的微言大义思想。胡安国这种诠释思想，使其《春秋传》呈现出鲜明的宋代特征，并极大地改变了《春秋》的诠释路线。

关键词：《春秋》　礼　理　义例　理一分殊

“《春秋》学”在经过中唐啖助学派，特别是宋初孙复的诠释后，不仅确立了尊经废传的路线，而且议论时政，往往断以己意，开创了解经的新路径。胡安国亦取法孙复，根据当时时政的需要，结合理学思想，在承续尊经传统的同时，又不废“三传”，极力阐发《春秋》中的义理。因此，胡安国的《春秋传》是“《春秋》学”史上的一部重要著作，它完成了汉学到宋学的转变，表现了宋代学者以义理解经的鲜明特征。

---

* 本文为 2014 年湖南省社会科学规划项目“胡安国《春秋传》解经思想研究”（14YBA354）的研究成果。（宋）胡安国《春秋传》，简称胡《传》。其底本出自 1934 年上海商务印书馆影印钞本《四部丛刊》。本文中的引文如不另注出处，则皆出自该版《春秋传》，且只标注篇名。

** 作者简介：徐建勇，哲学博士，湘潭大学哲学系教授。

一

二程是理学的开创者，他们通过对传统儒家的伦理纲常，进行形而上的思辨，最终为其找到了一个形而上的根据，这就是理或天理。由此，他们不仅夯实了传统伦理道德的基础，而且论证了它的永恒性。自此以后，理或天理逐渐成为封建社会的道德标准，为社会所接受，并且逐渐影响了传统经学的诠释，使汉代经学一变而成为宋代经学。胡安国就是受到了这种思想的影响，在他的《春秋传》中，逐步将前人以理解经的路径转移到义理融合的路径上来，使其《春秋传》表现出明显的宋代特征。究其原因有四。

第一，胡安国服膺二程理学。一是胡安国私淑二程理学，这是当时人都知道的事情。“私淑洛学而大成者，胡文定其人也。”二是胡安国经常与程门弟子交游，同他们探讨程氏的理学思想。如宋史胡安国传中就曾记载：“安国所与游者，游酢、谢良佐、杨时皆程门高弟。”① 更有甚者，他还与罗从彦就《春秋》的诠释有过书信往来，共同讨论各自对于《春秋》诠释的意见。三是胡安国称赞程氏学说，更为其受到王安石等人的打击抱不平，并希望皇帝表彰颁行程氏学说。这可以从胡安国上奏宋高宗的奏章中看出，胡安国在奏章中说：“孔、孟之道不传久矣，自颐兄弟始发明之，然后知其可学而至。今使学者师孔、孟，而禁不得从颐学，是入室而不由户。……望下礼官讨论故事，加之封爵，载在祀典，比于荀、杨、韩氏，乃诏馆阁裒其遗书，校正颁行，使邪说者不得作。”②

第二，程颐的《春秋传》影响了胡安国。程颐曾经为《春秋》作传，虽然没有完成，但是他把理引入《春秋》的解释体系中，以理学解经，使胡安国受到较大影响。史载胡安国在得到程颐《春秋传》后，反复研读多篇，大有心得。可以说，胡安国不但汲取了程氏以理解经的路线，

① （元）脱脱等：《宋史》，中华书局 1977 年标点本，第 12915 页。

② （元）脱脱等：《宋史》，中华书局 1977 年标点本，第 12914—12915 页。

而且说明自己的解经思想是“自伊川先生所发”①。

第三，胡安国《春秋传》转引了程氏《春秋传》中的文意。胡安国在其《春秋传·叙传授》中也说“微词多以程氏之说为证”，其传文引述程氏传文不少。例如：“隐公元年，秋八月庚辰，公及戎盟于唐。”程氏《春秋传》：“戎猾夏而与之盟，非义也。”应该说，严华夷之防，是历代《春秋》诠释中的应有之意。但是程颐在其理学的指导下，更是对此深加剖析，认为凡是与夷狄盟会的人，都违背了礼义要求，都应该受到批判。胡安国自然也接受了程颐的这一思想，在自己的《传》中不仅批判了这一行为违背了儒家的礼义，而且深入分析了隐藏在这一盟会行为的背后的深层意涵。又如：“隐公元年十有二月，郑人伐卫。”胡《传》干脆直接转引程颐的诠释，说：“程氏以为‘卫已服也。卫服，则可免矣’。此义施于伐而不书战，皆可通矣。”又如：“桓公二年春，王正月戊申，宋督弑其君与夷。”胡《传》也是直接转引程氏之传叙。在胡《传》中，像这样直接转引的还有很多。这也说明程氏《春秋传》对于胡安国的影响巨大。

第四，当时人对于胡《传》的评价。据《宋史·胡安国传》记载，胡安国将修成的《春秋传》呈给宋高宗之后，就被当时的谏官批评为假托程颐之学。“谏官陈公辅上疏诋毁假托程颐之学者。”

由以上论述，可以看出，胡安国《春秋传》乃是理学之书。这一点在与《公羊》《谷梁》《左传》的比较中也可以看出来。在《公羊》《谷梁》《左传》中以礼来诠释的地方，胡安国逐渐在礼后，以理说明之，以使礼和理融合一体。如对于《春秋》经中“庄公元年：筑王姬之馆于外”这段经文，《公羊》解释为“筑之礼也，于外，非礼也。”胡安国《传》则解释为“非礼也……是废人伦灭天理矣。”又如经：“成公十三年三月，公入京师。”《左传》释“勤礼莫如致敬”。胡安国《传》则释为“从存人臣之礼也。……天理必存，人欲必消”。又如：“襄公七年十有二月丙戌，卒于鄵。”胡安国《传》释：“圣人之旨微，而公、谷之义精矣，存天理抑人欲之意远矣。”

---

① （清）黄宗羲、全谢山：《宋元学案》，中华书局1986年标点本，第956页。

同时，胡安国还以理学的天理和人欲之辩来直接斥责违反伦理道德的人事和行为。例如："桓公六年，蔡人杀陈佗。"胡《传》就直接以人欲来贬斥"篡弑之贼，外则异国皆欲致讨而不赦；内则国人不以为君而莫之与，谁敢劝于为恶？故曰'孔子成春秋而乱臣贼子惧'。"

又如："僖公九年冬，晋里克杀其君之子奚齐。"胡安国在引用谷梁子的话之后，自己加以发挥，认为《春秋》这样记载，就是在于揭明献公的罪行，以为后世的借鉴，并且进一步将这样记载的原因解释为是天理只在人心，不可磨灭。胡安国认为圣人就是通过这样的方式来为后世设定世事行为规范的。可以说《左传》《谷梁》中主要是以礼作为评判行为的标准，那么到了胡安国的思想之中，礼和理融合一体，共同成为其释经的基本规则。

二

《春秋》自汉代确立为经学之后，"三传"就逐渐形成了各自的诠释范例和规则，这就是义例。简单说来，就是以《春秋》中的人和事为例子，依据不同的措辞和顺序来彰显圣人的褒贬大义。例如，《左传》的"正例""变例"体系，《公羊》"三科""九旨"，《谷梁》"时、月、日例"。这些"义例"一旦形成之后，在学者传承中也就成了"师法"和"家法"，传授者一般不得违反。

胡安国在继承了这些"义例"法则的同时，又以二程之理学为指导。在"穷理尽性"① 的同时，会通"三传"。

首先，他把"三传"中的义上升为理或天理，把"《春秋》学"纳入理学的范畴。这样，他就可以以理为标准来评判《春秋》中纷繁复杂的人和事。这就是他在《春秋传》前面的《叙传授》中所说的"反求于心，断之以理"的方法。例如："隐公十有一年，秋七月壬午，公及齐侯、郑伯入许。"《左传》解释为"礼，经国家，定社稷，序民人，利后

---

① （清）黄宗羲、全谢山：《宋元学案》，中华书局1986年标点本，第673页。

嗣者也”。胡《传》则在解释了隐公为什么不对之后，接着又从天道之理加以论证。又如：“庄公十有一年冬，王姬归于齐。”胡《传》解释为：“阳倡而阴和，夫先而妇从，天理也。述天理，训后世，则虽以王姬之贵，其当执妇道，与公侯大夫士庶人之女，何以异哉?”再如：“僖公三十一年夏四月：四卜郊不从。”《公羊》传释之为：“三卜，礼也；四卜，非礼也。”胡《传》在解释了周礼的基本规则之后，接着加以发挥：“知其理之不可易，则安于分守，无欲僭之心矣，为天下国家乎何有?”

其次，理学的经世致用运用。经世致用，就是以现实社会的问题为导向，来研究解决之道。胡安国由于所处时代和地位的关系，其对于理学的认识并不同于时人的看法。它更多的是将《春秋》记载的史事和南宋当前的政治现实结合，来阐发自己的思想，以期有益于当时的社会政治问题的解决，所以胡《传》的政治性很强。也正因为这样，牟润孙在《两宋春秋学之主流》一文中说：“及南宋，胡安国明春秋复仇攘夷之义，亦自为传，所论较孙氏细密，取径则宗法孙氏，而所偏重者不同。”① 在胡《传》中，这种经世致用的思想主要表现在两个方面。

一是尊王。南宋初年，政权甫定，然而外部侵略军依然强大，内部不仅有和战之争，而且各路抗金将领难以驾驭，因此，此时的南宋政权命运难测。胡安国认为正是在这样的危难之时，迫切需要确立王权的至尊地位。这样一来可以统一抗金的力量，二来消除内部的争论，稳定政局。为此，胡《传》极力阐述尊王的古例。例如：“僖公五年，杞伯姬来朝其子。夏，公孙兹如牟。公及齐侯、宋公、陈侯、卫侯、郑伯、许男、曹伯会王世子于首止。”胡安国认为这里书“会”字就是尊王之义，因为《春秋》笔法，王世子代表的是天子，他与诸侯的相会方式表现了《春秋》的尊贬之大义。这里记载的是各诸侯前往拜会王世子，不仅体现了上尊下卑之礼，而且凸显了天王的权威。胡安国认定这种书写方式体现的就是“此圣人尊君抑臣之旨也，而班位定矣”。

又如：“僖公二十八年，公会晋侯、齐侯、宋公、蔡侯、郑伯、卫子、莒子盟于践土。”胡安国解释为“践土之会，天王下劳晋侯，削而不

① 牟润孙：《注史斋丛稿》，中华书局 2009 年标点本，第 141 页。

书，何也？周室东迁，所存者号与蔡耳，其实不及一小国之诸侯。晋文之爵，虽曰侯伯，而号令天下，几于改物，实行天子之事，此春秋之名实也，与其名存实亡，犹愈于名实俱亡，是故天王下劳晋侯于践土，则削而不书，去其实以全名，所谓‘君道也，父道也’”。可以说，胡安国和理学家一样，直接把君与父等同，要求不仅在礼制上要尊君，而且要求从人的内心情感去信从，从而将君主的地位完全推及理学家所要求的天的高度。

二是复仇。胡安国极力主张抗金，他通过《春秋》中的事例，反复阐述复仇的大义，并上升到天理的高度说明之。他的目的希望以此来劝说宋高宗积极抗金，一是报国家民族之仇，二是报二帝被俘虏的仇。例如：“闵公二年九月，夫人姜氏孙于邾。”胡安国首先认为这样的书写记载表现了对庄姜的贬斥，接着更进一步认定这是为了谴责庄公忘记了杀父之仇，大臣又不加以进谏而故意这样记录的。胡安国更进一步从理学家的思想出发，认为这是导致天理灭绝而人欲横流的根本原因。胡安国认为《春秋》以复仇为重，圣人对于不复仇的人深恶痛绝，特地在《春秋》中加以记录强调。胡安国认为这就是《春秋》的微言大义。

又如：“哀公元年王正月，公即位。楚子、陈侯、随侯、许男围蔡。”胡安国在转述《左传》“复仇”说后，解释围蔡的原因：蔡曾经入侵楚国，并且鞭挞平王之墓。因此楚国现在围蔡，就是复仇。春秋时期，楚国由于处南蛮之地，少被中华文明泽被，基于华夷之别，在《春秋》中对于楚国基本上都是贬斥。胡安国在此处诠释则一反常法，对于楚国的复仇行为大加赞赏。真是君父之仇，不共戴天。胡安国认为《春秋》此处特以子爵来称楚，就是要宽恕楚国侵犯中原华夏之罪行。

最后，胡安国又有自己对于经典的独到理解。例如：“襄公二十九年，吴子使札来聘。”季札是吴王的四子，德行名于世，是春秋时代有名的贤人，连孔子都称赞他。对于季札再三让国而不受的行为，“三传”及以前的解经人多从动机和行为之表现来看待，因而大多数是正面赞扬。胡安国则认为不然，他是从季札让国这一行为的后果来看。胡安国认为季札作为贤德之人，不仅应该将自己的才能奉献给国家的治理和黎民百姓，而且应该勇于承担社稷重任。也就是说，胡安国认为季札让国是在逃避自己的责任，更为重要的是，季札的让国行为，客观上不仅没有使自己的国家繁荣稳定，反而导致国家的混乱，最终自然贻害百姓。从这个角度出发，胡安国认为《春秋》不称其为公子而称子，后面又用“来聘”两字记载，都暗含了对于季子的贬斥。

又如：“僖公下，二十有八年春晋侯侵曹，晋侯伐卫。”胡安国认为春秋时代，凡是用兵打仗的，不是出于私怨报复，就是想霸占他人的土地，晋侯文公侵略曹国、卫国，就是这样。因此，胡安国认为，晋文公不是出于自己“方伯”的职责，去维护公平正义，而是为了发泄自己的怨恨，以报复当年在逃亡途中，那些对自己不好的国家，如曹国等。胡安国认为晋侯这样做的目的就是发泄自己的私愤。在此处，胡安国从动机而不是事功上来评判《春秋》中的人和事。可以说，更加强化了君王内在道德修养的重要性，这使“《春秋》学”的诠释更加符合宋代义理学的要求。因此，朱熹就认为胡安国对于《春秋》的诠释根本在于：“今理会得一个义理后，将他事来处置，合于义理者为是，不合于义理者为非。”①

三

“理一分殊”，是程颐对于张载“乾称父，坤称母；予兹藐焉，乃混然中处。故天地之塞，吾其体；天地之帅，吾其性。民吾同胞，物吾与也”② 思想的概括。程颐认为理只是整全的一个，但具体表现各异。因此，“理一分殊”变为封建的伦理道德规范和其在社会人生中的各种表现之间的关系。胡安国将程颐这一论述道德修养的原理，移植到《春秋》的诠释中来。胡安国将《春秋》中各种纷乱复杂的事件与不变的义理结合起来，使其更加具有说服力。

首先，处理一和多的关系。例如：“哀公十有四年春西狩获麟。”胡

① （宋）黎靖德编：《朱子语类》，中华书局 1986 年标点本，第 2152 页。

② （宋）张载：《张载集》，中华书局 2008 年标点本，第 62 页。

安国基于传统儒家的观念，认为麒麟的出现，是吉祥的征兆。他将其与孔子修《春秋》联系起来，认为是祝贺圣人完成了《春秋》的笔削，是一种千古盛事。这就像河图洛书出，而有八卦一样。虽然其事不一，但是其中之理却是一贯的。胡安国说“事应虽殊，其理一也”。那么，为什么会形成杂多的具体表现呢？胡安国通过《易传》的话语，引入“先天后天说”，根本目的就是引入“气”这一概念，并用“气”来解释杂多的形成。他认为先天的理是纯一整全的，通过“气”动，具体变化成现实世界的各种各样的人、事、物。这是二程理学的一个重要思想，把形上之理和形下之事，看成一与多的关系。胡安国认为《春秋》中的种种人与事，其实都是形上之理的流变。这是在事情上，那么在人生上呢？胡安国亦是同样的理解。

其次，用“理一分殊”来正名。胡安国认为《春秋》隆礼重名，其文所定下记录原则，就是为了维护名教，以为万世法，因此国君应该重视他的原则。胡安国在自己《春秋传》的前面的《明类例》中就有明确的说明。（1）有事同则词同者，这是正例，亦是天道之常经。（2）有事同而词异，这是变例，能够通古今之谊。变例不但能够于事例中见常法，而且还能于事例之外而触类旁通。胡安国认为圣人制定的这一原则和理学家提倡的“理一分殊”原则一样，表现了统一理念。因此，胡安国认为只有根据这一原则，才能理解《春秋》记录历史人物和事件时，就体现在其中的措辞和先后顺序上。《春秋》正是根据这一原则及其所使用的不同的词汇，以体现理的要求。相反，如果我们违背或根本不懂“理一分殊”的原则，就根本不能理解《春秋》中的义理。其结果也就只有要么像王安石那样，将《春秋》看作“断烂朝报”了，要么哀叹《春秋》是“有识之士莫不委婉其辞，隐晦其说”。① “理一分殊”，就是说理不变，而行为标准则呈现出杂多。胡安国正是使用“理一分殊”的原则，来诠释《春秋》中的正名和别类的现象。

（1）正例则事同则辞同，意义明显。例如：“庄公十有一年冬，王姬归于齐。”胡《传》解释为“按周制‘王姬嫁于诸侯，车服不系其夫，

① （唐）刘知几：《通史》，辽宁教育出版社1997年标点本，第118页。

下王后一等，礼亦隆矣’。春秋之义，尊君抑臣，其书王姬下嫁，曷为与列国之女同辞而不异乎？……然后知春秋书王姬、侯女同词而不异，垂训之义大矣”。这就是说按照周代的礼制，只能称其为“王姬”，和公侯之女的称呼一样，含义也一样。又如：“闵公元年齐人救邢。”胡安国即解释为《春秋》中凡是用“救”这个字的，都是对于“救人则”的称赞，其内含褒扬之义，具有正面的意义。这也是“理一”和“殊多”的关系。胡安国认为《春秋》书“救”的很多，都是褒奖之义，就是记载夷狄的史事也具有褒义。

（2）变例则有两种形式，一是同词而意异。例如《春秋》同样记载“楚子伐郑”的有两处，即：“宣公九年冬和宣公十年冬。”历史上，楚国曾经几次侵犯郑国，《春秋》记载中有时称楚人，有时称楚子（爵位），但这两次《春秋》记录的都一样，都称其为楚子。那么其含义是否一样呢？对此，胡安国认为其含义还是有不同。对于宣公九年记录“楚子伐郑”，胡安国认为是圣人要凸显其以重兵侵陵郑国，是以夷暴略我中华。圣人如此记录就是要斥责楚兵侵略中华，因此是完全的贬义了。但是对于宣公十年冬记录的“楚子伐郑”，胡安国却说圣人在记录中直接称其爵位，这是直词，并不是有意去凸显楚国的罪状。对于为什么会有这样的诠释呢，胡安国解释为：“以实属词，书其重者而意不以楚为罪也，知然者以传书‘晋士会救郑，逐楚师于颖北’，而经削之则责晋可知矣。此类兼以传为案者也。”因此，胡安国明确说明没有加罪楚国之意，就是直书而已。可以说，这也是在“理一”的原则下而事异的表现。胡安国认为《春秋》就是在同样的记述中，由于历史语境的不同，同一词汇就会表现出不同的意义来。可以说，这也是胡安国对“理一分殊”的具体运用。正因为这样，胡安国能够在《春秋》所记载的各种史实之中，在各种繁杂的解经方式之中，根据当时的时势政治的需要，结合理学的论证，在各种《春秋》解释中，将其新义解释出来。在胡安国《春秋传》成为官方教材之后，他的这种遣词用句而意含褒贬的诠释方法和思想，的确对后世“《春秋》学”产生了相当大的影响。

二是词不同含义亦不同。例如：“庄公二十有六夏，曹杀其大夫。”胡安国在自己的诠释中，就明确指出《春秋》记录中，诸侯不请示天子，擅自杀死其大夫的几种情况。第一种是“义系于杀，则止书其官”。即因与其官职相关之事而被杀的人，就只记录其官称。第二种是“义系于人，则兼书其名氏”。即因与其做人方面相关的事情而被杀的人，就既记录其官称又记录其名称、氏称。同时，胡安国更是从宋代君臣一体，共同治理国家，因此相互之间应该尊重爱惜这一原则出发，来诠释“曹杀其大夫”这一事件。他认为曹国不经请示天子，就杀死其大夫，不仅违背了天理之要求，而且是对于合作者的蔑视。可以说，胡安国的这种解释本质上就是用“理一分殊”的方法来正名别类，亦是其结合宋代政治来解经的具体运用。

总之，胡安国是二程理学传承和南传的重要人物。他以解决时政问题为目的，以义理为向度的解经方式，不仅将经世致用和经史致用的两种解经方法结合起来，而且熔铸了理学的精神。他的这种解经方式一方面融会义理、道德于时势政治之中；另一方面又有利于纠正宋代理学空论心性的弊端，从而不仅使学术服务于现实，而且使历史经验起到指导现实的作用。因此，在学术上，胡安国《春秋传》的完成，使传统“《春秋》学”彻底摆脱旧经学的羁绊，完成了其宋学的转变，成为真正意义上的义理之学；现实上，胡安国以义理为向度，将经史和经世相结合，学以致用的治学特点，开创了湖湘学派的新学风。

论王船山对湖湘学派的思想承接*

方红姣　孙国洋

（湘潭大学碧泉书院·哲学与历史文化学院）

摘要： 王船山出生、成长、生活、著述于湖湘大地，从地域理学的维度考察船山思想的形成，既能深化船山思想的研究，又能深入对湘学的了解。船山思想与湖湘学派之间有重要的思想承接关系。一方面，从湖湘学派到王船山，其间有明晰的人物传承谱系："胡安国—胡宏—张栻—吴猎—吴道行—王船山"。另一方面，王船山在辟佛观、理欲观、人性论、知行观、经世观等方面，与湖湘学派之间表现出深刻的思想传承。

关键词： 王船山　湖湘学派　思想传承

王船山晚年自题墓志铭："抱刘越石之孤愤而命无从致，希张横渠之正学而力不能企"①，上句表达的是他的民族与政治情怀，下句表明他对自己学术渊源与归属的自我认定。船山的这一自我认定得到了后世学者的认同，张载哲学是船山仰慕、继承、广大的"正学"，同时他对周敦颐、程颐、朱熹的思想都有所资取。如熊十力说："船山易内外传，宗主横渠，而和会于濂溪、伊川、朱子之间，独不满于邵氏。"②

关于王船山的思想渊源，学界围绕横渠、濂溪、伊川、晦庵，进行了不少的探讨。对于其与跟朱熹有直接的思想交锋，并与周敦颐、二程有思想关联的南宋地域理学的重要学派——湖湘学派之间的思想联系，

---

* 原文另已发表于《船山学刊》2020 年第 3 期。

① （清）王夫之：《自题墓石》，《船山全书》，岳麓书社 2011 年版，第 16 册，第 4 页。

② 熊十力：《论汉学与宋学及宋明理学史》，载郭齐勇编《熊十力学术文化随笔》，中国青年出版社 1999 年版，第 209 页。

则还有不少的讨论空间。目前相关研究主要有：方克立先生的《王船山——从古代湘学过渡到近代湘学的关键人物》（《湘潭大学社会科学学报》2003 年第 1 期）一文，从湘学精神和学风、知行观和理欲观思想、民族主义思想三个方面，阐释了船山在湘学发展中承上启下的地位，其中承上的部分重在探讨船山与胡安国、胡宏、张栻之间的思想关联；王兴国先生的《从湖湘学派到王船山》（《湖南社会科学》2017 年第 2 期）一文，从“《春秋》学”、知行观、理欲观三个方面展示了船山对湖湘学派的继承和发展。另有一些著作中有相关的讨论，比如王立新先生的《从胡文定到王船山：理学在湖南地区的奠立与开展》（中国社会科学出版社 2014 年版）一书，全面梳理了湖湘学派群体的思想及其与其他理学学派之间的关系，其中关于船山与湖湘学派之间的关系，论述了船山史论与胡安国史论的不同，以及船山在人性论、理欲观、道器观方面对湖湘学派的继承。本文在吸收已有成果的基础上，从船山思想的形成这一层面，探讨湖湘学派如何影响船山。

一　清晰的湖湘传承谱系

船山思想的形成受多方面因素的影响。从地域学术和学风的维度来看，其中最主要的原因有两个：一是家学渊源；二是湖湘学术的影响。首先，家学渊源主要来自他的父亲、长兄和叔父的影响。长兄王介之是船山的发蒙老师，船山自幼聪慧过人，四岁时即入私塾跟随长兄识字读书，七岁读完“十三经”。十岁开始跟父亲王朝聘学习经义，十六岁又随叔父王廷聘学诗、读史。船山的父亲王朝聘和叔父王廷聘都曾受业于伍学父，同时又问学于阳明江右学派的邹泗山，从而接受濂洛之学，崇尚真知实践。长兄王介之年长船山十二岁，和他们的父亲、叔父一样，也是一位饱读诗书的秀才，著有《春秋家说补》等，家人的学行对船山有重要的影响。

其次，船山出生、成长、生活、创作于湖湘大地，湖湘学术和学风对船山的浸润和滋养是潜在而又深刻的，这种影响也有迹可循。船山十四岁考中秀才，得湖广学政王志坚推荐入衡阳州学学习两年。衡岳之地是湖湘学派开创人胡安国曾经讲学之所，胡安国携家眷定居湘潭碧泉后，曾时常去往衡阳讲学。二十岁时，船山游学长沙岳麓书院，进一步接受湖湘学术、学理、学风的熏陶。受业于岳麓书院期间，书院的山长是吴道行，吴山长是湖湘学派的主要代表人物张栻的高足吴猎的后裔。

吴猎（1130—1213 年），字德夫，号畏斋，潭州人。二十三岁入岳麓书院，从学于张栻，继受教于朱熹。吴猎与胡大时、彭龟年、游九言等齐名，被全祖望赞誉为“岳麓巨子”。吴猎著有《畏斋文集》、奏议六十卷。南宋淳熙十六年（1189）赐同进士出身，主张“民为邦本，本固邦宁”；重视“经世致用”，提倡务实，身体力行；同时，吴猎也是抗金名士，力主抗金，反对议和。开禧二年（1206），吴猎任江陵知府，主管荆湖北路安抚司事，加强防务，重修五代时高氏所筑“三海”防水工程。后金兵多次侵犯荆襄等地，均因吴猎备战充分，运筹得当而败退。金兵围困襄阳、德安，进迫竟陵时，吴猎亲临前线指挥，节制本路兵军，遣张荣率兵援竟陵，又招神马坡溃卒万人，分援襄阳、德安。开禧三年（1207），加宝谟阁待制，出任湖北、京西宣抚使。金兵再犯竟陵，张荣战死，襄阳、德安告急。吴猎请魏了翁摄参议官，募死士入竟陵，命部将王宗廉死守，调忠义军及保捷军分道夹击，解竟陵之围。又督董逵军自京山援德安，配合忠义军救襄阳，终使战局转危为安。

吴道行（1560—1644 年），字见可，号嵝山，湖南善化（今湖南长沙）人，宋儒吴猎之后。早年师从岳麓书院的张元忭，主讲于长沙惜阴书院，学者称“嵝山先生”，晚年成为明代岳麓书院最后一任山长，以“朱熹张栻为宗”，治学严谨，与高世泰为至交，王夫之曾师从之。崇祯十七年（1644），明朝灭亡，吴道行不食而卒，葬于岳麓山飞来石侧。著有《易说》《嵝山集》《嵝山堂集抄略》《读史阙疑》《岳麓志》等。吴道行深受家学传统影响，继承并弘扬了湖湘学统，对王船山的学行有不可忽视的重要影响。

从胡安国、胡宏、张栻到吴猎，再经由吴道行至王船山，湖湘学派的思想传承脉络可谓相当明晰。

二　深刻的内在思想关联

纵观船山著作，可以看出船山非常了解胡安国、胡宏、胡寅、张栻等湖湘学派学者的思想，并对湖湘学派给予了高度评价。船山与湖湘学派的内在思想关联，可以透过五个方面窥得一二。

（一）船山的辟佛思想是对湖湘学派辟佛思想的延续

湖湘学派以理学为宗，在倡导性理之学的同时，又崇实、重行。对于佛学，湖湘学派的基本态度是批判的。船山一生辟佛，体现其佛学思想的著作不少，如佛学专论《相宗络索》《南岳赋》《与惟印书》《宝宁寺志叙》等赋、书、叙。船山的辟佛思想，与湖湘学派胡安国、胡宏、胡寅、张栻等有着前后相续的承接关系，主要体现在两个方面。

一是批判佛家的“空”与“无”。船山有言曰：“释氏缘见闻之不及而遂谓之无，故以真空为圆成实性，乃于物理之必感者，无理以处之而欲灭之；灭之而终不可灭，又为‘化身无碍’之遁辞，乃至云‘淫坊酒肆皆菩提道场’，其穷见矣。性不可率之以为道，其为幻诞可知；而近世王畿之流，中其邪而不寤，悲夫！”① 船山分析了佛家“无”义的由来，即以“见闻之不及”为“无”，此“无”又成为佛家解“空”的基础，因有不见不闻，故将“空”作为本，以“空”为圆成实性。在船山看来，据见闻之所穷解“无”，实为释氏之所以邪妄之所在。而“见闻之不及”为何？船山从气乃“实有”的高度做出了诠释。他说：“人之所见为太虚者，气也，非虚也。虚涵气，气充虚，无有所谓无者。”② “凡虚空皆气也。聚则显，显则人谓之有；散则隐，隐则人谓之无。”③ 所以，所谓的“无”，只是气散而不显的状态，并非真无。宇宙一气也，“实有”是气的

---

① （清）王夫之：《张子正蒙注》，《船山全书》，岳麓书社 2011 年版，第 12 册，第 182—183 页。

② （清）王夫之：《张子正蒙注》，《船山全书》，岳麓书社 2011 年版，第 12 册，第 30 页。

③ （清）王夫之：《张子正蒙注》，《船山全书》，岳麓书社 2011 年版，第 12 册，第 23 页。

最基本的属性。肯定世界的实有，并以此批判佛教的空幻之说，这一点在胡寅、胡宏、胡安国、张栻等湖湘学者那里都有相关论述。

胡寅写了一部专门辟佛的书，即《崇正辨》，黄宗羲称“湖南一派，如致堂之辟佛，可谓至矣”①。胡寅说：“佛之道，以空为至，以有为幻，此学道者所当辨也。今日月运乎天，山川著乎地，人物散殊于天地之中，虽万佛并生，亦不能消除磨灭而使无也。日昼而月夜，山止而川流，人生而物育，自有天地以来，至今而不可易，未尝不乐也。此物虽坏而彼物自成，我身虽死而人身犹在，未尝皆空也。”② 日月山川，人物天地，宇宙间的一切都是生生不息的，万物的繁衍绵延，不会因意念而磨灭以至于空无，人的繁衍是人文化成的基础。胡寅还从人的寐与死讨论人的形神关系，并肯定形是神的基础。他说：“人之寐之，气不离形。识知固在也。而不能于寐之中自知其寐也，其将寐也，虽大圣人亦不能卓然了然，知寐与寤之分际。死之异于寐也，以方寐之时，或呼之，或触之，瞿然而觉也，死则不能矣。……又况于气既离形，如光之脱火，知识泯泯，不可复阳。”③ 在论证了形乃神之本后，胡寅更进一步对佛家的“轮回说”展开批判，并在哲学思想上批判其空幻和“轮回说”，胡寅认为，佛教说天、食可慕，地狱可怖，轮回可脱，于是人皆以死为一大事，而儒家精神中本有的舍生取义、杀身成仁之道泯灭，这是湖湘学派理论的突出贡献之一。

二是批评佛家弃人伦之美。忠、孝、仁、义是儒家精神在日用生活世界的体现，是儒家坚守的重要价值。胡安国分析了佛家背弃人伦纲常的原因，在于析心与理为二，在于“理障”。胡安国在给弟子曾几的书中说：“释氏虽有了心之说，然其未了者，为其不先穷理，反以为障，而于用处，不复究竟也。故其说流遁，莫可致诘，接事应物，颠倒差谬，不

① （清）黄宗羲：《宋元学案》卷三十四《武夷学案》，《黄宗羲全集》，浙江古籍出版社1992年版，第4册，第481页。

② （宋）胡寅：《崇正辩·斐然集》，中华书局1993年版，上册，第42页。

③ （宋）胡寅：《读史管见》，岳麓书社2011年版，下册，第596页。

堪点检。"①

胡宏也曾说过大意相同的一段话，"释氏见理而不穷理，见性而不尽性，故于一天之中分别幻化真实，不能合一，与道不相似也"②。又说，"释氏以尽虚空沙界为吾身，大则大矣，而以父母所生之身为一尘刹幻化之物而不知敬焉，是有间也。有间者，至不仁也，与区区于一物之中沈惑而不知反者何以异？"③ 佛家轻看一己之身，以为父母所生之身是虚幻之物，从而不知敬者为何，更至于不仁，这是佛家之失。

船山也从理的层面，特别是欲与理二者关系的角度，阐述了佛家废弃人伦的原因。"离欲而别为理，其唯释氏为然。盖厌弃物则，而废人之大伦矣。今云'然后力求所以循天理'，则是离欲而别有所循之理也，非释氏之诐辞哉！五峰曰：'天理人欲，同行异情'，韪哉！能合颜、孟之学而一原者，其斯言也夫！"④ 在船山看来，佛家将欲与理截然两分，导致人伦之废。离开人之欲，而求理，已是对理的偏离。用胡宏的话说，"与道不相似也"。所以，船山感叹，胡宏不离人欲而言天理，"天理人欲同行异情"之说是何等的精妙，是真正合于颜回、孟子的正学。胡宏指出，佛教"必欲出死生者，盖以身为己私也。天道有消息，故人理有始终。不私其身，以公于天下，四大和合，无非至理，六尘缘影，无非妙用。何事非真，何物非我。生生不穷，无断无灭，此道之固然。又岂人之所能为哉？"⑤ 此外，船山还就唯识宗的八识阐发人禽之辨，"释氏之所谓六识者，虑也；七识者，志也；八识者，量也；前五识者，小体之官也。呜呼！小体，人禽之共者也。……人之所以异于禽者，唯志而已矣。不守其志，不充其量，则人何以异于禽哉！"⑥ 唯识宗将众生的心识分为八种，谓之八识，即眼识、耳识、鼻识、舌识、身识、意识、末那

① （清）黄宗羲：《宋元学案》卷三十四《武夷学案》，《黄宗羲全集》，浙江古籍出版社1992年版，第4册，第451页。

② （宋）胡宏：《胡宏集》，中华书局1987年版，第13页。

③ （宋）胡宏：《胡宏集》，中华书局1987年版，第13页。

④ （清）王夫之：《读四书大全说》，《船山全书》，岳麓书社2011年版，第6册，第913页。

⑤ （宋）胡宏：《胡宏集》，中华书局1987年版，第4页。

⑥ （清）王夫之：《思问录》，《船山全书》，岳麓书社2011年版，第12册，第451页。

识、阿赖耶识。根据他们的特点，这八识又可以分为三类，前六识、末那识、阿赖耶识。船山认为，人之所以异于禽兽者，在于志，人有志，能持志。因此，君子修德进业，在于其刚健日新的志向。如若像佛家般将其一刀斩断，则失去人之为人的基准和动力。

（二）船山的理欲观是对湖湘学派天理人欲思想的继承

“理欲之辨”是宋明儒学讨论的核心问题之一。船山批判割裂理欲，灭欲而存理的观点，肯定天理寓于人欲之中，天理不能离开人欲而独存。“理自性生，欲以形开。其或冀夫欲尽而理乃孤行，亦似矣。然而天理人欲同行异情。异情者异以变化之几，同行者同于形色之实，则非彼所能知也。”① 这很明显是对胡宏“天理人欲同行异情”的发扬。胡宏说：“天理人欲同体而异用，同行而异情。进修君子宜深别焉。”② “好恶，性也。小人好恶以己，君子好恶以道。察乎此，则天理人欲可知。”③ 可以看出，船山和胡宏一样，都强调修德之君子应当正视人欲与天理之合，饮食男女之中自有天理在。“饮食男女，皆性也；理皆行乎其中也。”④ 人欲与天理同体同行，人情、私欲之中亦有天理。“王道本乎人情。人情者，君子与小人同有之情也。……私欲之中，天理所寓。”⑤ 理寓于欲，公欲即理。“天下之公欲，即理也；人人之独得，即公也。”⑥

船山还以孔颜之学、孟子之政为依据，说明先圣们在倡天理的同时，从无绝人欲之意。人欲不是洪水猛兽，不需将它与天理一刀两断。“孔颜之学，见于《六经》《四书》者，大要在存天理。何曾只把这人欲作蛇蝎

① （清）王夫之：《周易外传》，《船山全书》，岳麓书社 2011 年版，第 1 册，第 837 页。

② （宋）胡宏：《胡宏集》，中华书局 1987 年版，第 329 页。

③ （宋）胡宏：《胡宏集》，中华书局 1987 年版，第 330 页。

④ （清）王夫之：《张子正蒙注》，《船山全书》，岳麓书社 2011 年版，第 12 册，第 362 页。

⑤ （清）王夫之：《四书训义：下》，《船山全书》，岳麓书社 2011 年版，第 8 册，第 90—91 页。

⑥ （清）王夫之：《张子正蒙注》，《船山全书》，岳麓书社 2011 年版，第 12 册，第 191 页。

来治，必要与他一刀两断，千死万休?"[1] "孟子所言之王政，天理也，无非人情也。人情之通天下而一理者，即天理也。非有绝己之意欲以徇天下，推理之清刚以制天下者也。"[2]

同时，船山辨析了天理与人欲的细微差异。船山认为，两者之别，只在公私、诚伪之间。"天理、人欲，只争公私诚伪。如兵农礼乐，亦可天理，亦可人欲。春风沂水，亦可天理，亦可人欲。才落机处即伪。夫人何乐乎为伪，则亦为己私计而已矣。"[3] 兵农礼乐、春风沂水，皆可天理可人欲。是天理？还是人欲？关键在私伪与否。张栻也说："如饮食男女，人之所大欲，人孰不欲富贵？亦皆天理自然。循其可者而有所之，如饥而食，渴而饮，以礼则得妻，以其道而得富贵之类，则天理也。"[4] 人的饥渴、作息等基本的自然欲求都是天理的流行和发用，但欲不能过，过欲则私，而为人欲。

由此可见，船山在理欲观的阐发上，与湖湘学派理欲思想上的继承关系非常明显，特别是胡宏的"天理人欲同行异情说"，对船山影响很大。

（三）船山的人性论是对湖湘学派人性学说的发扬

湖湘学派论性，以胡宏之说最具代表，这里且以胡宏与船山做对比。首先，船山与胡宏论性的源出系统相同。自经典而言，他们都承接《中庸》的传统，《中庸》开篇谓："天命之谓性，率性之谓道，修道之谓教。"这一思想精髓被胡宏和王船山继承，胡宏称："万物生于天，万事宰于心。性，天命也。命，人心也。"[5] 又说："天命之谓性。性，天下

---

① （清）王夫之：《读四书大全说》，《船山全书》，岳麓书社 2011 年版，第 6 册，第 675 页。

② （清）王夫之：《四书训义：下》，《船山全书》，岳麓书社 2011 年版，第 8 册，第 120 页。

③ （清）王夫之：《读四书大全说》，《船山全书》，岳麓书社 2011 年版，第 6 册，第 765 页。

④ （清）黄宗羲：《宋元学案》卷五十《南轩学案》，《黄宗羲全集》，浙江古籍出版社 1992 年版，第 4 册，第 956 页。

⑤ （宋）胡宏：《胡宏集》，中华书局 1987 年版，第 6 页。

之大本也。”[①] 胡宏所言“性，天命也”以及“天命之谓性”均是《中庸》言性的同一表述。

船山说：“形日以养，气日以滋，理日以成；方生而受之，一日生而一日受之。……故天日命于人，而人日受于天。故曰性者生也，日生而日成之也。”[②] 很显然，船山论性，一方面紧接胡宏，继续《中庸》的传统，强调性源自天，所谓“天日命于人”，此言性自生而生。同时，船山又强调人之于天的向度，即“人日受于天”，故船山说“方生而受之，一日生而一日受之”。依此，天不仅是性之源，人还是活泼泼的“受”之主体。由此从天与人的授、受互动层面拓展了《中庸》的“性论”，这是船山较之胡宏更为深入的部分。船山对人的主体性的重视，自然导向对性之“成”义的阐发，即《易传》“成之者性也”之谓。《周易・系辞》有言：“一阴一阳之谓道，继之者善也，成之者性也。”在船山看来，通过后天的修养可以养成性，完善性。因此，择善而固执之，对向德之君子至为重要。

因此，在人性论上，船山继承胡宏言性的《中庸》路向，同时更在胡宏的基础上，引入《易传》之“成性论”，对“成”义做了创造性的阐发；与此同时，船山放弃了胡宏性“论”的本体之性的含义，船山“性论”之于胡宏，既有继承，又有扬弃，创造性地提出“性与习成”的“性日生日成说”。

（四）船山的知行观是对湖湘学派知行关系的推进

在知行观上，船山发挥湖湘学派“缘事物而知”和知行互发、兼致的观点，提出“知行相资以为用”“并进而有功”的论断。船山说：“且夫知也者，固以行为功者也。行也者，不以知为功者也。行焉可以得知也；知焉未可以收行之效也。将为格物穷理之学，抑必勉勉孜孜，而后择之精，语之详，是知必以行为功也……行可兼知，而知不可兼行。下

① （宋）胡宏：《胡宏集》，中华书局1987年版，第328页。

② （清）王夫之：《尚书引义》，《船山全书》，岳麓书社2011年版，第2册，第300页。

学而上达，岂达焉而始学乎？君子之学，未尝离行以为知也必矣。”[①] 行可检验知之效，而反之，知不能检验行，知必须落于行，以行为其功。所以，在知行关系上，知与行并不是平列的，力行是主导的方面，“离行以为知，其卑者，则训诂之末流，无异于辞章之玩物而加陋焉；其高者，瞑目据梧，消心而绝物，得者或得，而失者遂叛道以流于恍惚之中。异学之贼道也，正在于此”[②]。

船山批评那些离行以为知者，认为他们要么沉浸在训诂、辞章之中，或者消心绝物，流于恍惚，都已背离了正学。对佛家的知行观，船山也进行了批评。“浮屠之言曰：‘知有是事便休。’彼直以惝然之知为息肩之地，而顾诡其辞以疑天下……是其销其行以归知……本汲汲于先知以废行也，而顾诎先知之说，以塞君子之口而疑天下。其诡秘也如是，如之何为其所罔，而曰‘知先行后’，以堕其术中乎?”[③] 船山认为，佛家对于行，是销与废，销行以归知。

同时，知与行又是相互资取、互以为用的。“知行相资以为用。唯其各有致功而亦各有其效，故相资以互用，则于其相互，益知其必分矣。同者不相为用，资于异者乃和同而起功，此定理也。不知其各有功效而相资，于是而姚江王氏知行合一之说得借口以惑世。”[④] 所谓相资以互用，是建立在知非行，行也非知，知异于行的基础之上的，而阳明的知行合一说，弊病即在于没有区分知与行。

船山对知行关系的阐发，可以看到胡宏和张栻的影响。胡宏提出“缘事物而知”的观点，否定“生知”，强调人之知依靠耳目感官接触外界事物而来，从亲师取友的后天学习而来，无异于肯定知的经验性、实践性。胡宏说：“夫人非生而知之，则其知皆缘事物而知。”[⑤] 又说：“人皆谓人生则有知者也。夫人皆生而无知，能亲师取友，然后有知者也。”[⑥]

---

① （清）王夫之：《尚书引义》，《船山全书》，岳麓书社 2011 年版，第 2 册，第 314 页。
② （清）王夫之：《尚书引义》，《船山全书》，岳麓书社 2011 年版，第 2 册，第 314 页。
③ （清）王夫之：《尚书引义》，《船山全书》，岳麓书社 2011 年版，第 2 册，第 312 页。
④ （清）王夫之：《礼记章句》，《船山全书》，岳麓书社 2011 年版，第 4 册，第 1256 页。
⑤ （宋）胡宏：《胡宏集》，中华书局 1987 年版，第 152 页。
⑥ （宋）胡宏：《胡宏集》，中华书局 1987 年版，第 43 页。

“缘事物而知”就是要格物，物不格则知不至，只有通过亲自格之，才能“即物而真”。此外，“缘事物”，不应只停留在耳目感性认识上，还要发挥心的功用，“人心应万物，如水照万象。应物有诚妄，当其可之谓诚，失其宜谓之妄”①，并通过“睹形色而知其性，闻声音而达其义”②。因此，心对物的认识，如同水映照万物，有真有假、有诚有妄，所以发挥好心官的作用是非常重要的。

船山在谈到格物时，也强调心官与耳目之官并用。船山说：“大抵格物之功，心官与耳目均用，学问为主，而思辨辅之，所思所辨者皆其所学问之事。……‘致知在格物’，以耳目资心之用而使有所循也，非耳目全操心之权而心可废也。”③

整体而言，在知行关系上，张栻摆脱了“知先行后论”的束缚，提出“知与行互发”或“兼致”。张栻说：“行之力则知愈进，知之深则行愈达，是知尝在先而行未尝不随之也”④，“历考圣贤之意，盖欲使学者于此二端兼致其力”⑤。这是对胡宏“缘事物而知”思想的推进，同时也启发了后来者王船山。

（五）求实以经邦济世：一脉相承的湘学经世观

船山从体用一致的层面，阐明义与利的正向关系，为“经邦济世”的理论提供思想支撑。何为体？在船山，从宇宙的本体而论，是气。气、太虚是宇宙的本体。气有何特点？实是气的根本属性。船山说：“太虚，一实者也。故曰‘诚者天之道也’。”⑥ 又说：“诚也者实也；实有之，固有之也；无有弗然，而非他有耀也。”⑦ 而船山是如何论述体与用的一致关系呢？

---

① （宋）胡宏：《胡宏集》，中华书局1987年版，第34页。

② （宋）胡宏：《胡宏集》，中华书局1987年版，第14页。

③ （清）王夫之：《读四书大全说》，《船山全书》，岳麓书社2011年版，第6册，第406页。

④ （宋）张栻：《张栻集》，岳麓书社2017年版，第3页。

⑤ （宋）张栻：《张栻集》，岳麓书社2017年版，第3页。

⑥ （清）王夫之：《思问录》，《船山全书》，岳麓书社2011年版，第12册，第402页。

⑦ （清）王夫之：《尚书引义》，《船山全书》，岳麓书社2011年版，第2册，第353页。

“天下之用，皆其有者也。吾从其用而知其体之有，岂待疑哉！用有以为功效，体有以为性情，体用胥有而相胥以实，故盈天下而皆持循之道。故曰：‘诚着物之终始，不诚无物。’”① 天下之用，都是体之有，循用而可知体，体必显而为用。体用是不可分割的，体用胥有而相胥以实。世人常常不能正视体与用的关系，废用则体不全，分割体与用，或者混同体与用，都是错误的。船山有言曰：“乃循其显者，或略其微；察于微者，又遗其显；捐体而徇用，则于用皆忘；立体以废用，则其体不全；析体用而二之，则不知用者即用其体；概体用而一之，则不知体固有待而用始行。”② 既如此，天下万物各安其性，各得其用以自利，乃体用合一的体现。“乾之始万物者，各以其应得之正，动静生杀，成恻隐初兴、达情通志之一几所涵之条理，随物而益之，使物各安其本然之性情以自利；非待既始之余，求通求利，而唯恐不正，以有所择而后利。此其所以为大也。”③

因此，义与利是不相矛盾的，是可以统一的。“立人之道曰义，生人之用曰利。出义入利，人道不立；出利入害，人用不生。智者知此者也，智如禹而亦知此者也。呜呼！义利之际，其为别也大；利害之际，其相因也微。夫孰知义之必利，而利之非可以利者乎？夫孰知利之必害，而害之不足以害者乎？诚知之也，而可不谓大智乎！”④ 所谓利，绝非小人以利为利之利，而是合乎义之利，此合于义之利，是可以助益万物的成长的。“凡言‘利’者，皆益物而和义之谓，非小人以利为利之谓。”⑤ 同样，义也是利之合。“故义者，利之合也。知义者，知合而已矣。”⑥ 又说：“义者，正以利所行者也。事得其宜，则推之天下而可行，何不利之有哉？”⑦ “义者天地利物之理，而人得以宜。”⑧ 船山的这些文字，无

---

① （清）王夫之：《周易外传》，《船山全书》，岳麓书社 2011 年版，第 1 册，第 861 页。

② （清）王夫之：《庄子解》，《船山全书》，岳麓书社 2011 年版，第 13 册，第 465—466 页。

③ （清）王夫之：《周易内传》，《船山全书》，岳麓书社 2011 年版，第 1 册，第 69 页。

④ （清）王夫之：《尚书引义》，《船山全书》，岳麓书社 2011 年版，第 2 册，第 277 页。

⑤ （清）王夫之：《周易内传》，《船山全书》，岳麓书社 2011 年版，第 1 册，第 75 页。

⑥ （清）王夫之：《春秋家说》，《船山全书》，岳麓书社 2011 年版，第 5 册，第 268 页。

⑦ （清）王夫之：《四书训义》，《船山全书》，岳麓书社 2011 年版，第 7 册，第 382 页。

⑧ （清）王夫之：《读四书大全说》，《船山全书》，岳麓书社 2011 年版，第 6 册，第 520 页。

不说明，义与利是高度统一的。

关于义与利，胡宏也做过精彩的辨析。他通过将利分为公利和私利，而公利是义的方式，实现义与利的合一。故而，君子是否谋利？是否讲求事功？答案就在他与学生孙正儒的对话中。胡宏曾对孙正儒说："古之人是有名高天下，躬自锄菜如管幼安者；隐居高尚，灌畦粥疏如陶靖节者；使颜子不治郭内郭外之田，则饘粥丝麻将何以给？又如生知将圣孔丘，犹且会计升斗，看视牛羊，亦可以为俗士乎？岂可以守方册，口谈仁义，然后谓之清高人哉！正孺当以古人实事自律，不可作世俗虚华之见也。"① 胡宏告诫学生，要效仿孔子、颜回，能做实事，谋公利，建事功，以古圣贤之实事自律，不要做空口谈仁义的清高之人。学问上，亦不能仅仅停留在空谈的层面，要将学问落到具体的事功公利中去。如何才能做到？胡宏强调，体用一致是关键。"学问之道，得其体必得其用，有体而无用，与异端何辨？"②

由此可见，从体用一致的进路阐明义利的合一，胡宏与船山，其论说方式、主要的观点是一致的。当然，船山在胡宏论述的基础上，对体用一致以及义、利的内涵阐述得更为细致和深入，并在很大程度上推进了胡宏的学说。比如，关于义，船山将其落于社会历史，从一人之义、一时之义、古今之通义这三重含义，阐述了由低到高不同的层次内涵。义是相对的，权衡的标准是公与私。公者大，私者小，公者重、私者轻。"以一人之义，视一时之大义，而一人之义私矣；以一时之义，视古今之通义，而一时之义私矣；公者重，私者轻矣，权衡之所自定也。"③ 以此来评判历史，则彰显出船山不同一般的历史慧识。

湖湘学派非常重视社会的建构和秩序的维系，关注现实社会，善于从史书中汲取历史的经验和智慧，以此来关照现实、反思现实。胡安国毕生研治《春秋》，花费三十余年写就《胡氏春秋传》，阐发春秋的微言大义，借史事品评现实社会。船山继承这一精神，善于发现历史发展的

---

① （宋）胡宏：《胡宏集》，中华书局1987年版，第145—146页。

② （宋）胡宏：《胡宏集》，中华书局1987年版，第131页。

③ （清）王夫之：《读通鉴论》，《船山全书》，岳麓书社2011年版，第10册，第535页。

规律和社会中的个体与历史整体的发展之间的关系等，充满辩证的智慧。“盖尝论之：史之为书，见诸行事之徵也。则必推之而可行，战而克，守而固，行法而民以为便，进谏而君听以从，无取于似仁似义之浮谈，只以致悔吝而无成者也。则智有所尚，谋有所详，人情有所必近，时势有所必因，以成与得为期，而败与失为戒，所固然矣。”① 在船山看来，我们从史书中是可以看到具体的行事的。

史书的作用是什么？“资治”。何谓“资治”？“资治”不是简单地知晓历史的治和乱，而是要资取，要善于从历史的治和乱中资取智慧，以兴今之利，除今之害。“曰‘资治’者，非知治知乱而已也，所以为力行求治之资也。……然则治之所资者，一心而已矣。以心驭政，则凡政皆可以宜民，莫匪治之资；而善取资者，变通以成乎可久。设身于古之时势，为己之所躬逢；研虑于古之谋为，为己之所身任。取古人宗社之安危，代为之忧患，而己之去危以即安者在矣；取古昔民情之利病，代为之斟酌，而今之兴利以除害者在矣。得可资，失亦可资也；同可资，异亦可资也。”②

在历史的治乱之中，船山发现历史发展的规律，即理与势的合一。“夫所谓理势者，岂有定理，而形迹相若，其势均哉？度之己，度之彼，智者不能违，勇者不能竞，唯其时而已。”③ “难得而易失者，时也……已去而不可追者，亦时也……知时以审势，因势而求合于理，岂可以概论哉！”④ 船山以秦始皇、汉武帝等历史人物为列，论证个体的私欲与普遍的天理亦可通过吊诡的方式实现某种统一，即“天可假人之私行其大公”。比如秦始皇，他说：“秦以私天下之心而罢侯置守，而天假其私以行其大公，存乎神者之不测，有如是夫！”⑤

---

① （清）王夫之：《读通鉴论》，《船山全书》，岳麓书社 2011 年版，第 10 册，第 1180 页。

② （清）王夫之：《读通鉴论》，《船山全书》，岳麓书社 2011 年版，第 10 册，第 1183—1184 页。

③ （清）王夫之：《宋论》，《船山全书》，岳麓书社 2011 年版，第 11 册，第 140 页。

④ （清）王夫之：《宋论》，《船山全书》，岳麓书社 2011 年版，第 11 册，第 142 页。

⑤ （清）王夫之：《读通鉴论》，《船山全书》，岳麓书社 2011 年版，第 10 册，第 68 页。

三 结语

作为宋明理学的集大成者，船山思想是极其丰富的。船山是善于总结、批判和创新的哲学家，在中国哲学史、中国思想史上占有非常重要的地位。正因他思想的综合性，影响其思想的形成因子很多。因此，从多个维度探讨船山思想的形成，显得尤为必要。

近人钱穆曾说："晚明儒王夫之，可说是湖湘学派之后劲。"① 所谓后劲，是指后继的有力人物，即肯定船山是湖湘学派的有力后继者。在钱穆这里，主要是从人性论方面来肯定船山与胡宏之间的思想继承关系。事实上，船山与湖湘学派另外几位主要代表人物胡安国、胡寅、张栻也有密切的思想关联。船山与他们的关系亦不仅体现在人性论上，还体现在辟佛、理欲、知行、经世观等思想上。由以上几个方面不难看出，湖湘学派的思想是促使船山思想形成的一个非常重要的影响因子。船山承前启后，前继湖湘学派，后启近代湘学，是湘学从古代向近代转型的关键点。

---

① 钱穆：《宋明理学概述》，《钱宾四先生全集》，台北：联经出版事业公司1998年版，第9册，第119页。

察识与涵养相须并进

——张栻与朱熹交涉论辩管窥

王丽梅

（湘潭大学碧泉书院、哲学与历史文化学院）

摘要：张栻与朱熹是南宋乾、淳时期著名的理学家，两人对理学的一些重要问题进行反复的交流、探讨和辩论，透过朱熹与张栻的交涉与论辩，回归并追寻张栻的工夫论思想，笔者认为张栻的工夫论是一个完整的、前后相续的动态系统。在这个过程当中，他继承并消化了胡宏因利欲间发现良心苗裔然后操存涵养的思想；在思想及生命的成长历程中，张栻不断地“省过矫偏”，从而对前说进行修正、补充和完善，提出了察识与涵养并进的思想。这标志着张栻工夫论思想的成熟与确立。本文集中探讨张栻工夫论思想的发展、成长、确立之历史过程及其在思想上的意义。

关键词：张栻　朱熹　欣赏　质疑

一　导言

张栻（1133—1180 年），字敬夫，又字钦夫、一字乐斋，号南轩，因读书于金陵天喜寺南轩小方丈，学者称南轩先生；朱熹（1130—1200 年），字元晦，又字仲晦，号晦庵、晦翁等。朱熹与张栻不仅是挚友，“同道”之人，而且是南宋乾、淳时期著名的理学家，二人对南宋儒学的发展与完善都作出了重要的贡献。杜杲曾说：“中兴以来，文公朱先生以身任道，开明人心，南轩先生张氏，文公所敬。二先生相与发明，以续周、程之学，于是道学之盛，如日之升，如江汉之沛。”① 朱熹于乾道三年（1167）秋走潭州访张栻，归来后与门人书中叹曰：“敬夫所见超诣卓然，非所可及！”② 在朱子的众多师友中，唯对张栻敬重并叹服有嘉。从思想史发展的历史进程和逻辑进程而言，张栻确实是不能被忽视的重要人物，他不仅是乾、淳时期著名的学者，具有丰富的理学思想，而且同朱熹精研和切磋理学诸多问题，他的思想不仅深深地影响了朱子，而且对理学的发展与成熟具有不可低估的重要作用。

张栻的工夫论是其理学思想的一个重要内容——也是歧义最大、最被忽视的部分。研究者或站在胡宏的观点和立场，或从朱熹的价值与视域等来看待和理解张栻的思想，很少有人从张栻自身的观点和立场着手，客观而独立地探讨张栻工夫论的内涵及其意义。张栻的工夫论有一个发展、完善和确立的过程。因此，必须全面、动态地考察张栻的工夫论。的确，如同朱子一样，张栻的工夫论确实有一个曲折和变化，前期和后期有所不同；但问题的关键是，我们如何正确地看待这种曲折和变化，前期和后期的不同又说明了什么？这种曲折和变化是否就意味着张栻工夫论同于并转向朱子？张栻工夫论的内涵、实质以及意义究竟何在？今笔者根据南轩和朱子本人的作品以及朱子与张栻的交涉论辩，力图再现南轩工夫论之内容及实质。

二 “察识端倪说”——朱熹对张栻的欣赏

“察识端倪”或“端倪”一语源自南轩，但此语不见于南轩文集，而间接见于朱子（朱子转引南轩此语评价南轩及湖湘诸儒）。朱子说：“南轩说‘端倪’两字极好。此两字，却自人欲中生出来。人若无这些个秉

① （宋）杜杲：《重修建康张栻祠堂记》，《张南轩先生文集》卷七附录（丛书集成本）。
② （宋）朱熹：《答程允夫》第5书，《朱熹集》卷四十一，四川教育出版社1996年版，第1920页。

彝，如何思量得要做好人！”① 在给南轩信中引南轩之言曰：“学者先须察识端倪，然后可加存养之功”② 等。“察识端倪”即于应事接物之间，本心当下自然呈现，然后操存涵养反本体证以为体也。在早期思想中，张栻继承并发展了胡宏于日常生活中体道的思想。胡宏认为读书之时、晨昏之奉、室家之好、嗣续之托，交朋友，使奴隶，夏葛冬裘，渴饮饥食等日常生活中均含有道，只是百姓不知之而已。③ 因此他强调省察日常生活，发现良心之苗裔，返本得道。胡宏说：“齐王见牛而不忍，此良心之苗裔，因利欲之间而见者也。一有见焉，操而存之，存而养之，养而充之，以至于大，大而不已，与天地同矣。此心在人，其发见之端不同，要在识之而已。”④ “此良心之苗裔”即本心、仁心，此心“因利欲之间而见”，故曰“逆觉体证”。抓住良心苗裔，存养扩充，以至于大，复见性体。究实而论，此乃于已发处做工夫；这种于日用间察识本心之方法既亲切，又可行，此便是后儒谓之先察识后涵养之方法。张栻在释“观过知仁”时说：“虽曰‘过’也，然观其过而其心之不远者可知矣……而其失至此，则其所陷溺者亦可知矣，故曰：‘观过，斯知仁矣。’”⑤ 又说：“今之学者苟能立志尚友，讲论问辩，而于人伦之际审加察焉，敬守力行，勿舍勿夺，则良心可识，而天理自著。”⑥ “人伦之际”相当于胡宏所说的“晨昏之奉、室家之好、嗣续之托，交朋友”等，在《静江府学记》中，张栻对此阐述得更为具体和亲切：“夏葛而冬裘，饥食而渴饮，理之所固存，而事之所当然者。凡吾于万事皆见其若是也，而后为当其可学者，求乎此而已。……嗟夫！此独未之思而已矣。使其知所思，

---

① （宋）黎靖德编：《朱子语类》卷一〇三，中华书局 1994 年版，第 2605 页。

② （宋）朱熹：《答张钦夫》第 18 书，《朱熹集》卷三十二，四川教育出版社 1996 年版，第 1403 页。

③ “兄不事科举，杜门读书，有晨昏之奉、室家之好、嗣续之托，交朋友，使奴隶，夏葛冬裘，渴饮饥食。必如是行之，以后慊于心。此释氏所谓幻妄粗迹，不足为者。曾不知此心本于天性，不可磨灭，妙道精义具在于是。圣人则寂然不动感而遂通，而百姓则日用而不知耳，盖不可以有适莫也。”［（宋）胡宏《与原仲兄书》，《胡宏集》，中华书局 1987 年版，第 120 页。］

④ （宋）朱熹：《胡子知言疑义》，《朱熹集》卷七十三，四川教育出版社 1996 年版，第 3865 页。

⑤ （宋）张栻：《论语解·里仁篇》卷二，《张栻全集》，长春出版社 1999 年版，第 93 页。

⑥ （宋）张栻：《郴州学记》，《张栻全集》，长春出版社 1999 年版，第 683 页。

则必竦然动于中，而其朝夕所接，君臣、父子、兄弟、夫妇、朋友之际，视听言动之间，必有不得而遁者，庶乎可以知入德之门矣。"① "夏葛而冬裘，饥食而渴饮，理之所固存，而事之所当然者"说明道不离物，道就在日常的生活中。而这一点正是胡宏所着重强调的："道不能无物而自道，物不能无道而自物。道之有物，犹风之有动也，犹水之有流也。夫孰能间之？故离物求道者，妄而已矣。"② 是故"晨昏之奉、室家之好、嗣续之托，交朋友，使奴隶，夏葛冬裘，渴饮饥食"，"妙道精义具在于是"。"而其朝夕所接，君臣、父子、兄弟、夫妇、朋友之际，视听言动之间，必有不得而遁者"亦即在应事接物中，本心当下自然呈现，"必有不得而遁者"相当于胡宏所言"良心之苗裔"，然后于此做工夫，"敬守力行，勿舍勿夺"，则天理自著。总之，胡宏因利欲间发现良心苗裔的思想是张栻察识"端倪说"的理论根源；对此，朱子看得真切："五峰曾说，如齐宣王不忍觳觫之心，乃良心，当存此心。敬夫说'观过知仁'，当察过心则知仁。二说皆好意思。"③

那么，张栻早期"察识端倪说"之内容到底为何？在《潭州重修岳麓书院记》和《艮斋铭》中，他做了详细和清晰之说明。这两篇文章可以说是张栻早期思想之代表作，对研究南轩早期思想极为重要，是保留在文集中极为罕见的早期之作品。《潭州重修岳麓书院记》作于乾道二年（1166），《艮斋铭》作于乾道四年（1168）。在这两篇记中，张栻云：

> 善乎！孟子之得传于孔氏，而发人深切也！齐宣王见一牛之觳觫耳不忍，则告之曰：是心足以王矣。古之人所以大过人者，善推其所为而已。论尧舜之道本于孝悌，则欲其体夫徐行、疾行之间；指乍见孺子匍匐将入井之时，则曰恻隐之心仁之端也，于此焉求之，则不差矣。尝试察吾终日事亲从兄、应物处事，是端也，其或发见，亦知其所以然乎！诚能默识而存之，扩充而达之，生生之妙，油然

① （宋）张栻：《静江府学记》，《张栻全集》，长春出版社 1999 年版，第 678 页。
② （宋）胡宏：《知言·修身》，《胡宏集》，中华书局 1987 年版，第 4 页。
③ （宋）黎靖德编：《朱子语类》卷一〇一，中华书局 1994 年版，第 2593 页。

于中，则仁之大体岂不可得乎？及其至也，与天地合德，鬼神同用，悠久无疆，变化莫测，而其则初不远也。①

物之感人，其端无穷。人为物诱，欲动乎中。不能反躬，殆灭天理。圣昭厥猷，在知所止。天心粹然，道义俱全。是曰至善，万化之源。人所固存，曷自违之？求之有道，夫何远而？四端之著，我则察之。岂惟虑思，躬以达之。工深力到，大体可明。匪由外铄，如春发生。知既至矣，必由其知。造次克念，战兢自持。事物虽众，各循其则。其则匪它，吾性之德。动静以时，光明笃实。艮止之妙，于斯为得。任重道远，时不我留。②

张栻在此借引孟子就齐宣王不忍见牛觳觫而就死地，当下指出此是仁心之萌；以乍见孺子将入于井，皆有怵惕恻隐之心，说明此是仁之端，并将之普遍化到侍亲从兄、应物处事，并曰“其或发见，亦知其所以然乎”。“知其所以然”即是仁心之萌、良心之苗裔。若于此时能“默识而存之，扩充而达之”，则可“与天地合德，鬼神同用”。在《艮斋铭》中，张栻引入《周易》和《大学》思想，进一步深入阐述“察识端倪说”。“在《易》，艮为止，止其所也。某尝考大学始终之序，以知止为始，得其所止为终，而知止则有道矣。《易》与《大学》，其义一也。”③《艮斋铭》之命名便取源于《周易·艮卦》，《艮卦·彖传》曰：“艮，止也。时止则止，时行则行。动静不失其时，其道光明。‘艮其止’，止其所也。”《大学》则云：“知止而后有定，定而后能静，经而后能安，安而后能虑，虑而后能得。物有本末，事有终始，知有先后，则道近矣。”张栻将《周易》与《大学》结合，掇其遗意，而作此铭。在《艮斋铭》中，他指出天性亦即善是人所共有的，无论圣人和凡人在此性上是相同的。但是在外物面前，便有圣凡之异；圣人面对于外物之诱惑，感而不动，凡人则欲动于中，从而殆灭天理。那么，凡人如何再现天理，这是

① （宋）张栻：《潭州重修岳麓书院记》，《张栻全集》，长春出版社1999年版，第693页。
② （宋）张栻：《艮斋铭》，《张栻全集》，长春出版社1999年版，第1039页。
③ （宋）张栻：《艮斋铭》，《张栻全集》，长春出版社1999年版，第1039页。

张栻所最为关注的。在此，南轩提出了反躬天理之具体途径："四端"之著，我则察之；然后做工夫，这样才"大体可明"。日用伦常集于"四端"、表现于"四端"，"四端"是本心之流露；此时如果当下察之，并工深力到，此心可与天同大。换言之，天性即未发之性，圣人与众人相同；面对外物所体现出的性是已发之性，此时便有圣凡之异。圣人寂而不动，众生为物所流。但是，张栻指出如若众生善于体察"四端"之著，则可反躬天理。朱熹年谱研究专家王懋竑说："《艮斋铭》以知止为始，而格物致知，专以察识端倪为下手工夫，与学聚问辨之指不类。……以审察见得为格物致知，以泰然行将去为正心诚意，亦仍是《艮斋铭》之指也。大抵以心为已发，以性为未发，要从已发处识得未发，故曰'为应酬酢处，特达见本根'。"① 值得一提的是，张栻在早期的为学问道方法中，主张察识已发之端倪，比较反对只是体验于未发，而且对此还曾质疑与批评过："岂惟思虑？"另外，张栻吸收和消化了《周易》和《大学》关于"止"的思想，并化为己用，"止"即定，"定"时是动亦是静，动静之中主一无适，便为敬，故曰"定"即敬。这是其早期工夫论中最具特色之处，也是其工夫论之核心与要义。研究张栻的思想，考察张栻的工夫论，必须抓住这一点，才能真正把握张栻工夫论之精神。

朱子极为重视和欣赏南轩的"察识端倪说"。他在讲学以及与门人的信中，经常提及南轩的"察识端倪说"。如前文所述，朱子说南轩"端倪"两字极好；在给门人的信中说："钦夫尝收安问，警益甚多。大抵衡山之学只就日用处操存辨察，本末一致，尤易见功。某近乃觉知如此，非面未易究也。"② 乾道四年（1168），在给程洵（字允夫）的信中说："某去冬走湖湘，讲论之益不少，然此事须是自做工夫，于日用间行住坐卧处，方自有见处。然后从此操存，以至于极，方为己物尔。敬夫所见超诣卓然，非所可及！近文甚多，未暇录，且另写此一铭去，此犹胜他文也。……如《艮斋铭》，便是做工夫底节次。近日相与考证古圣所传门

① （清）王懋竑：《朱熹年谱》，中华书局1998年版，第310页。

② （宋）朱熹：《答罗参议》，《朱熹集·续集》卷五，四川教育出版社1996年版，第5238页。

庭，建立此个宗旨，相与守之。”① 朱子与南轩书信往来已久，愈加欣赏南轩的学问，因此决定“面究”问学；“去冬走湖湘”，即乾道三年（1167），朱熹在弟子林用中、范念德的陪同下，从福建去潭州访张栻。“敬夫所见超诣卓然，非所可及”，便是此次之行的最大收获，可见，朱子对南轩思想之佩服与重视。

三 存养省察之功并进——朱熹对张栻的质疑

乾道五年（1169，己丑），朱子对南轩“察识端倪说”由重视和欣赏转为怀疑和批判。《朱子语类》卷九十七载，问：“南轩辨心体昭昭为已发，如何?”曰：“不消如此。伊川只是改它赤子未发，南轩又要去讨他病。”② 又门人问：“伊川言：喜怒哀乐未发谓之中，中也者，寂然不动是也。南轩言：伊川此处有小差，所谓喜怒哀乐之中，言众人之常性；寂然不动者，圣人之道心。又南轩辨吕与叔《论中书》说，亦如此。今载《近思录》如何?”曰：“前辈多如此说，不但钦夫，自五峰发此论，某自是不晓得。今湖南学者往往守此说，牢不可破。”③ 书信言语中，朱熹表达了对张栻的质疑和批判，质疑张栻的“察识端倪说”，批判张栻的先察识后涵养的为学方法。乾道五年，朱子思想发生变化，这一年为“己丑”年，故称其为“己丑之悟”。“己丑之悟”后，朱熹便对张栻的“察识端倪说”由重视和欣赏转为怀疑和批判。确而言之，乾道五年是朱熹思想转变的起点和标志，正因为朱子思想发生转变，故而质疑、批判南轩思想。但值得注意的是，朱熹对张栻的质疑和批判并不意味着张栻的思想就开始发生转变，也并非是南轩思想发生变化的根本原因。张栻的思想发生变化的真正原因及其内涵必须从思想史的实际情况去考察。

张栻的工夫论确实有一个曲折和变化，张栻的“察识端倪说”到底

① （宋）朱熹：《答程允夫》第5书，《朱熹集》卷四十一，四川教育出版社1996年版，第1920页。

② （宋）黎靖德编：《朱子语类》卷九十七，中华书局1994年版，第2505页。

③ （宋）黎靖德编：《朱子语类》卷九十五，中华书局1994年版，第2415页。

何时发生转变，确切时间不可考。后世研究者一般以朱子“己丑之悟”为准界，并以该年朱熹给林用中之信为依据。乾道五年（1169），朱子悟前说之非，在答林用中书曰：“近得南轩书，诸说皆相然诺。但先察识后涵养之论执之尚坚，未发已发条理亦未甚明。盖乍易旧说，犹待就所安耳。”① 故认为“己丑之悟”后，南轩便转向朱子。实际上，朱子这则书信并没有说明南轩思想之转变；恰好相反，朱子这则书信提供了这样一个信息：即至少在乾道五年，南轩仍坚持先察识后涵养之工夫论（“但先察识后涵养之论执之尚坚”）。而且，在乾道七年（1171），南轩在答胡实的书中仍强调“察识端倪说”：“某欲其于操舍之间体察，而居无越思，事靡它及，乃是实下手处，此正为有捉摸也。若于此用力，自然渐觉近理趋约，意味日别，见则为实见，得则为实得。不然，徒自谈高拽妙，元只在胶胶扰扰域中三二十年，恐只是空过了，至善之则乌能实了了乎？”②

乾道七年底，张栻归抵旧庐长沙，“退而家居累年”，直至淳熙元年（1174）知静江府。这段时间张栻“归来惟自省厉，盖欲觉己偏之难矫”③，在给吕祖谦的信中说：“自归抵此，亦既半载，省过矫偏，但觉平日以为细故粗迹者，乃是深失消磨，虽庶几兢兢焉，惟恐乘间之窃发耳。”④ “归来惟自省厉，盖欲觉己偏之难矫”，“自归抵此，亦既半载，省过矫偏”，指南轩于乾道七年六月由除左司员外郎兼侍讲罢归，年底归抵长沙；这段时间他“省过矫偏”。南轩认为旧学容易使学者产生“慕高远而忽卑近之病”，而疏于甚至不做具体扎实的工夫。“今学者未循其序，

① （宋）朱熹：《答林则之》第3书，《朱熹集》卷四十三，四川教育出版社1996年版，第2028页。

② （宋）张栻：《答胡广仲》第3书，《张栻全集》，长春出版社1999年版，第925页。据胡宗懋《张宣公年谱》，此书作于乾道七年，即1171年。

③ （宋）张栻：《答陈平甫》，《张栻全集》，长春出版社1999年版，第910页。据胡宗懋《张宣公年谱》（胡氏梦选楼丛刊本，载《宋人年谱丛刊》，四川大学出版社2003年版），该信作于乾道八年（1172）。

④ （宋）张栻：《寄吕伯恭》第2书，《张栻全集》，长春出版社1999年版，第893页。该书云：“自归抵此，亦既半载”指南轩于乾道七年（1171）六月由除左司员外郎兼侍讲罢归，年底归抵长沙。可见此书作于乾道八年（1172）。

遽欲识大本，则是先起求获之心，只是想象模量，终非其实。要须居敬穷理工夫日积月累，则意味自觉无穷，于大本当渐莹然。大抵圣人教人，具有先后始终。学者存任重道远之思，切戒欲速也。”① 并对未发、已发有了新的体会和认识：“未发已发，体用自殊，不可溟涬无别，要须精析体用分明，方见贯通一源处。有生之后，皆是已发，是昧夫性之所存也。”② 未发和已发，有体用之别；有生之后，既有已发又有未发，所以工夫不应只做在已发上，不应只注重应事接物时察识本心之萌，未发之时亦要涵养。据此，张栻对旧学进行了修正和补充，对早期为学问道之方法进行反思和完善，从而明确提出察识与涵养应当并进：“某读书先庐，粗安晨夕，顾存养省察之功固当并进。然存养是本，觉向来工夫不进，盖为存养处不深厚（原注：存养处欠，故省察少力也）。方于闲暇，不敢不勉。”③ 又云：“但当常存乎此，本原深厚，则发见必多；而发见之际，察之亦必精矣。若谓先识所谓一者而后可以用力，则用力未笃，所谓一者只是想象，何由意味深长乎？”④ 张栻一方面意识到强调察识之蔽，一方面注意到察识与涵养之密切关系：本原深厚，则发见必多；而发见之际，察之亦必精。基于这种认识上的体会与转变，南轩立即复信致诸公，《答乔德瞻书》云：“存养体察，固当并进。存养是本，工夫固不越于敬。敬固在主一。”⑤ 致潘端叔信：“若专一工夫积累多，自然体察有力；只靠言语上苦思，未是也。”⑥ 在给吴晦叔之书亦云：“元晦谓略于省察，向来某与渠书亦尝论此矣。后便录呈。如三省四勿，皆持养省察之功兼焉。大要持养是本，省察所以成其持养之功者也。”⑦ 张栻提出存养是基础，但察识亦不可忽视，没有涵养，察识则具有拘迫性。没有察识，涵养则可能陷于茫然无所从；因此主张察识与涵养应当并行，涵养是“无事”时省察，省察是“有事”时涵养。二者相须并进，不可

① （宋）张栻：《答刘宰》，《张栻全集》，长春出版社 1999 年版，第 915 页。

② （宋）张栻：《答游诚之》第 2 书，《张栻全集》，长春出版社 1999 年版，第 916 页。

③ （宋）张栻：《寄吕伯恭》第 1 书，《张栻全集》，长春出版社 1999 年版，第 891 页。

④ （宋）张栻：《答潘叔昌》第 2 书，《张栻全集》，长春出版社 1999 年版，第 933 页。

⑤ （宋）张栻：《答乔德瞻》第 1 书，《张栻全集》，长春出版社 1999 年版，第 930 页。

⑥ （宋）张栻：《答潘端叔》，《张栻全集》，长春出版社 1999 年版，第 821 页。

⑦ （宋）张栻：《与吴晦叔》第 11 书，《张栻全集》，长春出版社 1999 年版，第 948 页。

偏废。简言之，笔者认为，张栻思想发生变化是在乾道八年（1172），在这一年，他与诸公开始明确讨论存养、省察之间的关系。

但问题的关键是，对于张栻工夫论的变化与转变之原因，多数学者以朱熹“己丑之悟”为据。乾道五年，朱子思想发生转变，对原“中和说”进行反省和检验，认为原说“非是”①，并在中和问题上回归李侗②，故有“中和新说”，亦称“己丑之悟”。朱子自述说：“乾道己丑之春，为友人蔡季通言之，问辩之际，予忽自疑斯理也……则复取程氏书，虚心平气而徐读之，未及数行，冻结冰释，然后知情性之本然，圣贤之微旨，其平正明白乃如此。而前日读之不详，妄生穿穴，凡所辛苦而仅得之者，适足以自误而已。至于推类究极，反求诸身，则又见其危害之大，盖不但名言之失而已也。于是又窃自惧，亟以书报钦夫及尝同为此论者。唯钦夫复书深以为然，其余则或信或疑，或至于今累年而未定也。”③ 朱子一方面交代了自己思想转变的经过，一方面说明了张栻对其转变之态度：唯钦夫复书深以为然，即南轩对其“中和新说”有所肯允。这意味着南轩对此问题早有所思考，并非盲目附和朱子，而朱熹此次思想的修正和转变正好契合张栻之意，因此张栻才“深以为然”。此其一。其二，南轩对朱子的“中和新说”有所肯允，同时亦对其有所质疑。即南轩对朱子的“中和新说”并非完全赞同，他并非完全否定自己早期之“察识端倪说”。那么，朱子“中和新说”的内容到底为何？他在《与湖南诸公论中和第一书》中进行了阐发：

> 《中庸》未发已发之义，前此认得此心流行之体，又因程子“凡言心者皆指已发而言”，遂目心为已发，性为未发。然观程子之书，

---

① 《与张敬夫》“人自有生即有知识”，朱子自注云：“此书非是。但存之以见议论本末耳。”（《朱熹集》卷三十）；《与张敬夫》“前书所扣正恐未得端的”，朱子自注云：“此书所论尤乖戾。所疑《语录》皆非是。后自有辩说甚详。”（《朱熹集》卷三十）

② 王懋竑按：“至己丑，始悟以性为未发之非，未发、已发各有时节，而于未发仍守延平之说，又深以先察识为非。”（《朱子年谱考异》卷一，《朱熹年谱》，中华书局 1998 年版，第 308 页）。

③ （宋）朱熹：《中和旧说序》，《朱熹集》卷七十五，四川教育出版社 1996 年版，第 3949 页。

多所不合，因复思之，乃知前日之说非惟心性之名命之不当，而日用工夫全无本领，盖所失者不但文义之间而已。

按《文集》《遗书》诸说，似皆以思虑未萌、事物未至之时为喜怒哀乐之未发。当此之时，即是此心寂然不动之体，而天命之性当体具焉。以其无过不及、不偏不倚故谓之“中”；及其感而遂通天下之故，则喜怒哀乐之性发焉，而心之用可见。以其无不中节、无所乖戾故谓之“和”，此则人心之正而情性之德然也。

然未发之前，不可寻觅，已发之后，不容安排。但平日庄敬涵养之功至而无人欲之私以乱之，则其未发也镜明水止，而其发也无不中节矣。此是日用本领工夫。至于随事省察，即物推明，亦必以是为本，而于已发之际观之，则其具于未发之前者固可嘿识。故程子之答苏季明，反复论辩，极于详密，而卒之不过以“敬”为言；又曰“敬而无失即所以中”；又曰“人道莫如敬，未有致知而不在敬者”；又曰“涵养须是敬，进学则在致知”，盖为此也。向来讲论思索，直以心为已发，而日用工夫亦止以察识端倪为最初下手处，以故阙却平日涵养一段工夫，使人胸中扰扰，无深潜纯一之味，而其发之言语事为之间亦尝急迫浮露，无复雍容深厚之风。盖所见一差，其害乃至于此，不可以不审也。程子所谓“凡言心者，皆指已发而言”，此乃指赤子之心而言。而谓“凡言心者”，则其为说之误，故又自以为未当而复正之，固不可以执其已改之言而尽疑诸说之误，又不可遂以为未当而不究其所指之殊也。不审诸君子以为如何？①

朱子对“中和旧说”进行反省和检验，认为旧说非唯“心性之名命之不当”，并且“日用工夫全无本领”，即“中和旧说”之失不仅是心为已发、性为未发之定义与命名上，而且缺少平日涵养工夫。根据程子之意，思虑未萌、事物未至之时，为喜怒哀乐之未发；而此时，即是此心寂然不动之体，而天命之性，全体具焉。即未发是心之体，以其无过不及、

① （宋）朱熹：《与湖南诸公论中和第一书》，《朱熹集》卷六十四，四川教育出版社 1996 年版，第 3383 页。

不偏不倚，故谓之“中”。已发是其感而遂通天下之故，则喜怒哀乐之情发焉，而心之用可见；即已发是心之用，以其无不中节、无所乖戾，故谓之“和”。这样，朱子在已发、未发及其与心性之关系便由原来的未发为性、已发为心转为未发是心之体、已发是心之用。因此工夫不应仅仅在已发上，未发之前也应该做工夫，否则“阙却平日涵养一段工夫”。据此，他力主“涵养于未发之前”，而“发处自然中节”，此即先涵养后察识。

南轩对朱子“中和新说”肯允在何处，质疑在何方？尤其是与朱子有所异议之书信，于南轩文集不可见，但于朱子文集中却可见：“来喻曲折，虽多所发明，然于提纲振领处似亦有所未尽。又如所谓‘学者先须察识倪端之发，然后可加存养之功’，则熹于此不能无疑。”① “学者先须察识倪端之发，然后可加存养之功”，此是朱子复书南轩时引录南轩之语。在该书中，朱子多次引南轩之语：“言静则溺于虚无”，“动中涵静，所谓复见天地之心”，“以静为本，不若遂言以敬为本”等，一方面表明南轩不完全同意朱子“中和新说”之内容，同时亦表明南轩并未否定、至少并未完全否定早期之“察识端倪说”。这在朱子给门人林用中之信中说得更为明白：“近得南轩书，诸说皆相然诺。但先察识后涵养之论执之尚坚，未发已发条理亦未甚明。盖乍易旧说，犹待就所安耳。”② 又：“数日来玩味此意，日用间极觉得力，乃知日前所以若有若亡，不能得纯熟，而气象浮浅，易得动摇，其病皆在此。湖南诸友，其病亦似是如此。近看南轩文字，大抵都无前面一截工夫也。大抵心体通有无、该动静，故工夫亦通有无、该动静，方无透漏。若必待其发而后察，察而后存，则工夫之所不至多矣。惟涵养于未发之前，则其发处自然中节者多，不中节者少。体察之际，亦甚明审，易为着力，与异时无本可据之说，大不同矣。”③ 总之，“己丑之悟”后，朱熹对张栻的为学问道之方法发出

---

① （宋）朱熹：《答张钦夫》第18书，《朱熹集》卷三十二，四川教育出版社1996年版，第1403页。

② （宋）朱熹：《答林择之》第3书，《朱熹集》卷四十三，四川教育出版社1996年版，第2028页。

③ （宋）朱熹：《答林择之》第22书，《朱熹集》卷四十三，四川教育出版社1996年版，第2048页。

了不同的声音。此即足以说明南轩没有随着朱子转；南轩在工夫论上之变化是其自己“省过矫偏”的必然结果，更是其思想发生变化不可忽视的重要内因。离开这个内因来谈思想之变化便无根据，从而亦失去意义。当然，不排除朱子之影响，亦不可否定朱子之影响。南轩与朱子的交流与探讨对双方思想及其变化均产生了很大影响，但是这种影响不是必然的，无论是对于南轩，还是对于朱子，此种影响终究是一个外因。

张栻工夫论的变化与转变受到湖湘学者的不满与批评。那么，如何看待湖湘诸儒对张栻的不满与批评，也是理解南轩思想的重要一环。湖湘诸儒站在湖湘学之立场上，忠实地继承和维护胡宏的“良心苗裔说”，即先察识后涵养，因此质疑张栻提出的察识与涵养相须并进。吴翌问：“若不令省察苗裔，便令培壅根本，夫苗裔之萌且未能知，而遽将孰为根本而培壅哉？此亦何异闭目坐禅？未见良心之发，便敢自谓我已见性者？故胡文定公晓得敬字便不差也。”① 吴晦叔认为如果没有发现良心苗裔，便培壅根本，操存涵养，这便与佛教的闭目坐禅没什么区别；而且没有发现良心之端，则性亦不可见。可见吴翌问题背后的理论根据是胡宏的性为未发、心为已发，心以成性的心性论模式。是故在工夫论上强调先省察良心之苗裔，然后再培壅根本；否则培壅根本便没有目标和对象。对此质疑，南轩答曰：“不知苗裔，固未易培壅根本。然根本不培，则苗裔恐愈濯濯也。此话须兼看。大抵涵养之厚，则发见必多；体察之精，则本根益固。未知大体者，且据所见自持（原注：如知有整衣冠、一思虑，便整衣冠、一思虑，此虽未知大体，然涵养之意已在其中）；而于发处加察，自然渐觉有功。不然，都不培壅，但欲省察，恐胶胶扰扰，而知见无由得发也。”② 首先，张栻承认未发现良心苗裔，而培壅根本，此是实难工夫；但紧接着张栻又说如果不培壅根本，则苗裔恐愈濯濯。这是从正反两方面论述察识与涵养之关系，故曰“此话须兼看”。吴翌只注意察识对涵养之作用，只看到问题之一面，认为只有察识，才能谈到涵养；而未认识到涵养对察识亦具有一定之作用。张栻既不否认察识，亦

① （宋）张栻：《答吴晦叔》，《张栻全集》，长春出版社 1999 年版，第 952 页。
② （宋）张栻：《答吴晦叔》，《张栻全集》，长春出版社 1999 年版，第 952 页。

不否认涵养，而更加注重察识与涵养的相互作用与辩证关系：涵养之厚，则发见必多；体察之精，则本根益固。从张栻的复书中，我们可以体会到张栻对察识与涵养关系理解的自信与坚定——察识与涵养相须并进，这表明张栻工夫论思想的成熟与确立。

四　余论

通过以上的考察可以看出，张栻的工夫论是一个完整的、相续的动态系统。在这个过程当中，张栻思想发展、完善、确立的脉络清晰可见，当然其中不免会有一些看法、观点的改变和调整，甚至会存在矛盾，但这对于一个理学家的思想历程而言是正常现象，对一个人的思想成长与成熟而言也是自然的事情。从朱熹与张栻的交涉与论辩，我们既可以看出两人思想之联系，同时亦鲜明地感受到两人思想之差异。二人对理学的重要范畴反复地进行交流、探讨、辩论，其中对有些问题的理解和看法不谋而合，但对有些问题的观点与体悟终难契合，甚至朱熹喟然叹曰张栻“执之尚坚”。张栻受师门之教，胡宏的思想对他的影响以及他继承并消化五峰的思想是不言而喻的；在思想及生命的成长历程中，不断地“省过矫偏”，从而对前期思想进行修正和调整。因此，张栻对早期工夫论之补充与完善并非是对胡宏思想之抛弃和背叛，而是在更高的意义上继承和发展了胡宏的思想。朱熹与张栻的交涉与论辩，并非导致南轩思想变化的决定性因素，“己丑之悟”，确而言之，是朱熹思想转变的一个起点和标志，并非是张栻思想转变的一个开端和证据；“己丑之悟”与张栻思想的变化没有必然的联系，朱熹的“新悟”并不意味着张栻的“心得”，这是“己丑之悟”的真正内涵和精神。在这场交涉和辩论中，涉及理学很多复杂的问题以及复杂的学术背景，必须全面、深刻和动态地考察，否则极易流于表面现象，而造成对思想家思想的曲解和误解。坚持察识与涵养并进，是张栻对旧学进行反思和修正的结果，并非等同和附和朱子，而是张栻工夫论思想成熟的标志。张栻察识与涵养并进的工夫论虽与朱熹先涵养后察识的思想有相同之点，但更有相异之处，而后者更应引起学术研究之注意。

而且，我们还要注意理学家思想的成长与变化还伴随着复杂而深刻的学术背景和历史背景——乾、淳时期，是理学大发展的时期，同时也是国运危机四伏的时期。在理学蓬勃发展之时，张栻预感并发现“察识端倪说”将导致好高骛远、不务其实之弊而予以及时纠正，进而提出察识与涵养相须并进的思想，这对南宋理学之发展与成熟起到了重要的作用。在社稷罹难之际，张栻肩担君命，誓诛仇敌，他探索并思考救国之路，因而提倡力行，强调践履，他说：“圣门实学，贵于践履，隐微之际，无非真实。”① 究其实，察识与涵养相须并进的思想已经孕育了经世致用的理论萌芽，为经世致用思想及其活动提供了直接的理论来源和根据。对此，黄宗羲看得真切：“南轩之学，得之五峰，论其所造，大要比五峰更纯粹。盖由其见处高，践履又实也。”② 由此可见，只有从逻辑和历史的角度，我们才能正确理解一个理学家思想的真正内涵和价值及其在思想史上的地位与作用。

---

① （宋）张栻：《论语解·述而篇》卷四，《张栻全集》，长春出版社 1999 年版，第 117 页。

② （宋）黄宗羲：《南轩学案》，《宋元学案》卷五十，中华书局 1986 年版，第 1635 页。

关学研究专题

张载理学价值观的主题、体系定位及最高原理*

林乐昌**

（陕西师范大学关学研究院）

摘要： 任何具有普遍意义的价值观，都是人的动机和行为的准则，同时也代表人的信念或信仰。张载因应北宋时期儒学复兴的时代呼唤，对西周原本作为“德政”意涵的“德—礼”体系从价值观的角度进行了新的诠释，系统阐发了“尊礼”价值观和“贵德”价值观。张载理学价值观内容丰富，常用德目包括礼、德、仁、义、智、信、恭、敬、诚，等等。依其重视程度和使用频率可知，礼和德是其价值观的两个基本类型，“尊礼贵德”是其价值观的主题。礼不仅是实现仁、孝等道德价值的途径，而且其本身也具有强烈的价值意义，其性质属于规范伦理或规范价值。“贵德”的核心是仁、孝，“贵德”价值分为仁德价值与孝德价值。张载的价值观在其理学体系中处于“形而中学”的层级，发挥着上通与下贯的作用。“尊礼贵德”价值观在生活世界中的方向确定和实施有度，遵循的是作为最高原理的“中正之道”。

关键词： 张载　价值观　尊礼贵德　体系定位　中正之道

---

* 原文另已发表于《深圳大学学报》（人文社会科学版）2020 年第 3 期。

** 作者简介：林乐昌，陕西师范大学关学研究院首席专家、哲学系教授，从事宋元明清哲学研究，近年重点研究张载理学和关学思想史。

引言 “尊礼贵德”是张载理学价值观的主题

张载（1020—1077年，字子厚，学者称横渠先生）是北宋理学的共同创建者，也是关学宗师。长期以来，学术界研究其价值观的成果甚少。① 任何具有普遍意义的价值观，都是人的动机和行为的准则，同时也代表人的信念或信仰。价值涉及的领域很广泛，就中国古代的价值领域看，主要包括道德、礼仪、政治、艺术、宗教等。② 价值准则是有其根源乃至终极根源的，包括形而上的、神圣的、道义的、理性的、规范的等不同根源。价值观既有导向或约束功能，又有激励或支配作用。价值理论作为一门学问是20世纪初在西方开始建立的，但是关于价值的思想，无论古代东方或古代西方，都早就存在了。③ 在中国古代哲学中，也不乏对价值问题的思考④；甚至可以说，“中国传统哲学的核心部分是价值观”⑤。

《宋史·张载传》称，其学“尊礼贵德、乐天安命，以《易》为宗，以《中庸》为体”⑥。其中所谓“尊礼贵德”，说的就是张载的价值观。在中国古代，“尊”和“贵”都是与价值意义相当的名词。⑦ 张载理学价值观的内容相当丰富，这从他常常使用的名词可以看出，包括礼、德、

---

① 赵馥洁先生撰写的《张载“太虚”之气的价值意蕴》（加拿大《文化中国》2002年第20期），是国内学术界研究张载价值观最早的重要成果。此后，似再未见到与这一专题有关的研究。

② W. K. 富兰克纳在其《价值和评价》一文中引用了培里和泰勒列举的八大价值领域：道德、艺术、科学、宗教、经济、政治、法律和习俗或礼仪。中国古代的价值领域，与此有不少交叉重叠（刘继编选、R. B. 培里等：《价值和评价——现代英美价值论集粹》，中国人民大学出版社1989年版，第3页）。

③ 参见张岱年《思想·文化·道德》，巴蜀书社1992年版。

④ 参见赵馥洁《中国传统哲学价值论》（增订本），人民出版社2009年版。

⑤ 张岱年：《文化与哲学》，教育科学出版社1988年版，第264页。

⑥ （元）脱脱等：《宋史》，中华书局1985年版，第36册，第12724页。

⑦ 张岱年先生认为，在哲学上，“贵”和“尊”，指高尚应当尊重的品质或事项。例如，孔子弟子由子说“和为贵”，老子所谓“道之尊、得之贵”，都是指有价值（参见张岱年《思想·文化·道德》，巴蜀书社1992年版）。

仁、义、智、信、恭、敬、诚，等等。在张载经常使用的所有这些道德价值名目中，依据他重视的程度和使用的频率可知，礼和德是其价值观的两个基本类型。据此，有理由把“尊礼贵德”视作张载价值观的主题。“尊礼重德”“礼德并用”，是西周的传统。① 张载因应儒学复兴的时代呼唤，对西周原本作为“德政”意涵的“德—礼”体系从价值观的角度进行了新的诠释，系统阐发了“尊礼”价值观和“贵德”价值观。值得注意的是，张载的价值观在其理学体系中地位独特，并发挥着上通与下贯的作用。“尊礼贵德”价值观在生活世界中的方向确定和实施有度，遵循的是作为最高原理的“中正之道”。本文对张载理学价值观的探究，将以“尊礼贵德”这一主题为中心，从四个方面加以阐释：张载的“尊礼”价值观；张载的“贵德”价值观；张载价值观的理学体系定位；“中正之道”是“尊礼贵德”价值观的最高原理。

一 张载的“尊礼”价值观

北宋是礼学的兴盛时期。② 在北宋礼学家中，张载的礼学思想独树一帜。在他的存世著作《正蒙》中，有论述礼学的《乐器》《王禘》篇，《经学理窟》中有论述礼学的《周礼》《礼乐》《祭祀》《丧纪》篇；在他的散佚著作中，有《仪礼说》《礼记说》《周礼说》《横渠张氏祭礼》《冠婚丧祭礼》等。张载特别“尊礼”，并有诗句云：“圣学须专礼法修。”③ 后来王夫之评价说：“张子之学以立礼为本。”④ 张载所谓礼，不仅是实现仁、孝等道德价值的途径，而且其本身也具有强烈的价值意义，其性质属于规范伦理或规范价值。张载礼学具有多重价值功用，包括国家治理的价值功用、地方自治的价值功用、个体成德的价值功用。

---

① 参见王文东《天之道与人之礼——〈春秋〉经传主体思想》，人民出版社 2016 年版。

② 参见饶宗颐《宋学的渊源》，《中国宗教思想史新页》，北京大学出版社 2000 年版。

③ （宋）张载：《张载集 · 杂诗》，章锡琛点校，中华书局 1978 年版，第 368 页。

④ （清）王夫之：《张子正蒙注》，中华书局 1975 年版，第 297 页。

（一）礼的国家治理价值

张门弟子吕大临在其《横渠先生行状》中指出，张载“慨然有意三代之治”①。张载认为，国家治理要“以礼乐为急”②，因为“三代之治”的基础正是礼乐制度。在他看来，礼是“圣人之成法”③，天下之常道，首先关乎典章制度、礼乐兵刑等内容，都与国家治理有关。

礼治怎样才能够落实于国家治理，以发挥其价值功用？张载的思路是，首先要扭转“上无礼”的乱象，改变“治忽”“德乱”的局面。张载用“治所以忽，德所以乱”来描述当时国家治理的病相。他认为，导致这一局面的根源在于“上无礼以防其伪，下无学以稽其弊”④（《正蒙·乾称》篇）。这是说，国家作为社会的上层，未能落实“礼”以防范各级官员的虚伪欺诈；而社群作为国家的下层，则没有推行学以杜绝社会风气的种种流弊。“上无礼”，不仅是国家的弊病，也是全社会的弊病。在张载看来，清明的政治必须“礼教备，养道足，而后刑可行，政可明，明而不疑”⑤。否则，便会导致社会“贫富不均，教养无法，虽欲言治，皆苟而已”⑥。

程颢、程颐兄弟曾对张载说：“关中之士，语学而及政，论政而及礼乐兵刑之学，庶几善学者。”⑦ 这不仅是对张载及其弟子以礼乐兵刑论政的高度肯定，也敏锐地看出在张载那里学、政与礼之间的密切关系。正

---

① （宋）吕大临：《横渠先生行状》，《张载集·附录》，章锡琛点校，中华书局1978年版，第384页。

② （宋）张载：《张子语录·语录中》，《张载集》，章锡琛点校，中华书局1978年版，第317页。

③ （宋）张载：《经学理窟·礼乐》，《张载集》，章锡琛点校，中华书局1978年版，第264页。

④ （宋）张载：《经学理窟·礼乐》，《张载集》，章锡琛点校，中华书局1978年版，第264页。

⑤ （宋）张载：《横渠易说·系辞下》，《张载集》，章锡琛点校，中华书局1978年版，第214页。

⑥ （宋）吕大临：《横渠先生行状》，载（宋）张载《张载集·附录》，章锡琛点校，中华书局1978年版，第384页。

⑦ （宋）程颢、程颐：《二程集》，王孝鱼点校，中华书局1981年版，第1196页。

因为如此，对于国家治理，张载不仅认为亟待扭转“上无礼”的乱象，而且还强调必须杜绝“下无学”的流弊。张载所谓“下无学”的“下”，指的是国家下层的社群和民众；学，指的是学校教育，也包括民间教育。程颐（1033—1107 年）在总结张载的教学方法时说：“子厚以礼教学者，最善，使学者先有所据守。”① 程颐对张载教学宗旨的评价，在其后宋、元、明、清学者的征引中被浓缩为“以礼为教”四字②，以更简明的话语彰显张载教学实践的特质。“以礼为教”表明，张载所谓“下无学”的学是以礼为核心内容的。

（二）礼的地方自治价值

张载晚年退居横渠，远离朝廷，除了讲学授徒之外，他最大的关切是乡村秩序的重建和社会风俗的整顿。为了实现这一地方治理的愿景，张载特别重视民间教育以培育学者。他说：“今欲功及天下，故必多栽培学者，则道可传矣。”③ 由此可知，张载把讲学传道、培养学者视作“功及天下”的头等大事。在他看来，学及教育的内容首先指“学礼”，强调向学者传递和推行人文价值观。司马光对此看得很清楚，他评价张载的教育特点说：“教人学虽博，要以礼为先。”④

张载所处的时代，其常态是人们普遍“不安于礼”，社会风俗中“礼意犹有所缺”⑤。面对这一环境，张载与其弟子们不向习俗妥协，下决心“用礼成俗”“化民易俗”⑥，运用礼仪发挥调节宗法关系和改良风俗的作用，因而在地方社会推行礼仪不遗余力。张载曾经这样与程颢对话。张

---

① （宋）程颢、程颐：《二程集》，王孝鱼点校，中华书局 1981 年版，第 23 页。

② 宋代学者吕本中、吕祖谦、朱熹、真德秀，元代学者胡炳文，明代学者吕柟，清代学者顾炎武、颜元等，都以各自的方式揭示了张载“以礼立教”或“以礼为教”的教学实践和教育哲学的宗旨。

③ （宋）张载：《经学理窟·义理》，《张载集》，章锡琛点校，中华书局 1978 年版，第 271 页。

④ （宋）司马光：《子厚先生哀辞》，《司马光集》，李文泽、霞绍晖校点，四川大学出版社 2010 年版，第 1 册，第 131 页。

⑤ （宋）张载：《张子全书》，林乐昌编校，西北大学出版社 2015 年版，第 373 页。

⑥ （宋）张载：《张子全书》，林乐昌编校，西北大学出版社 2015 年版，第 359 页。

载说："关中学者用礼渐成俗。"于是，程颢评价说："自是关中人刚劲敢为。"张载则补充说："亦是自家规矩宽大。"① 可见，张载在民间社会努力推行古礼，"用礼成俗""化民易俗"，不流于习俗，使礼成为民间社会秩序的有效调节机制。这种"刚劲敢为"的勇气，表明张载对自己的所作所为是很有自信的。对于张载在家族和乡里推行儒家古礼的工作，司马光是这样概括的："好礼效古人，勿为时俗牵。"②

对张载在家族和乡里推行儒家古礼的情况，其门人吕大临是这样描述的：

> 近世丧祭无法，丧惟致隆三年，自期以下，未始有衰麻之变；祭先之礼，一用流俗节序，燕亵不严。先生继遭期功之丧，始治丧服，轻重如礼；家祭始行四时之荐，曲尽诚洁。闻者始或疑笑，终乃信而从之，一变从古者甚众，皆先生倡之。
>
> 其家童子，必使洒扫应对，给侍长者；女子之未嫁者，必使亲祭祀，纳酒浆，皆所以养孙弟，就成德。尝曰："事亲奉祭，岂可使人为之！"③

由于张载在其乡里努力推行古礼，"于是关中风俗一变而至于古"，取得了"关中学者用礼渐成俗"④ 的成效。

张载注重地方秩序的整顿，这催生了地方社会自治模式的形成。其门人吕大钧兄弟一起撰写了《吕氏乡约》，并在家乡——京兆蓝田（今陕西蓝田）推行。这是吕氏兄弟把张载礼学落实于地方自治的一个具有历史意义的案例，对后世的社会治理影响很大。

---

① （清）黄宗羲原著，全祖望补修：《宋元学案》，陈金生、梁运华点校，中华书局 1986 年版，第 771 页。

② （宋）司马光：《子厚先生哀辞》，《司马光集》，李文泽、霞绍晖校点，四川大学出版社 2010 年版，第 1 册，第 131 页。

③ （宋）吕大临：《横渠先生行状》，载（宋）张载《张载集·附录》，章锡琛点校，中华书局 1978 年版，第 383 页。

④ （清）黄宗羲原著，全祖望补修：《宋元学案》，陈金生、梁运华点校，中华书局 1986 年版，第 664、771 页。

（三）礼的个体成德价值

张载说："以礼成德，故曰盛德。"① 这是礼作为个体成德价值的集中体现。"以礼成德"的过程，包括学礼、知礼，尤其是"行礼"②。"行礼"的要求包括：行为庄敬、举止得体等。礼的个体成德价值，关注的是人自身精神气质和日常行为的转变，以不断提升德性。这样，"行礼"在本质上就展现为个体自我教育的过程。正是在此意义上，张载强调："进人之速无如礼。"③ 他认为，"行礼"践履是人性不断提升的过程，而人性的成长需要礼仪规则的约束。德国哲学家康德（Immanuel Kant）指出："在教育中人必须受到规训。规训意味着力求防止动物性对人性造成损害。"人的"天性没有被置于规则之下，这才是恶的原因"。④ 这里的规训（discipline），与儒家的礼仪精神是一致的。康德对规训或规则的深刻洞察，有助于理解张载学礼要求在个体成德修养中的积极作用。

张载认为，"行礼"必先"知礼"，而"知礼"和"行礼"都指向个体的"成性"目标。他所谓"成性"的含义，是指通过相应的修养工夫对人性加以调整、转变使之趋近于德性。据吕大临在《横渠先生行状》中记载："学者有问，多告以知礼成性、变化气质之道。"⑤ 这是张载为学者总结的两种基本修身工夫形态。首先，关于"知礼成性"。"知礼成性"中的礼，指礼仪规范；而"知礼成性"，则指理解礼的本质，在此基础上进而与道德实践相统一的整体工夫。张载所谓"知礼成性"与他的另一说法"以礼成德"，其意涵是一致的。其次，关于"变化气质"。表面看来，"变化气质"工夫与礼并不相干，其实不然。张载指出："但拂

---

① （宋）张载：《张子全书》，林乐昌编校，西北大学出版社 2015 年版，第 344 页。

② （宋）张载：《经学理窟·气质》，《张载集》，章锡琛点校，中华书局 1978 年版，第 266 页。

③ （宋）张载：《经学理窟·礼乐》，《张载集》，章锡琛点校，中华书局 1978 年版，第 265 页。

④ ［德］康德：《论教育学》，赵鹏、何兆武译，上海世纪出版集团 2005 年版，第 9、10 页。

⑤ （宋）吕大临：《横渠先生行状》，载（宋）张载《张载集·附录》，章锡琛点校，中华书局 1978 年版，第 383 页。

去旧日所为，使动作皆中礼，则气质自然全好。”① 可见，“使动作皆中礼”，是“变化气质”工夫的题中应有之义，而且它还是一种能够与“知礼成性”工夫相配合使用的。张载把个体的道德修养实践划分为三个阶段，即学者阶段、大人或贤人阶段、圣人阶段，每个阶段的修养工夫要求是有所不同的。此外必须强调，“知礼成性”是贯穿并适用于所有不同阶段的修养工夫的。张载提出：“圣人亦必知礼成性。”② 又提出：“学礼，学者之尽也，未有不须礼以成者也。学之大，于此终身焉，虽德性亦待此而长。惟礼乃是实事，舍此皆悠悠。圣、庸皆由此途，成圣人不越乎礼，进庸人莫切乎礼，是透上透下之事也。”③

张载强调，“行礼”实践应当以“洒扫应对”等基本的工夫环节为起点。他说，“洒扫应对是诚心所为，亦是义理所当为也”④。以此为起点，“从基本一节节实行去，然后制度文章从此而出”⑤。张载的这一说法表明，礼的个体成德价值是礼的国家治理价值和礼的地方自治价值的共同基础。

二 张载的“贵德”价值观

张载既教人以礼，又“教人以德”⑥。郭沫若提出：“在卜辞和殷人的彝铭中没有德字，而在周代的彝铭中如成王时的班簋和康王时的大盂鼎都明白地有德字表现着。”⑦ 陈来认为，从西周到春秋的用法来看，

---

① （宋）张载：《经学理窟·气质》，《张载集》，章锡琛点校，中华书局 1978 年版，第 265 页。

② （宋）张载：《横渠易说·系辞上》，《张载集》，章锡琛点校，中华书局 1978 年版，第 191 页。

③ （宋）张载：《张子全书》，林乐昌编校，西北大学出版社 2015 年版，第 310 页。

④ （宋）张载：《经学理窟·学大原下》，《张载集》，章锡琛点校，中华书局 1978 年版，第 287 页。

⑤ （宋）张载：《经学理窟·学大原下》，《张载集》，章锡琛点校，中华书局 1978 年版，第 288 页。

⑥ （宋）吕大临：载《横渠先生行状》，载（宋）张载《张载集·附录》，章锡琛点校，中华书局 1978 年版，第 382 页。

⑦ 郭沫若：《先秦天道观之进展》，人民出版社 1954 年版，第 21 页。

“德”的含义主要指“具有道德意义的行为、心意”①。可见，张载所谓“贵德”源自西周的尚德传统，并继承了《易传·系辞上》“崇德而广业”、《礼记·中庸》“尊德性”、《孟子·公孙丑上》“贵德而尊士”、《礼记·曲礼上》“太上贵德”等思想。仁、孝，是张载“贵德”价值观的核心。张载的仁、孝价值，首先是用以规范个体行为的，进而还为社会秩序奠定文化基础。以下，把张载的“贵德”价值分为仁德价值与孝德价值两部分加以论述。

（一）仁德价值

张载的仁德价值，在其著名的短论《西铭》中表现得最为充分。②在他那里，仁并不是一个孤立的价值概念，因而需要关注仁德与“得礼”、仁德与国政的关系，以全面理解张载的仁德价值。

1. 《西铭》与仁德。孔子最早把仁确立为儒家的核心价值。与早期儒家有所不同，《西铭》是基于“乾父坤母”这一宇宙根源说仁的。张载说仁的新意，主要表现在两个方面。一是突破了早期儒家强调基于血缘的差等之爱。《西铭》提出：“民，吾同胞；物，吾与也。”③ 这句话后来被浓缩为“民胞物与”这一被广泛引用的成语。“民胞物与”已成为张载仁爱观的标志性话语，与张载在《正蒙·诚明》篇提出的“爱必兼爱”完全一致。“民胞物与”和“爱必兼爱”这两个口号是对儒家传统仁爱观的突破。张岱年先生认为，张载的仁爱观“综合了孔子的仁与墨子的兼爱”④。张岱年先生在论及“兼爱”的原则时说：“兼的原则是爱人如己。”⑤ 张载关于“以爱己之心爱人则尽仁”⑥ 的说法，与“兼爱”的原则是相符合的。张岱年先生把张载的仁爱观称作“泛爱”思想，认为这

---

① 陈来：《古代宗教与伦理——儒家思想的根源》，生活·读书·新知三联书店 1996 年版，第 291 页。

② 参见林乐昌《张载理学与文献探研》，人民出版社 2016 年版。

③ （宋）张载：《正蒙·乾称》篇，《张载集》，章锡琛点校，中华书局 1978 年版，第 62 页。

④ 张岱年：《中国哲学大纲》，中国社会科学出版社 1982 年版，“序论” 第 21 页。

⑤ 张岱年：《中国古典哲学概念范畴要论》，中国社会科学出版社 1987 年版，第 171 页。

⑥ （宋）张载：《正蒙·中正》篇，《张载集》，章锡琛点校，中华书局 1978 年版，第 32 页。

是有一定进步意义的。[①] 程颐也意识到，以血缘为根据的仁爱易导致“私胜而失仁”[②]。这就准确地揭示了《西铭》的立论支点。“民胞物与”的理念，为纠正“私胜而失仁”的偏向提供了可能，使人们能够调动理念的力量，引导仁爱实践的范围不断扩大。二是扩大了仁的实践范围。“民胞物与”的“物与”理念是指，面对乾坤父母，人类应当把一切自然物视为自己的伙伴，以仁爱之心相对待。这就扩大了仁爱施与的范围，从限于人类谈仁爱，到不限于人类谈仁爱。这是张载对儒家仁爱观的重要发展。把宇宙间一切自然物都视为人类伙伴的观念，可以作为人类平等对待自然万物、与万物共存共荣的重要价值准则。

2. 仁德与“得礼”。上一节论述了“尊礼”的价值意义。在价值意义上，仁与礼是有内在关联的。对于仁与礼的关系，张载首先强调礼的优先作用。他指出，仁“不得礼则不立”[③]。张载的一句佚诗说：“若要居仁宅，先须入礼门。”[④] 粗看起来，张载对礼的重视，超过了作为儒家最高价值的仁。但仔细分析则发现，张载对礼的重视，只是就教学步骤的优先性这一特定角度而言的。意思是说，若要实现仁德的价值，一定要通过“学礼”“得礼”和“行礼”的路径，而这与仁在儒家价值系统中的最高地位是并不冲突的。

3. 仁德与国政。张载认为，仁德与国家政治的关系首先需要解决的是君王的“成德”和“治德”。他指出，君王“未能成德，不足以孚天下”[⑤]。张载还把这一要求提升到“帝王之道”的高度。他依据孟子“唯大人能格君心之非”，“一正君而国定”的论述[⑥]，主张：“能使吾君爱天下之人如赤子，则治德必日新，人之进者必良士，帝王之道不必改途而成，学与政不殊心而得矣。”[⑦] 张载衡量理想政治的标准是，作为最高统

---

① 参见张岱年《中国哲学发微》，山西人民出版社 1981 年版。

② （宋）程颢、程颐：《二程集》，王孝鱼点校，中华书局 1981 年版，第 609 页。

③ （宋）张载：《经学理窟·义理》，《张载集》，章锡琛点校，中华书局 1978 年版，第 274 页。

④ （宋）吕本中：《童蒙训》，文渊阁《四库全书》本，卷上。

⑤ （宋）张载：《正蒙·至当》篇，《张载集》，章锡琛点校，中华书局 1978 年版，第 33 页。

⑥ （清）焦循：《孟子正义》，中华书局 1987 年版，上册，第 525、526 页。

⑦ （宋）张载：《文集佚存·答范巽之书》，《张载集》，章锡琛点校，中华书局 1978 年版，第 349 页。

治者的君王是否具有“父母之心”，亦即张载所指出的：“大都君相以父母天下为王道，不能推父母之心于百姓，谓之王道可乎？所谓父母之心，非徒见于言，必须视四海之民如己之子。”[①] 在张载看来，“吾君爱天下之人如赤子”，“推父母之心于百姓”，“视四海之民如己之子”，这都是把仁德落实于国家政事的首要原则。而且，君主的“治德”不仅是衡量君主统治是否具有合法性的一个重要标准，也是君主是否能够发挥道德表率作用从而影响臣僚道德的一个重要标准。因此，张载说：“仕者入治朝则德日进，入乱朝则德日退，只观在上者有可学无可学尔。”[②] 张载提出“推父母之心于百姓”，当然并不希望君主“徒见于言”，而是希望经由“为政者在乎足民”[③] 等具体措施加以落实。

（二）孝德价值

1.《正蒙》与孝德。在《正蒙·诚明》篇中，张载特别重视《中庸》所谓“诚者天之道，诚之者人之道”，“君子诚之为贵”等思想资源，他提出：“天所以长久不已之道，乃所谓诚。仁人孝子所以事天诚身，不过不已于仁孝而已。故君子诚之为贵。”[④] 张载认为，“不已于仁孝”，是以“天所以长久不已之道”也就是“诚”为宇宙论根据的，这要求人们以“仁孝”作为自己的核心价值；“仁人孝子”[⑤]，是人在宇宙间所应当承担的角色；而“事天诚身”，则是人所应当履行的神圣信仰和伦理责任。张载虽然是仁、孝合说的，但本文这里所强调的则是其中的孝德价值。二程和朱熹一直贬《正蒙》而褒《西铭》，其实二者的义理是

---

① （宋）张载：《文集佚存·答范巽之书》，《张载集》，章锡琛点校，中华书局 1978 年版，第 349 页。

② （宋）张载：《经学理窟·学大原上》，《张载集》，章锡琛点校，中华书局 1978 年版，第 282 页。

③ （宋）张载：《正蒙·有司》篇，《张载集》，章锡琛点校，中华书局 1978 年版，第 47 页。

④ （宋）张载：《正蒙·诚明》篇，《张载集》，章锡琛点校，中华书局 1978 年版，第 21 页。

⑤ “仁人孝子”观念，源于《礼记》。《礼记·哀公问》有言：“仁人事亲也如事天，事天也事亲，是故孝子成身。”

一致的。对比《正蒙》与《西铭》有关孝子及其孝德的论述，这可以看得很清楚。

2.《西铭》与孝德。《西铭》的基本义理内涵有：以“乾坤”大父母为表征的宇宙根源论，以“仁孝”为核心的道德价值论，以“仁人孝子”“事天诚身”为担当的伦理义务论和伦理责任论。“事天诚身”中的“诚身”，是君子效法天道之“诚”的修身实践。此外，张载继承西周“敬天”、孔子“畏天”、孟子“事天”的传统，并充分调动了儒家的“事天”资源，为我所用。在《西铭》中，他说：“于时保之，子之翼也。”“于时保之”，源自《诗经·周颂·我将》“我其夙夜，畏天之威，于时保之”。朱熹的学生黄榦在其《西铭说》中强调，《西铭》“‘于时保之’以下，即言人子尽孝之道，以明人之所以事天之道”[①]。明儒刘儓解释说，《西铭》“‘于时保之’至末，皆言事天之功，即孝子之事”[②]。黄榦和刘儓都把《西铭》所谓“事天”作为“孝子”的伦理义务和伦理责任，畏天和事天属于“尽孝之道”和“孝子之事”。于是，就把在家庭中对生身父母（包括祖先）行孝，扩大到宇宙范围，对乾坤父母行孝[③]，使人成为“天地孝子”[④]。孝德实践范围的扩大，意味着为其注入了神圣性，从而使孝德成为宗教信仰的重要维度之一。

晚清关学大儒刘古愚指出，《西铭》“不泥父母之身以为孝。此言出，闻者必大哗，以为邪说乱道”。他还指出，“俗传‘二十四孝’，史册所称皆不出服劳、奉养之外。惟张子《西铭》以事亲言事天，则能事天方能事亲，不至能事天，不足以满养志至量”。因而，“自汉以来，儒者于孝之理未尽莹也”[⑤]。由于《西铭》使孝德成为信仰的维度，因而当代著名学者杜维明把《西铭》视为“儒家的信仰宣言”[⑥]。

---

① 林乐昌：《正蒙合校集释》，中华书局2012年版，第1000页。

② 林乐昌：《正蒙合校集释》，中华书局2012年版，第911页。

③ 陈致：《诗书礼乐中的传统——陈致自选集》，上海人民出版社2012年版，第174页。

④ ［美］杜维明：《儒教》，陈静译，上海古籍出版社2008年版，第57页。

⑤ （清）刘古愚：《孝经本义》，《刘光蕡集》，武占江点校，西北大学出版社2015年版，第375页。

⑥ ［美］杜维明：《儒教》，陈静译，上海古籍出版社2008年版，第56页。

三　张载价值观的理学体系定位

张载理学的体系特征很突出。海内外学者大多肯定张载理学有其完整的理论体系。韦政通在比较周敦颐、邵雍、张载的学说之后指出："三人中对儒学真能登堂入室并发展出一个新系统的，就是张载。"① 这里所谓"新系统"，也就是新体系的意思。美国学者葛艾儒（Ira E. Kasoff）认为："张载的著作散佚很多，不过，留存至今的还是足以让我们勾勒出一个完整的哲学体系。"②

张载于五十岁时自述说："某近来思虑义理，大率亿度屡中可用，既是亿度屡中可用，则可以大受。某唱此绝学亦辄欲成一次第。"③ 这里所谓"成一次第"，指张载所倡导和创建的理学已经于思想成熟期形成了严整有序的体系。应当看到，张载的理学体系是有层次结构的。张载指出："知崇，天也，形而上也。"④ "'形而上'，是无形体者也，故形以上者谓之道也；'形而下'，是有形体者，故形以下者谓之器。"⑤ 又指出："运于无形之谓道，形而下者不足以言之。"⑥ 在张载看来，世界的存在是分为"形而上"与"形而下"两个层次的。这是《易传》以来古代哲学家的思考方式，也是张载的思考方式。与张载"形而上"与"形而下"的划分相对应，有理由认为他的理学体系也有两个层次，即形而上学的层次与形而下学的层次。具体言之，其理学体系的形而上学部分，包括天

---

① 韦政通：《中国思想史》，上海书店出版社 2003 年版，下册，第 479 页。

② ［美］葛艾儒：《张载的思想（1020—1077）》，罗立刚译，上海古籍出版社 2010 年版，第 1 页。

③ （宋）张载：《张子语录·语录下》，《张载集》，章锡琛点校，中华书局 1978 年版，第 329 页。

④ （宋）张载：《正蒙·至当》篇，《张载集》，章锡琛点校，中华书局 1978 年版，第 37 页。

⑤ （宋）张载：《横渠易说·系辞上》，《张载集》，章锡琛点校，中华书局 1978 年版，第 207 页。

⑥ （宋）张载：《正蒙·天道》篇，《张载集》，章锡琛点校，中华书局 1978 年版，第 14 页。

道论和心性论，而本体论则是“形而上学”的顶层，是形而上学的最高体现；作为其政治思想和教育思想的礼学，除其根源属于形而上学外，其主要内容都属于其理学体系的形而下学。

如果将张载价值观置于其形而上学与形而下学这两个层次的任何一个层次，似乎都不合适；如果将张载价值观置于其形而上学顶层的本体论，则更不妥帖。为了解决张载价值观在其理学体系中的定位问题，有必要对张载理学体系的层次进行重构，在其理学体系的形而上学与形而下学这两个层次中间，增加一个“形而中学”的层次。当然，对此还需要加以论证。本文的这一重构，受到徐复观、庞朴、方东美等前辈学者相关研究的启发，拟把张载价值观定位于其理学体系的“形而中学”，从而为传统的“形而上学”与“形而下学”的两层划分提供一种补充。具体言之，本文重构的方案是：把张载理学体系划分为三个层次：（1）处于上层的是，以天或太虚为本体、以天道论和心性论为主要内容的形而上学；（2）处于下层的是，通过思考自然、社会和人生而形成的古代自然知识、政治思想、教育思想和修养工夫论的形而下学；（3）处于中层的是，人的价值观乃至境界观，这是张载理学体系的“形而中学”。

徐复观和庞朴先后从不同角度使用过“形而中”或“形而中学”的说法。先看徐复观的用法。在解释《易传·系辞上》所谓“形而上者谓之道，形而下者谓之器”时，他认为，“这是以人为中心所分的上下”。徐复观指出，“假如按照原来的意思把话说完全，便应添一句‘形而中者谓之心’。所以，心的文化、心的哲学，只能称为‘形而中学’，而不应讲成形而上学”①。在这里，徐复观用“形而中”的说法指心的存在，用“形而中学”的说法指心的学说，包括“心的文化”和“心的哲学”。古今学者将“形而上者谓之道，形而下者谓之器”句中的“形”字，都解释为世界中的“形质”“形象”或“器用”②；而徐复观则将此“形”字，解释为人的形体，并以人为中心划分世界的上与下。这与《易传》

① 徐复观：《心的文化》，《中国思想史论集》，上海书店出版社2004年版，第212页。

② 参见（魏）王弼注，（唐）孔颖达疏《周易正义》，载（清）阮元校刻《十三经注疏》，中华书局1980年版，上册。

的本意相差甚远。

再看庞朴的用法。冯友兰认为，中国古代的天有五种意义，即“物质之天”（天空）、“主宰之天”（天神）、“命运之天”（天命）、“自然之天”（天性）、“义理之天”（天理）。① 庞朴把冯友兰所说的这五种意义压缩为三种：“物质的天（天空、大自然）、精神的天（主宰、至上神）以及本然的天（本然意义上的物质，如牛马四足天性；被当成本然意义上的精神，如天理；以及本然意义上的气质，如天真）。”庞朴还认为，这三种意义的天“分别为形而下的、形而上的和形而中的”②。在他看来，形而上、形而下和“形而中”所说都是天，而“形而中”指的则是“本然的天”。

庞朴所谓“形而中”，对应的是天这一存在的特定含义，并不涉及如何对特定学说体系进行层次分析，与本文的着眼点和问题意识无关。徐复观在承认以道为形而上和以器为“形而下”的同时，强调以心为“形而中”，以心的学说为“形而中学”。这与本文同样关乎理学体系的分层，但分层的指向有别：徐复观的意图是强调，应当把“心学”定位于“形而中学”层面，而不能把“心学”定位于“形而上学”层面；本文则认为，就张载理学而言，“形而中学”指的是其理学体系中的价值观乃至境界观层次。本文的这一认识，对其他理学家价值观的体系定位，或许也有参考价值。值得注意的是，方东美在论及中国古代哲学体系时认为，居于上层的天与下层的物质世界“中间”的是“生命流行的境界”，人的生命可以充分利用物质条件，“生命可以发展它本身的创造性”。在“生命创造性里面”，人可以“从知识上做充分的发展，从价值上做充分的努力”。③ 方东美的论述，着眼于世界的存在论和人的实践论，认为处于形而上的天与形而下的物质世界中间的是“生命的流行”，人需要“从价值上做充分的努力”。这些说法，与本文对张载价值观的理学体系定位比较接近。

---

① 参见冯友兰《中国哲学史新编》，《三松堂全集》第 8 卷，河南人民出版社 2001 年版，第 1 册。

② 庞朴：《天人之学述论》，《庞朴文集》第 1 卷，山东大学出版社 2005 年版，第 354 页。

③ 方东美：《新儒家哲学十八讲》，台北：黎明文化事业公司 1993 年版，第 298 页。

本文之所以提出这样的方案，主要基于三方面理由。首先，张载的价值观与其形而上学的本体论之间有性质之别。虽然张载所建构的以仁、孝、礼为核心的人文价值也是无形的，但价值观毕竟与形而上学的本体论有别。作为形而上学顶层的本体存在，是具有至上性、根源性、“至一”性的①，而人文价值却并不具有这些性质。在宋代理学各学派中，对本体的称呼各不相同，而且各个学派所认定的本体都是独一无二的。例如，张载以天（“太虚”是天的别称）为本体，程朱以“天理”为本体，而陆九渊则以“本心”为本体。但这几个学派在价值论上又无不认同仁、义、礼、智、孝等多样化的价值观。

其次，在张载的价值观之上有其形而上的哲学宇宙论根源。张载所建构的以仁、孝、礼为核心的人文价值，毕竟要以作为宇宙本体的天以及作为宇宙生成力量的道、性、神为其根源。这有儒家经典作为根据。在《论语·述而》中，孔子自信“天生德于予”。《易传·文言》宣称“夫大人者与天地合其德”。《中庸》第二十章则提出“诚者，天之道；诚之者，人之道”。孔子与这些早期儒家经典的表述，意味着德性价值是根源于天、道、性等宇宙根源的。据此，张载提出：“天所以长久不已之道，乃所谓诚。仁人孝子所以事天诚身，不过不已于仁孝而已。故君子诚之为贵。”② 在张载看来，“仁人孝子”“不已于仁孝”，是以“天所以长久不已之道”亦即“诚”为宇宙论根据的。在《西铭》中，张载使这种观念得到了空前的加强。张载不仅认为仁、孝价值原则有其宇宙论根源，而且还认为，作为规范价值原则的礼也有其宇宙自然根源。他说：“或者专以礼出于人，而不知礼本天之自然。”“知礼之本于自然，若顺而行之，则是知礼也。”③ 因此，如果把礼和仁、孝这一价值系统视作张载

---

① 关于本体的至上性，张载说：“天德即是虚，虚上更有何说也。”［（宋）张载：《经学理窟·气质》，《张载集》，章锡琛点校，中华书局 1978 年版，第 269 页］在张载的话语系统中，“天德”是太虚本体的别称；“虚”，是“太虚”本体的简称。关于本体的至一性，张载说：“静者，善之本；虚者，静之本。静犹对动，虚则至一。”（宋）张载：《张子语录·语录中》，《张载集》，章锡琛点校，中华书局 1978 年版，第 325 页。

② （宋）张载：《正蒙·诚明》篇，《张载集》，章锡琛点校，中华书局 1978 年版，第 21 页。

③ （宋）张载：《张子全书》，林乐昌编校，西北大学出版社 2015 年版，第 342 页。

理学体系的形而上学的本体论层面，则有可能导致其体系分层的错位。

最后，张载的价值观与形而下的现实世界及其学说有别。虽然礼和仁、孝等人文价值对于现实的生活世界具有直接的范导作用，但价值观毕竟是抽象的存在，而不是有形的现实社会实体，价值观毕竟与现实生活世界是有区别的。因而，不能把礼和仁、孝等人文价值系统与张载理学体系的形而下学层面等量齐观，将二者置于理学体系的同一层次。

总之，张载价值观在其理学体系中的地位，与形而上学尤其是其本体论，以及反映现实世界的形而下学，都是有所区别的。就张载理学形而上学尤其是其本体的作用看，它难以直接作用于形而下的现实生活世界；形而上的本体若要作用于形而下的现实世界，必须通过价值观这一中介才能够发挥作用。这就使张载的价值观具有“上通”“下贯”的特点：“上通”，指礼和仁、孝等人文价值都与其哲学宇宙论相通，都有其宇宙本体论根源或宇宙生成论根源；“下贯”，指礼和仁、孝等人文价值能够向下贯通于现实世界，能够对现实世界发挥直接的范导作用。就是说，有理由把张载理学体系视作由形而上学、“形而中学”和形而下学这三个层面构成的完整体系，把他的价值观定位于其理学体系的“形而中学”层面。对于其价值观的体系定位问题，这可能是一个有效的观察视角。

四 “中正之道”是“尊礼贵德”价值观的最高原理

在《正蒙·中正》篇中，张载指出：“中正然后贯天下之道，此君子之所以大居正也。盖得正则得所止，得所止则可以弘而至于大。”① 据此，可以把这里所引用的张载所谓“中正然后贯天下之道”这句话概括为“中正之道”。结合对张载所有著作相关论述的理解，可以视“中正之道”

① （宋）张载：《正蒙·中正》篇，《张载集》，章锡琛点校，中华书局1978年版，第26页。

为张载价值观的最高原理。① 把“中正之道”确定为张载理学价值观的最高原理，这是从整体视域加以理解的结果。但也应当看到，“中正之道”原理当中的“正”与“中”，其意涵和功能是各有侧重的。

先看“正”的意涵和功能。王夫之在解释上引张载所谓“得正则得所止”说：“所止者，至善也，事物所以然之实，成乎当然之则者也。”② “得所止”与《大学》所谓“止于至善”有关。对此，张载这样解释：“‘大学之道’，‘在止于至善’，此是有本也。思天下之善无不自此始，然后定止，于此发源立本。”③ 他认为，“至善”是道德价值的根本，也是实践“天下之善”的开始。将“至善”视作道德价值的本始，然后才可能“定止”。因此，所谓“知止”“得所止”或“定止”之“止”，都指价值的方向。美国学者葛艾儒认为，张载强调“知止”的用意，是避免“‘止’错了地方”④。葛艾儒的这一看法是很确切的。在张载看来，只有首先把“至善”确立为道德价值的方向，才能够进一步使之发扬光大。总之，在张载的理学价值观中，“中正之道”之“正”，其基本意涵是“至善”，这是终极价值，能够总摄其他一切价值目类，例如总摄礼和仁、孝等价值。

再看“中”的意涵和功能。张载对“中”有很多解释。他说：“失之多，过也；失之寡，不及也。止有两端，无三也。凡学不是过，即是不及。无过与不及，乃是中矣。”⑤ 在这里，张载虽然是就“学”言“中”的，但这也适用于道德价值实现的“中”。张载把价值实现意义上的“中”，也称作“中道”。他说：“今闻说到中道，无去处，不守定，又上面更求，则过中也，过则犹不及也。”⑥ 张载把“至善”，也称作

---

① “中正之道”既是张载教学论的最高原理，也是其价值观的最高原理。关于“中正之道”作为张载教学论的最高原理，容另文讨论。

② （清）王夫之：《张子正蒙注》，中华书局 1975 年版，第 133 页。

③ （宋）张载：《张子语录·语录下》，《张载集》，章锡琛点校，中华书局 1978 年版，第 328—329 页。

④ ［美］葛艾儒：《张载的思想（1020—1077）》，罗立刚译，上海古籍出版社 2010 年版，第 107、108 页。

⑤ （宋）张载：《张子全书》，林乐昌编校，西北大学出版社 2015 年版，第 362 页。

⑥ （宋）张载：《经学理窟·气质》，《张载集》，章锡琛点校，中华书局 1978 年版，第 266 页。

“极善”。他说：“极善者，须以中道方谓极善，故大中谓之皇极。盖过则便非善，不及亦非善。”① 明儒刘儓在解释张载所谓“中”与“正”二者关系时说：“中而止于正也。”② 总之，“中正之道”之“中”，其基本意涵是规避过与不及的方法准则。古希腊哲学家亚里士多德反复强调“德性就是中道”；“中道是一种决定着对情感和行为的选择的品质”；“中道在两种过错之间，一方面是过度，一方面是不及”。③ 张载与亚里士多德对“中道”意义的理解，非常接近。

总之，张载所谓“中正之道”，其“正”指“至善”，是总摄其他一切价值的终极价值；其“中”作为落实“正”的方法准则，能够发挥规避过与不及的作用，使价值的实施有度。以下，基于规避过与不及的方法准则，论析“中正之道”这一张载价值观的最高原理对礼和仁、孝价值所发挥的调节作用。

第一，“中正之道”与礼。儒者学礼，最容易出现的偏差是把礼仪规范视作矫揉造作的外在教条。程门弟子谢良佐（1050—1103 年，字显道，学者称上蔡先生）与弟子论学时，批评张载“以礼教学者”说：“横渠教人以礼为先，大要欲得正容谨节。其意谓世人汗漫无守，便当以礼为地，教他就上面做工夫。然其门人下稍头溺于刑名度数之间，行得来困，无所见处，如吃木札相似，更没滋味，遂生厌倦，故其学无传之者。”④ 所谓“吃木札”，是形容只知被动和机械循礼的贫乏无味。在这里，谢良佐提出了 个重要问题：在“行礼”实践过程中怎样才能够避免把礼仪规则当作外在的僵化教条？其实，张载在推行以礼教人的过程中是用礼、“敬”兼修来解决这一问题的。他指出：“‘敬，礼之舆也’，不敬则礼不

① （宋）张载：《张子语录·语录下》，《张载集》，章锡琛点校，中华书局 1978 年版，第 332 页。

② 林乐昌：《正蒙合校集释》，中华书局 2012 年版，第 409 页。

③ ［古希腊］亚里士多德：《尼各马科伦理学》，苗力田译，中国社会科学出版社 1990 年版，第 32、34、38 页。

④ （宋）谢良佐：《上蔡语录》卷上，《朱子全书外编》，朱杰人等主编，华东师范大学出版社 2010 年版，第 3 册，第 4 页。

行。"① 所谓"敬",指人的内在精神气质,是"行礼"过程中主体的虔敬态度。与"敬"相近的精神气质还有"诚"。张载说:"此心苟息,则礼不备,文不当,故成就其身者须在礼,而成就礼则须至诚也。"② 但另一方面,"敬""诚"也须在"行礼"中才能够得以彰显,张载说:"诚意而不以礼则无征,盖诚非礼无以见也。"③ 张载认为,礼与"敬、礼"与"诚"这两个方面不可偏废,"诚意与行礼无有先后,须兼修之"④。因此,他主张:"修持之道,既须虚心,又须得礼,内外发明,此合内外之道也。"⑤ 所谓"合内外之道",是强调学礼的途径在于把握内外兼修的原则,使内在精神价值与外在礼仪规范在"行礼"实践中获得平衡。后来,元儒许衡(1209—1282 年,字仲平,号鲁斋)评论这一问题时指出:"横渠教人以礼,使学者有所据守。""然横渠之教人,亦使知礼之所以然乃可。礼,岂可忽耶?制之于外,以资其内。外面文理都布摆得,是一切整暇身心,安得不泰然?若无所见,如吃木札相似,却是为礼所窘束。"⑥ 许衡认为,张载首先要求学者基于对礼的充分理解,在此基础上处理好内外两方面的关系。若如此,在"行礼"实践中就能够身心"泰然",避免出现谢良佐所谓教人以礼"如吃木札相似"的结果。许衡的论析,有助于回答谢良佐对张载以礼教弟子的质疑。

第二,"中正之道"与仁。仁爱,是儒家的核心价值观。儒家对"仁"之根据的认识,有一个演变的过程。包括孟子在内的早期儒家强调仁爱的血亲根据,北宋以来的理学家则重视仁爱的宇宙根源,或将其置于形而上学的基础上。程颐较早意识到以血缘为根据的仁爱易导致为己

① (宋)张载:《正蒙·至当》篇,《张载集》,章锡琛点校,中华书局 1978 年版,第 36 页。

② (宋)张载:《经学理窟·气质》,《张载集》,章锡琛点校,中华书局 1978 年版,第 266 页。

③ (宋)张载:《经学理窟·气质》,《张载集》,章锡琛点校,中华书局 1978 年版,第 266 页。

④ (宋)张载:《经学理窟·气质》,《张载集》,章锡琛点校,中华书局 1978 年版,第 266 页。

⑤ (宋)张载:《经学理窟·气质》,《张载集》,章锡琛点校,中华书局 1978 年版,第 270 页。

⑥ (元)许衡:《语录下》,《许衡集》,王成儒点校,东方出版社 2007 年版,第 37 页。

之私，他指出：“分殊之蔽，私胜而失仁。”[①]《西铭》是张载仁爱观的纲领，体现了儒家在仁爱观方面的更加宏大的视野，为儒者提出了平等之爱的理想。此外，张载在其《正蒙·诚明》篇中还提出了“爱必兼爱”的口号。于是，儒家的仁爱理论在其理想与现实之间产生了一定的张力。张载的意图是，调动平等之爱这一理想的力量，扩大仁爱的范围，以矫正“私胜害仁”的偏差，化解仁爱实践中的公与私之间的矛盾，而不是在差等之爱的现实面前止步。正如熊十力所指出的：“夫日以兼爱之道，警惕其心，犹不胜私情之弊也，而况可非兼爱以护其私乎？”[②] 但另一方面，张载在提出“爱必兼爱”的同时，并不否认差等之爱有其合理性，而是主张“施爱固由亲始”[③]。全面地看，这两种不同层次的爱，有可能为公共与私人两个不同领域的伦理原则提供理论资源。

第三，“中正之道”与孝。如前所述，自从张载在《西铭》中提出基于宇宙根源的孝德之后，人们便在“事天”与“事亲”的关系问题上形成了分歧。这从王夫之对周敦颐《太极图说》与张载《西铭》的误解中可以看出。先看王夫之对周敦颐《太极图说》的误解。王夫之把周敦颐《太极图说》的宗旨，归结为“推本天亲合一”[④]。而他对“天亲合一”是深表质疑的，他指出，《太极图说》“自太极分为两仪，运为五行，而乾道成男，坤道成女，皆乾、坤之大德，资生资始”，而这导致的结果是，“人可以不父其父而父天，不母其母而母地”。[⑤] 此外，王夫之还指出，周敦颐认为人物以“乾坤为父母”，是“从其大者而言之”，问题是必须“从其切者而言之”。怎样才能够“从其切者而言之？”王夫之主张，“别无所谓乾，父即生我之乾；别无所谓坤，母即成我之坤”。因此，不能“舍父母而亲天地”。他还强调，“父之为乾，母之为坤，不能离此以求天地之德”。因此，王夫之的主张是与“天亲合一”相反，认为天、亲

---

① （宋）程颢、程颐：《二程集》，王孝鱼点校，中华书局 1981 年版，第 609 页。

② 熊十力：《读经示要》卷二，《熊十力全集》第 3 卷，湖北教育出版社 2001 年版，第 800 页。

③ （宋）张载：《张子语录·语录上》，《张载集》，章锡琛点校，中华书局 1978 年版，第 311 页。

④ （清）王夫之：《张子正蒙注》，中华书局 1975 年版，第 313 页。

⑤ （清）王夫之：《张子正蒙注》，中华书局 1975 年版，第 313 页。

不应当是先天后亲的关系，而应当是先亲后天的关系。再看王夫之对张载《西铭》的误解。其实，王夫之对周敦颐《太极图说》的误解必然导致他对张载《西铭》的误解。从本文第二部分对《西铭》与孝德的讨论可以看出，张载对“事天”与“事亲”先后关系的定位，是基于“乾坤大父母”的宇宙根源做出的。王夫之把人与天地的关系模式概括为“天人相继”，作为对周敦颐“天亲合一”模式的替代。[①] 通过他对周敦颐的批评可知，其“天人相继”模式在“事天”与“事亲”关系问题上，强调的是“事亲”的优先性。而这与张载《西铭》的宗旨是相悖的。张载门人吕大临指出：“人者，万物之灵，‘受天地之中以生’，为天地之心者也。能知其所自出，故事天如事亲。”[②] 吕大临对《西铭》的解读，与《西铭》基于宇宙的乾坤根源以确立新孝德是一致的。

---

① 参见（清）王夫之《张子正蒙注》，中华书局1975年版。

② （宋）吕大临：《西铭解》，曹树明点校，西北大学出版社2015年版，第474页。

张载对“形而上”的辨析及其天道本体的确立*

丁为祥

（陕西师范大学关学研究院）

摘要：宋明理学与汉唐儒学的一个根本区别就在于是否拥有形而上视角，这当然是受佛学刺激又回应佛教的结果；而能否依据形而上视角以重塑儒家的天道本体，则又成为宋明理学超越于汉唐儒学的标志。在代表理学开创的“北宋五子”中，只有张载直面佛教的理论冲击，并在吸取佛教形而上智慧的基础上，展开了重塑儒家天道本体的多重思考。在其对“形而上”的辨析中，所谓“形而上者，得辞斯得象”与“得意斯得名，得名斯得象”就代表着其对形上本体及其形成进路的思考，并由此甄别“太虚”与“太极”，最后以“太和”代表二者超越的统一；继而通过“其性”与“其形”的辨析，将“太虚”与“太极”的统一拓展为一种宇宙生化论原则。这就成为二程“天理论”与程朱理气关系及其“理一分殊”之宇宙论原则的根源；而由张载所提出的“诚明两进”，则又成为理学中程朱与陆王不同为学进路的开辟者。

关键词：张载　北宋五子　形而上　太虚　太极

作为儒学与帝制政权结合背景下的再次崛起，宋明理学必须在根本上解决两个方面的问题：其一即代表儒家超越追求精神之所谓理想人格的形成；其二则是必须为这种理想人格提供天道本体的依据，这就是体

* 原文另已发表于《哲学研究》2020 年第 8 期。

现宋明理学在根本上超越于汉唐儒学的形上本体意识。儒家所谓天人合一的志向，也就表现在这两个问题的一贯与一致性上。关于第一个问题，从范仲淹继承孟子“乐以天下，忧以天下”（《孟子·梁惠王下》）所阐发的“先天下之忧而忧，后天下之乐而乐”① 到周敦颐概括其人生志向所提出的“志伊尹之所志，学颜子之所学”②，也就标志着宋明理学理想人格的形成；至于第二个问题，即支撑这一理想人格的天道本体依据，也就成为其后继者所必须面对的任务了。因为如果只有理想人格，而这种理想人格又缺乏天道本体的依据和支撑，那么儒学充其量只能说是一种简单的淑世情怀，只有揭示出儒家理想人格之天道本体依据，才说明儒家的理想人格是建立在天人合一基础上的，并且也才真正显现出宋明理学“性与天道不见乎小大之别”③ 主题的庄严性与深刻性。从代表理学崛起的“北宋五子”及其探索指向来看，这一任务也就历史性地落到了张载的肩头。

一 “形而上者，得意斯得名”

如果说理想人格就代表着儒家历代相传的一种人文传统，那么对于儒学而言，所谓形而上本体意识则可以说是一种全新的思考角度；而这种新的思考角度又是从中唐以来的儒佛关系中衍生出来的。自韩愈立足于儒家的“道统”意识开始辟佛，很快就遭到了曾经出儒入佛之华严五祖宗密的反驳。宗密曾著《华严原人论》，并依据佛教学理对于中土的儒道两家展开了一场激烈的反批评，他写道：

> 今习儒道者，只知近则乃祖乃父，传体相续，受得此身；远则混沌一气，剖为阴阳之二，二生天、地、人三，三生万物，万物与

① （宋）范仲淹：《范文正公文集》，中华书局 1985 年版，第 169 页。

② （宋）周敦颐：《周敦颐集》，陈克明点校，中华书局 2009 年版，第 23 页。

③ （宋）张载：《正蒙·诚明》篇，《张载集》，章锡琛点校，中华书局 1978 年版，第 20 页。

人，皆气为本。①

显然，这是宗密立足于佛教的空观意识对于儒道两家的宇宙生化论的一种明确批评。经过对于儒佛道三教理论的一番比勘之后，宗密归结说：“二教唯权，佛兼权实。策万行，惩恶劝善，同归于治，则三教皆可遵行；推万法，穷理尽性，则佛教方为决了。”② 这里所谓“决了”就指只有佛教才是真正能够穷其本源的“决了”之教；而儒道二教说到底不过是一种“权教”而已。

宗密为什么认为只有佛教才是真正的“决了”之教，而儒道二教说到底不过是一种“权教”呢？这就主要取决于其由佛教之空观智慧所体现的一种穷极根源的形而上本体意识；而为儒道二教所尊奉的“万物与人，而皆气为本”，实际上只能停留于缘起缘灭的生化世界。在宗密看来，如果世界的根据就建立在缘起缘灭之生化现象的基础上，那么这就只能是一种“权教”的世界。很明显，宗密的这一批评，等于是为儒学的重新崛起及其理论建构提出了一个如何提炼儒家的形而上本体意识的问题。

如果将宗密的这一批评对应于后来理学家对于汉唐儒学的反省，那么其批评又是完全可以坐实的。当然，这同时也就表现了理学家对于汉唐儒学之不足的反省。比如张载师徒就有以下反省：

> 今之（人）灭天理而穷人欲，今复反归其天理。古之学者便立天理，孔孟而后，其心不传，如荀、扬皆不能知。③
>
> 其徒侈其说，以为大道精微之理，儒家之所不能谈，必取吾书为证。世之儒者亦自许曰：“吾之《六经》未尝语也，孔孟未尝及也”，从而信其书，宗其道，天下靡然同风……④

---

① （唐）宗密：《华严原人论》，石峻、董群点校，中华书局2019年版，第11页。

② （唐）宗密：《华严原人论》，石峻、董群点校，中华书局2019年版，第21页。

③ （宋）张载：《经学理窟·义理》，《张载集》，章锡琛点校，中华书局1978年版，第273页。

④ （宋）张载：《正蒙·范育序》，《张载集》，章锡琛点校，中华书局1978年版，第4—5页。

在这些反省中，张载的反省自然是立足于儒家本来应有的人生态度（当然也表现在其理论规模上）而言，而范育的反省则主要是就儒学的理论规模，尤其是就“大道精微之理，儒家之所不能谈”一点而言的。如果再参以二程的“昨日之会，大率谈禅，使人情思不乐，归而怅恨者久之。此说天下已成风，其何能救”① 的感慨，那么佛教在形而上理论探讨方面的优势及其对儒学的压力就是非常明显的。宋初儒学为什么会陷于这一格局呢？这就是张载总结的“孔孟而后，其心不传，如荀、扬皆不能知”。显然，在张载看来，正是“孔孟而后”的“其心不传”以及作为汉唐儒学开创者的“荀、扬皆不能知”，才导致了儒学处处受制于人的现实。这正是张载对于汉唐儒学缺乏形而上本体意识的一种深入反省。

那么，张载又将如何面对这一时代性的难题呢？吕大临在《横渠先生行状》中概括其早年的思想阅历说：“先生读其书（指张载接受范仲淹的建议读《中庸》），虽爱之，犹未以为足也，于是又访诸释老之书，累年尽究其说，知无所得，反而求之《六经》。”② 而范育也在其《正蒙序》中指出：

> 浮屠以心为法，以空为真，故《正蒙》辟之以天理之大，又曰：“知虚空即气，则有无、隐显、神化、性命通一无二。”老子以无为道，故《正蒙》辟之曰：“不有两则无一。”至于谈死生之际，曰：“轮转不息，能脱是者则无生灭”，或曰“久生不死”，故《正蒙》辟之曰：“太虚不能无气，气不能不聚而为万物，万物不能不散而为太虚。”③

很明显，从张载两大弟子的叙述和概括中可以看出，张载曾认真研究佛典，并在“累年尽究其说”的基础上“反而求之《六经》”，这就是作为

① （宋）程颢、程颐：《河南程氏遗书》卷二上《二先生语录二上》，《二程集》，王孝鱼点校，中华书局 1981 年版，第 23 页。

② （宋）吕大临：《吕大临横渠先生行状》，载（宋）张载《张载集》，章锡琛点校，中华书局 1978 年版，第 381 页。

③ （宋）张载：《正蒙 · 范育序》，《张载集》，章锡琛点校，中华书局 1978 年版，第 5 页。

理学家之共同经历的“出入佛老，返于《六经》”。至于代表其“造道”之作的《正蒙》，则首先就是围绕着批判佛老展开的，所以也就有了“知虚空即气，则有无、隐显、神化、性命通一无二”以及“太虚不能无气，气不能不聚而为万物，万物不能不散而为太虚”的著名论断。

不过张载的辟佛排老还存在着一个基本前提，这就是必须对作为佛教之理论胜场的“形而上”展开辨析；而张载这一方面的探讨又主要是通过对儒家经典《周易》的解读实现的。史称张载的理论探讨是“以《易》为宗”，这就集中表现为对《易传》所谓“形而上者谓之道，形而下者谓之器”的重新解读，因为儒家的形而上道体必须通过形而上的辨析才能真正确立起来。所以，从《横渠易说》到《正蒙》，其中都有对“形而上”与“形而下”的解读与辨析，尤其是对“形而上”之所以形成的探讨才真正体现着张载对于儒家形而上道体的反思与重塑：

> 形而上者，得辞斯得象矣，故变化之理须存乎辞。言，所以显变化也。①
>
> 形而上者，得辞斯得象，但于不形中得以措辞者，已是得象可状也。……有气方有象，虽未形，不害象在其中。②
>
> 形而上者，得意斯得名，得名斯得象；不得名，非得象者也。故语道至于不能象，则名言亡矣。③

这几段前后相继的探讨，都涉及“形而上者”如何形成的问题。在《横渠易说》中，张载认为“形而上者，得辞斯得象”，就是说，所谓“形而上者”就是人的指事、抽象与概括从而以辞来表达。也就是说，所谓“形而上者”并不存在于客观领域，而只能存在于人的精神领域，是人以辞的形式来指谓客观存在的事与物之象。到了《正蒙》，由于其前面已经

---

① （宋）张载：《横渠易说·系辞上》，《张载集》，章锡琛点校，中华书局1978年版，第198页。

② （宋）张载：《横渠易说·系辞下》，《张载集》，章锡琛点校，中华书局1978年版，第231页。

③ （宋）张载：《正蒙·神化》篇，《张载集》，章锡琛点校，中华书局1978年版，第15页。

提出了“运于无形之谓道，形而下者不足以言之”①，因而也就使“形而上者”与道成为一种相互规定的统一体；而意、名、辞、象之一线相连，也说明形而上之道只能是人之精神的产物，是人之精神对客观天道的一种抽象与概括。

这就涉及了儒家的形而上道体。那么张载为儒学所确立的形而上道体又是什么呢？下面这两段既见于《横渠易说》又见于《正蒙》的文字就表现了张载对于儒家形而上道体反复的斟酌与权衡：

> 体不偏滞，乃可谓无方无体。偏滞于昼夜阴阳者物也，若道则兼体而无累也。以其兼体也，故曰“一阴一阳”，又曰“阴阳不测”，又曰“一阖一辟”，又曰“通乎昼夜”。语其推行，故曰“道”；语其不测，故曰“神”；语其生生，故曰“易”；其实一物，指事而异名尔。②
>
> 太虚者，气之（所）体。气有阴阳，屈伸相感（之）无穷，故神之应也无穷；其散无数，故神之应也无数。虽无穷，其实湛然；虽无数，其实一而已。阴阳之气，散则万殊，人莫知其一也；合则混然，人不见其殊也。③

从张载的这一分析可以看出，上一段主要是从道体之“无方无体”规定出发，强调道体的遍在性及其对万事万物的内在性，所以既可以讲“一阴一阳”，又可以讲“通乎昼夜”；而所有这些规定，从道到神再到易，说到底又不过是对道体之“指事而异名”而已。下一段则直接推出儒家的天道本体，这就是作为“气之（所）体”（这里的“体”正指“体不偏滞”之意，因而也可以说是遍在之“体”）的“太虚”，所以说“虽无穷，其实湛然；虽无数，其实一而已”。如果再结合其《语录》中的“与

---

① （宋）张载：《正蒙·神化》篇，《张载集》，章锡琛点校，中华书局1978年版，第15页。

② （宋）张载：《横渠易说·系辞上》，《张载集》，章锡琛点校，中华书局1978年版，第184页。

③ （宋）张载：《横渠易说·系辞上》，《张载集》，章锡琛点校，中华书局1978年版，第184页。

天同源谓之虚”以及其对“太虚”之“至实”“至一”① 的规定，那么“太虚”无疑就是张载为儒学所确立的天道本体。

正因为“太虚”是张载为儒学所确立的天道本体，所以他就可以依据“太虚”及其虚气关系对佛老之学展开反戈一击的批评：

> 知虚空即气，则有无、隐显、神化、性命通一无二，顾聚散、出入、形不形，能推本所从来，则深于《易》者也。若谓虚能生气，则虚无穷，气有限，体用殊绝，入老氏“有生于无”自然之论，不识所谓有无混一之常；若谓万象为太虚中所见之物，则物与虚不相资，形自形，性自性，形性、天人不相待而有，陷于浮屠以山河大地为见病之说。此道不明，正由懵者略知体虚空为性，不知本天道为用，反以人见之小因缘天地。明有不尽，则诬世界乾坤为幻化。②

在张载对佛老之学的这一批评中，所谓“虚空即气”就指“太虚”之内在于气而言，这也是其“太虚”既“无方无体”同时又因为“体不偏滞”而又可以遍在于万事万物规定所必然蕴含的。如果将“太虚”理解为气的本来状态，那就必然会导致“虚能生气”，这就只能进入老子“有生于无”的坑陷；如果将“太虚”与气包括万物理解成“万象为太虚中所见之物”的关系，这就只能成为“物与虚不相资，形自形，性自性”的“形性、天人不相待而有”了。在张载看来，“太虚”作为儒家的天道本体，其与气就是一种不一而又不异之所谓既超越而又内在的关系。

二 “太极”“太虚”与“太和”

实际上，张载关于儒家天道本体的择定，既存在着与同代友人之间

① （宋）张载：《张子语录·语录中》，《张载集》，章锡琛点校，中华书局 1978 年版，第 325 页。这是张载在其《语录》中对“太虚”作为天道本体的几段集中讨论。

② （宋）张载：《正蒙·太和》篇，《张载集》，章锡琛点校，中华书局 1978 年版，第 8 页。

的继起探讨，同时也存在着张载对于不同概念之不同选择。自然，这种双重关系的比较与辨析也就更有助于我们看清张载哲学之“太虚”本体论的实质。

在代表宋明理学崛起的“北宋五子”中，张载处于一种较为特殊的位置。一方面，从年龄来看，张载处于“五子”的中间地位，邵雍（1011—1077 年）、周敦颐（1017—1073 年）、张载（1020—1077 年）、程颢（1032—1085 年）、程颐（1033—1107 年），仅从年龄来看，张载晚于邵、周二位而又长于二程，这就使他们之间排成了一个单线前进的队列。而从“北宋五子”各自不同的思想探索及其自我定位来看，邵雍的思想资源主要来自道家，尤其来自老庄思想，其以“反观”为核心的《观物内篇》与《观物外篇》就是其继承老庄思想的典型表现，因而邵雍不排佛老；周敦颐的一生不仅带有道教的“烟霞气”，而且也具有较强的佛教因缘①，其《爱莲说》即可视为其佛教因缘的具体表现（这说明周敦颐的思想探索已经通过道家、道教而开始借鉴佛教的思想了），因而周敦颐也像邵雍一样不排佛老。到了张载，则不仅积极钻研佛老之学，而且也明确坚持着一种辟佛排老的立场。这说明，理学崛起阶段的“出入佛老”已经开始走向对佛老之学的反戈一击了，而北宋理学的辟佛排老也主要是由张载来担纲的；对于张载来说，他甚至还将辟佛排老与为儒学“造道”作为其人生之一而二、二而一的任务。待到二程登上历史前台，则天理不仅成为理学各系所一致公认的天地万物之形而上本体，而且理学本身也已经成为一种被广泛认可的社会性思潮了。从这个角度看，如果说重塑儒家的天道本体与辟佛排老就是宋明理学崛起的一项基本任务，那么张载也可以说就是“北宋五子”的“中间”与“中坚”。因为只有到了张载，宋明理学的这种双重而又双向的任务才得到了充分的自觉与全面的展开。

当然，理学思潮的发展也是一种“盈科而后进”的过程。而这一过程往往又表现为对以后能够作为理学核心概念之一种递进性的比较与检择过程。这样，仅从概念演进的角度就可以看出“北宋五子”思想探讨

① 参见侯外庐等主编《宋明理学史》，人民出版社 1984 年版。

之递进性的发展了。比如“北宋五子”中最年长的邵雍，虽然也曾著有《皇极经世》一书，以解释历史上“皇、王、霸、伯”之演变与发展，但构成其天道宇宙论之核心观念的则是“太极”，并且也是作为宇宙的始发之源来运用的。这说明，对于北宋五子的思想探讨而言，其第一个核心概念就是“太极”。而在《邵雍集》中，其关于“太极”则有以下运用：

> 太极既分，两仪立矣。阳下交于阴，阴上交于阳，四象生矣。阳交于阴、阴交于阳而生天之四象；刚交与柔、柔交于刚而生地之四象，于是八卦成矣。八卦相错，然后万物生焉。①
>
> 太极，道之极也；太玄，道之玄也；太素，色之本也；太一，数之始也；太初，事之初也。其成功则一也。②

这两段论述，前者是对《易传》的解读，而后者则是对《太玄》的解释，但其“太极”却始终保持着含义的一致性，这就是宇宙万物之始源。这说明，在邵雍的思想中，“太极”也就是一个指谓宇宙始源的概念。

如果说邵雍的思想本来就源于道家及其宇宙论，其对“太极”的阐发也不超出道家理论所许可的范围，那么到了周敦颐，也就专门从“太极”立论了。这就有了其描述天道宇宙之生化发展的《太极图说》，一如邵雍之《皇极经世》一样。但周敦颐并不满足于仅仅从“太极”立论，于是也就有了“无极而太极”一说。其《太极图说》就是以如下方式展开的：

> 无极而太极。太极动而生阳，动极而静，静而生阴。静极复动。一动一静，互为其根；分阴分阳，两仪立焉。阳变阴合，而生水、火、木、金、土。五气顺布，四时行焉……③

这一自“无极而太极”以及“太极动而生阳”“静而生阴”包括“阳变

---

① （宋）邵雍：《观物外篇》，《邵雍集》，郭彧整理，中华书局2010年版，第107页。

② （宋）邵雍：《观物外篇》，《邵雍集》，郭彧整理，中华书局2010年版，第164页。

③ （宋）周敦颐：《周敦颐集》，陈克明点校，中华书局2009年版，第3—4页。

阴合”而“生水、火、木、金、土”的过程，完全是一种宇宙论的生成演化模式；而“太极”则是这一演化的起始。至于周敦颐的“无极而太极”与“太极，本无极也”① 一说，说到底不过是邵雍“太极”论说的进一步发展而已。

“太极”究竟是什么？其具体指谓又是什么？无论是从邵雍的“太极既分，两仪立矣”还是周敦颐的“太极动而生阳”“静而生阴”来看，都说明它就是阴阳五行之始祖、宇宙万物之始源。虽然朱子为了塑造周敦颐这位“道学开山”的地位而强行起义，认为“无极者无形，太极者有理也”②，并将“太极”与“阴阳”的关系套解为“太极理也，动静气也”③，从而给了“太极”与“阴阳”以理气关系的解释，但张载毕竟是邵雍、周敦颐的同辈友人；作为二程的表叔，张载能够准确说出“二程从十四岁时便锐然欲学圣人（盖指二程从周茂叔游一事——引者注），今尽及四十未能及颜闵之徒”④，说明张载对周敦颐也是相当熟悉的。那么，在张载看来，邵雍、周敦颐的“太极”究竟何指呢？在《张载集》中，他对“太极”曾有以下判断：

> 一物而两体，其太极之谓与！⑤
>
> 一物两体，气也；一故神（两在故不测）。两故化（推行于一）。⑥

在张载的这一概括中，所谓“一物而两体，其太极之谓与”也许还带有

---

①（宋）周敦颐：《周敦颐集》，陈克明点校，中华书局2009年版，第5页。

②（宋）黎靖德编：《朱子语类》卷九十三《孔孟周程张子》，中华书局1986年版，第6册，第2366页。

③（宋）黎靖德编：《朱子语类》卷九十三《孔孟周程张子》，中华书局1986年版，第6册，第2376页。

④（宋）张载：《经学理窟·学大原上》，《张载集》，章锡琛点校，中华书局1978年版，第280页。

⑤（宋）张载：《正蒙·大易》篇，《张载集》，章锡琛点校，中华书局1978年版，第48页。

⑥（宋）张载：《正蒙·太和》篇，《张载集》，章锡琛点校，中华书局1978年版，第10页。

一定的猜测意味，但后面所谓“一物两体，气也”就是对“太极”内涵的明确揭示了，意即“太极”就是指“一物两体”之统一的气而言的。显然，无论是从邵雍的运用还是张载的判断来看，周敦颐的“太极”都只能指“一物而两体”——阴阳未判之气而言。进一步看，如果周敦颐的“太极”就指天理而言，那么二程对于天理之所谓“自家体贴出来”①，也就完全成为自我神圣化的说谎之举了。所以，反倒是张载的“一物而两体”可能才代表着邵雍、周敦颐之“太极”的准确意涵。

这样一来，随着“北宋五子”中“太极”含义的澄清，张载哲学与气本论的关系以及张载哲学之非气本论的性质也就随之得以澄清了。原因很简单，如果张载哲学就是气本论，那么他就正好可以从邵雍、周敦颐所共同认定的“太极”出发，而完全无须通过对所谓“形而上者”的反复辨析来确立儒家的天道本体。

那么，张载为儒家所确立的天道本体是什么呢？这就是“太虚”。关于“太虚”之为张载哲学的天道本体一点笔者已经言之屡屡，既有专书讨论，也散见于各种专论性的文章。所以，这里只以笔者以往文章中的一段结论来代替对“太虚”性质的论定：

> “太虚”原是《庄子》中的概念，以指谓原始而又广袤的虚空，这也是庄子试图超越老子“天下万物生于有，有生于无”（《道德经》第40章）之沿时间向度对宇宙始源进行追溯的表现。但在庄子哲学中，就已经形成了“虚室生白，吉祥止止”（《庄子·知北游》）的说法；同时又有“唯道集虚。虚者，心斋也”（《庄子·人间世》）。而这个“虚室生白”也就从正面——“天地之大德曰生”（《周易·系辞下》）以及“虚则生仁，仁在理以成之”的角度重重启发了张载，从而使“太虚”不仅成为“生”的前提，同时也是“仁”的根源与“理”的基础。与之同时，“太虚”也就具有了“大率天之为德，虚而善应，其应非聪明思虑可求，故谓之神……”一说。显然，这就通过庄子具有空间含义的“虚室生白”直接过渡为

① （宋）程颢、程颐：《伊川先生年谱》，《二程集》，王孝鱼点校，中华书局1981年版，第424页。

> 以“生物为本”的“天地之大德”与“虚则生仁”了；同时，又通过“虚者，心斋也”直接过渡为“虚而善应”并作为“性之渊源”的天德。因而，这就明确地划出了一条由庄子之空间、《易传》之生化，到张载天德之仁的演变轨迹。①

但在张载哲学中，除了“太虚”“太极”之外，还有“太和”；而“太和”甚至还是张载精心结撰之《正蒙》一书的首出概念。比如：

> 太和所谓道，中涵浮沈、升降、动静、相感之性，是生絪缊、相汤、胜负、屈伸之始。其来也几微易简，其究也广大坚固。起知于易者乾乎！效法于简者坤乎！散殊而可象为气，清通而不可象为神。不如野马、絪缊，不足谓之太和。语道者知此，谓之知道；学《易》者见此，谓之见《易》。不如是，虽周公才美，其智不足称也。②

这就是张载《正蒙》一书的开篇；而这一段又全然围绕着“太和”展开。作为概念，“太和”自然源于《周易》中的“保合太和，乃利贞”一说，张载在《横渠易说》中也有所讨论。但由于“太和”在彖辞中是以“大哉乾元，万物之始，乃统天。云行雨施，品物流行”的角度出现的，所以张载注之以“精义时措，故能保合太和，建利且贞，孟子所谓终始条理，集大成于圣智者欤!”③

关于“太和”的具体指谓，从朱子“阴阳会合冲和之气”④的说明，到王夫之所谓的“太和，和之至也。道者，天地人物之通理，即所谓太极也。阴阳异撰，而其絪缊于太虚之中，合同而不相悖害，浑沦无间，

---

① 丁为祥：《从“太虚”到“天理”——简论关、洛学旨的承继与转进》，《哲学与文化》2018年第9期。

② （宋）张载：《正蒙·太和》篇，《张载集》，章锡琛点校，中华书局1978年版，第7页。

③ （宋）张载：《横渠易说·上经·乾》，《张载集》，章锡琛点校，中华书局1978年版，第70页。

④ （宋）朱熹：《周易本义》，《朱子全书》，朱杰人、严佐之、刘永翔主编，上海古籍出版社、安徽教育出版社2002年版，第1册，第90页。

和之至也。未有形器之先，本无不和，既有形器之后，其和不失，故曰太和”[①] 的解释，当然都有一定的道理。但他们毕竟太过重视阴阳本身的和合统一了，所以王夫之就直接以所谓“太极”来诠释“太和”。实际上，如果就阴阳二气的作用而言，那么所谓“中涵浮沈、升降、动静、相感之性，是生絪缊、相汤、胜负、屈伸之始”，包括其后面所谓的“不如野马、絪缊，不足谓之太和”，自然都是指阴阳二气的作用而言的。但“太和”是否就仅仅指阴阳二气之统一呢？显然不是。而真正体现“太和”性质的也就在于“起知于易者乾乎！效法于简者坤乎！散殊而可象为气，清通而不可象为神”两句。如果说“乾”与“坤”还勉强可以从阴阳二气的角度得到说明，那么所谓“散殊而可象”的气与“清通而不可象”的神就绝不是阴阳二气所能说明的。因为张载的神始终是作为“天之不测”与“虚之妙应”出现的。所以，所谓神与气的统一，其实也就是“太虚”与“太极”的统一，就是本体论与宇宙论的统一。否则的话，仅仅理解阴阳二气之和合统一，难道还需要所谓“知道”“见《易》”以及“周公才”来作为其基本前提吗！

所以说，“太和所谓道”一段，既是对我们实然宇宙之生化现象的一种描述（表现为其前边几句），同时也是通过神与气——“太虚”与“太极”之不同作用及其相互之超越的统一，揭示了本体论与宇宙论的统一，即在宇宙生化现象的背后，正是以天道本体作为其内在主宰的。只有在这个意义上，才可以借用王夫之的以下评语：“未有形器之先，本无不和，既有形器之后，其和不失，故曰太和。”所以说，“太和所谓道”就是对我们这个宇宙“未有形器之先”与“既有形器之后”的一种本体宇宙论言说。

三 “其性”与“其形”

张载哲学之本体宇宙论的性质也就体现着张载把握现实世界的双重

① （清）王夫之：《张子正蒙注》，《船山全书》，岳麓书社 1996 年版，第 12 册，第 15 页。

视角，这就代表着宋明理学追求超越精神的本体论视角与体现其现实关怀之实然宇宙论视角的有机统一。而这种双重视角的统一，既体现在其实然宇宙论之生化发展的过程中，同时也体现在其哲学体系展开的概念系统中。

从其概念系统来看，“太和所谓道”实际上就指“太虚”与“太极”之超越而又内在的统一，也只有在这个意义上，才可以说“太和，和之至也”，一如其本体论与宇宙论之有机统一才可以称为本体宇宙论一样。至于神与气，张载为什么一定要用“散殊而可象”与“清通而不可象”来规定与修饰呢？因为“可象”毕竟存在于可见的范围；而“不可象”则完全超越于人之可见可感的范围，这就主要是指“太虚”与“太极”的统一而从“气化生生”的过程中表现出来，从而以人之“可见”与“不可见”的角度言之，所以张载又有“由气化，有道之名”① 一说。这里的道，显然是就神之内在于气而又由“气化生生”所表现出来的“太虚妙应之目”的神而言的。正因为这一原因，所以张载才对其体系形容说：“语其推行故曰‘道’，语其不测故曰‘神’，语其生生故曰‘易’，其实一物，指事而异名尔。”②

如果进入张载的人生论系统，那么这种“形而上”与“形而下”的双重视角就表现得更为明显。比如关于人性问题，张载是典型的双重人性论：一方面是“与人无不善”的天地之性，同时又存在着“形而后有”且决定着人之“才与不才”并表现为可善可恶的气质之性。至于心，则一方面存在着“止于闻见之狭”的“世人之心”，同时也存在着“不以见闻梏其心”的“知性知天”之心。落实到人之认知，则张载又有非常明确的论断：“见闻之知，乃物交而知，非德性所知；德性所知，不萌于见闻。”③ 这样看来，从人性到人心再到人之认知现象，无不存在着一种

① （宋）张载：《正蒙·太和》篇，《张载集》，章锡琛点校，中华书局 1978 年版，第 9 页。

② （宋）张载：《正蒙·乾称》篇，《张载集》，章锡琛点校，中华书局 1978 年版，第 65—66 页。

③ （宋）张载：《正蒙·诚明》篇，《张载集》，章锡琛点校，中华书局 1978 年版，第 24 页。

双重规定；而这种双重规定的根源与依据，也就在于“太虚”与“太极”的统一所表现之超越的本体论与实然宇宙论的双重视角。至于这种双重视角的关系，则又是一种超越而又内在的关系。

上述自然是通过张载哲学的概念系统所表现出来的双重视角及其关系，但所有这些关系都必须落实于现实世界，落实到具体的人与物上。落实于人生，自然可以表现为从人性到人心再到人之两种不同性质的认知，这就是“见闻之知”与“德性之知”；但如果落实于物质世界，则其双重性质又将如何表现呢？这就是“其性”与“其形”。而张载的“其性”“其形”之说又首先是通过对佛老之学的批评提出的：

> 若谓虚能生气，则虚无穷，气有限，体用殊绝，入老氏“有生于无”自然之论，不识所谓有无混一之常；若谓万象为太虚中所见之物，则物与虚不相资，形自形，性自性，形性、天人不相待而有，陷于浮屠以山河大地为见病之说。①

在这段对于佛老之学的专论中，道家自然是从“有生于无”的角度来看待“太虚”与气之关系的，所以认为“虚能生气”，从而将“太虚”与气理解为前后相生的关系，但却恰恰忽视了“太虚”与气之不同性质与不同定位，从而陷入了“无穷”与“有限”的“体用殊绝”。而佛教则又由于以“空”为本，因而又将世间“万象”理解为“太虚中所见之物”，这就成为一种“凭空起见”了，而且也陷入了“物与虚不相资，形自形，性自性，形性、天人不相待而有”式的“体用殊绝”。站在儒家“体用不二”的角度看，张载的这一批评无疑是正确的，但这一批评的重要性，则不仅在于提出了“物与虚”“形与性”以及“天与人”的双重关系，而且其批评佛教的“形自形，性自性”一说，也正代表着张载“其性”“其形”之说的最初提出。

所以，张载不仅用这一说法来批评佛老之学，同时也以之来论证儒

① （宋）张载：《正蒙·太和》篇，《张载集》，章锡琛点校，中华书局1978年版，第8页。

家的世界观，表现儒家民胞物与情怀的《西铭》，其实主要就是通过“其性”“其形”的关系来论证的。比如《西铭》写道：

> 乾称父，坤称母；予兹藐焉，乃混然中处。故天地之塞，吾其体；天地之帅，吾其性。民吾同胞，物吾与也。①

这简单的几句就将儒家世界观所以形成的原因及其理据清楚地表达出来了，这就是“天地之塞，吾其体”与“天地之帅，吾其性”。因为只有在“其性”“其形”相统一的基础上，所谓“民吾同胞，物吾与也”的万物一体之仁才能实现，也才能具体表现出来。那么，张载为什么要视“天地之塞”为“吾其体”呢？这首先就是因为它们——从“天地之塞”到“吾之体”，本身都是一种实然的存在，也都具有本质的同一性，这就是从“形”的角度看，世间万物包括“吾之体”，本身都是气之凝聚的产物；那么，为什么又认为“天地之帅，吾其性”呢？这又是因为，所谓“天地之帅”，其实也就是“天地之志”，就是张载在其“四为”中的“为天地”所立之“志”，包括作为张载一生探讨之集中表现的天道本体，也首先是通过人的天地之性所挺立起来的。这样一来，所谓“吾其体”“吾其性”，同时也就成为“天地之塞”与“天地之帅”的关系了。

那么，这种“吾其体”与“吾其性”以及“天地之塞”与“天地之帅”究竟是一种什么关系呢？这就是“其性”与“其形”的关系。虽然这一关系在张载哲学中本来就是一种非常明确的关系，但为了体现张载“其性”“其形”相统一的把握方式及其在理学中的共同性，也为了体现这一认知方式的普遍性意义，我们这里也可以通过二程的性气关系以及程朱的“理一分殊”包括其理气关系来分析张载“其性”“其形”之说对于宋明理学的深远影响。

请看二程的如下语录：

---

① （宋）张载：《正蒙·乾称》篇，《张载集》，章锡琛点校，中华书局1978年版，第62页。

> 论性，不论气，不备；论气，不论性，不明。二之则不是。①
>
> 离了阴阳更无道，所以阴阳者是道也。阴阳，气也。气是形而下者，道是形而上者。形而上者则是密也。②

二程这里的“性”“气”以及“阴阳”与“所以阴阳”，包括“形而上者”与“形而下者”的关系，实际上都是张载哲学中“其性”与“其形”关系的拓展性运用。一方面，它们就是“形而上者”与“形而下者”的关系，就是“散殊而可象”与“清通而不可象”的关系，当然也就是“阴阳”与“所以阴阳”的关系了。所以，在张载的“其性”与“其形”的关系中，作为“天地之帅，吾其性”才是一种最根本的存在，因为只有在这一基础上，所谓万物一体之仁才能真正实现。

让我们再看朱子在其《西铭解》中对张载“其性”“其形”的说明及其关系的理解：

> 乾阳坤阴，此天地之气，而人物之所资以为体者也。故曰“天地之塞，吾其体”。乾建坤顺，此天地之志，为气之帅，而人物之所得以为性者也。故曰“天地之帅，吾其性”……
>
> 人、物并生于天地之间，其所资以为体者，皆天地之塞；其所得以为性者，皆天地之帅也。③

朱子的解释非常清楚，所谓“天地之塞”与“天地之帅”也就落在“气”与“性”两边。如果说“性”作为“天地之帅”就代表着超越的“理一”，那么所谓“气”，从作为“天地之塞”——山川大地一直到“吾之体”，其所以存在之共同基础以及其各种各样的表现，也就落实在

---

① （宋）程颢、程颐：《河南程氏遗书》卷六《二先生语录六》，《二程集》，王孝鱼点校，中华书局 1981 年版，第 81 页。

② （宋）程颢、程颐：《河南程氏遗书》卷十五《伊川生生语录一》，《二程集》，王孝鱼点校，中华书局 1981 年版，第 162 页。

③ （宋）朱熹：《西铭解》，《朱子全书》，朱杰人、严佐之、刘永翔主编，上海古籍出版社、安徽教育出版社 2002 年版，第 13 册，第 141—142 页。

“分殊”一边。显然，张载所谓“吾其体”“吾其性”以及“其性”“其形”之说，也就落实在朱子的“理一”与“分殊”两边，自然代表着从“吾”之“体”“性”到天地之“塞”与“帅”两个不同的层面。

正因为如此，所以张载的“其性”“其形”之说也就代表着程朱理学宇宙论之一种普遍的构成原则。请看朱子对于天地万物所以构成的说明：

> 天地之间，有理有气。理也者，形而上之道也，生物之本也。气也者，形而下之器也，生物之具也。是以人物之生，必禀此理然后有性，必禀此气然后有形。其性其形虽不外乎一身，然其道器之间，分际甚明，不可乱也。①

朱子这里的“必禀此理然后有性，必禀此气然后有形”无疑是就其理气关系而言的，但其理与气的关系究竟源自哪里？而其所谓“其性其形”之说又源自哪里呢？包括其所谓“道器之间，分际甚明，不可乱也”，实际上也就源于张载的“天地之塞，吾其体；天地之帅，吾其性”一说，源于其对佛教“物与虚不相资，形自形，性自性，形性、天人不相待而有”的批评。

四　从“自诚明”到“自明诚”

张载去世后，“门人欲谥为‘明诚夫子’”，并以此商请于程颢、司马光，因而也就有了《司马光论谥书》。程颢、司马光虽然依据古礼认为“诸侯相诔，尤为非礼，况弟子而诔其师乎”②，因而不予认可。但以“明诚夫子”定位张载一生的“稽天穷地之思”却得到了民间与学界的广泛认同，比如程门高弟游酢就在其关于程颢的《书行状后》中写道：“先

① （宋）朱熹：《晦庵先生朱文公文集》，《朱子全书》，朱杰人、严佐之、刘永翔主编，上海古籍出版社、安徽教育出版社2002年版，第23册，第2755页。

② （宋）司马光：《司马光论谥书》，载（宋）张载《张载集》，章锡琛点校，中华书局1978年版，第387页。

生生而有妙质，闻道甚早。年逾冠，明诚夫子张子厚友而师之”① 云云，说明“明诚夫子”虽然出于其弟子之私谥，却是有其广泛认同之基础的。

实际上，所谓“明诚”首先是出自张载的一种自我定位，他曾自省说：“某自是以仲尼为学而知者，某今亦窃希于明诚，所以勉勉安于不退。”② 其弟子之私谥即由此而来。但张载关于“自明诚”与“自诚明”之关系却是有其较为系统的思考的，他比较说：

> 须知自诚明与自明诚者有异。自诚明者，先尽性以至于穷理也，谓先自其性理会来，以至穷理；自明诚者，先穷理以至于尽性也，谓先从学问理会，以推达于天性也。③

在张载的这一思考中，自诚而明，被定位为“先尽性以至于穷理也”；自明而诚，则被定位为“先穷理以至于尽性也”。具体说来，也就是“先自其性理会来，以至穷理”与“先从学问理会，以推达于天性也”两条不同的为学进路。从这一标准来看，张载哲学也就被其自我定位为“先穷理以至于尽性也”，即“先从学问理会，以推达于天性也”。

但如果我们对应于张载的一生，从其早年接受范仲淹的建议“读《中庸》”到其晚年之发奋著《正蒙》，难道都是“先穷理以至于尽性”，即“先从学问理会，以推达于天性”吗？此则还存在着较大的辨析空间。比如从其“读《中庸》”来看：

> 先生读其书，虽爱之，犹未以为足也，于是又访诸释老之书，累年尽究其说，知无所得，反而求之《六经》。④

---

① （宋）朱熹：《伊洛渊源录》，《朱子全书》，朱杰人、严佐之、刘永翔主编，上海古籍出版社、安徽教育出版社2002年版，第12册，第947页。

② （宋）张载：《张子语录·语录下》，《张载集》，章锡琛点校，中华书局1978年版，第330页。

③ （宋）张载：《张子语录·语录下》，《张载集》，章锡琛点校，中华书局1978年版，第330页。

④ （宋）吕大临：《吕大临横渠先生行状》，载（宋）张载《张载集》，章锡琛点校，中华书局1978年版，第381页。

这固然是一种发奋学习，在知识上充实自我。再看其著《正蒙》时的情形：

> 终日危坐一室，左右简编，俯而读，仰而思，有得则识之，或中夜起坐，取烛以书，其志道精思，未始须臾息，亦未尝须臾忘也。①

当时张载已临晚境，且已退居横渠镇，那么他的这种“俯而读，仰而思……或中夜起坐，取烛以书”的动力从何来呢？请看张载另一弟子对其一生学术探讨的概述：

> 子张子独以命世之宏才，旷古之绝识，参之以博闻强记之学，质之以稽天穷地之思，与尧、舜、孔、孟合德乎数千年之间。闵乎道之不明，斯人之迷且病，天下之理泯然其将灭也，故为此言与浮屠老子辩，夫岂好异乎哉？盖不得已也。②

张载确实具有“旷古之绝识”，也确实是“质之以稽天穷地之思”，但其“命世之宏才”以及其“与尧、舜、孔、孟合德乎数千年之间”就绝不是一个“识见”与知识追求的问题，而是“闵乎道之不明，斯人之迷且病”，这就不是一个“穷理”之“明”的出发点，而是一个“诚之者”所不能自已的问题，而其所谓“参之”“质之”显然只属于辅助性的手段，所以范育才借用孟子的“不得已”来说明张载的学术探讨。

让我们再从张载致力于学术探讨之初始动因以及其对“德性”与“学问”关系的看法来寻绎其“自明诚”与“自诚明”的关系：

---

① （宋）吕大临：《吕大临横渠先生行状》，载（宋）张载《张载集》，章锡琛点校，中华书局1978年版，第383页。

② （宋）张载：《正蒙·范育序》，《张载集》，章锡琛点校，中华书局1978年版，第5页。

当康定用兵时，年十八（二十一），慨然以功名自许，上书谒范文正公。公一见知其远器，欲成就之，乃责之曰：“儒者自有名教可乐，何事于兵！”因劝读《中庸》……①

不尊德性，则学问从而不道；不致广大，则精微无所立其诚；不极高明，则择乎中庸失时措之宜矣。②

这两段记载，前者是其成学经历，因为张载是接受范仲淹“读《中庸》”的建议才从“慨然以功名自许”转向理学探讨的。从这一点来看，其走向社会的最初动因也就应当是儒家的现实关怀，而陕西又是当时宋与西夏对峙的前沿。从后一段来看，则其所谓“不尊德性，则学问从而不道”又说明其学术探讨主要是围绕着“德性”关怀展开的。这说明，张载的学术探讨虽然不无“穷理”之知识追求的意味，但也绝不仅仅是“先从学问理会，以推达于天性也”。

那么，张载为什么要以“窃希于明诚”来自我定位呢？这主要是因为，在张载看来，自诚而明——“先尽性以至于穷理也”是包含着某些“生而知之”的意味的，因为连孔子都承认“吾非生而知之者，好古，敏以求之者也”（《论语·述而》），那么张载也就只能以自明而诚之“先穷理以至于尽性”来自我定位了。实际上，真正构成张载一生学术探讨之动力，恰恰就在于其“为天地立心”的情怀，这正是所谓“诚”；而其一生的学术探讨，也是以“诚”为动力推动知识性的追求所积累起来的。

不过，我们这里也可以将其“自明诚”与“自诚明”分解为“博”与“约”和“内”与“外”两个方面的指标，如此一来，所谓“自明诚”也就可以展现为由“博”而“约”与自“外”而“内”，而“自诚明”也就可以表现为由“约”而“博”与由“内”而“外”了。这样看来，由“博”而“约”与自“外”而“内”，确实比较符合张载“自明诚”的自我定位，但在张载的这一定位中是否包含着由“约”而“博”

① （宋）吕大临：《吕大临横渠先生行状》，载（宋）张载《张载集》，章锡琛点校，中华书局1978年版，第381页。

② （宋）张载：《正蒙·中正》篇，《张载集》，章锡琛点校，中华书局1978年版，第28页。

与由“内”而“外”的因素呢?无疑是包含的。显然,无论我们怎么分析,张载的“明”与“诚”之间似乎都存在着相互包含的因素和成分,无怪乎子思就曾明确断言:“诚则明矣,明则诚矣。”(《礼记·中庸》)唯一可以进行分析的一点在于:要接受张载所创设的理论体系,那就必须走出一条自“明”而“诚”之路,因为作为其《正蒙》之归结的《西铭》与《东铭》,也都指向了人生之“诚”,其民胞物与的情怀也就是其人生之“诚”的典型表现。但张载之所以要以“俯而读,仰而思”的精神创设《正蒙》,则又包含着一条自“诚”而“明”的前提。因为在张载看来,其之所以撰写《正蒙》,对于将起未起的理学思潮而言,本来就是一种开规模、定纲维的工作。张载曾自述说:“吾之作是书也,譬之枯株,根本枝叶,莫不悉备,充荣之者,其在人功而已。又如睟盘示儿,百物俱在,顾取者如何尔。”①

当我们将张载的“自明诚”与“自诚明”分解为自“博”而“约”和自“内”而“外”两个不同的方向时,马上就可以看出其“自明诚”与“自诚明”对于整个理学之为学进路的开创作用,这就主要表现为程朱理学与陆王心学两种不同的方向。请看以下两条:

> 格物穷理,非是要尽穷天下之物,但与一事上穷尽,其他可以类推。至如言孝,其所以为孝者如何,穷理如一事上穷不得,且别穷一事,或先其易者,或先其难者,如千蹊万径,皆可适国,但得一道入得便可。所以能穷者,只为万物只是一理,至如一物一事,虽小,皆有是理。②
>
> 所谓致知在格物者,言欲致吾之知,在即物而穷其理也。盖人心之灵莫不有知,而天下之物莫不有理,惟于理有未穷,故其知有不尽也。是以《大学》始教,必使学者即凡天下之物,莫不因其已知之理而益穷之,以求至乎其极。至于用力之久,而一旦豁然贯通

---

① (宋)张载:《正蒙·范育序》,《张载集》,章锡琛点校,中华书局1978年版,第3页。

② (宋)程颢、程颐:《河南程氏遗书》卷十五《伊川生生语录一》,《二程集》,王孝鱼点校,中华书局1981年版,第157页。

焉，则众物之表里精粗无不到，而吾心之全体大用无不明矣。此谓物格，此谓知之至也。①

这两条几乎是完全不用解释的，前一条是程颐关于格物致知的论述；后一条则是朱子关于《大学》格物致知的“补传”。但却一致坚持着一种自“外”而“内”、自“博”而“约”的认知进路。如果从张载的“自明诚”与“自诚明”来看，那么这就是一条典型的自“明”而“诚”的认知进路。但正因为其始终坚持着自“明”而“诚”的进路，所以到了明代，在阳明心学的比衬下，居然演变为一种陶醉于外向求知的气学，比如罗钦顺虽然是明代的“朱学后劲”，但其“格物穷理说”就已经演变为一种外向求知之学了。罗钦顺说：“理只是气之理，当于气之转折处观之。往而来，来而往，便是转折处也。夫往而不能不来，来而不能不往，有莫知其所以然而然，若有一物主宰乎其间而使之然者，此理之所以名也。”② 在罗钦顺的这一进路中，由于其一味地外向追求从而忽略了内在之“约”与“诚”的工夫，从而也就成为一种典型的外向求知之学了。

但宋明理学中还存在着另一条为学进路，请看以下表达：

只心便是天，尽之便知性，知性便知天（一作性便是天），当处便认取，更不可外求。③

请尊兄即今自立，正坐拱手，收拾精神，自作主宰，万物皆备于我，有何欠缺。当恻隐时自然恻隐，当羞恶时自然羞恶，当宽裕温柔时自然宽裕温柔，当发强刚毅时自然发强刚毅。④

忽中夜大悟格物致知之说……始知圣人之道，吾性自足，向之

① （宋）朱熹：《四书章句集注》，《朱子全书》，朱杰人、严佐之、刘永翔主编，上海古籍出版社、安徽教育出版社2002年版，第6册，第20页。

② （明）罗钦顺：《续卷上》，《困知记》，闫韬点校，中华书局1990年版，第68页。

③ （宋）程颢、程颐：《河南程氏遗书》卷二《二生生语录上》，《二程集》，王孝鱼点校，中华书局1981年版，第15页。

④ （宋）陆九渊：《语录下》，《陆九渊集》，钟哲点校，中华书局1980年版，第455—456页。

求理于事物者误也。①

此心无私欲之蔽，即是天理，不须外面添一分。以此纯乎天理之心，发之事父便是孝，发之事君便是忠，发之交友治民便是信与仁。②

上述几条，同样是不需要解释的。“知性便知天”自然出自程颢；而其“当处便认取，更不可外求”一说尤其表现了其守“约”之“诚”的工夫。至于“收拾精神，自作主宰，万物皆备于我”显然出自陆象山；而其“有何欠缺”一问以及“当恻隐时自然恻隐”之类，无疑是当下具足的表现。至于“圣人之道，吾性自足，向之求理于事物者误也”也就是王阳明龙场大悟，所谓“此心无私欲之蔽，即是天理，不须外面添一分”以及“发之事父……发之事君……发之交友治民”之类，正是其“心即理说”的表现。

这样看来，张载的“自明诚”与“自诚明”包括其相互的互补互渗与互证关系，实际上就已经明确地规定了整个理学的发展路径。至于张载形容其《正蒙》的“根本枝叶，莫不悉备”包括其比喻性说明的“晬盘示儿”，也都在宋明的理学（也包括气学）与心学——所谓程朱陆王的不同发展指向中得到了证实。这样一来，如果说“太极”“太虚”之辨以及其“太和”的统一就是张载“形而上下”“一滚论之”的天道本体兑现，那么，他的“其性”“其性”之说包括“自明诚”与“自诚明”之辨，也就可以说是其“形而上下”之辨的宇宙论落实及其人生修养与认识论的回声。

① （明）钱德洪：《年谱一》，《王阳明全集》，上海古籍出版社 1992 年版，第 1228 页。

② （明）王守仁：《语录一》，《王阳明全集》，上海古籍出版社 1992 年版，第 2 页。

关闽之间

——朱子对张载关学的诠释与建构*

许 宁

（陕西师范大学关学研究院）

摘要：张载关学是朱熹理学思想的重要来源之一。朱熹通过对张载关学核心命题的重新阐释，丰富了自身思想体系的建构。一是对于“太虚即气”命题，朱熹以天理诠解“太虚”，以理气诠解“虚气”，分别论证了基于天理的宇宙本体论和宇宙生成论；二是朱熹对“心统性情”的理论内涵做了深入阐发，建立了心、性、情统一的心性论架构；三是朱熹在将张载《西铭》主旨概括为“理一分殊”的基础上，视之为理学思想体系的建构原则，以及儒佛之辨的判教依据。朱熹对张载理学命题的诠释及其建构，体现了关学与闽学的学理会通，具有重要的哲学史意义。

关键词：张载　朱熹　太虚即气　心统性情　理一分殊

朱熹高度肯定张载的人格气象，认为“横渠严密，孟子宏阔”①，堪与孟子相媲美，横渠在儒学史上的地位可称是“孟氏以来一人而已”②。不可否认的是，朱熹对横渠学也有诸多批评，如赞同二程对张载“清虚

* 本文系贵州省哲学社会科学规划国学单列课题“关中王学研究”（17GZGX17）、国家社会科学基金重大项目“宋明清关学思想通论”（项目编号：9ZDA029）的研究成果，原文另已发表于《中国哲学史》2020年第6期。

① （宋）朱熹著，黎靖德编：《朱子语类》卷九十三，中华书局1986年版，第2362页。

② （宋）朱熹：《晦庵先生朱文公文集》卷五十八，《朱子全书》，朱杰人、平佐之、刘永翔主编，上海古籍出版社、安徽教育出版社2002年版，第23册，第2771页。

一大”观点的批评，但总体上汲取多于曲解，表彰高于责难。正是在对张载理学核心命题的诠释基础上，朱熹建构起致广大、尽精微、综罗百代的理学体系，关学与闽学实现了跨越时空的学理会通。

一　朱熹对“太虚即气”的诠释

（一）“太虚即气”的两重关系

学界对张载“太虚即气”命题见仁见智，有不同的解释。本文遵循“以张解张”的原则，基于张载的“两一”思想对虚气关系略作梳理。唐君毅指出：“吾人于横渠之言凡有两处只知其一，如只知其虚而不知其气，只知其气而不知其虚……固不足以知横渠。而不知其言中凡义有两处，亦皆用两以见为两者之不二而为一，亦不足以知横渠也。”① 他提倡对张载哲学思想既要“为一之两”，又要“通两之一”，将“两一”视为张载哲学体系建构的基本原则，这是很精辟的论断。

张载对“两一”关系有明确的自觉，他强调：“两不立，则一不可见；一不可见，则两之用息。”② 具体到虚气关系上，“为一之两”意味着揭示虚气的差分性，张载称之为“有异”，涵摄宇宙本体论；“通两之一”意味着虚气的贯通性，张载称之为“本一”，涵摄宇宙生成论。由此，本文从相分（“有异”）和相合（“本一”）阐述“太虚即气”的两重关系。③

首先，“太虚”和气是相分关系。“太虚无形，气之本体。”④ 可见，“太虚”与气不同，属于形而上的宇宙本体。作为“太虚”本体，具有以

---

① 唐君毅：《中国哲学原论·原教篇》，中国社会科学出版社 2006 年版，第 50 页。

② （宋）张载：《正蒙·太和》，《张载集》，章锡琛点校，中华书局 1978 年版，第 9 页。

③ 这个看法受到林乐昌教授关于“二与不二”讨论的启发。他指出：“‘二’，指体用各自具有不同的意涵和地位；‘不二’，指在现实世界中体与用密不可分。”详见林乐昌《张载理学与文献探研》，人民出版社 2016 年版，第 39 页。“为一之两”，就是所谓的“二”；“通两之一”，就是所谓的“不二”。

④ （宋）张载：《正蒙·太和》，《张载集》，章锡琛点校，中华书局 1978 年版，第 1 页。

下几个特点：一是绝对性，张载认为“太虚”是至高无上、至大无外的“至一”；二是本根性，“太虚”既是“天地之祖”，鼓万物而生，“人亦出于太虚”①；三是终极性，他还指出“凡有形之物即易坏，惟太虚无动摇，故为至实”②，肯定“太虚”是抽象无形而恒常普遍的终极本体；四是超越性，“太虚”是道德价值得以安顿的基础和根源，如“虚者，仁之原”③，以及“天地以虚为德，至善者虚也”④，说明“太虚”是仁义道德等义理价值的根据和本原。

张载对“太虚”本体做了多方面的规定，这就揭示了其与形而下之气的差异，凸显了本体的先在与绝对。正如林乐昌所指出的：“太虚与气之间的相分关系，强调的是太虚本体的超越性和逻辑的先在性，这便构成宇宙本体论层次。”⑤ 张载提出“合虚与气，有性之名”⑥，很明显是将“太虚”与气相分而言的，二者是异质而非同质的关系。按照张载“非有异则无合”⑦ 的思维规律，相合的“太虚”与气必然是有差异的。张载讲“分”，也讲“合”，讲对待是为了讲贯通，在虚气关系上如此，在天人关系上也如此。张载讲虚气、天人是“二”，讲“本一”“合一”是“不二”。

其次，“太虚”和气是相合关系。一方面，“太虚不能无气”⑧，“知太虚即气，则无无”⑨，“太虚”作为成就万物的本性依据和主导因素，要通由气的发用流行、参赞化育得以实现；另一方面，“气块然太虚”⑩，“太虚”虽然无形，却非绝对的空无，而是充满了生机勃勃的宇宙力量。

---

① （宋）张载：《张子语录·语录中》，《张载集》，章锡琛点校，中华书局1978年版，第324页。

② （宋）张载：《张子语录·语录中》，《张载集》，章锡琛点校，中华书局1978年版，第325页。

③ （宋）张载：《张子语录·语录中》，《张载集》，章锡琛点校，中华书局1978年版，第325页。

④ （宋）张载：《张子语录·语录中》，《张载集》，章锡琛点校，中华书局1978年版，第326页。

⑤ 林乐昌：《张载理学与文献探研》，人民出版社2016年版，第36—37页。

⑥ （宋）张载：《正蒙·太和》，《张载集》，章锡琛点校，中华书局1978年版，第9页。

⑦ （宋）张载：《正蒙·乾称》，《张载集》，章锡琛点校，中华书局1978年版，第63页。

⑧ （宋）张载：《正蒙·太和》，《张载集》，章锡琛点校，中华书局1978年版，第7页。

⑨ （宋）张载：《正蒙·太和》，《张载集》，章锡琛点校，中华书局1978年版，第8页。

⑩ （宋）张载：《正蒙·太和》，《张载集》，章锡琛点校，中华书局1978年版，第8页。

因为“太虚”与气具有根源性的同一，在万物生成的过程中，二者就呈现为“虚涵气，气充虚”①，相感相资，相即相入。张载对“太虚即气”相合关系的强调，正是要将“太虚”本体确立在“实有”的基础上，彻底消解佛老所谓“诬天地日月为幻妄”②、“指游魂为变为轮回”③等否定世界实在性和人生真实性的观点。林乐昌强调：“太虚与气之间的相合关系，强调的是太虚与气的关联性和无分先后的共在性，这便构成宇宙生成论层次。”④

（二）宇宙本体论：以“天理”释“太虚”

程颐认为：“阴阳，气也，形而下也；道，太虚也，形而上也。”⑤以“太虚”为形而上之道，气为形而下之器。因此，在程朱理学话语中，“太虚即气”就转换为形而上与形而下的关系。

“太虚实理，正是指形而上者而言。既曰形而上者，则固自无形矣。”⑥ 在朱熹看来，张载的“太虚即气”既是宇宙本体论的命题，又是宇宙生成论的命题，给予了创造性诠释。⑦

> 所谓理与气，此决是二物。但在物上看，则二物浑沦，不可分开各在一处，然不害二物之各为一物也。若在理上看，则虽未有物，而已有物之理，然亦但有其理而已，未尝实有是物也。⑧

---

① （清）王夫之：《张子正蒙注》，中华书局 1975 年版，第 14 页。

② （宋）张载：《正蒙·大心》，《张载集》，章锡琛点校，中华书局 1978 年版，第 26 页。

③ （宋）张载：《正蒙·乾称》，《张载集》，章锡琛点校，中华书局 1978 年版，第 64 页。

④ 林乐昌：《张载理学与文献探研》，人民出版社 2016 年版，第 37 页。

⑤ （宋）程颢、程颐：《河南程氏粹言》卷一，《二程集》，王孝鱼点校，中华书局 1981 年版，第 1180 页。

⑥ （宋）朱熹：《答林德久》，《朱子全书》，朱杰人、严佐之、刘永翔主编，上海古籍出版社、安徽教育出版社 2002 年版，第 23 册，第 2949 页。

⑦ 本文认为“太虚即气”既涵摄宇宙本体论，又涵摄宇宙生成论，“虚气”不杂凸显“太虚”本体的超越性，“虚气”不离彰显“太虚”与气的感通流行。

⑧ （宋）朱熹：《答刘叔文》，《朱子全书》，朱杰人、严佐之、刘永翔主编，上海古籍出版社、安徽教育出版社 2002 年版，第 22 册，第 2146 页。

他以天理范畴取代“太虚”的本体地位，提出“在理上看”和“在物上看”两个层面的思考视角。所谓“在理上看”，就是主张未有是物，先有是理，凸显理本体的形而上性以及对于气的超越性，论证了理气相分、理在气先的宇宙本体论；所谓“在物上看”，就是注重现实世界中理气浑沦的存在状态，论证了理气相合、理气不离的宇宙生成论，由此提出了系统严密的理气论。

1. 理本气末

朱熹以天理释“太虚”，显系受到了二程的影响。按照程颢的说法，“天理”二字是自家体贴出来的，于是进而以天理本体解释“太虚”本体。“或谓：‘惟太虚为虚。’子曰：‘无非理也，惟理为实。’”① 二程明确指出“太虚”是理而不是气。但朱熹认为张载关于“太虚”的论述不甚清晰，有必要深入阐述。

> 问：“横渠云‘太虚即气’，‘太虚’何所指？”曰：“他亦指理，但说得不分晓。”②

虽然说“太虚”就是理，但是，朱熹不满意张载将“太虚”与“气”的关系没有辨别清楚，这样就难以彰显本体的超越性。“又问：‘横渠云“太虚即气”，乃是指理为虚，似非形而下。’曰：‘纵指理为虚，亦如何夹气作一处？’”③ 朱熹认为张载“以气表虚”是“本要说形而上，反成形而下，最是于此处不分明”。④

> 大地之间，有理有气。理也者，形而上之道也，生物之本也。气也者，形而下之器也，生物之具也。是以人物之生，必禀此理，

① （宋）程颢、程颐：《河南程氏粹言》卷一，《二程集》，王孝鱼点校，中华书局1981年版，第1169页。

② （宋）朱熹：《朱子语类》卷九九，中华书局1986年版，第2534页。

③ （宋）朱熹：《朱子语类》卷九九，中华书局1986年版，第2538页。

④ （宋）朱熹：《朱子语类》卷九九，中华书局1986年版，第2538页。

然后有性，必禀此气，然后有形。①

朱熹强调以天理作为形而上本体，对理气关系做了清晰的分判和辨析。理与气“决是二物”。一阴一阳属于现象层面的气；其所以一阴一阳，则属于本体层面的理。一阴一阳之理决定了阴阳二气的流行升降。就理气的自身属性而言，理属于“形而上之道”，构成了宇宙万物的本体根据，气属于“形而下之器”，构成了现实世界的物质基础；就理气在推动万物生成的作用而言，理是“生物之本”，即化生万物的根本，气是“生物之具”，即生成万物的质料；就理气在成人成物中的实际功能而言，人禀受理而赋予了本性，人禀受气而产生了形体。可见，朱熹的“理气论”相较张载的“虚气论”要更为严谨、精致。

2. 理先气后

朱熹认为理气本无先后，不能将“理生气”描述为自然历史过程，但为了论证天理在逻辑上的至上性、超越性，他反复强调“理在气先”。

未有天地之先，毕竟也只是理。有此理，便有此天地；若无此理，便亦无天地，无人无物。②

在朱熹看来，理本体是一个净洁空阔的超越存在，既无方所、无形迹，又无情意、无造作。

或问：必有是理然后有是气，如何？曰：此本无先后之可言，然必欲推其所以来，则须说先有是理。③

以本体言之，则有是理，然后有是气。④

---

① （宋）朱熹：《答黄道夫》，《朱子全书》，朱杰人、严佐之、刘永翔主编，上海古籍出版社、安徽教育出版社2002年版，第23册，第2755页。

② （宋）朱熹：《朱子语类》卷一，中华书局1986年版，第1页。

③ （宋）朱熹：《朱子语类》卷一，中华书局1986年版，第3页。

④ （宋）朱熹：《孟子或问》卷三，《朱子全书》，朱杰人、严佐之、刘永翔主编，上海古籍出版社、安徽教育出版社2002年版，第6册，第934页。

理作为天地万物的本体依据，理先于天地万物，有理才有气，无理便无气，因此，理的地位是主要的，气不仅在理之后，更是从属于理。从中可以看出，朱熹认为理和气的主次、先后具有更根本的哲学意义。“理形而上者，气形而下者，自形而上下言，岂无先后？”①

朱熹力图通过理气相分来凸显天理本体的超越性和至上性，这一点和张载“太虚即气”有异曲同工之处。丁为祥认为：“从这一宇宙论的向度以及天理之作为宇宙本体而言，朱熹的天理更像张载的太虚。”② 林乐昌也强调：“与张载宇宙论哲学以太虚与气（阴阳）为模式类似……朱熹宇宙论哲学则以天理与气（阴阳）为模式。”③

（三）宇宙生成论：以理气释“虚气”

张载论理处不多：“天地之气，虽聚散、攻取百涂，然其为理也顺而不妄。”④ 气虽形态万殊，犹如野马尘埃，但其作为理却又顺而不妄。朱熹以天理取代“太虚”的本体地位，又吸收了张载的气论，在宇宙生成论上进行了新的发挥。

1. 理气相合

在逻辑的意义上讲，理为气主，理在气先；在日用的意义上讲，理气相依相合，万事万物都是理与气的统一，理决定了事物的本质，气构成了事物的材质。朱熹指出，天下未有无理之气，亦未有无气之理。“以本体言之，则有是理然后有是气，而理之所以行，又必因气以为质也。”⑤

气的作用是能屈伸往来、凝结造作，为生物之具；理作为天地万物的普遍本质，决定了事物之所以为该事物的内在根据，为生物之本。二者在宇宙万物生成过程中相互作用、彼此发明。一方面，“阴阳二气相感，化生万物”⑥，正因为“二气交感”，故而理有所依附挂搭；另一方

① （宋）朱熹：《朱子语类》卷一，中华书局1986年版，第3页。

② 丁为祥：《虚气相即——张载哲学体系及其定位》，人民出版社2000年版，第249页。

③ 林乐昌：《张载理学与文献探研》，人民出版社2016年版，第37页。

④ （宋）张载：《正蒙·太和》，《张载集》，章锡琛点校，中华书局1978年版，第7页。

⑤ （宋）朱熹：《孟子或问》卷三，《朱子全书》，朱杰人、严佐之、刘永翔主编，上海古籍出版社、安徽教育出版社2002年版，第934页。

⑥ （宋）朱熹：《朱子语类》卷五十三，中华书局1986年版，第1286页。

面，气之造作流行必依理而行，“此气是依傍这理行。及此气之聚，则理亦在焉”①。人物皆禀天地之理以为性，禀天地之气以为形，充分说明包括人在内的天地万物“之所以生，理与气合而已”②。

2. 理气相依

作为净洁空阔、纯粹至善的形而上本体，理有赖于气的发用流行而生成造作。朱熹重点阐述了理气的动静相依。他指出：“太极理也，动静气也。气行则理亦行，二者常相依而未尝相离也。太极犹人，动静犹马；马所以载人，人所以乘马。马之一出一入，人亦与之一出一入。”③ 他多次以“人乘马”为喻，以理喻人，以气喻马，以马载人、人骑马喻理与气的动静不离。“阳动阴静，非太极动静，只是理有动静。理不可见，因阴阳而后知，理搭在阴阳上，如人跨马相似。”④ 从气之动静的现象看，理乘载在气上，如人骑乘于马上，故气有动静而理有动静；从气之动静的根据看，有动之理便能动而生阳，有静之理便能静而生阴，故理有动静而气有动静。

朱熹基于理气关系对“太虚即气”的诠释更加精致细微，从形而上与形而下、体与用、动与静、先与后等层面予以深入的分析，在综合张载关学与二程理学本体论的基础上建构起集大成的理学本体论，显然是宋代理学的重要理论成果。但同时，朱熹辨析入微的努力也造成了理气分张、疏离乃至悬隔的危险，原本“太虚即气”中相即相入、相感相资、混融无碍的关系被消除了，由此造成理本论的困境。

二　朱熹对“心统性情”的诠释

“心统性情”这一命题最早由张载提出的，是他关于孟子“尽心知性知天”内省路线的概括，但他没有进一步展开论述。朱熹肯定张载关于

① （宋）朱熹：《朱子语类》卷一，中华书局1986年版，第3页。
② （宋）朱熹：《朱子语类》卷四，中华书局1986年版，第65页。
③ （宋）朱熹：《朱子语类》卷九十四，中华书局1986年版，第2376页。
④ （宋）朱熹：《朱子语类》卷九十四，中华书局1986年版，第2374页。

心与性、情关系的讨论是先秦以降最为精辟的见解，将张载的“心统性情”和程颐的“性即理”相提并论，认为这是理学“颠扑不破”的至理。

朱熹将“心统性情”概念接引过来，补充和丰富了这一命题的内涵，将张载的工夫论系统发展为本体论系统，由此建构了自己独特的心性论体系。“性、情、心，唯孟子、横渠说得好。仁是性，恻隐是情。须从心上发出来。心统性情者也。”① 孟子和张载的讲法好就好在强调心、性、情的本质统一和密切联系，将仁、义、礼、智等性德视为心之体，将恻隐、羞恶、辞让、是非等情感视为心之用，这就为建立起严整宏大的心性论逻辑架构提供了可能。张岱年强调：“张子谓心统性情，程子谓心性情异名同实，朱熹从张子之说而大发挥之。”②

在朱熹看来，张载所谓的“心统性情”包含两层含义：统是“兼”，兼备、该遍义，故发展出“心兼性情”；统是“主”，统率、管摄义，故发展出“心主性情”。

（一）“心兼性情”

《说文》曰：“兼，并也。”本义是一手执两禾。“心兼性情”说明心可包并、该摄性、情，性、情是心总体的不同方面。朱熹从体用义、动静义、已发未发义对此做出阐发。

1. 心兼体用

> 心是包得这两个物事，性是心之体，情是心之用。③
>
> 性者，理也。性是体，情是用，性情皆出于心，故心能统之。④

朱熹认为心有体有用，心之体是性，心之用是情，性、情皆由心中发出。

---

① （宋）朱熹：《朱子语类》卷五，中华书局1986年版，第93页。

② 张岱年：《中国哲学大纲》，《张岱年全集》第2卷，河北人民出版社1996年版，第271页。

③ （宋）朱熹：《朱子语类》卷一一九，中华书局1986年版，第2867页。

④ （宋）朱熹：《朱子语类》卷九十八，中华书局1986年版，第2513页。

他比喻说，心犹如水，性如水之静，情如水之流。他如此凸显“心兼性情”的体用义，意在批评胡宏“心性对言”的流弊，认为这就造成了情的放逸流失，肯定心、性、情构成完整的理论架构，缺一不可。蒙培元指出：“性是从心的形而上的超越的层面上说，情是从心的形而下的作用上说，‘必有体而后有用’，故有性而后有情。但性作为普遍原则，通过情的发用流行而实现出来，从这个意义上说，二者不可相无。”①

2. 心兼动静

朱熹认为心的体用义还可以从动静关系进行表述和论证，从而将心兼动静和心兼体用联系起来。他指出：“性是未动，情是已动，心包得已动、未动。盖心之未动则为性，已动则为情，所谓‘心统性情’也。”②

心具有知觉能力，既能够“主于身”，支配视听言动等耳目感官；又能够“应事物”，反映和认识外界事物的性质及其规律。在朱熹看来，一心之中自有动静，性者为静，情者为动。当具有知觉能力的心未感物时，性体虚静，寂然不动，情作为性之所发，缘物而动，感而遂通。“有这性，便发出这情；因这情，便见得这性。”③ 一方面，情发乎性，为人的情感活动确立了道德本体的依据；另一方面，性见乎情，实现了情感体验的自我超越和感性提升。心兼动静就使得这两个方面都贯通起来。

3. 心兼未发已发

朱熹认为心的体用义还可以从未发已发关系进行阐释。“未发已发”出自《中庸》：“喜怒哀乐之未发谓之中，发而皆中节谓之和。”所谓未发，指心之思虑未萌时的状态；所谓已发，指心之思虑已萌时的状态。

> 先生取《近思录》，指横渠“心统性情”之语以示学者。力行问曰：“心之未发，则属乎性；既发，则情也。”曰：“是此意。”④
>
> 故以其未发而全体者言之，则性也；以其已发而妙用者言之，则情

① 蒙培元：《理学范畴系统》，人民出版社 1989 年版，第 256 页。
② （宋）朱熹：《朱子语类》卷五，中华书局 1986 年版，第 93 页。
③ （宋）朱熹：《朱子语类》卷五，中华书局 1986 年版，第 89 页。
④ （宋）朱熹：《朱子语类》卷九十八，中华书局 1986 年版，第 2515 页。

也。然“心统性情”，只就浑沦一物之中，指其已发未发而为言尔。①

这也就是说，未发是心之体，已发是心之用，以体用义融汇未发已发义。朱熹强调，从全体言，性是心之未发；从妙用言，情是心之已发。既要认识到心、性、情为三非一，又要认识到体用一源、性情一源，同样未发已发也是统一的。心之未发具四德，心之已发具“四端”，这便是心兼未发已发。

（二）心主性情

1. 心为字母

字母即声母的代表字。宋代发展了一套用来代表中古汉语的声类的字母系统，包括三十六个字母，“心”是其中的声母代表字之一。朱熹依据《说文》来解释“性”“情”，指出“性”字从“心”从“生”，“情”字从“心”从“青”，其中“从心”是指声部，“从生”或“从青”是指韵部。

或问：“静是性，动是情?”曰：“大抵都主于心。‘性’字从‘心’从‘生’，‘情’字从‘心’从‘青’。”②

“心”字只一个字母，故“性”“情”字皆从“心”。③

显然，朱熹认为性、情同属于一个声部字母，在此意义上称为“主”。二者之音义皆可以从心上求，所谓“性情皆出于心，故心能统之”。

古人制字，亦先制得“心”字，“性”与“情”皆从“心”。……横渠“心统性情”语极好。又曰“‘合性与知觉有心之名’，则恐不

① （宋）朱熹：《朱子语类》卷五，中华书局1986年版，第94页。
② （宋）朱熹：《朱子语类》卷五，中华书局1986年版，第91页。
③ （宋）朱熹：《朱子语类》卷五，中华书局1986年版，第91页。

能无病，便似性外别有一个知觉了！”①

朱熹从字源学肯定性、情皆从属于心，心是性、情的总名，除了性、情，别无他物。据此，他弃用张载“合性与知觉有心之名”，认为如此表述容易令人误解为心之外还有知觉。朱熹辨析道：“心固是主宰底意，然所谓主宰者，即是理也，不是心外别有个理，理外别有个心。”② 在心、性、情系统中，心只是性情的承载者，真正起决定作用的是性理，而非心或情气。

2. 心为统御

朱熹认为“心统性情”之“统，如统兵之‘统’，言有以主之也”③，将“统”解释为“主宰”，即心具有统御管摄之功能。

> 性，便是合当做底职事。如主簿销注，县尉巡捕；心，便是官人；气质，便是官人所习尚，或宽或猛；情，便是当厅处断事，如县尉捉得贼。情便是发用处。性只是仁义礼智。④

“合当做”，即应当做，做其工作职责范围内的“本分事”。譬如一县中有三个主要的官员，主簿管财政、文书，县尉管军事、治安，县令为行政长官，统率全局。所谓性，就是“合当做底职事”，如主簿管理销注，县尉管摄巡捕等。所谓情，就是当厅处事、听讼、断狱，县尉捕盗捉贼等，是仁、义、礼、智的发用。而心为县令，或如统兵之将帅，宽猛相济、驾驭全局、统御性情。

我们看到，朱熹通过对张载“心统性情”的阐释，不仅涵盖心、性、情，而且吸纳了理、气、动静、体用、已发未发等范畴，从而构筑了宋明理学最为精致宏大的心性论系统。

---

① （宋）朱熹：《朱子语类》卷五，中华书局1986年版，第92页。

② （宋）朱熹：《朱子语类》卷一，中华书局1986年版，第4页。

③ （宋）朱熹：《朱子语类》卷九十八，中华书局1986年版，第2513页。

④ （宋）朱熹：《朱子语类》卷四，中华书局1986年版，第64页。

三　朱熹对“理一分殊”的诠释

（一）张载《西铭》的诠释主旨

“理一分殊”命题并未见于张载的著作，而是出自程朱对《西铭》主旨的提揭。二程对《西铭》高度表彰，但对其思想主旨有不同的理解。程颢从“万物一体”诠释《西铭》，肯定“学者须先识仁。仁者，浑然与物同体。……《订顽》意思，乃备言此体”①，认为张载将宇宙天地和仁义道德有机融合为一体，从而确立了人性的形而上根基。程颐则以“理一而分殊”诠释《西铭》。其弟子杨时质疑《西铭》讲乾父坤母，脱离了仁爱的具体内涵，有类于墨氏之兼爱。伊川答道：“《西铭》明理一而分殊，墨氏则二本而无分。”② 程颐认为，仁是普遍道德原则，谓之“理一”；但仁的实施会有对象性差异，谓之“分殊”。墨家不知天人一理，故是“二本”；主张“爱无差等”，不讲仁爱的差等与分殊，故为“无分”。“无分”就会造成普遍道德原则和具体道德行为的紧张和冲突，缺乏对象性指向的仁爱无从挂搭，只能沦为“无义”。而《西铭》既讲“乾父坤母”，又讲仁人孝子，既奠定了人的道德伦理的宇宙本体论根基，又称颂了禹、颍考叔、舜、申生、曾参、伯奇等具体的事孝行为。这与墨家之“兼爱”形成了鲜明的反差。

朱熹顺承程颐的思路，认为《西铭》主旨是“理一分殊”，“《西铭》通体是一个理一分殊，一句是一个理一分殊”③，“盖以乾为父，以坤为母，有生之类，无物不然，所谓理一也。而人物之生，四脉之属，各亲

① （宋）程颢、程颐：《河南程氏遗书》卷二上，《二程集》，王孝鱼点校，中华书局1981年版，第16—17页。

② （宋）程颢、程颐：《答杨时论〈西铭〉书》，《二程集》，王孝鱼点校，中华书局1981年版，第609页。

③ （宋）朱熹：《朱子语类》卷九十八，中华书局1986年版，第2522页。

其亲，各子其子，则其分亦安的不殊哉!”① 他进而从“理一而分殊”和“分殊而理一”两方面予以了疏解。例如，乾父坤母、民胞物与，从宇宙万物根源处讲起，便是理一而分殊；“予兹藐焉，混然中处”，“天地之塞吾其体，天地之帅吾其性”，从个体人伦日用处讲起，便是分殊而理一。朱熹将《西铭》主旨诠释为“理一分殊”，由此发展为理学独特的哲学范畴，影响深远。

(二) 理学体系的建构原则

朱熹指出：“世间事，虽千头万绪，其实只一个道理，理一分殊之谓也。”② “世间事”既包括人的全部社会实践，又涵盖了人所改造的自然。人的社会实践纷繁复杂，而万变不离其宗，贯穿了一个道理，这就是“理一分殊”。朱熹依据“理一分殊”考察世间万象，并由此发展出自身理学思想体系的建构原则。

首先，朱熹讨论了一理与万理的关系。“本只是一太极，而万物各有禀受，又自各全具一太极尔。”③ “盖以乾为父，以坤为母，有生之类，无物不然，所谓理一也。而人物之生，血脉之属，各亲其亲，各子其子，则其分亦安得而不殊哉!”④ 一方面，“太极”是万理之全体，阐明理作为本体的绝对性和唯一性；另一方面，散在万物成为物物各全具之“具体而微”的“太极”，阐明了理本体的遍在性和涵摄性。一理和万理不是整体和部分的关系，“分”指本分或定分之谓，宇宙本体论意义上的“理一分殊”表明了“万物之性来自宇宙本体并以之为根据，且与宇宙本体的内容没有差别”⑤。

其次，朱熹讨论了一理与万物的关系。“《西铭》大纲是理一而分自尔殊，然有二说：自天地言之，其中固自有分别；自万殊观之，其中亦

---

① (宋)朱熹:《西铭解》,《朱子全书》,朱杰人、严佐之、刘永翔主编，上海古籍出版社、安徽教育出版社2002年版，第13册，第145页。

② (宋)朱熹:《朱子语类》卷一三六，中华书局1986年版，第3243页。

③ (宋)朱熹:《朱子语类》卷九十四，中华书局1986年版，第2409页。

④ (宋)朱熹:《西铭解》,《朱子全书》,朱杰人、严佐之、刘永翔主编，上海古籍出版社、安徽教育出版社2002年版，第13册，第145页。

⑤ 陈来:《朱子哲学研究》,华东师范大学出版社2000年版，第118页。

自有分别。"① 从朱熹的论述可以看出，"自天地言之"属于宇宙本体论的讲法，强调一理与万理的关系；"自万殊观之"属于宇宙生成论的讲法，强调一理与万物的关系。"天地之间，理一而已。既乾道成男，坤道成女，二气交感，化生万物，则其大小之分，亲疏之等，至于十百千万而不能齐也。"② "理一"是本原，其发用流行而有万殊之不同。此处的"分"指差分之谓。正因为万物皆由理与气所构成，借助于阴阳二气，而有人物化生，万物之气有粹驳之差异，所以理也有偏全之异，造成了"不能齐"的万殊的状况，这恰恰是事物的多样性、差异性的呈现。

最后，朱熹讨论了物理与伦理的关系。朱熹指出："至于天下之物，则必各有所以然之故，与其所当然之则。"③ "所以然之故"指物理，即自然规律；"所当然之则"指伦理，即社会规范。"所居之位不同，则其理之用不一。如为君须仁，为臣须敬，为子须孝，为父须慈。物物各异其用，然莫非一理之流行也。"④ 此处的"分"指位分、职分之谓。例如仁爱是基本道理，依据不同的社会角色、职位，其施用会有不同，表现为君之仁、臣之敬、子之孝、父之慈等道德要求，看起来不同，但都是仁爱之理的流行发用。

对此，陈来认为："理一分殊这一命题在朱熹哲学中含有多种意义，实际上被朱熹作为一个模式处理各种跟本原与派生、普遍与特殊、统一与差别有关的问题。"⑤

（三）儒佛之辨的判教依据

"理一分殊"还需要从儒佛之辨的时代思潮中加以讨论。"理一分殊"作为儒学的独特理论命题，构成了儒学与佛老异端的根本分判。

首先，从"分殊"来看，儒学重视"分殊"，而佛教不知有"分

① （宋）朱熹：《朱子语类》卷九十八，中华书局1986年版，第2524页。

② （宋）朱熹：《西铭解》，《朱子全书》，朱杰人、严佐之、刘永翔主编，上海古籍出版社、安徽教育出版社2002年版，第13册，第145页。

③ （宋）朱熹：《大学或问上》，《朱子全书》，朱杰人、严佐之、刘永翔主编，上海古籍出版社、安徽教育出版社2002年版，第6册，第512页。

④ （宋）朱熹：《朱子语类》卷十八，中华书局1986年版，第398页。

⑤ 陈来：《朱子哲学研究》，华东师范大学出版社2000年版，第123页。

殊”。朱熹向李延平问学时，李延平指出：“吾学之所以异于异端者，理一分殊也。理不患其不一，所难者分殊耳。”① “异端”指佛老，“异于异端”乃是凸显与佛老不同的独特性，李延平认为儒佛分判的关键在于“分殊”。朱熹深受李延平的影响，肯定《西铭》是“推人以知天，即近以明远”，通过事亲臻于事天，从人性物理和日用伦常处入手，彰显了儒学的真精神。正如罗钦顺所言：“所谓理一者，须就分殊上见得来，方是真切。佛家所见亦成一片，缘始终不知有分殊，此其所以似是而非也。”②

其次，从“理一”来看，儒学重视实理，而佛教强调的是空理。朱熹强调天理是实理，这就为儒家道德价值确立了坚实的本体论根基，“吾儒心虽虚而理则实。若释氏则一向归空寂去了”③。佛教认为现实世界虚幻不实，皆是缘起而生，缘灭而坏，如此则道德义理和精神价值难以安顿。

最后，从“理一”和“分殊”的关系来看，儒佛的分歧也很大。一般认为“理一分殊”受到佛教的“月印万川”“一多相摄”的影响，如朱熹自己就提道：“释氏云：‘一月普现一切水，一切水月一月摄。’这是那释氏也窥见得这些道理。”④ 但儒佛的道理似同而异。朱熹所指的“理一”是普遍的、超越的理本体，“万殊”是指众多个别的性理。从质的方面说，理不论总别共殊，都是圆满无缺的，而佛教所谓的“月”本体自身与作为“月”本体的反射的“水月”是根本不同的；从量的方面说，朱熹讲的“一”是万理之总体，“万殊”是事事物物各具之理，而与佛教以“一”指个别，“万”（一切）指全体存在显著的差别。可见，朱熹通过“理一分殊”的儒佛之辨挺立了儒学的道统自觉和学术精神。

正如张载所言：“吾之作是书也，譬之枯株，根本枝叶。莫不悉备，充荣之者，其在人功而已。”⑤ 理学由张载、二程发端，而充荣理学的使命历史性地赖由朱熹得以完成。朱熹之所以能集宋代理学之大成，对后

---

① （清）黄宗羲：《宋元学案》卷三十九，中华书局 1986 年版，第 1291 页。

② （明）罗钦顺：《困知记》卷下，阎韬点校，中华书局 1990 年版，第 41 页。

③ （宋）朱熹：《朱子语类》卷一二六，中华书局 1986 年版，第 3015 页。

④ （宋）朱熹：《朱子语类》卷十八，中华书局 1986 年版，第 399 页。

⑤ （宋）张载：《正蒙·苏昞序》，《张载集》，章锡琛点校，中华书局 1978 年版，第 3 页。

世儒学产生极具穿透性的影响力，应当说与他对张载的问题意识、道统担当以及诸多原创性思想诠释密切相关。张载、二程为理学立根本、开规模，关学和洛学代表了理学的原创期，而朱熹则是尽精微、集大成者，闽学由此成为理学高峰期的典范。

终极实在与终极关怀：张载儒道之辨的核心问题*

江求流**

（陕西师范大学哲学系暨关学研究院）

摘要：在张载的成学过程中，曾有较长时间的“访诸释、老之书”的经历。而在思想成熟之后，张载不仅“返诸六经”，从而在价值层面归于儒家，同时又与释、老“较是非曲直”，从而使得儒道之辨成为张载哲学的重要内容。张载的儒道之辨涉及存在论与价值论两个核心层面。就存在论而言，张载的批判对象主要是以老子为代表的道家所主张的“以无为本”。“以无为本”实质上是以“无”为终极实在。张载通过指出非存在向存在的转化在理论层面的不可能性，质疑“无”为终极实在的真理性，从而重新奠定了气在存在论上的终极实在地位；就价值论而言，张载批判的矛头则指向道教。张载指出，由于气的聚与散都具有客观必然性，因此，作为气化的产物，人的生与死也同样具有必然性，从而作为道教终极关怀所在的“久生不死”在理论层面上也不具有真理性。张载进一步基于“气化生生”的宇宙观，提出了“存顺没宁”这一儒家式的终极关怀，并为儒家式的积极有为的价值观念提供了更为深厚的理论基础，从而完成了他在价值论层面的儒道之辨。

关键词：张载　儒道之辨　终极实在　终极关怀

---

* 本文系国家社会科学基金项目“宋代理学的佛教批判及其现代意义研究”（项目编号：17XZX012）的研究成果。

** 作者简介：江求流（1985年6月—　），男，安徽寿县人，哲学博士，陕西师范大学哲学系暨关学研究院副教授。研究方向为宋明理学。

正如当代著名哲学家冯契先生所指出的，真正的哲学总是哲学家们带着那种“非把问题解决不可的心情”对“时代的问题”的回答。① 但哲学家们所面对的问题究竟为何，则因他们所处的时代而异。张载作为中国哲学史上最为深刻的哲学家之一，他的哲学体系的诞生也同样离不开其对时代问题的思考与回答。众所周知，在张载的成学过程中，曾有较长时间的“访诸释、老之书”② 的经历。这里的“老”具体指涉的是道家（老子）和道教，换言之，道家、道教曾经对其思想形成过程产生了重要影响。然而在其思想成熟之后，张载不仅“返诸六经”，从而在价值层面归于儒家，同时又与释、老“较是非曲直”③，从而使得儒道之辨成为张载哲学的重要内容。然而，张载的儒道之辨并不能简单地看作张载站在儒学的立场上对道家、道教所展开的批判。事实上，“是非”问题的实质关联着真理，而对张载而言，真理只有一个：“道一而已，此是则彼非，此非则彼是。”④ 因此他的儒道之辨，实质上是从真理性的角度对儒道的相关思想进行检讨。在他看来，正是道家、道教对相关问题的理解缺乏真理性，从而不得不加以批判。需要追问的是，张载的儒道之辨涉及哪些核心问题呢？

一　气与无：何为终极实在

哲学总是离不开对存在的无尽追问。正如博格森在思考存在与虚无

---

① 冯契：《〈智慧说三篇〉导论》，《认识世界和认识自己》，《冯契文集》（增订版）第1卷，华东师范大学出版社2015年版，第5页。

② （宋）吕大临：《横渠先生行状》，载（宋）张载《张载集》，章锡琛点校，中华书局1978年版，第381页。

③ （宋）范育：《正蒙·范育序》，载（宋）张载《张载集》，章锡琛点校，中华书局1978年版，第4—5页。

④ （宋）张载：《正蒙·乾称》，载（宋）张载《张载集》，章锡琛点校，中华书局1978年版，第64页。

之间的关系时曾经提道："任何存在的东西从何而来？如何理解它？"①这一问题的实质内涵即在于：宇宙万物从何而来？进一步而言，则涉及何为终极实在？而真正意义上的哲学思考都不可避免地涉及这一问题。事实上，张载的儒道之辨所涉及的首要问题正是这一存在论的核心问题。

众所周知，在涉及万物从何而来这一存在论的核心问题时，张载指出："天地之始，固未尝先有人也，则人固有化而生者矣。盖天地之气生之也。"②"天地之始"的追问，将人们的视野带向了未有人与物的原初状态，从而也引领人们思考人与万物从何而来？张载的回答是"天地之气生之"。不难发现，张载将气化看作万物生成的根本方式。正是在这一意义上，他非常明确地指出："游气纷扰，合而成质者，生人、物之万殊。"③天地间人与万物这些云云种种、千差万别的存在者在根源上说，都是气化的产物。

以气作为万物的根源，一方面具有历史的合法性，因为正如李存山先生所指出的，"中国哲学的'气'概念，含义极广，几乎举凡世间一切事物都不出'气'概念之范围。这也难怪，因为在先秦时期就已形成了以'气'为世界万物之本原或元素的思想"④。另一方面也与人们的经验理性相符合，正如张载所指出的，在有形的存在物与无形气之间的转化，就如同"冰凝释于水"⑤一样，而冰与水之间的形态转化，对人类的经验理性而言，是非常自然的事情。特别是对于动物、植物这种存在物而言，从气的形态转化的角度，其生灭变化更是容易理解。如张载所说：

> 动物本诸天，以呼吸为聚散之渐；植物本诸地，以阴阳升降为聚散之渐。物之初生，气日至而滋息；物生既盈，气日反而游散。

---

① ［法］亨利·博格森：《创造进化论》，肖聿译，译林出版社2011年版，第256页。

② （宋）朱熹《诗集传》，《朱子全书》，朱杰人、严佐之、刘永翔主编，上海古籍出版社、安徽教育出版社2002年版，第1册，第675页。此条不见今本《张载集》，但朱子明确指出这是张载的话。

③ （宋）张载：《正蒙·太和》，《张载集》，章锡琛点校，中华书局1978年版，第9页。

④ 李存山：《"气"概念几个层次意义的分殊》，《哲学研究》2006年第9期。

⑤ （宋）张载：《正蒙·参两》，《张载集》，章锡琛点校，中华书局1978年版，第9页。

至之谓神，以其伸也；反之为鬼，以其归也。①

动物、植物生灭变化如此，人类虽然是一种特殊的存在，但其生灭变化与动物、植物相比并没有任何特殊性可言。不难发现，张载以气为万物的本源，不仅具有历史的合法性，更能够得到人类的经验理性的支持，即便在今天看来，也在理论层面具有一定的合理性与说服力。

以气化作为万物生成的根本方式，必然是建立在气作为终极实在的前提之下的。正是在这一意义上，张载提出了"太虚即气"这一命题。所谓"太虚即气"即是说气无处不在，弥漫于整个宇宙空间。② 气的存在构成了天地万物之初的最为本源性的存在。另外，正如日本学者山井涌所指出的那样，在中国思想中，气"是生命力、活力的根源。甚至可以认为，气具有生命力和活动力"③。由于气不只是亚里士多德意义上的质料化的存在④，更是内在地具有生机与活力的，从而能够流转不息，化生万物。正是在这一意义上，张载说：

太虚不能无气，气不能不聚而为万物，万物不能不散而为太虚。循是出入，是皆不得已而然也。⑤

"太虚不能无气"所强调的正是气在存在论上的终极实在的地位。而万物

① （宋）张载：《正蒙·动物》，《张载集》，章锡琛点校，中华书局1978年版，第19页。

② 关于"太虚即气"的具体内涵，学界有较大的分歧，限于篇幅这里无法展开，但在笔者看来，张载那里"太虚即气"中的"太虚"只是以宇宙空间为基本内涵，而"太虚即气"即意味着气充满宇宙空间，无处不在。

③ ［日］小野泽精一、福永光司、山井涌编：《气的思想：中国自然观与人的观念的发展》，李庆译，上海人民出版社2007年版，第336页。

④ 对于亚里士多德而言，由于质料本身并没有内在的生机，因此由质料所构成的万物也没有内在的活力。在他那里万物的生机与活力最终只能来源于一种外在的、超验的存在者。更为确切地说，万物都是以上帝为最后的推动者的。亚里士多德的这一理解在西方哲学传统中具有根本性的地位和影响，以至于在以继承和复活西方古典思想为志业的怀特海那里，仍然为作为"不动的推动者"的上帝保留了位置。参见［古希腊］亚里士多德《形而上学》，苗力田译，中国人民大学出版社2003年版。另参见［美］阿弗烈·诺夫·怀特海《过程与实在——宇宙论研究》，李步楼译，商务印书馆2011年版。

⑤ （宋）张载：《正蒙·太和》，《张载集》，章锡琛点校，中华书局1978年版，第7页。

的生成正是建立在这一前提之下的。另外，“气不能不聚而为万物”，这里的“不能不”意味着一种必然性，这种必然性意味着气必然地处在不间断的气化过程之中，万物由此得以生生不息。

不过，众所周知，命题式的言说方式并不是中国思想的惯常思维，张载之所以要如此明确地提出“太虚即气”这一命题，既是对气在存在论上的终极实在地位的强调，也是对他在“访诸释、老之书”的过程中所遭遇的其他相关理论的响应。“太虚”一词首见于《庄子》，但在后庄子时代，“太虚”一词在儒、释、道三家被广泛引用①，然而，一些学者在涉及“太虚”与气或“太虚”与万物之间的关系时，出现了某些在张载看来不得不加以批判的偏差。这在张载的以下的论述中可以看到：

> 若谓虚能生气，则虚无穷，气有限，体用殊绝，入老氏“有生于无”自然之论，不识所谓有无混一之常；若谓万象为太虚中所见之物，则物与虚不相资，形自形，性自性，形性、天人不相待而有，陷于浮屠以山河大地为见病之说。此道不明，正由懵者略知体虚空为性，不知本天道为用，反以人见之小因缘天地。明有不尽，则诬世界乾坤为幻化。幽明不能举其要，遂躐等妄意而然。不悟一阴一阳范围天地、通乎昼夜、三极大中之矩，遂使儒、佛、老、庄混然一涂。语天道性命者，不罔于恍惚梦幻，则定以“有生于无”，为穷高极微之论。②

关于张载对佛教“谓万象为太虚中所见之物”的不满，涉及张载哲学中的儒佛之辨，我们留待另文处理。而张载对“虚能生气”的批评则与本文所处理的儒道之辨密切相关。对张载而言，如果说“虚能生气”，那么气被理解为被生成之物，而虚则成了更为本源性的存在，这与以气为终极实在的张载思想具有根本的矛盾。另外，由于“虚”自身所具有的

① 关于这一点，可以参见刘学智《关学思想史》，西北大学出版社 2015 年版；林乐昌《论张载对道家思想资源的借鉴与融通：以天道论为中心》，《哲学研究》2013 年第 2 期。

② （宋）张载：《正蒙·太和》，《张载集》，章锡琛点校，中华书局 1978 年版，第 8 页。

“空”“无”的内涵，使得“虚能生气”与老子所说的“有生于无”的思想很难划清界限。实际上，正如引文所示，张载敏锐地发现，“虚能生气”正是以“有生于无”为思想根基的。事实上，张载对道家的批判主要就集中在对老子所说的“天下万物生于有、有生于无”① 这一思想的批判上。在他看来，“有生于无”实质上是以无为终极实在，从而与他的气为本源性存在的思想具有根本性的冲突。不难发现，在张载那里，儒道之辨的根本性问题即在于，到底是气还是无是终极实在。

正如李存山先生所指出的，“在以无为本还是以气为本的问题上，张载以前的儒家没有分辨儒、道的自觉”②，而张载则对这一层面的儒道之辨给予了充分的重视，并在理论层面上对道家的“以无为本”、即以无为终极实在的思想展开了批判。对张载而言，从理论层面看，“虚生气”或“无生有”是无法成立的，从而不具有真理性。这是因为，“虚”或无是非存在（“无穷”），而气或有是存在（“有限”），二者之间是完全异质的，因此是“体用殊绝”的。对张载而言，一种存在是无法生成另一种与自身完全异质的存在的，非存在更不会转化为存在，因此，“虚生气”或“无生有”自身在理论层面是无法成立的。在这里不难发现，张载通过一种理论层面的真理性探讨，指出了“虚生气”或“无生有”自身的逻辑谬误性，从而对其加以否定。通过这一否定，张载重新捍卫了气在存在论上的终极实在地位。

不过，正如张载所发现的，老子的“有生于无”之说，很容易被人们认为是“穷高极微之论”，张载认识到要想更为成功地批判“有生于无”之说，就必须对这一现象加以分析与反思。在张载看来，人们之所以会认同老子的这一理论，其原因在于，对人们的经验理性而言，“气聚则离明得施而有形，气不聚则离明不得施而无形”③：对于有形的存在物而言，它能够为人们的目光（“离明”）所察知，人们不会否认其存在的真实性；但对于无形之气而言，其存在的真实性则是可以怀疑的。在这

① （魏）王弼注，楼宇烈校释：《老子道德经注校释》，中华书局2008年版，第110页。
② 李存山：《“先识造化”：张载的气本论哲学》，《中国哲学史》2009年第2期。
③ （宋）张载：《横渠易说》，《张载集》，章锡琛点校，中华书局1978年版，第182页。

一意义上，如果如张载所言，万物都是由气化所产生，因此是“形聚为物，形溃反原”①，那么就需要进一步追问这里的“原”究竟是什么？如果它不是有形、有象的具体存在，何以知道它不是无呢？张载对这一点有清醒的认识，他曾以以下的设问方式对上述问题进行了回答：

气聚则离明得施而有形，气不聚则离明不得施而无形。方其聚也，安得不谓之客？方其散也，安得遽谓之无？故圣人仰观俯察，但云“知幽明之故”，不云“知有无之故”。盈天地之间者，法象而已；文理之察，非离不相观也。方其形也，有以知幽之因；方其不形也，有以知明之故。②

这一追问的要害在于，如果有形、有象的具体存在物能够因为其能够凭借其为人们的目光所察知从而证明自身的存在，那么，这不过表明，视觉主宰了人们的经验认知③；但人们对事物的认识不能仅仅停留在视觉这一感官认知的层面，而一旦认识上升到理性认知的层面，能够对事物“推本所从来”④，就会发现，有形之物有其“因”，而无形之物亦有其“故”。对张载而言，这里的“因”或“故”实质上即是气自身在存在形态上的转换。张载曾经用“冰水之喻”来说明这种转换：

气之聚散于太虚，犹冰凝释于水，知太虚即气，则无无。故圣人语性与天道之极，尽于参伍之神变易而已。诸子浅妄，有有无之分，非穷理之学也。⑤

---

① （宋）张载：《正蒙·乾称》，《张载集》，章锡琛点校，中华书局1978年版，第66页。

② （宋）张载：《正蒙·太和》，《张载集》，章锡琛点校，中华书局1978年版，第8页。

③ （清）王夫之指出：“老庄之徒，于所不能见闻而决言之曰无，陋甚矣。”（王夫之：《张载正蒙注》，中华书局1975年版，第239页）又说“言有无者，徇目而已”。（王夫之：《张载正蒙注》，第14页）正是有见于此。

④ （宋）张载：《正蒙·太和》，《张载集》，章锡琛点校，中华书局1978年版，第8页。

⑤ （宋）张载：《正蒙·太和》，《张载集》，章锡琛点校，中华书局1978年版，第8—9页。

冰与水的差异实质上是同一存在的两种不同形态，有形之物与无形之气不过是气的两种不同的存在形态。因此，有形之物的形体的消散，不是转化为无，而不过是转变了存在形态而已。更进一步而言，那种充盈、弥漫于宇宙空间（太虚）的无形之气，甚至是气的最为恒常的存在状态；而有形之物，作为有限的存在，反而不过是气的暂时形态："太虚无形，气之本体，其聚其散，变化之客形尔。"① 也正是基于这一理解，张载断然否定了无在存在论上的终极实在地位②，从而重新奠定了气在存在论上的终极实在地位。

二 "久生不死"与"存顺没宁"：何种终极关怀

值得注意的是，在以上论述中，张载对以无为终极实在的思想的批判，主要的对象是以老子为代表的道家思想。换言之，张载对道家的批判，主要是在存在论的层面进行的。而在下文中可以看到，张载的儒道之辨不仅涉及对道家"以无为本"的存在论的批判，他还从价值论的层面对道教的相关思想展开了批判。这一点在张载的学生范育的以下论述中可以看到：

> 至于谈死生之际，曰"轮转不息，能脱是者则无生灭"，或曰"久生不死"，故《正蒙》辟之曰："太虚不能无气，气不能不聚而为万物，万物不能不散而为太虚。"夫为是言者，岂得已哉！③

---

① （宋）张载：《正蒙·太和》，《张载集》，章锡琛点校，中华书局 1978 年版，第 7 页。在这一意义上，张载还说："金铁有时而腐，山岳有时而摧，凡有形之物即易坏，惟太虚无动摇，故为至实。"（张载：《语录》中，《张载集》，章锡琛点校，中华书局 1978 年版，第 325 页。）

② 杨国荣老师曾经指出，"以太虚之气为本体，物只有'如何在'（聚或散）的问题，没有'是否在'（有或无）的问题：散只是'反原'于太虚，而非走向'无'。在此，对存在方式转化（如何在）的关注，取代了对存在本身的质疑（是否在），世界的实在性则由此得到了本体论上的确认"。杨国荣：《张载与理学》，《人文杂志》2008 年第 6 期。

③ （宋）范育：《正蒙·范育序》，载（宋）张载《张载集》，章锡琛点校，中华书局 1978 年版，第 5 页。

在范育看来，张载对气在存在论上的终极实在地位的强调以及气的聚散与万物的生灭等问题探讨与其对生死这一问题的思考具有密切的关联。事实上，动物与植物不会思考生死问题，因此对生死问题的追问，总是人这种特殊的存在者所进行的追问。而人之所以会对生死问题加以追问，又与人对自身如何存在、向何而在密不可分。换言之，对生死问题的追问，并不是一个抽象的理论问题，而是一个涉及如何安顿人生价值的切身性问题。当代著名神学家保罗·蒂利希甚至将生死问题看作人的根本性、最终的价值关怀，即他所说的“终极关怀”：“人最终所关怀的，是自己的存在及意义。‘生，还是死’这个问题，在这一意义上是一个终极的、无条件的、整体的和无限的关切问题。”① 在张载的学术视野中，佛教、道教对终极关怀的不同理解对他自身对终极关怀的理解产生了重要的影响。

关于张载的儒佛之辨，笔者曾经另文做过讨论。② 就道教而言，正如范育所概括的，它追求“久生不死”，即以长生不死、羽化登仙为终极关怀。然而，与近代以来，哲学领域中价值与存在的脱离有所不同③，在道教那里，它的这一终极关怀并非一种主观信仰，而是与其对存在论问题的理解密切相关的。正如有学者指出的：“道教的脱胎换骨、羽化登仙之术……无非是以非理性的方式对人们许下有关永恒存在之‘彼岸世界’的承诺。然而，这种非理性的承诺，却有着高度发达的理性基础。”④ 这里所说的“理性基础”的实质含义在于，道教的终极关怀背后有其自身的理论基础。事实上，就道教而言，其之所以将长生不死作为自身的终极关怀，在于其在理论层面上认为长生不死具有可能性，正如稍长于张载的宋代著名道士张君房曾经指出的：

---

① 转引自［美］詹姆斯·C. 利文斯顿《现代基督教思想》，何光沪译，四川人民出版社1992年版，下册，第697页。

② 参见江求流《万物本原与人生价值：张载儒佛之辨的核心问题》，《陕西师范大学学报》（哲学社会科学版）2020年第5期。

③ Helmut Kuhn 指出：“在现代价值学说的二元论观点中，价值是被从事实或事件之中被剥离的。”参见 Helmut Kuhn，“Facts and Values in Ethics”，*Philosophy and Phenomenological Research*，Vol. 2，No. 4，1942。

④ 赵峰：《朱熹的终极关怀》，华东师范大学出版社2004年版，第17页。

> 人之生也，禀天地之元气，为神为形，受元一之气，为液为精。天气减耗，神将散也；地气减耗，形将病也；元气减耗，命将竭也。故帝一回风之道，溯流百脉，上补泥丸，下壮元气。脑实则神全，神全则气全，气全则形全，形全则百关调于内，八邪消于外。元气实则髓凝为骨，肠化为筋，由其纯粹真精，元神元气，不离身形，故能长生矣。①

道教一方面通过一套具体的修炼方法，为长生不死提供了可操作性的修炼方法，同时又将这一修炼方法建立在其对“人之生”这一存在论问题的理解之上。对张君房等道教学者而言，人之初生，禀得的天地之元气本身圆满具足，后天的生老病死实质上是元气的耗散所造成的，因此，只要通过一定的修炼方式，使得耗散的元气得到补充、保全，即可实现长生不死。

从上文可以看到，与道家不同，道教实际上也是以气为万物的本源和终极实在，就这一点而言，张载哲学与道教具有一致性。虽然如此，张载与道教又具有根本性的差异。在张载看来，道教所追求的长生不死、羽化登仙这一终极关怀并不具有理论上的可能性。张载曾经指出：“彼语寂灭者往而不反，徇生执有者物而不化，二者虽有间矣，以言乎失道则均焉。”②所谓“失道”即是说这种终极关怀并不具有可能性。概言之，在张载看来，道教追求的长生不死、羽化登仙不过是“徇生执有”，而“徇生执有”是要建立在“物而不化”的前提下，但“物而不化”并不具有现实的可能性，这是因为：

> 天地之气，虽聚散、攻取百涂，然其为理也顺而不妄。气之为物，散入无形，适得吾体；聚为有象，不失吾常。太虚不能无气，

---

① 张君房：《元气论》所引用《上清洞真品》之说，载张君房编《云笈七签》中，中央编译出版社 2017 年版，第 624 页。

② （宋）张载：《正蒙·太和》，《张载集》，章锡琛点校，中华书局 1978 年版，第 7 页。

> 气不能不聚而为万物，万物不能不散而为太虚。循是出入，是皆不得已而然也。①

以气为万物的真正本源，万物的生死实质上不过是气的聚散。然而，无论是气聚而为万物的过程，还是气散而为“太虚”的过程，都是气自身的内在机能所决定的（即“不得已而然”），因此，这一过程具有客观的必然性，而不以人的主观意志为转移。② 因此，作为个体的人不可能以肉身不死的方式，永久地存在于世界之中，实现“物而不化”③。

从以上的分析不难发现，张载对道教的终极关怀及其理论基础的批判，并不能仅仅看作一种出于儒学价值立场的门户之争。事实上，张载对道家、道教的批判，始终是自觉地站在真理性的高度，以理性为基础进行是非、得失的评判。毋庸置疑，张载在“访诸释、老之书”的过程中，不可避免地对道教的终极关怀产生过兴趣，同时也对其背后的理论基础进行过虚心的学习。但他最后之所以对道教的终极关怀发生了动摇，实质上是对其背后的理论基础的真理性发生了怀疑。而其最后对道教终极关怀的抛弃，正是建立在其对其背后的理论根基的彻底否定的前提之下的。

进一步而言，张载对道教终极关怀的批判，是与其对现实社会的价值重建密不可分的。在张载看来，道教以及与道教一样在宋代社会具有重要影响的佛教，都具有“以人生为幻妄，以有为为疣赘”④ 的价值虚无主义倾向，而这对当时的社会造成极大的负面影响，造成了社会价值观念的混乱。他曾经不无感慨地指出：

> 自其说炽传中国，儒者未容窥圣学门墙，已为引取，沦胥其间，

① （宋）张载：《正蒙·太和》，《张载集》，章锡琛点校，中华书局 1978 年版，第 7 页。

② 当然正如美国学者葛艾儒指出，张载所说的气化万物的过程“并没有外力或造物主参与其事，完全是系统自身自成”。换言之，这一过程也由没有任何超验的主宰者主导。参见［美］葛艾儒《张载的思想》，罗立刚译，上海古籍出版社 2015 年版。

③ 三浦国雄正确地指出，“追求不老不死的道教却是反‘自然’的宗教”。（［日］三浦国雄《不老不死的欲望》，《不老不死的欲求：三浦国雄道教论集》，四川人民出版社 2017 年版，第 223 页）之所以说追求不老不死是反“自然”，正在于有生必有死乃自然规律，从而具有必然性。

④ （宋）张载：《正蒙·乾称》，《张载集》，章锡琛点校，中华书局 1978 年版，第 64 页。

> 指为大道。乃其俗达之天下，至善恶、知愚、男女、臧获，人人着信，使英才间气，生则溺耳目恬习之事，长则师世儒宗尚之言，遂冥然被驱，因谓圣人可不修而至，大道可不学而知。故未识圣人心，已谓不必求其迹；未见君子志，已谓不必事其文。此人伦所以不察，庶物所以不明，治所以忽，德所以乱，异言满耳，上无礼以防其伪，下无学以稽其弊。①

不难看到，佛道的这种价值趋向事实上不仅造成了当时社会价值观念的混乱，并在事实层面上导致社会人伦的混乱以及人们社会责任观念的淡漠。事实上，正是这种价值观念的现实社会影响构成了张载对佛道之学流行的更为直接的担忧，从而促使张载展开了一场价值重估的工作。当然，这种重估并不能仅仅停留在对社会主流价值观的批判之上，事实上，要想真正消解佛道两家的价值虚无主义对社会政治的消解影响，必须从正面重建一种积极有为的价值观念。

在上述背景下就不难理解，张载何以会回归儒家。如果说道教式的终极关怀是一种个体本位的价值观的话，那么，儒家的价值观则明显是社会本位的。正如学者指出的，儒家式的终极关怀，以一种炽热的儒家情怀为基础，它激发人们“强烈的社会担当意识，推动他们积极投身于现世事务——诸如改进现世政治，维护社会秩序，普及品众教育，关心百姓疾苦等。他们相信，这一切都关系到人类生存与发展的终极命运，都是他们责无旁贷的责任”②。张载曾经以“为天地立志，为生民立道，为去圣继绝学，为万世开太平”③ 这一为人们所熟知的名言表达了这种强烈的儒家情怀与担当意识。而这种担当意识凸显出来的正是“人的普遍的社会责任”④，在张载看来，人生在世不能仅仅只对自己负责，而对社

---

① （宋）张载：《正蒙·乾称》，《张载集》，章锡琛点校，中华书局 1978 年版，第 64 页。

② 赵峰：《朱熹的终极关怀》，华东师范大学出版社 2004 年版，第 21—22 页。

③ （宋）张载：《张载集·语录》中，《张载集》，章锡琛点校，中华书局 1978 年版，第 320 页。《宋元学案》将这四句话表述为“为天地立心，为生民立命，为往圣继绝学，为万世开太平”（清）黄宗羲原著，全祖望补修：《宋元学案》，中华书局 1986 年版，第 664 页。

④ 杨国荣老师对张载“四句教”的相关分析，参见杨国荣《理学的伦理向度：从张载到王阳明》，《伦理学研究》2009 年第 1 期。

会与他人采取消解无为的态度，而应以积极有为的态度，承担起对社会和他人的责任。

当然，对于张载而言，当他在理论层面上确认了道教所提供的终极关怀的荒诞性之后，以一种积极有为的态度承担起对此岸世界中社会与人伦的责任，就更具有合理性。但张载的深刻之处在于，他更进一步从人类存在方式的特殊性上分析了这一价值取向的存在论基础。在《西铭》[①] 一文中张载指出：整个宇宙在本质上就是一个气化流行的生命共同体。这种生命共同体就如同一个大家庭，所谓“民吾同胞，物吾与也”。而在这样一个生生不息的生命共同体中，人作为一种特殊的存在，其独特之处，在于他能够通过自己的方式来表达对天地生生之德的感激。而这种对天地的感激的最好的表达方式则是通过“尊高年”“慈孤弱”乃至对“疲癃残疾、茕独鳏寡”之人的保护与羽翼使得天地生生之德得以更为广泛地体现出来。在张载看来，这种对生命共同体中的他人所尽的责任与义务实质上就是对天地的“纯孝”。所谓“纯孝”，意味着对他人所尽的责任并不构成获得天地之奖赏的手段，而实质上不过是尽人之为人的本分而已。[②] 对人之为人的“本分”的肯定，也就将一个人从个体本位之中超拔出来，不再将人生的价值系缚在“富贵福泽”之上；另一方面，现实的“贫贱忧戚”作为一种给予性的存在状况，并不能通过非分的方式去改变，而应该以一种积极的态度去接纳，把它作为成就自身德性的方式。生之时能够以尽本分的方式承顺天地之德，这就是对待天地之德的最好方式（“顺事”[③]）；而死亡也同样是天地气化流行的必然过程，无须有任何惊恐与不安（“没宁”）。不难看到，张载在这里以“气化生生”的宇宙观为基础，提出了一种“存顺没宁”的价值追求，从而为儒家式的积极有为的价值观念提供了更为深厚的理论基础，从而完成了他在终极关怀层面的儒道之辨。

---

① 《西铭》文长不录，见张载《正蒙·乾称》，《张载集》，章锡琛点校，中华书局 1978 年版，第 62—63 页。

② 《西铭》中舜、禹、伯奇、申生、曾子的事迹可以看作这种“本分”的具体表现方式。

③ 需要注意的是，这里的“事”是作为动词使用的，而不是名词。

投稿须知

《中国儒学》是由中华孔子学会主办的学术辑刊，每年出版一辑，每辑35万字左右，逢每年第四季度出版。为了便于编辑，来稿请注意以下事项：

一　来稿篇幅一般以8000字至15000字为宜。

二　来稿引文和注释格式，采用页下注，引文务请仔细核对原文，引用著作依次注出作者、论著名称、出版社和出版年、页码。引用论文依次注出作者、论文题目、刊名、出版年和期或号。

三　来稿请发电子稿。

四　来稿请在文后注明作者详细地址、邮政编码、联系电话和电子信箱地址，以便及时联系。

五　来稿一经发表，即按统一的稿酬标准寄上稿酬。

六　本刊编辑将对采用的来稿进行必要的技术上的处理，一般不删改内容，如果需要将与作者联系。

《中国儒学》竭诚欢迎国内和海外儒学研究者来稿。

编辑部地址：（100874）北京市海淀区清华大学中华孔子学会（新斋239室）　《中国儒学》编辑部

联系人：任蜜林　邮箱：renmlzxs@163.com